AF167303

BA KOMPAKT

Reihenherausgeber
Martin Kornmeier, Duale Hochschule Baden-Württemberg, Mannheim,
Deutschland

Gründungsherausgeber
Martin Kornmeier, Duale Hochschule Baden-Württemberg, Mannheim,
Deutschland
Willy Schneider, Duale Hochschule Baden-Württemberg, Mannheim,
Deutschland

Die Bücher der Reihe BA KOMPAKT sind zugeschnitten auf das Bachelor-Studium im Studienbereich Wirtschaft an den Dualen Hochschulen und Berufsakademien. Sie erfüllen vollständig die im Curriculum zur Erlangung des Bachelor festgelegten Anforderungen (Lerninhalt, Lernmethoden, Konzeption und Ablauf der Veranstaltungen).

Die Reihe BA KOMPAKT zeichnet sich aus durch:

- Fokussierung auf die elementaren Lernziele
- Starker Praxisbezug durch konkrete Beispiele
- Einbindung von Fallstudien für Einzel- und Gruppenarbeit
- Unmittelbare Anwendbarkeit des vermittelten Wissens durch Tipps und Hintergrundinformationen
- Übersichtliche, anschauliche Darstellung durch zahlreiche Kästen, Abbildungen und Tabellen
- Kontrollfragen zur Prüfung des Lernerfolgs

Weitere Informationen zu dieser Reihe http://www.springer.com/series/7570

Christian Möbius • Catherine Pallenberg

Risikomanagement in Versicherungsunternehmen

3., aktualisierte und ergänzte Auflage

Christian Möbius
DHBW Karlsruhe
Karlsruhe, Deutschland

Catherine Pallenberg
DHBW Mannheim
Mannheim, Deutschland

ISSN 1864-0354
BA KOMPAKT
ISBN 978-3-662-47916-2   ISBN 978-3-662-47917-9 (eBook)
DOI 10.1007/978-3-662-47917-9

Springer Gabler

Lektorat: Stefanie Brich/Margit Schlomski

Gedruckt auf säurefreiem und chlorfrei gebleichtem Papier

Springer Gabler ist Teil von Springer Nature
Die eingetragene Gesellschaft ist Springer-Verlag GmbH Berlin Heidelberg

Vorwort zur dritten Auflage

Seit dem 01. Januar 2016 gelten für die meisten Versicherungsunternehmen die Solvency-II-Richtlinien mit weitreichenden Konsequenzen für das Asset Management. Die bisherigen, restriktiven Anlagegrundsätze werden zugunsten eines prinzipienbasierten Aufsichtsrechts, das sogenannte Prudent Person Principle, ersetzt. Die verpflichtende Durchführung der bisherigen BaFin-Stresstests nach dem Rundschreiben 1/2004 gelten nur noch für Pensions- und Sterbekassen und sind damit für die meisten Versicherungsunternehmen obsolet geworden. Stattdessen sind unternehmensindividuelle sowie EIOPA-Stresstests durchzuführen. Gleichzeitig wurden mit der Einführung von Solvency II die „Aufsichtsrechtliche Mindestanforderungen an das Risikomanagement (MaRisk VA)" aufgehoben. Darüber hinaus gilt seit 2013 das Kapitalanlagebuch (KAGB), welches an die Stelle des Investmentgesetzes tritt. Daher musste das Kap. 3 „Asset Management" an die neue Gesetzeslage angepasst und überarbeitet werden.

Des Weiteren haben sich die Mindestzuführungsregelungen zur RfB mit dem Gesetz zur Absicherung stabiler und fairer Leistungen für Lebensversicherte (Lebensversicherungsreformgesetz – LVRG) zum 01. August 2014 geändert. Diese neuen Vorschriften wurden in Kap. 2 „Liability Management" ebenso eingearbeitet.

Leider haben sich verlagsseitig in der 2. Aufl. Fehler eingeschlichen, die in der 1. Aufl. so nicht bestanden. Wir bitten dies zu entschuldigen. Eine komplette Überarbeitung sollte nun alle Ungereimtheiten bzw. Druckfehler in der 3. Aufl. endgültig beseitigen.

Aus persönlichen Gründen konnte meine Koautorin Frau Prof. Dr. Catherine Pallenberg leider nicht an der Aktualisierung mitwirken. Daher übernehme ich für sämtliche Fehler die alleinige Verantwortung.

Ein besonderer Dank gilt Herrn Dipl. rer. pol. techn. Andreas Kramczynski, Wissenschaftlicher Mitarbeiter des Studiengangs BWL-Versicherung der Dualen Hochschule Baden-Württemberg Karlsruhe, für seine qualitativen Verbesserungsvorschläge.

Kritik, Anregungen sowie Fehlerhinweise können Sie direkt an moebius@dhbw-karls-ruhe.de senden. Viel Spaß und viele Erkenntnisgewinne bei der Lektüre.

Karlsruhe im Februar 2016   Prof. Dr. Christian Möbius

Vorwort zur zweiten Auflage

Die zahlreichen positiven Rückmeldungen zu diesem Buch haben uns einerseits in unserer Arbeit bestärkt und andererseits dazu geführt, die Qualität des Buches in der 2. Aufl. nochmals zu steigern. So konnten wir einige Ungereimtheiten bzw. Druckfehler beseitigen.

Im Kap. 3 „Asset Management" wurden die Anlagegrundsätze an das Rundschreiben 4/2011 der BaFin angepasst.

Für weitere Anregungen sowie Fehlerhinweise sind wir nach wie vor offen und dankbar. Wir wünschen weiterhin allen Lesern eine erhellende Lektüre zum Thema Risikomanagement.

Mannheim, Karlsruhe im August 2012   Prof. Dr. Catherine Pallenberg
                                                       Prof. Dr. Christian Möbius

Vorwort zur ersten Auflage

Die Auseinandersetzung mit neuen, aber interessanten Produktideen, mit überraschend auf uns zukommenden organisatorischen und gesetzlichen Veränderungen oder mit attraktiven Projektaufgaben kennzeichnet unseren Alltag in der Versicherungswirtschaft immer mehr. Die Beurteilung der Chancen, aber auch Risiken in der Versicherungswirtschaft sowie die Auseinandersetzung mit diesen auf der Aktiv- und Passivseite der Bilanz sind für die Autoren in den letzten beiden Jahrzehnten zu einem herausfordernden Thema geworden.

Der Begriff Risikomanagement ist in aller Munde, nicht erst seit der Einführung des Gesetzes zur Kontrolle und Transparenz, sondern seit Beginn versicherungsunternehmerischer Tätigkeiten. Denn Versicherung heißt, bewusst Risiken einzugehen und zu übernehmen und dies stets unter dem Aspekt, die potenziellen Chancen zu nutzen. Die zunehmend globalisierte, arbeitsteilige Gesellschaft führt zu einer Beschleunigung der wirtschaftlichen Prozesse – insbesondere seit der Deregulierung im Versicherungsmarkt. Damit geht ein Anstieg des unternehmerischen Risikos einher, Situationen und Entwicklungen falsch einzuschätzen und folgenreiche Fehlentscheidungen zu treffen. Dies hat uns insbesondere die Entwicklung des Kapitalmarkts im Jahr 2001 vor Augen geführt.

Die Steuerung von Risiken ist die Kernaufgabe eines jeden Versicherungsunternehmens. Die Literatur zum Thema Risikomanagement hat sich erst in den letzten 20 Jahren – also speziell seit der Deregulierung des Versicherungsmarktes entwickelt. Es gibt Lehrbücher, die das Thema mehr aus Sicht der Unternehmensführung aufbereiten, und andere, die das Thema mehr aus aktuarieller Sicht betrachten. Um das Thema Risikomanagement aufzuarbeiten, gehören Bestandteile der Versicherungsbetriebslehre, des Finanzmanagements und der Statistik dazu. Dieses Buch soll einen Überblick über sämtliche Grundlagen verschaffen: Angefangen bei den mathematischen Begriffen und Methoden über die gesetzlichen Grundlagen bis zu den Methoden der Kapitalanlagesteuerung. Die Kernbereiche Versicherungstechnik und Kapitalanlage werden gesondert aufbereitet, sodass das Buch auch als geeignetes Nachschlagewerk verwendet werden kann.

Das vorliegende Buch ist aus zahlreichen Vorlesungen, der praktischen Erfahrung im Finanz- und Risikomanagement, dem Entstehen oder Verhindern von Risiken in Prozessen sowie einzelnen Projekten in Versicherungsunternehmen entstanden. Viele Chancen, aber auch Gefahren entstehen oft, lange bevor ein Produkt oder Projekt gestartet wird. Daher beginnt Risikomanagement schon bei der Wahrnehmung der Chancen und Gefahren unternehmensweit, insbesondere bei der strategischen Planung und Zielsetzung.

Dieses Lehrbuch trennt grundsätzlich die Versicherungstechnik – die auf der Passivseite der Bilanz zu finden ist – und die Kapitalanlage, also die Aktivseite der Bilanz. Vorab werden jedoch zur Beherrschung beider Bilanzseiten die mathematischen bzw. finanzmathematischen und gesetzlichen Grundlagen erläutert. Eine Zusammenführung – insbesondere durch den Solvenzbegriff – erfolgt in einem gesonderten Kapitel.

Es ist uns aber ein Anliegen, vorab klarzustellen, dass die Kapitalanlage und die richtige Bilanzierung der Versicherungsrisiken untrennbar zusammengehören. Es gibt aus Sicht des Versicherungsunternehmens keine Kapitalanlage ohne Zeichnung von Versicherungsrisiken und vice versa. Diese Interdependenz führt zu dem Begriff *Asset Liability Management*. Es wird herausgearbeitet, dass dies die logische Konsequenz einer vernünftigen Risikobewertung im Versicherungsunternehmen ist. Nützlich bei der Konzeption dieses Buches war dabei der unterschiedliche Hintergrund der Autoren: Die Themengebiete konnten so einmal von der Aktivseite als auch von der Passivseite aufbereitet werden. Erfahrungen aus Sicht eines Asset Managers und eines Aktuars konnten erfolgreich verbunden werden. Neben der akademischen wissenschaftlichen Seite wurde somit auch der für die Ausbildung an der Dualen Hochschule Baden-Württemberg sehr wichtige Praxisbezug problemlos integriert.

Das Lehrbuch gibt einen sehr weit gefächerten Einblick in die Welt der Risikosteuerung der Versicherungsunternehmen, es werden alle wesentlichen Themengebiete des Risikomanagements angesprochen und praxisnah erklärt. Es eignet sich daher nicht nur als Basiswerk für die Bachelor-Studiengänge an der Dualen Hochschule Baden-Württemberg, sondern ebenfalls für alle betriebswirtschaftlichen Bachelor-Studiengänge an Universitäten und Fachhochschulen mit dem Fokus Risikomanagement. Aufgrund einer Vielzahl von Beispielen, Abbildungen und Tabellen versuchen wir, die teilweise abstrakten Inhalte anschaulich aufzuarbeiten. Dabei stellen wir für alle finanzmathematischen und statistischen Funktionen den praktischen Bezug zu Excel her: Jede Funktion wird mit den zugehörigen Eingabeparametern auch in der Excel-Schreibweise aufgeführt. Außerdem folgen jedem Kapitel mehrere Kontrollaufgaben, um die Inhalte der Kapitel zu testen und aufzuarbeiten. Die Lösungen zu diesen Aufgaben finden sich gesammelt am Schluss des Buches.

Zielgruppe unseres Buches „Risikomanagement in Versicherungsunternehmen" sind alle Studierenden und Dozenten der Dualen Hochschule Baden-Württemberg, aber auch von Universitäten und Fachhochschulen in den Bachelor-Studiengängen – insbesondere mit Interesse in der Versicherungsbetriebslehre. Als Unterstützung für Dozenten und

Interessierte stellen wir im Rahmen von e-book des Springer-Verlags Auszüge aus dem Buch sowie verschiedene Abbildungen zum Download zur Verfügung. Dem interessierten Leser wünschen wir eine erhellende Lektüre und viel Erfolg bei der Umsetzung hoffentlich neuer Erkenntnisse in die betriebliche Praxis.

Mannheim, Karlsruhe im November 2010   Prof. Dr. Catherine Pallenberg
                                                             Prof. Dr. Christian Möbius

Abkürzungsverzeichnis

AB	Anlagebetrag
ABS	Asset Backed Securities
Abs.	Absatz
AG	Aktiengesellschaft
AI	Aktienindex
AktG	Aktiengesetz
ALM	Asset Liability Management
AnlV	Anlageverordnung
ARR	Anfangsrisikoreserve
ART	Alternativer Risikotransfer
ASM	Available Solvency Capital
AZ	Ausgleichszahlung
BaFin	Bundesanstalt für Finanzdienstleistungsaufsicht
BerVersV	Verordnung über die Berichterstattung von VU
BGB	Bürgerliches Gesetzbuch
BP	Basispunkte
BSCR	Basic Solvency Capital Requirement
BU	Berufsunfähigkeit
BZM	Beitragszusage mit Mindestleistung
bzw.	beziehungsweise
C	Cushion oder Konvexität
CAPM	Capital Asset Pricing Model
CEIOPS	Committee of European Insurance and Occupational Pensions Supervisors
CFTC	Commodity Futures Trading Commission
CLN	Credit Linked Notes
CME	Chicago Mercantile Exchange
COBT	Chicago Board of Trade
CPPI	Constant Proportion Portfolio Insurance

CTD	Cheapest-to-Deliver
CVaR	Conditional Value at Risk
D	Duration
d. h.	das heißt
DAV	Deutsche Aktuarvereinigung e. V.
DeckRV	Deckungsrückstellungsverordnung
DJ	Dow Jones
DRS	Deutscher Rechnungslegungs Standard
DRSC	Deutsches Rechnungslegungs Standards Committee e. V.
DSR	Deutscher Standardisierungsrat
DTG	Devisentermingeschäft
E	Aktienexposure
EffERR	Effektive (tatsächliche) Endrisikoreserve
EffG	Effektiver (tatsächlicher) Gewinn
EIOPA	European Insurance and Occupational Pensions Authority
EK	Eigenkapital
EM	Eigenmittel
EONIA	Euro OverNight Index Average
ErwERR	Erwartete Endrisikoreserve
ErwG	Erwarteter Gewinn
ES	Expected Shortfall
ETL	Expected Tail Loss
EU	Europäische Union
EURIBOR	Euro Interbank Offered Rate
EV	Erstversicherer, Erstversicherung
EVA	Economic Value Added
EVU	Erstversicherungsunternehmen
EWR	Europäischer Wirtschaftsraum
f	Floor-Prozentsatz
F	Floor
f. e. R.	für eigene Rechnung
FGBL	Euro-Bund-Future
FR	Forward Rate
FRA	Forward Rate Agreement
FX	Foreign Exchange
G/V	Gewinn/Verlust
GAP	englisch für „Lücke"
GbR	Gesellschaft des bürgerlichen Rechts
GE	Geldeinheiten
ggf.	ggf.
GmbH	Gesellschaft mit beschränkter Haftung

HGB	Handelsgesetzbuch
i	interest rate (Marktzinssatz)
i. A.	im Allgemeinen
i. d. R.	in der Regel
i. e. S.	im engeren Sinne
IFRS	International Financial Reporting Standards
IKS	Internes Kontrollsystem
ILB	Insurance Linked Bonds
ILS	Insurance Linked Securities
InvG	Investmentgesetz
ISIN	International Securities Identification Number
IT	Information Technology (Informationstechnik)
K	Kupon
KAGB	Kapitalanlagegesetzbuch
KalV	Kalkulationsverordnung
kEffS	effektive (tatsächliche) Kollektivschäden
kErwS	kollektiver Schadenerwartungswert
KfW	Kreditanstalt für Wiederaufbau
KFZ	Kraftfahrzeug
KG	Kommanditgesellschaft
KonTraG	Gesetz zur Kontrolle und Transparenz im Unternehmensbereich
kP	kollektive Risikoprämie
KS	Kumulschaden
kSZ	kollektiver Sicherheitszuschlag
L	Layer (Haftungsstrecke)
LIBOR	London Interbank Offered Rate
LPM	Lower Partial Moments
LVRG	Lebensversicherungsreformgesetz
M	Multiplikator
MaRisk	Mindestanforderungen an das Risikomanagement
max	maximal, Maximum
MCR	Minimal Capital Requirement
MD	Modified Duration
min	minimal, Minimum
Mio.	Million(en)
MP	Marktportfolio
Mrd.	Milliarde(n)
MVP	Minimum-Varianz-Portfolio
MW	Marktwert
NatCat	Naturkatastrophenrisiko
NK	Nominalkapital

NOPAT	Net Operating Profit after Taxes
NW	Nennwert
OTC	Over-the-Counter
P	Priorität (Selbstbehalt)
p. a.	per annum
p. P.	pro Periode
PCS	Property Claim Services
Pip	Percentage in point
PKW	Personenkraftwagen
PML	Probable Maximum Loss
PV	Present Value
QIS	Quantitative Impact Studies
R	Risiko
RechVersV	Rechnungslegungsverordnung
RfB	Rückstellung für Beitragsrückerstattung
RoE	Return on Equity
RP	Referenzperiode
RV	Rückversicherer, Rückversicherung
RVK	Rückversicherungskosten
RVU	Rückversicherungsunternehmen
RZ	Referenzzinssatz
S	Schadenzahlung
SB	Selbstbehalt
SCR	Solvency Capital Requirement
SPV	Special Purpose Vehicel
t	time
TB	Technisches Bruttoergebnis
TIPP	Time-Invariant Portfolio Protection
TN	Technisches Nettoergebnis
Tr	Trigger
Tz.	Textziffer
V	Portfoliowert
VAG	Versicherungsaufsichtsgesetz
VaR	Value at Risk
vgl.	vergleiche
VS	Versicherungssumme
vs.	versus
VT	Versicherungstechnik
vt.	versicherungstechnisch...
VU	Versicherungsunternehmen
VVaG	Versicherungsverein auf Gegenseitigkeit

VVG	Versicherungsvertragsgesetz
z. B.	zum Beispiel
ZK	Zinskosten
ZL	Zeichnungslimit
ZÜB	Zukünftige Überschüsse

Inhaltsverzeichnis

Abbildungsverzeichnis

Tabellenverzeichnis

Grundlagen

Risiko ist die Beschreibung eines Ereignisses mit der Möglichkeit einer negativen Auswirkung, also eines Verlusts, oder einer positiven Auswirkung, also eines Gewinns. Ursächlich ist das Risiko mit einem Wagnis verbunden. Die Risikotheorie beschäftigt sich mit Risiken, die sich aus komplexen Kombinationen von Vorgängen ergeben.

Was ist nun die Rolle der Versicherungsunternehmen hinsichtlich des Risikos? Die Ungewissheit der Schäden bezüglich Eintrittszeitpunkt, Anzahl und Höhe ist die Existenzgrundlage der Versicherung. Durch Modellbildung wird das Risiko operationalisiert und besser kontrollierbar gemacht. Daher spielt die Mathematik im Produktdesign des Produkts Versicherungsschutz eine wichtige Rolle, um flexibel auf die Anforderungen des Marktes in geeignete neue Produkte reagieren zu können. Dieses Spezialgebiet der Mathematik ist in der Risikotheorie angesiedelt. Wir beginnen daher mit den mathematischen Grundlagen der Risikotheorie.

1.1 Risikotheoretische Grundlagen und Verfahren

Lernziele

Dieses Kapitel vermittelt:

- Eine allgemeine Einführung in den Bereich Risikotheorie, insbesondere der statistischen Grundlagen
- Grundlagen der Finanzderivate
- Grundlagen des Risikoprozesses und der gesetzlichen Anforderungen

© Springer-Verlag Berlin Heidelberg 2016
C. Möbius, C. Pallenberg, *Risikomanagement in Versicherungsunternehmen*,
BA KOMPAKT, DOI 10.1007/978-3-662-47917-9_1

1.1.1 Statistische Grundlagen

Die Auswirkungen des Zufalls drücken sich im Risiko aus. Daher beschäftigt sich das auf den Zufall spezialisierte Teilgebiet der Mathematik, die Stochastik, vorrangig mit Risiken. Die mathematische Statistik, ein Teilgebiet der Stochastik, versucht durch Untersuchung von Vergangenheitsbeobachtungen vergleichbarer Vorgänge, das vorliegende Risiko zu beschreiben. Die Wahrscheinlichkeitstheorie beschreibt die mathematischen Grundlagen des Zufalls und der Risiken.

1.1.1.1 Zufallsvariable und Verteilung

Ein Vorgang, dessen Ergebnis (Ausgang) nicht mit Sicherheit vorausgesagt werden kann, nennt man *Zufallsexperiment*. Die Menge aller möglichen Ergebnisse eines Zufallsexperiments nennt man *Grundgesamtheit* und wird mit Ω bezeichnet. Ein einziges mögliches Ereignis bezeichnet man als *Elementarereignis* ($\omega \, \varepsilon \, \Omega$). Eine Menge von Ereignissen wird üblicherweise mit Ereignis ($A \subset \Omega$) bezeichnet.

Beispielsweise ist Würfeln ein Zufallsexperiment mit $\Omega = \{1, 2, 3, 4, 5, 6\}$. Das Ereignis, eine ungerade Zahl zu würfeln, ist $A = \{1, 3, 5\}$.

Eine *Zufallsvariable X* (Zufallsgröße) eines Zufallsexperiments ist eine Funktion, die jedem Ereignis eine Zahl zuordnet: $X : \Omega \to IR$. Die Wertemenge der Zufallsgröße wird mit $W(X)$ bezeichnet und die Elemente mit $x_1, x_2, \ldots$

Nehmen wir wieder das Beispiel Würfeln mit $\Omega = \{1, 2, 3, 4, 5, 6\}$. Die Zufallsvariable $X(i) = i$ repräsentiert die Augenzahl und die Zufallsvariable

$$X(i) = \begin{cases} 1 & i = 6 \\ 0 & \text{sonst} \end{cases} \quad \text{beschreibt das Spiel „6" gewinnt.}$$

Eine *diskrete* Zufallsvariable ist eine Zufallsvariable mit einem endlichen (abzählbaren) Wertebereich. Eine *stetige* Zufallsvariable hat einen überabzählbaren Wertebereich.

Beispielsweise ist Würfeln oder der Münzwurf durch eine diskrete Zufallsvariable gegeben, während der Renditeverlauf einer Aktie durch eine stetige Zufallsvariable modelliert werden muss (alle reellen Zahlen sind möglich!).

Eine Funktion P von Ω in [0,1] heißt *Wahrscheinlichkeitsmaß*, wenn gilt:

- $P(\Omega) = 1$ und $P(\emptyset) = 0$
- $0 \leq P(A) \leq 1$ für $A \subset \Omega$
- $P\left(\bigcup_i A_i\right) = \sum_i A_i$, wenn A_i disjunkt (keine gemeinsamen Elemente)

Für das Beispiel Würfeln ergibt sich: $\Omega = \{1, 2, \ldots, 6\}$. Das Ereignis, eine ungerade Zahl zu würfeln, ist $A = \{1, 3, 5\}$. Also ist $P(\{k\}) = \frac{1}{6}$, $k = 1, 2, 3, 4, 5, 6$ und $P(A) = \frac{card(A)}{6} = \frac{1}{2}$, wobei *card(A)* die Anzahl der möglichen Ereignisse der Menge A bezeichnet.

Aus den drei Axiomen ergibt sich eine Reihe von Rechengesetzen wie beispielsweise $P(A) = 1 - P(A^c)$ und $P(A \cup B) = P(A) + P(B) - P(A \cap B)$.

Um den wichtigen Begriff der *Unabhängigkeit* einzufügen, ist der Begriff der *Bedingten Wahrscheinlichkeit* nötig.

▶ **Definition Bedingte Wahrscheinlichkeit** *Die Bedingte Wahrscheinlichkeit von A unter B ist definiert durch:*

$$P(A|B) = P_B(A) = \frac{P(A \cap B)}{P(B)}, \quad \text{sofern } P(B) > 0.$$

Beispielsweise ist die einjährige Sterbewahrscheinlichkeit eines 30-Jährigen eine bedingte Wahrscheinlichkeit. Die Bedingung B ist, dass er ja bereits das 30. Lebensjahr erreicht hat, und das Ereignis A, dass er zwischen dem 30. und 31. Geburtstag verstirbt.

In der *Risikotheorie* ist die Unabhängigkeit ein sehr bedeutender Umstand. Denn i. d. R. sind bestimmte Ereignisse und Risikofaktoren nicht unabhängig. Die Modelle unterstellen jedoch häufig Unabhängigkeit!

Unabhängigkeit liegt also vor, wenn: $P(A \cap B) = P(A) \cdot P(B)$. Die Ereignisse heißen also unabhängig, wenn das Eintreten von B keinen Einfluss auf A hat und umgekehrt.

Bei einer diskreten Zufallsvariable ist die *Verteilung* vollständig durch die Angabe der Einzelwahrscheinlichkeiten bestimmt: $p_i = P(X = x_i)$ mit $\sum_{i=1}^{n} p_i = 1$.

Bei einer stetigen Zufallsvariable ist die Berechnung nicht mehr so einfach möglich, man braucht daher den Begriff der *Dichtefunktion*.

Unter der Verteilungsfunktion einer Zufallsvariable verstehen wir: $F(x) = P(X \leq x)$. Für jeden möglichen Wert x gibt die Verteilungsfunktion die Wahrscheinlichkeit an, dass die Zufallsvariable den Wert x nicht übersteigt.

Aus den Eigenschaften eines Wahrscheinlichkeitsmaßes lassen sich folgende Eigenschaften ableiten:

- $\lim\limits_{x \to \infty} F(x) = 1$ und $\lim\limits_{x \to -\infty} F(x) = 0$
- F ist linksseitig stetig.
- F ist isoton, d. h. für $A \subseteq B : F(A) \leq F(B)$.

Gibt es für eine Zufallsvariable X mit Verteilungsfunktion F_x eine Funktion $f(x)$ mit $f(x) \geq 0$ und gilt $F(x) = \int\limits_{-\infty}^{x} f(y)dy$, so heißt f Dichtefunktion von F_x.

Beispielsweise möchte man die Frage beantworten, wie groß die Wahrscheinlichkeit ist, dass ein zu erwartender Schaden eine bestimmte Höhe x nicht überschreitet: $P(X \leq x)$.

Tab. 1.1 Musterbestand. (Quelle: eigene Darstellung)

Anzahl der Verträge	Versicherungssumme	Häufigkeitsverteilung
500	10.000	5 %
4.500	50.000	45 %
3.000	100.000	30 %
1.500	150.000	15 %
500	200.000	5 %

Beispiel (Versicherungsbestand)

Es wird ein Bestand an Versicherungsverträgen ausgewertet und man erhält folgende Verteilung wie in Tab. 1.1 der Versicherungssummen:

Dann ist die Wahrscheinlichkeit, dass ein Vertrag eine Versicherungssumme bis zu 100.000 € hat: $P(X \leq 100.000) = 0,05 + 0,45 + 0,3 = 0,8$. Die durchschnittliche Versicherungssumme ist 85.500 €. Dies führt uns zum Begriff des Erwartungswerts.

1.1.1.2 Kennzahlen der Verteilung

Lageparameter sind Größen, die die mittlere Lage der Wahrscheinlichkeitsbelegung einer Zufallsvariablen angeben. Die wichtigste Größe dieser Art ist die mathematische Erwartung, also der *Erwartungswert* (Mittelwert), und wird mit $E(x)$ bezeichnet.

Diskrete Zufallsvariable: $E(X) = \sum_{i=1}^{n} x_i \cdot p(x_i)$

Stetige Zufallsvariable: $E(X) = \int_{-\infty}^{\infty} x \cdot f(x) dx$

Der Erwartungswert im Beispiel Würfeln ist leicht zu berechnen:

$$E(X) = \frac{1}{6} \cdot (1 + 2 + 3 + 4 + 5 + 6) = 3,5$$

Die Excel-Funktion **MITTELWERTA**(Wert1, Wert2, …) gibt den Mittelwert der Argumente zurück. Es wird unterstellt, dass jeder Wert gleich wahrscheinlich ist.

Bleiben wir bei dem Beispiel des Versicherungsbestands, so ist die durchschnittliche Versicherungssumme, also der Mittelwert:

$$E(X) = \begin{pmatrix} 0,05 \cdot 10.000 + 0,45 \cdot 50.000 + 0,3 \cdot 100.000 \\ +0,15 \cdot 150.000 + 0,05 \cdot 200.000 \end{pmatrix} = 85.500$$

Die hohe Bedeutung des Erwartungswerts in der Risikotheorie liegt an dem folgenden Sachverhalt: Werden unabhängige Realisationen einer Zufallsvariablen beobachtet, dann nähert sich der arithmetische Durchschnittswert der Beobachtungen mit zunehmender Zahl von Beobachtungen dem Erwartungswert der Verteilung (dies erfolgt sogar mit Wahrscheinlichkeit 1). Diesen Zusammenhang nennt man das *Starke Gesetz der großen Zahl*.

Ein weiterer Lageparameter ist der *Median*. Der Median $M(x)$ ist derjenige Wert, über und unter dem jeweils die Hälfte der Wahrscheinlichkeit liegt:

$$P(X \leq M(X)) = P(X) \geq M(X)) = \frac{1}{2}$$

Im Beispiel Versicherungsbestand ist der Median die Versicherungssumme 50.000 €.

Die Excel-Funktion **MEDIAN**(Zahl1, Zahl2, ...) gibt den Median bzw. die Zahl in der Mitte von angegebenen Zahlen zurück.

Kommen wir nun zu den Maßen, die die Abweichungen der Zufallsvariablen von ihrem erwarteten Wert messen (Streuungs- oder Dispersionsmaße). Das wichtigste Dispersionsmaß ist die *Varianz*

$$Var(X) = E\left((X - E(X))^2\right)$$

Dies gibt die quadrierten Abweichungen vom Erwartungswert an. Das bedeutendste *Streuungsmaß* ist die *Standardabweichung* (Streuung) der Zufallsvariablen und ist die positive Wurzel aus der Varianz:

$$\sigma(X) = \sqrt{Var(X)}$$

Die Varianz und Streuung im Beispiel Würfeln sind wieder leicht zu berechnen:

$$Var(X) = \frac{1}{6} \cdot \left(\begin{matrix} (1-3,5)^2 + (2-3,5)^2 + (3-3,5)^2 + (4-3,5)^2 \\ +(5-3,5)^2 + (6-3,5)^2 \end{matrix} \right) = 2,92 \text{ und}$$

$$\sigma(X) = \sqrt{Var(X)} = 1,71$$

Die Excel-Funktion **VARIANZEN**(Zahl1, Zahl2, ...) berechnet die Varianz ausgehend von einer Grundgesamtheit.

Die Excel-Funktion **STABWN**(Zahl1, Zahl2, ...) berechnet die Standardabweichung ausgehend von einer Grundgesamtheit.

Bleiben wir bei dem Beispiel des Versicherungsbestands, so sind die Varianz und die Streuung:

$$Var(X) = \begin{pmatrix} 0{,}05 \cdot (10.000 - 85.500)^2 + 0{,}45 \cdot (50.000 - 85.500)^2 \\ +0{,}3 \cdot (100.000 - 85.500)^2 + 0{,}15 \cdot (150.000 - 85.500)^2 \\ +0{,}05 \cdot (200.000 - 85.500)^2 \end{pmatrix} = 2.194.750.000$$

$$\sigma(X) = \sqrt{Var(X)} = 46.848{,}159$$

Ein weiterer Funktionalparameter ist die *Schiefe* ($\gamma(X)$) einer Verteilung, die den Grad der Asymmetrie einer Verteilung angibt:

$$\gamma(X) = \frac{E\left((X - E(X))^3\right)}{\sigma(X)^3}$$

Eine symmetrische Verteilung hat die Schiefe 0, eine linksschiefe Verteilung liegt vor, wenn $\gamma(X) < 0$ eine rechtsschiefe, wenn $\gamma(X) > 0$ gilt.

Die Excel-Funktion **SCHIEFE**(Zahl1, Zahl2, ...) berechnet die Schiefe einer Verteilung (vgl. auch Abb. 1.1).

Für unseren Versicherungsbestand ergibt sich eine positive Schiefe:

$$\gamma(X) = \frac{\begin{pmatrix} 0{,}05 \cdot (10.000 - 85.500)^3 + 0{,}45 \cdot (50.000 - 85.500)^3 \\ +0{,}3 \cdot (100.000 - 85.500)^3 + 0{,}15 \cdot (150.000 - 85.500)^3 \\ +0{,}05 \cdot (200.000 - 85.500)^3 \end{pmatrix}}{46.848{,}159^3} = 0{,}72525045$$

Als letzte charakteristische Größe für eine Verteilung soll der Begriff des *Quantils* (Fraktil) erklärt werden. Dies ist eine Verallgemeinerung des Medians, und zwar wird hierbei die Verteilung nicht halbiert, sondern es wird in zwei ungleiche Teile aufgeteilt. Das $(1 - \varepsilon)$-Quantil erfüllt Folgendes:

$$P(X \le F_\varepsilon) = 1 - \varepsilon \quad \text{und somit} \quad P(X > F_\varepsilon) = \varepsilon$$

Liegt eine stetige Verteilungsfunktion F vor, so bedeutet das $(1 - \varepsilon)$-Quantil F_ε, dass die linksseitige Fläche unterhalb der Dichtefunktion f gerade $(1 - \varepsilon)$ und die rechtsseitige Fläche ε beträgt.

Die Excel-Funktion **QUANTIL**(*Matrix*, $1 - \varepsilon$) gibt das $(1 - \varepsilon)$-Quantil einer Gruppe von Daten zurück.

Beispiel

Bei dem Würfeln wäre das 40 %-Quantil 3.

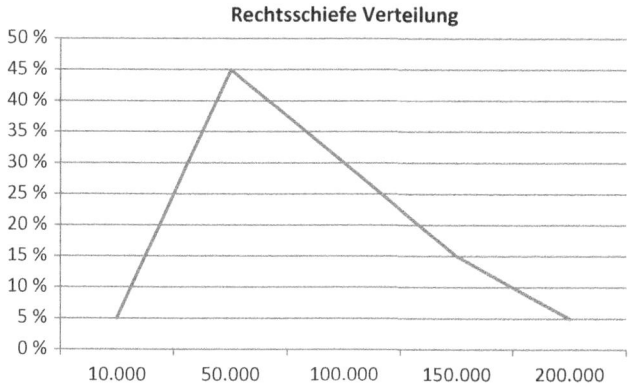

Abb. 1.1 Schiefe einer Verteilung. (Quelle: eigene Darstellung)

Beispielsweise ist die Berechnung eines Quantils grundlegend für die Bewertung von Risiken. Das Quantil ist die Grundlage für den *Value at Risk*. Die Definition wird im Abschn. 1.1.1.5 erfolgen.

1.1.1.3 Besonderheiten der Normalverteilung

Zufallsvariablen, die den Dichtegraph einer Glockenkurve haben, nennt man *normalverteilt* (vgl. Abb. 1.2).

Der berühmte deutsche Mathematiker Carl Friedrich Gauß (1777–1855) hat sich vornehmlich mit dem Problem der mathematischen Beschreibung von Messfehlern und Abweichungen beschäftigt.

Dies führte ihn zur möglichst einfachen Beschreibung von Glockenkurven:

$$g(x) = c \cdot e^{-k \cdot x^2},$$

die ihr Maximum an der Stelle 0 haben. Mit der zusätzlichen Bedingung, dass die Wendestellen in 1 und −1 liegen, führt dies zu $k = \frac{1}{2}$.

Damit ist die Funktion eine Wahrscheinlichkeitsdichte, also

$$\int_{-\infty}^{\infty} c \cdot e^{-k \cdot x^2} dx = 1 \text{ gilt, ergibt sich } c = \frac{1}{\sqrt{2\pi}}$$

Somit ist die Gauß'sche Glockenverteilung, auch als Standardnormalverteilung mit Erwartung 0 und Streuung 1, erklärt.

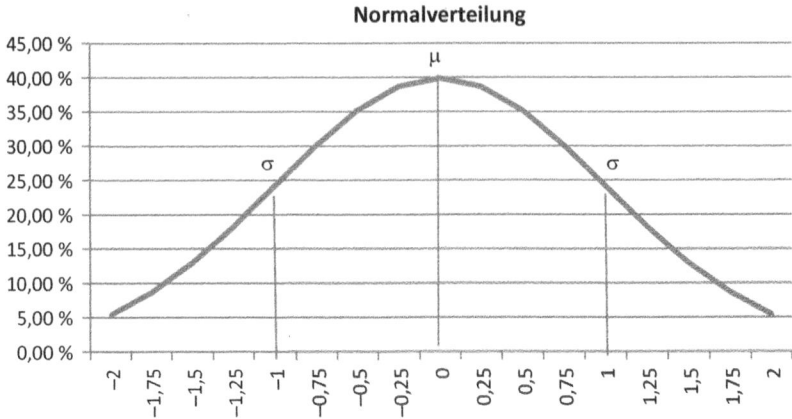

Abb. 1.2 Lage der Normalverteilung. (Quelle: eigene Darstellung)

▶ **Definition Normalverteilung** *Durch eine Normierung gelangt man zum Korrelations-koeffizienten*:

$$\Phi(x) = \frac{1}{\sqrt{2\pi}} \int\limits_{-\infty}^{x} e^{-\frac{1}{2}t^2} dt = N(0,1)$$

Unter einer allgemeinen Normalverteilung mit Erwartung μ und Streuung σ versteht man:

$$\Phi(x)\frac{1}{\sqrt{2\sigma\pi}} \int\limits_{-\infty}^{x} e^{-\frac{1}{2}\left(\frac{t-\mu}{\sigma}\right)^2} dt = N\left(\mu, \sigma^2\right)$$

Die Excel-Funktion **NORMVERT**(x, *Mittelwert, Standabwn, Kumuliert*) gibt Wahrscheinlichkeiten einer normalverteilten Zufallsvariable zurück.

Bleiben wir bei dem Beispiel des Versicherungsbestands. Unterstellen wir nun, dass der Bestand normalverteilt ist. Es wurde der Erwartungswert $\mu = 85.500$ und die Streuung $\sigma = 46.848,16$ berechnet. Wie groß ist die Wahrscheinlichkeit, dass die Versicherungssumme kleiner gleich 50.000 ist? $P(X \leq 50.000)$. Zur Berechnung führt man eine *Transformation* auf die Standardnormalverteilung durch $\frac{X-\mu}{\sigma}$ und kann somit für alle Normalverteilungen die Tabelle der $N(0,1)$-Verteilung verwenden. Aus der Symmetrie der Normalverteilung erhält man $\Phi(-x) = 1 - \Phi(x)$ und braucht somit nur die Tabelle der positiven Werte:

$$P\left(\frac{X-\mu}{\sigma} \leq \frac{50.000-85.500}{46.848,16}\right) = \Phi(-0,75776722) = 1 - 0,77570483 = 0,22429517$$

Genauso kann nun einfach die inverse Frage beantwortet werden: Wie hoch ist die maximale Versicherungssumme im 75 %-Quantil? $P(X \leq VS) = 0{,}75$. Aus der Tabelle erhält man den Quantilwert

$$z_{75\%} = \Phi^{-1}(0,75) = 0,67448975 \quad \text{und somit}$$

$$VS = z_{75\%} \cdot \sigma + \mu = 117.098,604$$

1.1.1.4 Spezielle Verteilungen
Nachfolgend werden diskrete und stetige Verteilungen aufgeführt, die in der Risiko-theorie Anwendung finden.

1.1.1.4.1   Diskrete Verteilungen
Poissonverteilung

$$P(X = k) = \frac{\lambda^k}{k!} \cdot e^{-\lambda}$$

Erwartungswert: $E(X) = \lambda$ und Varianz: $Var(X) = \lambda$

Die Excel-Funktion **POISSON**(x, *Mittelwert*, *Kumuliert*) gibt Wahrscheinlichkeiten einer poissonverteilten Zufallsvariablen zurück.

Binomialverteilung

$$P(X = k) = \binom{n}{k} \cdot p^k \cdot (1-p)^{n-k}$$

Erwartungswert: $E(X) = n \cdot p$ und Varianz: $Var(X) = n \cdot p \cdot (1-p)$

Die Excel-Funktion **BINOMVERT**(*Zahl_Erfolge*, *Versuche*, *Erfolgswahrsch*, *Kumu-liert*) gibt Wahrscheinlichkeiten einer binomialverteilten Zufallsvariable zurück.

Negative Binomialverteilung (k Misserfolge bis zum r-ten Erfolg):

$$P(X = k) = \binom{r+k-1}{k} \cdot p^k \cdot (1-p)^r$$

Erwartungswert: $E(X) = \frac{r \cdot p}{1-p}$ und Varianz: $Var(X) = \frac{r \cdot p}{(1-p)^2}$

Die Excel-Funktion **NEGBINOMVERT**(*Zahl_Misserfolge, Zahl_Erfolge, Erfolgs-wahrsch*) gibt Wahrscheinlichkeiten einer negativ binomialverteilten Zufallsvariablen zurück.

1.1.1.4.2   Stetige Verteilungen

Exponentialverteilung

Die Dichtefunktion ist $f_\lambda(x) = \lambda \cdot e^{-\lambda x}$, $\lambda > 0$, $x > 0$.

Die Verteilungsfunktion ist $F_\lambda(x) = 1 - e^{-\lambda x}$, $\lambda > 0$, $x > 0$.

Erwartungswert: $E(X) = \frac{1}{\lambda}$ und Varianz: $Var(X) = \frac{1}{\lambda^2}$

Die Excel-Funktion **EXPONVERT**(*x, lambda, Kumuliert*) gibt Wahrscheinlichkeiten einer exponentialverteilten Zufallsvariablen zurück.

Gammaverteilung

Die Dichtefunktion ist $f_{\lambda,k}(x) = \frac{1}{\Gamma(k)} \cdot \lambda^k \cdot x^{k-1} \cdot e^{-\lambda x}$, $\lambda > 0$, $x > 0$.

Die Verteilungsfunktion ist $F_{\lambda,k}(x) = 1 - e^{-\lambda x} \cdot \sum_{n=1}^{k-1} \frac{(x \cdot \lambda)}{n!}$, $\lambda > 0$, $x > 0$.

Erwartungswert: $E(X) = \frac{k}{\lambda}$ und Varianz: $Var(X) = \frac{k}{\lambda^2}$

Die Excel-Funktion **GAMMAVERT**(*x, k, lambda, Kumuliert*) gibt Wahrscheinlichkeiten einer gammaverteilten Zufallsvariablen zurück.

Lognormalverteilung (Logarithmische Normalverteilung)

Die Dichtefunktion ist $f_{\mu,\sigma}(x) = \frac{1}{x \cdot \sigma \cdot \sqrt{2\pi}} \cdot \exp\left(-\frac{(\log(x)-\mu)^2}{2 \cdot \sigma^2}\right)$.

Erwartungswert: $E(X) = \exp\left(\mu + \frac{\sigma^2}{2}\right)$ und

Varianz $Var(X) = (\exp(\sigma^2) - 1) \cdot \exp(2\mu + \sigma^2)$

Die Excel-Funktion **LOGNORMVERT**(*x, Mittelwert, Standabwn*) gibt Werte der Verteilungsfunktion einer lognormalverteilten Zufallsvariablen zurück.

Betaverteilung

Die Dichtefunktion ist $f_{p,q}(x) = \frac{\Gamma(p+q)}{\Gamma(p) \cdot \Gamma(q)} \cdot x^{p-1} \cdot (1-x)^{q-1}$.

Erwartungswert: $E(X) = \frac{p}{p+q}$ und Varianz: $Var(X) = \frac{p \cdot q}{(p+q)^2 \cdot (p+q+1)}$

Die Excel-Funktion **BETAVERT**(*x, p, q, A, B*) gibt Werte der Verteilungsfunktion einer betaverteilten Zufallsvariablen zurück, wobei [*A,B*] der Definitionsbereich ist.

1.1.1.5 Risikomaße

Die Berechnung von *Risikomaßen* ist eine Teilaufgabe der Risikoquantifizierung. Unter Risikoquantifizierung versteht man die Bewertung von Risiken durch die Beschreibung mittels einer geeigneten Verteilungsfunktion, diese kann auch anhand historischer Daten geschätzt sein. Ziel der Quantifizierung ist es zunächst, die identifizierten Risiken quantitativ durch geeignete Wahrscheinlichkeitsverteilungen zu beschreiben. Dafür existieren in der Risikotheorie zwei alternative Varianten:

- Zwei Verteilungsfunktionen: eine zur Darstellung der Schadenhäufigkeit in einer Periode (beispielsweise mithilfe der Binomialverteilung – siehe Abschn. 1.1.1.4.1) und eine weitere zur Darstellung der Schadenhöhe je Schadenfall (beispielsweise mithilfe der Normalverteilung).
- Eine verbundene Verteilungsfunktion, mit der die Risikowirkung in einer Periode dargestellt wird.

Aus der Verteilungsfunktion lassen sich Risikomaße wie die Streuung oder der Value at Risk zum Vergleich von Risiken ableiten. Die Risikomaße können sich auf Einzelrisiken, aber auch auf den Gesamtrisikoumfang – beispielsweise bezogen auf den Gewinn eines Unternehmens – beziehen. Die quantitative Bewertung einer Gesamtrisikoposition erfordert eine Aggregation der Einzelrisiken. Diese ist beispielsweise mittels Monte-Carlo-Simulation (Abschn. 1.1.1.7) möglich.

Risikomaße lassen sich grundsätzlich unterscheiden in Maße für ein einzelnes Risiko oder Maße, die das Risiko zweier Zufallsgrößen zueinander in Beziehung setzt. Ein solches Maß ist beispielsweise die Kovarianz bzw. der Korrelationskoeffizient.

▶ **Definition Kovarianz** *Die Kovarianz von zwei Zufallsvariablen X und Y ist definiert als*

$$Cov(X, Y) = E(X \cdot Y) - E(X) \cdot E(Y)$$

Durch eine Normierung gelangt man zum Korrelationskoeffizienten:

$$\rho(X, Y) = \frac{Cov(X, Y)}{\sigma(X) \cdot \sigma(Y)} \quad \text{mit} \quad -1 \leq \rho(X, Y) \leq 1$$

Es gilt insbesondere: $Var(X + Y) = Var(X) + Var(Y) + 2 \cdot Cov(X, Y)$.

Die Excel-Funktion **KORREL**(*Matrix1, Matrix2*) gibt den Korrelationskoeffizient zweier Reihen von Merkmalsausprägungen zurück. Die Excel-Funktion **KOVAR** (*Matrix1, Matrix2*) gibt die Kovarianz zweier Reihen von Merkmalsausprägungen zurück (Mittelwert der für alle Datenpunktpaare gebildeten Produkte der Abweichungen).

Beispiel

Für drei Risiken wurden wie in Tab. 1.2 dargestellt fünf Perioden beobachtet:

Dann liefern die Excel-Funktionen bei *Risiko 1* einen Mittelwert von 100 und eine Standardabweichung von 19,96 (gerundet 20) und bei *Risiko 2* einen Mittelwert von 90 und eine Standardabweichung von 9,98 (gerundet 10). *Risiko 3* erhält einen Mittelwert von 204 und eine Standardabweichung von 63,44. Die Kovarianzfunktion

	Risiko 1	Risiko 2	Risiko 3
Tab. 1.2 Korrelation von Risiken. (Quelle: eigene Darstellung)	91	75	180
	95	100	250
	119	102	170
	70	85	120
	125	88	300

liefert zwischen *Risiko 1 und Risiko 2* einen Wert von 82,6 und der Korrelationskoeffizient beträgt 0,415. Bei *Risiko 1 und Risiko 3* kommt es zu einem Wert von 932 und der Korrelationskoeffizient beträgt 0,63.

Risikomaße lassen sich nun auf verschiedene Art und Weise weiter klassifizieren. Zum einen nach der Lageabhängigkeit (ein Lageparameter war der Erwartungswert). Also ist die Standardabweichung ein lageunabhängiges Risikomaß und quantifiziert das Risiko als Ausmaß der Abweichungen von einer Zielgröße. Ein lageabhängiges Risikomaß wie beispielsweise der Eigenkapitalbedarf hingegen ist von der Höhe des Erwartungswertes abhängig. Häufig kann ein solches Risikomaß als „notwendiges Eigenkapital" bzw. „notwendige Prämie" zur Risikodeckung angesehen werden. Dabei können die beiden Arten teilweise ineinander umgeformt werden. Wendet man beispielsweise ein lageabhängiges Risikomaß nicht auf eine Zufallsgröße X, sondern auf eine zentrierte Zufallsgröße $(X - E(X))$ an, so ergibt sich ein lageunabhängiges Risikomaß. Da in die Berechnung von lageabhängigen Risikomaßen auch die Höhe des Erwartungswerts $E(X)$ einfließt, können diese auch als eine Art risikoadjustierter Performancemaße (Variationskoeffizient) interpretiert werden.

Eine weitere Unterscheidung von Risikomaßen ergibt sich aus dem Umfang der berücksichtigten Informationen hinsichtlich der zugrunde liegenden Verteilung. Zweiseitige Risikomaße wie die Standardabweichung berücksichtigen diese komplett, während die sogenannten Downside-Risikomaße wie beispielsweise der Value at Risk und die Momentenmaße bzw. LPM-Maße (Lower Partial Moments) sowie die Ausfallwahrscheinlichkeit lediglich die Verteilung ab einer bestimmten Schranke betrachten. Sie sind sinnvoll, wenn die Risiken nicht symmetrisch und Verluste besonders zu beachten sind.

Kommen wir nun zu den Definitionen und Anwendungen:

1.1.1.5.1 Standardabweichung

Das bedeutendste Streuungsmaß für ein Risiko ist die Standardabweichung der Zufallsvariablen und ist die positive Wurzel aus der Varianz:

$$\sigma(X) = \sqrt{Var(X)}$$

Dies ist ein absolutes Risikomaß – je größer die Streuung, desto größer das Risiko.

1.1.1.5.2 Variationskoeffizient

Der Variationskoeffizient ist ein relatives Risikomaß und ist das Verhältnis von Standardabweichung zu Erwartung der Zufallsvariablen:

$$Varkoeeff(X) = \frac{\sigma(X)}{E(X)}$$

Je größer der Variationskoeffizient, desto größer das Risiko.

1.1.1.5.3 Value at Risk

Insbesondere im Bank- und Versicherungswesen findet der Value at Risk ($VaR(X)$) als eine Art wahrscheinlicher Höchstschaden häufig Verwendung und gehört zu den Downside-Risikomaßen. Der $VaR(X)$ berücksichtigt explizit die relevanten Konsequenzen einer besonders ungünstigen Entwicklung für das Unternehmen. Der $VaR(X)$ ist dabei definiert als Schadenhöhe, die in einem bestimmten Zeitraum mit einer festgelegten Wahrscheinlichkeit p nicht überschritten wird. Wenn dieser Wert überschritten wird, hat das Unternehmen einen technischen Ruin. Formal gesehen ist der $VaR(X)$ das Quantil einer Verteilung (siehe Abschn. 1.1.1.2).

$$P(X \geq VaR_p) = p \text{ und somit } P(X \leq VaR_p) = 1 - p$$

Bezieht sich der $VaR(X)$ nicht auf einen Wert, sondern z. B. auf den Cashflow, spricht man gelegentlich auch von „Cashflow at Risk", was jedoch das gleiche Risikomaß ist.

Für die Berechnung des VaR gilt mit der Standardnormalverteilung: $z_{1-p} = \Phi^{-1}(1 - p)$ und somit $VaR_p(X) = \big(E(X) + z_{1-p} \cdot \sigma(X)\big)$.

Beispiel

Es wird eine *Ruinwahrscheinlichkeit* von 1 % akzeptiert – dies heißt, dass durchschnittlich einmal in 100 Jahren der technische Ruin erreicht wird, aber der Eintrittszeitpunkt dabei wieder unbekannt ist, da es sich hier um einen Mittelwert handelt. Die Verteilung habe einen Erwartungswert von 100 und eine Streuung von 20. Dann ist das Normalverteilungsquantil zu 99 % 2,326 und der Reservewert beträgt 146,53. Es sind also Eigenmittel von 46,53 zu bilden, um nur mit 1 % Wahrscheinlichkeit ruiniert zu werden.

Mathematisch ist der VaR positiv homogen, monoton, translationsinvariant, aber i. A. jedoch nicht subadditiv. Somit lassen sich Konstellationen konstruieren, in denen der VaR einer aus zwei Risikopositionen kombinierten Finanzposition höher ist als die Summe der VaR der Einzelpositionen. Dies widerspricht einer Diversifikation.

Beispiel

Nehmen wir das obige Beispiel (Tab. 1.2) und fügen das zweite Risiko hinzu mit Erwartung 90 und Streuung 10. Dann beträgt der Reservewert: 23,26. Eine Zusammenfassung der Risiken ergibt also einen *VaR* von 69,79. Die Korrelation zwischen den einzelnen Risiken lässt sich dann wie folgt quantifizieren: Die Kovarianz beträgt 82,6 und der Korrelationskoeffizient 0,415. Damit beträgt die Varianz der kumulierten Risiken: $Var(X + Y) = Var(X) + Var(Y) + 2 \cdot Cov(X,Y) = 663,2$ und die Streuung 25,75, somit beträgt der $VaR = 59,91$ – also weniger als die Addition der beiden Maße.

1.1.1.5.4 Conditional Value at Risk

Der Conditional Value at Risk (*CVaR*), welcher in der Literatur auch als Expected Shortfall (*ES*) bzw. Expected Tail Loss (*ETL*) bezeichnet wird, findet immer häufiger als Alternative zum *VaR* Beachtung. Dies ist mathematisch ein bedingter Erwartungswert (siehe Abschn. 1.1.1.1 „Bedingte Wahrscheinlichkeit"). Es wird der erwartete Verlust berechnet, wenn der kritische Wert (*VaR*) bereits überschritten ist.

Er entspricht dem Erwartungswert der Realisationen einer risikobehafteten Größe, die unterhalb des Quantils zum Niveau *p* liegen. Der *CVaR* gibt an, welche Abweichung bei Eintritt des Extremfalls, d. h. bei Überschreitung des *VaR*, zu erwarten ist. Der *CVaR* berücksichtigt somit nicht nur die Wahrscheinlichkeit einer Abweichung (Extremwerte), sondern auch die Höhe der darüber hinausgehenden Abweichung.

$$CVaR_p(X) = E\big(X \big| X > VaR_p(X)\big)$$

Der Conditional Value at Risk kann als „Quantils-Reserve (*VaR*) plus eine Exzess-Reserve" interpretiert werden. Den Conditional Value at Risk kann man speziell im Normalverteilungsfall sehr einfach darstellen.

Der bedingte Erwartungswert wird mit dem Normalverteilungsquantil wie folgt berechnet:

$$CVaR_p(X) = VaR_p(X) + E\big(X - VaR_p(X) \big| X > VaR_p(X)\big)$$

1.1.1.5.5 Momentenmaße

Unter den *Lower Partial Moments* versteht man Risikomaße, die sich als *Downside*-Risikomaße nur auf einen Teil der gesamten Wahrscheinlichkeitsdichte beziehen. Sie erfassen nur die negativen Abweichungen von einer Schranke *c* an, werten hier aber die gesamten Informationen der Verteilung aus, also bis zum theoretisch möglichen Maximalschaden. Die Schranke *c* kann beispielsweise der Erwartungswert $E(X)$ sein oder aber auch eine beliebige deterministische Zielgröße (z. B. ein Planwert) oder eine geforderte Mindestverzinsung. Auch eine stochastische Benchmark ist möglich. Betrachtet man beispielsweise eine Wahrscheinlichkeitsverteilung für eine Rendite X, dann sind bei der Berechnung eines *LPM* mehrere Varianten für die Schranke c möglich: So wäre $c = 0$ die Kapitalerhaltung, $c = i$ (mit $i =$ Inflationsrate) die reale Kapitalerhaltung und $c = E(X)$ die erwartete Rendite. Das Risikoverständnis entspricht der Sichtweise eines Anlegers, der das Risiko messen möchte, wenn ein von ihm festgelegtes Ziel (geforderte Mindestrendite) nicht erreicht wird. Man spricht hier genau deshalb auch von Shortfall-Risikomaßen (Defizit, Finanzierungslücke). Allgemein berechnet sich das Maß der Ordnung m durch die Momente. Daher sind diese Maße in der mathematischen Theorie als Momentenmaße bekannt.

$$LPM_m(c,X) = E(\max(c - X,0)^m)$$

Im Fall diskreter Zufallsgrößen ergibt sich nachfolgend dargestellter Zusammenhang:

$$LPM_m(c,X) = \sum_{j=1}^{n} p_j \cdot (c - x_j)^m 1_{\{x_j < c\}}$$

Die Ordnung m muss zwar nicht zwingend ganzzahlig sein. Durch sie wird festgelegt, ob und wie die Höhe der Abweichung von der Schranke bewertet werden soll. Je höher die Risikoaversion eines Anlegers ist, desto größer muss m gewählt werden. Üblicherweise werden in der Praxis drei Spezialfälle betrachtet:
die Shortfallwahrscheinlichkeit (Ausfallwahrscheinlichkeit), also

$$m = 0 : P(X < c),$$

der Shortfallerwartungswert, also

$$m = 1 : E(\max(c - X; 0))$$

und die Shortfallvarianz, also

$$m = 2 : E\left(\max(c - X; 0)^2\right)$$

Das Ausmaß der Gefahr, die Zielgröße zu unterschreiten, wird dabei in verschiedener Weise berücksichtigt. Bei der Shortfallwahrscheinlichkeit spielt nur die Wahrscheinlichkeit der Unterschreitung eine Rolle. Bei einem Shortfallerwartungswert wird dagegen die mittlere Unterschreitungshöhe berücksichtigt und bei der Shortfallvarianz die mittlere quadratische Unterschreitungshöhe.

Beispiel

Beträgt die Exponentialverteilung mit Parameter $\lambda = 0,1$, also Erwartungswert $\mu = 10$, so ist die Ausfallwahrscheinlichkeit, dass der Wert von 50 (Interpretation: Wahrscheinlichkeit von Überschäden, die höher als 50 sind) überschritten wird, $P(X \geq 50) = 6,73\,\%$ und der Shortfallerwartungswert ist:

$$\int\limits_{50}^{\infty} x \cdot f_\lambda(x)dx = \int\limits_{50}^{\infty} x \cdot \lambda e^{-\lambda x}dx = -x \cdot e^{-0,1x}\Big|_{50}^{\infty} - 10 \cdot e^{-0,1x}\Big|_{50}^{\infty} = 40,42\ \%$$

Der Erwartungswert besagt, dass der erwartete Verlust für Überschäden (über dem Wert von 50) 40 Cent beträgt.

1.1.1.6 Stresstests

Als ein wesentlicher Kritikpunkt am VaR-Konzept wird immer wieder aufgeführt, dass der Rückschluss von Daten aus der Vergangenheit auf die Zukunft häufig widerlegt werden kann. Außerdem wird mit diesem Konzept nicht der tatsächlich mögliche Verlust angegeben (siehe *CVaR*). Daher kann die Frage gestellt werden, inwieweit es sich um robuste Risikomaße für unerwartete Risikosituationen in der Zukunft handelt. Genau diese Frage sollen sogenannte Stresstests beantworten.

▶ **Definition Stresstest** *Stresstests sind als ein Prozess zu beschreiben, in dem Situationen identifiziert und gesteuert werden, die außergewöhnliche (über den VaR hinausgehende) Verluste verursachen können.*

Zu diesem Zweck werden zum einen sogenannte Szenarioanalysen durchgeführt, bei denen das Portfolio (Kollektiv) unter der Annahme verschiedener Szenarien oder Marktzustände (Umweltzustände) jeweils bewertet wird. Hierfür werden für die jeweiligen Risikofaktoren (beispielsweise Kapitalanlage) unterschiedliche, aber jeweils sehr große Veränderungen angenommen und der daraus resultierende Portfolioverlust ermittelt. Dabei werden Korrelationen zwischen den Risikofaktoren jedoch vernachlässigt.

Die entscheidende Problematik bei der Durchführung von Stresstests jeglicher Art ist die Bestimmung der außergewöhnlichen Veränderungen der jeweiligen Risikofaktoren. Diese können durch zwei Vorgehensweisen ermittelt werden:

- anhand historischer Veränderungen über einen gewissen Zeitraum, z. B. der fünf höchsten Veränderungen,
- aufgrund der Einschätzung von Experten und Entscheidungsträgern bezüglich der zukünftigen Entwicklung wichtiger Indikatoren.

Diese beiden Ansätze können auch miteinander kombiniert werden. In der Versicherungswirtschaft werden Stresstests hinsichtlich der Kapitalanlage von der Aufsicht verlangt. Diesen Test werden wir in Kap. 4 behandeln.

Die Durchführung eines Stresstests anhand verschiedener Szenarien verdeutlichen wir an folgendem Beispiel:

Beispiel

Ein Unternehmen hat 100 Mio. € Assets in den folgenden Kategorien: 50 Mio. € Aktien, 30 Mio. € festverzinsliche Wertpapiere und 20 Mio. € Immobilien. Aus Vergangenheitsdaten werden drei der Verlustszenarien modelliert:

- Szenario 1: Die Immobilien erleiden einen Werteverlust von 10 % und die Aktien von 20 %.
- Szenario 2: Die Aktien erleiden einen Werteverlust von 35 %.
- Szenario 3: Die festverzinslichen Wertpapiere erleiden einen Werteverlust von 10 %.

Bei den Szenarien ergeben sich somit folgende Verluste:

- Szenario 1: Die Assets sind noch 87 Mio. € wert, es besteht also ein theoretischer Verlust von 13 Mio. €.
- Szenario 2: Die Assets sind noch 82,5 Mio. € wert, es besteht also ein theoretischer Verlust von 17,5 Mio. €.
- Szenario 3: Die Assets sind noch 97 Mio. € wert, es besteht also ein theoretischer Verlust von 3 Mio. €.

1.1.1.7 Simulationsmodell

Mit einem *Simulationsmodell* bildet man das zu untersuchende System (die Lösungsalternative) so genau wie möglich ab. Unter *Simulation* versteht man die Abbildung eines realen Problems (Systems) durch ein formales Modell sowie die Beobachtung des (i. A. dynamischen) Modellverhaltens bei experimenteller Veränderung von exogenen, den Modellablauf beeinflussenden Parametern. Typische Merkmale der Simulation sind:

- Das Arbeiten mit *quantitativen Modellen*, die das zu untersuchende System in einer Weise abbilden, dass eine Computerunterstützung bei der Modellauswertung möglich ist.
- Die Durchführung von *Berechnungsexperimenten* anhand dieser Modelle mithilfe numerischer Techniken. Dabei wird durch das Simulationsmodell nicht wie in einem Entscheidungsmodell der mathematischen Optimierung die optimale Kombination von Entscheidungsvariablen im Hinblick auf eine Zielfunktion bestimmt. Vielmehr wird eine Funktion mit sehr vielen Variablen lediglich ausgewertet. Mithilfe eines Simulationsmodells werden keine Entscheidungsalternativen erzeugt, sondern es werden bereits vom Anwender vorgegebene Alternativen bewertet.

- Es liegt eine spezielle *Problembezogenheit* vor. Es wird somit ein konkretes System bzw. Problem modelliert und untersucht.

Man wendet die Simulation vor allem dann an, wenn analytische Methoden nicht einsetzbar sind, um ein System im Hinblick auf vorgegebene Zielsetzungen zu beurteilen. So ist es z. B. möglich, aus einem Versicherungsbestand mittels eines Zufallsgenerators Verträge zu ziehen, die einen Schadenfall produzieren. Hiermit kann man ein mögliches Szenario für den Schadenverlauf erzeugen. Je mehr Durchläufe man erstellt und daraus den Mittelwert bildet, desto besser ist der geschätzte Wert (Starkes Gesetz der großen Zahl). Die Berechnungsexperimente werden mithilfe von Computern durchgeführt. Man bezeichnet die Simulation daher oft auch als eine numerische Technik zur Durchführung von Berechnungsexperimenten auf Computern.

Im Rahmen einer Simulationsstudie werden die relevanten Komponenten eines Realproblems durch ein (häufig stochastisches) Simulationsmodell abgebildet. Dabei ist festzulegen, welche der Systemkomponenten als während eines Simulationsexperiments veränderbare Parameter betrachtet werden sollen. Mit jeder zu überprüfenden Kombination dieser Parameter werden ein oder mehrere Simulationsläufe durchgeführt. Die Auswertung und Interpretation der Ergebnisse der Simulationsläufe vermitteln Hinweise für die zielorientierte Veränderung der Parameter und damit für die Lösung des Realproblems. Hier bieten sich in der Zukunft Ansatzpunkte für den Einsatz von Expertensystemen, die auf der Grundlage der intelligenten Interpretation von Simulationsergebnissen Vorschläge für die Veränderung der Modellparameter unterbreiten. Die wichtigsten Gründe für den Einsatz der Simulation sind:

- Die Struktur eines Problems ist zu komplex, als dass es durch ein analytisches Lösungsverfahren gelöst werden könnte.
- Eine detailgetreue Nachbildung eines Realproblems und die Simulation des Modellverhaltens führen zu einem besseren Problemverständnis.
- Durch die Simulation kann eine analytisch ermittelte Lösung verifiziert werden.
- Simulation kann auch das dynamische Verhalten eines Systems wiedergeben.
- Durch die Simulation können die Auswirkungen einer gezielten Veränderung eines Parameters auf die interessierenden Größen eines Systems untersucht werden.

Grundsätzlich gilt, dass die Simulation die Methoden, die selbstständig Lösungsalternativen erzeugen, nicht ersetzen, sondern allenfalls ergänzen kann. Simulation ist lediglich ein Mittel zur *Bewertung* einer Lösungsalternative. So kann man z. B. mit einem Simulationsmodell eine Cashflow-Analyse hinsichtlich der interessierenden Zielgrößen (Einzahlung – Auszahlung) beurteilen. Die Formulierung der Anlagealternativen, die Festlegung der Entscheidungsparameter der Cashflow-Politik kann die Simulation aber nicht leisten. Das ist die Aufgabe der Optimierung.

Jeglicher Form von Simulation sind auch Grenzen gesetzt, die man stets beachten muss. Die erste Grenze folgt aus der Begrenztheit der Mittel, d. h. der Endlichkeit von

Energie, Zeit (z. B. auch Rechenkapazität: Ein Bestand mit 1 Mio. Verträgen braucht natürlich auch heute noch lange Rechenzeiten) und nicht zuletzt Geld. Eine Simulation muss also auch wirtschaftlich gesehen Sinn ergeben. Aufgrund dieser Einschränkungen muss ein Modell möglichst einfach sein. Das wiederum bedeutet, dass auch die verwendeten Modelle oft eine grobe Vereinfachung der Realität darstellen. Diese Vereinfachungen beeinträchtigen naturgemäß auch die Genauigkeit der Simulationsergebnisse. Die zweite Grenze folgt daraus: Ein Modell liefert nur in einem bestimmten Kontext Ergebnisse, die sich auf die Realität übertragen lassen. Die permanente Verifikation der Modelle für den jeweiligen Anwendungsfall ist ein wichtiger Bestandteil der Simulationstechnik.

Die Excel-Funktion **ZUFALLSBEREICH**(*Untere_Zahl; Obere_Zahl*) gibt eine ganze Zufallszahl aus dem festgelegten Bereich wieder. **Untere_Zahl** ist die kleinste ganze Zahl, die ZUFALLSBEREICH als Ergebnis zurückgeben kann. **Obere_Zahl** ist die größte ganze Zahl, die ZUFALLSBEREICH als Ergebnis zurückgeben kann.

ZUFALLSZAHL( ) gibt eine gleichmäßig verteilte reelle Zufallszahl größer oder gleich 0 und kleiner als 1 zurück. Bei jeder Neuberechnung des jeweiligen Arbeitsblatts wird eine neue Zufallszahl zurückgegeben. Für den Fall, dass man mit ZUFALLSZAHL zwar eine Zufallszahl generieren möchte, aber nicht wünscht, dass sich deren Wert bei jeder Neuberechnung der entsprechenden Zelle ändert, kann man auch = ZUFALLSZAHL( ) in die Bearbeitungszeile eingeben und anschließend F9 drücken.

Mit diesen beiden Funktionen kann man einfach in einer Excel-Tabelle eine Simulation erzeugen.

Beispiel

Es liegt ein Versicherungsbestand von Gebäudeversicherungen vor, dieser umfasst 100.000 Policen. Die Schadeneintrittswahrscheinlichkeit beträgt 1 %, d. h., jeder hundertste Vertrag erzeugt einen Schaden. Es können nun die obigen Funktionen angewendet werden. Entweder man nimmt die Funktion Zufallsbereich von 1 bis 100.000 und erzeugt 1.000 Zufallszahlen, diese Zahlen repräsentieren dann die Vertragsnummern der betroffenen Verträge. Oder man nimmt die Funktion Zufallszahl, multipliziert diese mit 100.000, rundet dies auf eine ganze Zahl ab und erhält so die gezogenen Vertragsnummern. Bei den Schadenhöhen kann man nun deterministisch (es wird immer ein fester Teil der vereinbarten Summe geleistet) oder wieder stochastisch vorgehen. Es wird der kleinste und größte Schaden als Zufallsbereich benutzt und dann auf jeden betroffenen Vertrag angewendet. Diese Vorgehensweise ist auch bekannt als Monte-Carlo-Simulation oder Monte-Carlo-Studie. Dieses Verfahren aus der Stochastik stellt für sehr häufig durchgeführte Zufallsexperimente die Basis dar. Anhand der Ergebnisse wird versucht, mithilfe der Wahrscheinlichkeitstheorie analytisch nicht oder nur aufwändig lösbare Probleme im mathematischen Kontext numerisch zu lösen. Als Grundlage dient vor allem das Gesetz der großen Zahlen. Die Zufallsexperimente können entweder – etwa durch Würfeln – real durchgeführt werden oder durch Erzeugung geeigneter Zufallszahlen. Computergenerierte Vorgänge können den Prozess in ausreichend häufigen Zufallsereignissen simulieren.

Das *Gesetz der großen Zahl* besagt, dass sich die relative Häufigkeit eines Zufallsergebnisses i. d. R. der Wahrscheinlichkeit dieses Zufallsergebnisses annähert, wenn das zugrunde liegende Zufallsexperiment immer wieder durchgeführt wird. Formal handelt es sich also um Konvergenzsätze für Zufallsvariablen, zumeist unterteilt in „starke" (fast sichere) Konvergenz und „schwache" Konvergenz (in Wahrscheinlichkeit).

1.2   Grundlagen der Finanzderivate

Lernziele

Dieses Kapitel vermittelt:

- Die Beschreibung der verschiedenen Finanzderivate
- Die grundsätzlichen Aufgaben von Finanzderivaten

1.2.1   Begriffsdefinition und Derivateformen

Bei Derivaten handelt es sich um *Termingeschäfte.* Geschäftsabschluss und Erfüllungszeitpunkt liegen zeitlich auseinander. Basis jedes Termingeschäfts ist das Basisprodukt oder *Underlying,* wie z. B. Rohstoffe, Aktien oder Indizes.

▶ **Definition Derivat** *Der Begriff Derivat stammt vom lateinischen Wort „derivare = ableiten" ab. Derivate sind folglich Produkte, die einen direkten Bezug zu anderen Basisprodukten aufweisen und sich daraus ableiten lassen. Von Finanzderivaten spricht man, wenn diese Basisprodukte aus dem finanziellen Sektor stammen.*

Dabei unterscheidet man unbedingte von bedingten Termingeschäften. Ein *unbedingtes Termingeschäft* ist ein Kaufvertrag, der den *Käufer und Verkäufer* gleichermaßen verpflichtet,

- zu einem zukünftigen Termin (Fälligkeitszeitpunkt)
- eine definierte Menge (Kontraktgröße) eines Objektes (Underlying)
- zu einem bei Vertragsabschluss festgelegten Preis (Terminpreis)

abzunehmen (Käufer) bzw. zu liefern (Verkäufer).

Ein *bedingtes Termingeschäft* ist dagegen ein Kaufvertrag, der *nur den Verkäufer* (Stillhalter) verpflichtet,

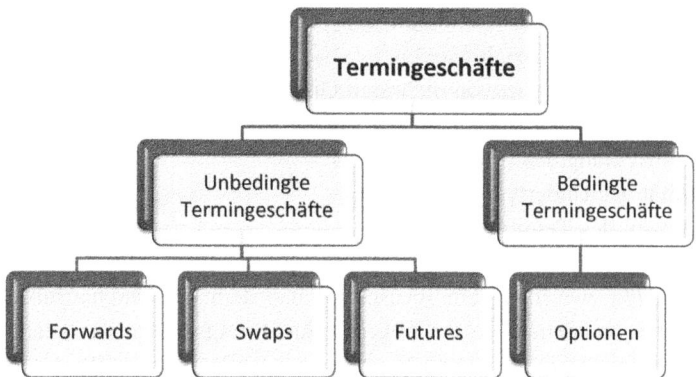

Abb. 1.3 Formen von Termingeschäften. (Quelle: eigene Darstellung)

- zu einem zukünftigen Termin (Fälligkeitszeitpunkt)
- eine definierte Menge (Kontraktgröße) eines Objekts (Underlying)
- zu einem bei Vertragsabschluss festgelegten Preis (Terminpreis)

zu liefern. Der *Käufer* eines bedingten Termingeschäfts hat dagegen das Recht bzw. die *Option*, das Geschäft zu den vereinbarten Konditionen durchzuführen oder es verfallen zu lassen. Die Optionen, als eine der vier grundsätzlichen Derivateformen, zählen folglich zu den bedingten Termingeschäften (vgl. Abb. 1.3).

Man unterscheidet drei verschiedene Motive für den Abschluss von Termingeschäften:

- Hedging
- Spekulation
- Arbitrage

Unter Hedging versteht man das Absichern von Risiken. Dieses Motiv ist historisch gesehen der Leitgedanke für das Betreiben von Termingeschäften. Bereits die Bauern in der Antike wollten sich gegen ein Überangebot an landwirtschaftlichen Produkten und damit gegen einen Preisverfall in der Zukunft frühzeitig absichern. Die Kunden der Landwirte hatten dagegen das Interesse, sich gegen steigende Preise aufgrund von Missernten, bedingt durch schlechte Wettereinflüsse, abzusichern. Deswegen verkauften die Landwirte schon im Frühjahr einen Teil ihrer Ernte zu einem vorab fest definierten Preis auf Termin, um sich gegen einen späteren möglichen Ruin abzusichern. Erst später entdeckten Spekulanten, dass man mit diesen Instrumenten auch ohne Grundgeschäft im Hintergrund Wetten auf fallende oder steigende Preise für zahlreiche Güter abschließen kann. Der Arbitrage-Gedanke nutzt dagegen Preisanomalien auf dem Kapitalmarkt aus. Werden auf den Kassa- und Terminmärkten Preisunterschiede für das gleiche Gut in gleicher Qualität zur gleichen Zeit festgestellt, so können ohne Einsatz von

Eigenkapital risikolose Gewinne durch den „billigen" Kauf und sofortigen „teuren"
Wiederverkauf des Gutes erzielt werden.

Der Wert eines Derivats ist von mehreren Größen abhängig, unter anderem von

- der Wertentwicklung des Underlyings,
- der Volatilität des Underlyings,
- der Restlaufzeit des Termingeschäfts.

Der Unterschied zwischen dem Basispreis, also dem bei Geschäftsabschluss vorab
festgelegten Preis, und dem aktuellen Preis des Underlyings determiniert den sogenannten
„inneren Wert" eines Derivats. Dieser Wert leitet sich allein aus der Wertentwicklung des
Underlyings ab. Darüber hinaus besitzt das Derivat vor der eigentlichen Fälligkeit einen
sogenannten *Zeitwert,* der die Wahrscheinlichkeit einer positiven Entwicklung des inneren Wertes zum Ausdruck bringen soll. Diese Wahrscheinlichkeit hat ihren Preis, der
wiederum von der Schwankungsintensität (Volatilität) sowie der Restlaufzeit des Underlyings abhängig ist. Am Abrechnungs- bzw. Fälligkeitstag des Derivats ist der Zeitwert null.

1.2.2 Forwards

Ein Forward ist ein unbedingtes Termingeschäft, das zwischen den Kontrahenten hinsichtlich der Ausstattungsmerkmale (Underlying, Volumen, Termin) individuell gestaltet
werden kann. Diese Geschäfte werden wegen der fehlenden Standardisierung nicht an
Terminbörsen gehandelt, sondern kommen per Telefon, Internet oder über Finanz-
intermediäre wie Banken zustande. Man spricht in diesem Zusammenhang auch von
Over-the-Counter- Geschäfte, kurz OTC-Geschäfte.

Je nach Underlying unterscheidet man verschiedene Formen von Forwards (vgl.
Abb. 1.4). Handelt es sich bei dem Underlying beispielsweise um eine Währung, so
spricht man von Devisentermingeschäften (DTG). Dienen dagegen Terminzinssätze (Forward Rates) als Basis des Geschäfts, so wird von Forward Rate Agreements (FRA)
gesprochen. Natürlich können als Underlyings auch Aktien und Anleihen dienen. Diese
Geschäfte bezeichnet man naheliegenderweise als Wertpapiertermingeschäfte.

Die Laufzeit eines Forwards teilt sich in eine Vorlaufzeit und eine Referenzperiode
auf. Die Vorlaufzeit ist wie eine Wartezeit zu verstehen. Sie beginnt üblicherweise zwei
Valutatage nach Abschluss des Termingeschäfts und endet mit dem Beginn der Referenzperiode. Bei einem FRA wird zu Beginn der Referenzperiode der vorabdefinierte
Terminzinssatz mit dem dann gültigen Referenzzinssatz verglichen. Daher findet man
häufig die Bezeichnung für einen FRA beispielsweise in der Form „6 gegen 18" oder
„6 × 18", was so viel bedeutet wie, dass die Vorlaufzeit 6 Monate und die Gesamtlaufzeit
18 Monate beträgt. Die Referenzperiode ergibt sich dann als Differenz der beiden Größen,
also entspricht 12 Monaten.

Abb. 1.4 Formen von Forwards. (Quelle: eigene Darstellung)

Tab. 1.3 Indikationen für Terminzinssätze bei Forward Rate Agreements (FRA). (Quelle: west.lb. de vom 18.10.2009)

3 Monate		6 Monate		9 Monate		12 Monate	
Art	Rate	Art	Rate	Art	Rate	Art	Rate
1×4	0,80	1×7	1,09	1×10	1,24	–	
2×5	0,86	2×8	1,18	2×11	1,32	–	
3×6	0,93	3×9	1,26	3×12	2,18	3×15	
4×7	1,04	4×10	1,37	–		–	
5×8	1,45	5×11	1,45	–		–	
6×9	1,20	6×12	1,54	6×15	1,64	6×18	2,68
9×12	1,53	9×15	1,86	9×18	1,95	9×21	2,00
12×15	1,88	12×18	2,16	12×21	2,15	12×24	2,41
18×21	–	18×24	2,60	–		–	

Wie der Tab. 1.3 zu entnehmen ist, richtet sich die Höhe des Terminzinssatzes nach der Laufzeit und dem Start der Referenzperiode des FRA.

1.2.3 Futures

Futures sind unbedingte, standardisierte Termingeschäfte, die an der Terminbörse wie z. B. der Eurex gehandelt werden. Die Standardisierung des Futures betrifft:

- Underlyings
- Kontraktgröße
- Preisänderungen
- Verfalltermine
- Handelszeiten
- Art der Andienung

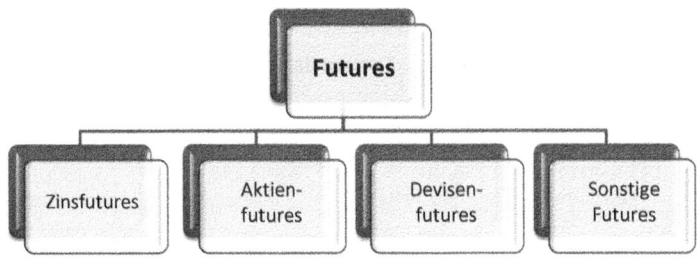

Abb. 1.5 Formen von Futures. (Quelle: eigene Darstellung)

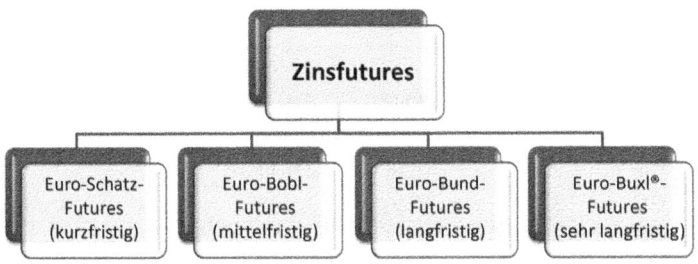

Abb. 1.6 Ausgewählte Zinsfutures der Eurex. (Quelle: eigene Darstellung)

Als Underlyings kommen einzelne Aktien oder Aktienindizes wie z. B. der DAX-Future infrage. Aber auch Underlyings aus dem Fixed-Income-Bereich wie die Bund-Futures oder Währungen finden Verwendung (vgl. Abb. 1.5).

Die Zinsfutures lassen sich wiederum nach der Fristigkeit systematisieren (vgl. Abb. 1.6).

Hinter jedem einzelnen Zinsfuture stehen synthetische Bundesanleihen mit unterschiedlichen Laufzeitbereichen (vgl. Tab. 1.4). Synthetische Anleihen zeichnen sich durch eine fixe Restlaufzeit sowie einen fixen Kupon aus. Das hat gegenüber echten Anleihen den großen Vorteil, dass die Underlyings der Zinsfutures aufgrund veränderlicher Restlaufzeiten und Zinskupons nicht laufend angepasst werden müssen.

Die Kontraktgröße wird in Abhängigkeit vom Underlying gewählt. Bei einem Bund-Future liegt die Kontraktgröße beispielsweise bei 100.000 €. Bei Aktienindexfutures liegt die Größe dagegen zwischen 5 € und 200 € pro Indexpunkt. Der DAX-Future hat beispielsweise einen Kontraktwert von 25 € je Indexpunkt (vgl. Tab. 1.5). Die minimale Preisveränderung des DAX ist mit einem halben Punkt (Tick-Size) vorgegeben, sodass sich der DAX-Future je Indexpunktveränderung um 25 € bewegt.

Die minimalen Preisänderungen bei einem Bund-Future sind 10 € oder 0,01 % von der Kontraktgröße 100.000 € (vgl. Tab. 1.6).

Futures an der Eurex haben eine relativ kurze, unterjährige Laufzeit von maximal 9 Monaten. Die Abrechnungstermine für Futures an der Eurex sind jeweils der 3. Freitag

Tab. 1.4 Kontrakteigenschaften ausgewählter Zinsfutures an der Eurex. (Quelle: Eurex)

Kontrakt	Produkt-ID	Restlaufzeit des Basiswertes [Jahre]	Coupon [%]	Mindestemission des Basiswertes [Mrd. €]
Euro-Schatz-Futures	FG BS	1,75 bis 2,25	6	5
Euro-Bobl-Futures	FG BM	4,5 bis 5,5	6	5
Euro-Bund-Futures	FG BL	8,5 bis 10,5	6	5
Euro-Buxl®-Futures	FG BX	24,0 bis 35,0	4	10

Tab. 1.5 Kontakteigenschaften ausgewählter Aktienindexfutures an der Eurex. (Quelle: Eurex)

Kontrakt	Kontraktwert	Minimale Preisveränderung	
		Punkte	Wert
DJ EURO STOXX 50® Index-Futures	10 €	1	10 €
DAX®-Futures	25 €	0,5	12,50 €
MDAX®-Futures	5 €	1	5 €
TecDAX®-Futures	10 €	1	10 €

Tab. 1.6 Kontrakteigenschaften ausgewählter Zinsfutures an der Eurex. (Quelle: Eurex)

Kontrakt	Minimale Preisveränderung	
	Prozent	Wert
Euro-Schatz-Futures	0,005	5 €
Euro-Bobl-Futures	0,005	5 €
Euro-Bund-Futures	0,01	10 €
Euro-Buxl®-Futures	0,02	20 €

im März, Juni, September oder Dezember. Diese Verfalltermine werden im Börsenjargon auch als Hexensabbat bezeichnet. Es sind maximal drei DAX-Future-Kontrakte aus dem Zyklus März, Juni, September und Dezember gleichzeitig emittiert. Dabei werden immer die dem Quartalsende am nächsten liegenden Kontrakte an der Terminbörse gehandelt. Angenommen, es ist Februar, dann sind der März-, Juni- und September-Kontrakt im Umlauf. Am 3. Freitag im März verfällt der März-Kontrakt, dafür wird der Dezember-Kontrakt emittiert.

Gehandelt werden können die Futures an der Eurex zu fest vorgegebenen Handelszeiten, wie an den Wertpapierbörsen auch. Die Abrechnung am Verfalltag kann per physischer Andienung des jeweiligen Underlyings (einzelne Aktien oder Währungen) oder per Cash-Settlement (Aktien- oder Rentenindizes) erfolgen.

Für den Future-Handel an der Eurex sind nur sogenannte Clearing-Mitglieder zugelassen. Diese müssen eine hohe Bonität haben, Fachkenntnisse im Terminhandel nachweisen und über eine technische Infrastruktur für den elektronischen Handel verfügen. Bei Kauf oder Verkauf eines Futures müssen sofort Sicherheitsmittel (*Initial Margin*) auf ein besonderes Konto (Margin-Konto) bei der Clearingstelle eingezahlt werden. Die Initial Margin bei einem DAX-Future entspricht beispielsweise 410 Punkten $\cdot$ 25 € $= 10.250$ € pro Kontrakt. Die Clearingstelle rechnet am Ende eines Handelstages den Gewinn bzw. Verlust (*Variation Margin*) aus dem jeweiligen Future-Geschäft aus. Ist der Preis des Futures an einem Handelstag gestiegen, so erhält der Käufer dieses Futures eine Gutschrift über den Tagesgewinn und der Verkäufer eine Belastung in Höhe des Tagesverlusts auf seinem Margin-Konto. Wird dabei eine vorab definierte Untergrenze auf dem Margin-Konto unterschritten, so ergeht ein Margin-Call an den Betroffenen. Dieser muss sofort einen Geldbetrag nachschießen (*Maintenance Margin*), ansonsten droht die Zwangsglattstellung des Kontraktes. Unter Glattstellung wird das Eingehen des Gegengeschäfts zum ursprünglichen Future verstanden, was im Endergebnis das Einfrieren des aktuellen Ergebnisses bedeutet. Zur eigentlichen Abrechnung kommt es jedoch erst am Verfalltermin des Futures.

1.2.4 Swaps

Ein Swap (deutsch: Tausch) ist ein außerbörsliches, unbedingtes Termingeschäft zwischen zwei Kontrahenten, bei dem der zukünftige Tausch von Cashflows (z. B. Zinsen, Kapitalbeträge, Währungen) vereinbart wird. Im Unterschied zu Forwards kann der Tausch an mehreren zukünftigen Terminen stattfinden. Die gängigsten Swaps sind die Zins- und Währungsswaps, die auch als Plain-Vanilla-Swaps oder Financial Swaps bezeichnet werden.

Bei einem Plain-Vanilla-Zinsswap tauschen zwei Kontrahenten Zinszahlungen zu bestimmten Konditionen in der Zukunft aus. Die eine Partei verpflichtet sich heute, den Cashflow in Höhe des Zinses zu einem vorher festgelegten Zinssatz auf einen fiktiven Nominalbetrag für eine bestimmte Anzahl von Jahren in der Zukunft zu leisten. Im Gegenzug erhält sie zukünftig Zinsen zu einem variablen Zinssatz auf den gleichen fiktiven Nominalbetrag für den gleichen Zeitraum. Die Partei, die die Festzinszahlung leistet bzw. den variablen Zinssatz erhält, ist der Swapkäufer (Payer). Den Gegenpart nimmt der Swapverkäufer (Receiver) ein (vgl. Abb. 1.7).

Als variabler Zinssatz dienen durchschnittliche Referenzzinssätze im Interbankengeschäft wie beispielsweise der EURIBOR (**Eur**o **I**nterbank **O**ffered **R**ate) oder LIBOR (**L**ondon **I**nterbank **O**ffered **R**ate). Diese Zinssätze werden täglich für unterschiedliche Laufzeiten von 1 Tag (Overnight- oder auch Eonia-Zinssatz genannt), wöchentlich von 1 Woche bis zu 3 Wochen und monatlich von 1 Monat bis 12 Monate berechnet.

Abb. 1.7 Plain-Vanilla-Zinsswap. (Quelle: eigene Darstellung)

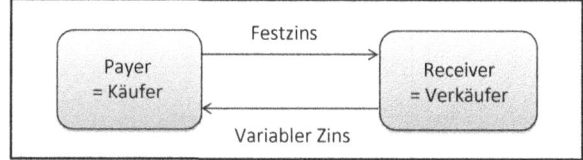

Beispiel Swap

Unternehmen A kauft einen Zinsswap „4 % gegen 12-Monats-Euribor". Kontrahent ist Bank B. Der Swap weist folgende Konditionen auf:

- Fiktiver Nominalbetrag ist 10 Mio. €
- Variabler Referenzzinssatz ist der 12-Monats-Euribor
- Festzinssatz ist 4 %
- Gesamtlaufzeit beträgt 2 Jahre

Das Unternehmen A als Swapkäufer (Payer) erhält von der Bank (Receiver) an den zwei zukünftigen Terminen den jeweils gültigen 12-Monats-Euribor auf das fiktive Kapital in Höhe von 10 Mio. €. Im Gegenzug zahlt das Unternehmen A an den Receiver über einen Zeitraum von 2 Jahren jeweils in einem Abstand von 12 Monaten 0,4 Mio. € (4 % von 10 Mio. €) Festzins.

Angenommen, der 12-Monats-Euribor beträgt nach einem Jahr 3 % und nach 2 Jahren 5 %. Wie sieht die Zahlungsstruktur für die jeweiligen Jahre aus?

Lösung:

Der Payer macht im ersten Jahr einen Gewinn von 100.000 €, da der 12-Monats-Euribor um 100 Basispunkte höher ist als der Festzinssatz. Im zweiten Jahr dreht sich die Situation: Nun ist der 12-Monats-Euribor um einen Prozentpunkt kleiner als der vereinbarte Festzinssatz, sodass der Receiver der Gewinner ist. Er erhält 100.000 € vom Payer (vgl. Abb. 1.8).

1.2.5 Optionen

Eine Option ist ein bedingtes, standardisiertes Termingeschäft. Der Käufer einer Option (*Long*) erwirbt das verbriefte *Recht*,

- ein vereinbartes Objekt (Basiswert oder Underlying)
- in festgelegter Menge (Stückzahl oder Kontraktgröße)
- an oder bis zu einem festgelegten Zeitpunkt (Ausübungs- oder Verfalltermin)
- zu einem vorab definierten Preis (Ausübungspreis oder Strike)

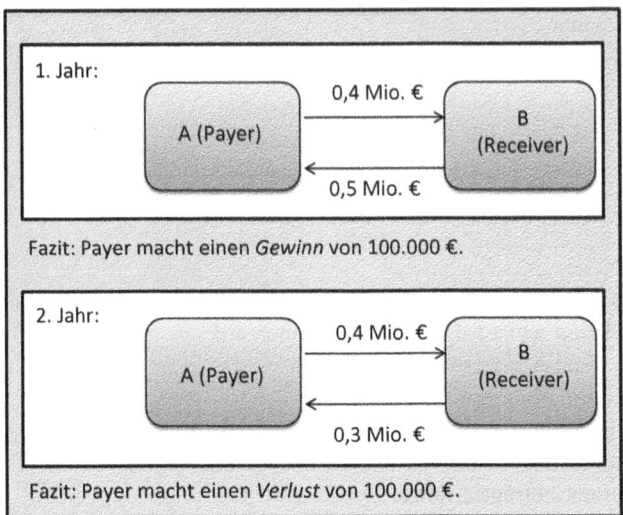

Abb. 1.8 Beispiel für einen Plain-Vanilla-Zinsswap. (Quelle: eigene Darstellung)

zu kaufen (*Call*) oder zu verkaufen (*Put*).

Er kann seine Option aber auch am Fälligkeitstag verfallen lassen. Der Verkäufer (Stillhalter) einer Option (*Short*) ist dagegen verpflichtet,

- zu einem zukünftigen, vom Käufer gewünschten Termin, spätestens bei Ausübung der Option am Verfalltag
- eine vorab definierte Menge eines Basiswertes
- zu einem bei Vertragsabschluss festgelegten Preis

zu liefern. Als Underlyings werden i. d. R. einzelne Aktien, Aktienindizes oder auch Rohstoffe wie Gold und Silber verwendet. Die Laufzeiten der Optionen liegen an der Terminbörse Eurex i. d. R. bei 24 oder 60 Monaten, aber es gibt auch Ausnahmen. So haben die DJ EURO STOXX 50 Index-Optionen sogar eine Laufzeit von 119 Monaten (vgl. Tab. 1.7 und 1.8).

Die Kontraktgrößen bei Optionen auf einzelne Aktien liegen bei 100 Stück (vgl. Tab. 1.8). Die Kontraktwerte bei den Indizes bewegen sich i. d. R. zwischen 0 € (z. B. DAX-Optionen) und 10 € (z. B. DJ EURO STOXX 50-Optionen) pro Indexpunkt (vgl. Tab. 1.7). Aber auch höhere Kontraktwerte bis zu 200 € (z. B. DivDAX-Optionen) sind möglich.

Die minimale Preisveränderung eines Kontrakts liegt bei den Aktienindexoptionen üblicherweise bei 0,1 Punkten, was 0,50 € bis zu 1 € pro Indexpunkt bedeutet. Bei den Optionen auf einzelne Aktien ist die minimale Preisveränderung 0,01 € pro Kontrakt.

Man unterscheidet zwei Arten von Optionen: Optionen, die während der Laufzeit (*amerikanische Optionen*), und Optionen, die lediglich am Verfalltag der Option ausgeübt

Tab. 1.7 Kontrakteigenschaften ausgewählter Aktienindexoptionen an der Eurex. (Quelle: Eurex)

Kontrakt	Kontraktwert [€]	Minimale Preisveränderung		Laufzeit [Monate]
		Punkte	Wert [€]	
DJ EURO STOXX 50 Index-Optionen	10	0,1	1	119
DAX-Optionen	5	0,1	0,50	60
DivDAX-Optionen	200	0,01	2	24
MDAX-Optionen	5	0,1	0,50	24
TecDAX-Optionen	10	0,1	1	24

Tab. 1.8 Kontrakteigenschaften ausgewählter Aktienoptionen an der Eurex. (Quelle: Eurex)

Option auf	Kontraktgröße [Stückzahl]	Minimale Preisveränderung [€]	Laufzeit [Monate]
Adidas	100	0,01	60
Allianz	100	0,01	60
BASF	100	0,01	60
BMW	100	0,01	60
Bayer	100	0,01	60
Beiersdorf	100	0,01	60
Commerzbank	100	0,01	60
Daimler	100	0,01	60
Deutsche Bank	100	0,01	60

werden dürfen (*europäische Optionen*). Bei den Eurex-Indexoptionen handelt es sich grundsätzlich um Optionen europäischen Typs und bei den Eurex-Aktienoptionen um Optionen amerikanischen Typs. Übliche Verfalltermine von Optionen an der Eurex sind wie bei den Futures der jeweils 3. Freitag im März, Juni, September und Dezember. Spätestens zu diesem Termin muss der Käufer einer Option seinen Ausübungswunsch artikulieren, sonst verfällt die Option.

Bei Optionen auf einzelne Aktien ist die *physische Andienung* des Basiswertes üblich, wohingegen bei Rohstoffen oder Aktienindizes der *Barausgleich* (Cash Settlement) bevorzugt wird. Wird eine Eurex-Aktienoption während der Laufzeit vom Käufer ausgeübt, so teilt er den Ausübungswusch der Clearingstelle mit. Diese wählt nach dem Zufallsprinzip den Besitzer einer Shortposition (Verkäufer) aus, der die Call- bzw. Put-Verpflichtung sofort zu erfüllen hat (vgl. Eurex (2007), S. 38).

Der Wert einer Option setzt sich während der Laufzeit aus seinem *inneren Wert* und aus seinem *Zeitwert* zusammen. Der innere Wert ist bei einem Call die Differenz aus aktuellem Preis des Basiswertes und seinem Ausübungspreis (Strike) sofern ausgeübt

Tab. 1.9 Kategorien für den inneren Wert von Optionen. (Quelle: eigene Darstellung)

Optionsart	Out-of-the-money	At-the-money	In-the-money
Call	Preis des Underlyings < Strike	Preis des Underlyings = Strike	Preis des Underlyings > Strike
Put	Preis des Underlyings > Strike	Preis des Underlyings = Strike	Preis des Underlyings < Strike

wird, ansonsten null. Bei einem Put ist es genau umgekehrt: Hier hat der Put nur einen positiven Wert, wenn der Strike größer als der Wert des Underlyings ist (vgl. Tab. 1.9).

Bei Emission der Optionen an der Eurex stehen für jeden Call und Put und für jede Fälligkeit mit Laufzeiten von mehr als 24 Monaten mindestens fünf Ausübungspreise für den Handel zur Verfügung. Davon sind zwei Ausübungspreise im Geld (*in-the-money*), ein Ausübungspreis am Geld (*at-the-money*) und zwei Ausübungspreise aus dem Geld (*out-of-the-money*).

Wenden wir uns der Gewinn- und Verlustsituation einer Option zu. Der Wert einer Option entspricht am Fälligkeitstag seinem inneren Wert. Dieser ist mindestens null (Fall der Nichtausübung) oder entspricht der positiven Differenz aus Basispreis (S) und Ausübungspreis (X). Dieser innere Wert muss um die Optionsprämie gemindert werden, um den Gesamtgewinn der Option zu erhalten. Obwohl der Optionspreis (C bei einem Call und P bei einem Put) bei Abschluss des Optionsgeschäfts gezahlt werden muss, wollen wir bei der Verrechnung mit seinem inneren Wert am Verfallstag auf die eigentlich notwendige Aufzinsung verzichten.

Wie aus Abb. 1.9 ersichtlich ist, wird der Break-even eines *Long Calls* erreicht, wenn der Basispreis der Summe aus Strike und Optionsprämie entspricht ($S = X + C$). Mit steigendem Basispreis wächst der Gewinn. Dieser ist theoretisch sogar unbegrenzt, da es für den Preis des Underlyings keine natürliche Obergrenze gibt. Die Eintrittswahrscheinlichkeit eines stark steigenden Basispreises bleibt bei dieser Betrachtung außen vor. Der mögliche Verlust eines Long Calls beschränkt sich dagegen auf die Höhe der Optionsprämie.

Bei einem *Short Call* verhält es sich genau umgekehrt zum Long Call. Das Pay-Off-Diagramm des Short Calls ist folglich ein Spiegelbild des Long Calls an der Abszisse (vgl. Abb. 1.10).

Nun ist die Gewinnmöglichkeit auf die Höhe des Optionspreises beschränkt und die Verlustmöglichkeit theoretisch unbeschränkt.

Das Gewinn-Verlust-Diagramm eines Long Puts zeigt die beschränkte Gewinnmöglichkeit auf (vgl. Abb. 1.11). Da der Preis der Underlyings mindestens null beträgt, kann im besten Fall der Ausübungspreis (X) vermindert um die Optionsprämie (P) verdient werden. Wie Abb. 1.11 gut erkennen lässt, ist der Break-even eines Long Puts bei einem Preis des Underlyings in Höhe des Ausübungspreises minus Optionsprämie erreicht.

Abb. 1.9 Pay-Off-Diagramm eines Long Calls. (Quelle: eigene Darstellung)

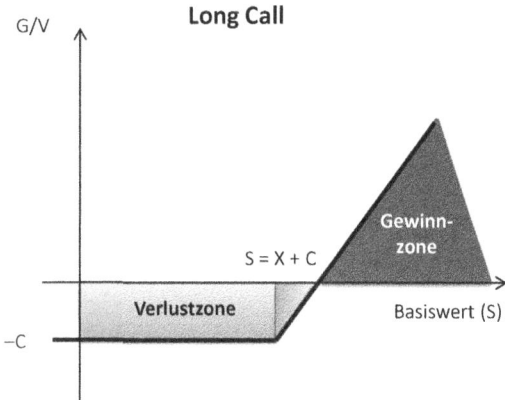

Abb. 1.10 Pay-Off-Diagramm eines Short Calls. (Quelle: eigene Darstellung)

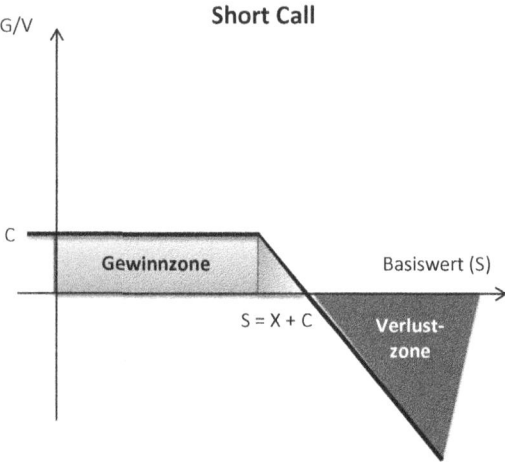

Abb. 1.11 Pay-Off-Diagramm eines Long Puts. (Quelle: eigene Darstellung)

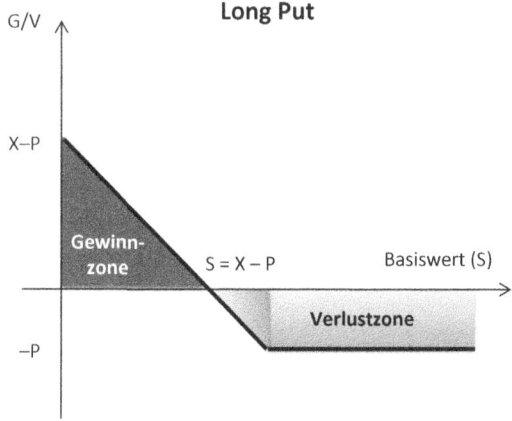

Abb. 1.12 Pay-Off-Diagramm eines Short Puts. (Quelle: eigene Darstellung)

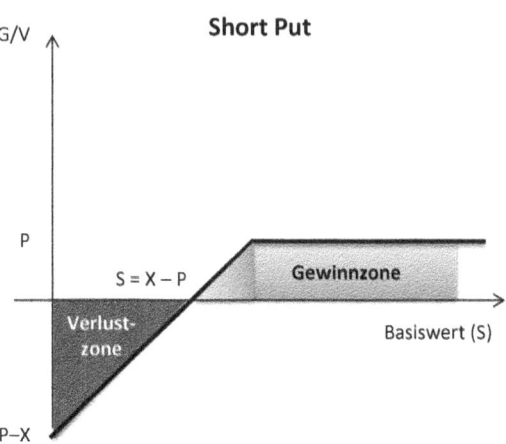

Bei einem Short Put verhält es sich wieder genau umgekehrt zum Long Put. Auch hier kann das Pay-Off-Diagramm des Long Puts an der Abszisse gespiegelt werden, um das Gewinn-Verlust-Diagramm eines Short Puts zu erhalten (vgl. Abb. 1.12).

Ist man eine Long- bzw. Short-Optionsposition einmal eingegangen, lässt sich diese offene Position (*Opening*) jederzeit durch das Gegengeschäft neutralisieren (*Closing*). Hat man beispielsweise früher eine DAX-Put-Option März 5000 gekauft (Long), so kann man heute diese offene Position durch den Verkauf einer DAX-Put-Option März 5000 (Short) wieder glattstellen. Das Gleiche gilt natürlich auch für offene Short-Optionspositionen.

Wie schon bei den Futures müssen bei Abschluss eines Optionsgeschäfts Sicherheitsleistungen (*Margins*) bei der Clearingstelle hinterlegt werden. Dies trifft jedoch nur für den Verkäufer von Optionen zu, da der Käufer einer Option keinem weiteren Risiko mehr ausgesetzt ist. Bei ungünstiger Entwicklung lässt er einfach sein Optionsrecht verfallen. Er hat lediglich seine Optionsprämie verloren, die er bereits einen Tag nach Abschluss des Optionsgeschäfts an den Verkäufer gezahlt hat. Der Verkäufer hingegen steht während der Optionsfrist im Risiko. Übt der Käufer beispielsweise seine Call-Option aus, so ist der Verkäufer gezwungen, die entsprechende Anzahl an Aktien zu liefern. Hat der Verkäufer diese Aktien zu diesem Zeitpunkt nicht in seinem Besitz, so muss er sie zu jedem Preis an der Börse sofort erwerben. Damit es dabei nicht zu unvorhergesehenen Ausfällen seitens der Verkäufer von Optionen kommen kann, wird von der Eurex bei Abschluss des Optionsgeschäfts eine *Premium-Margin* im Gegenwert der Option erhoben. Diese wird täglich an die Marktgegebenheiten angepasst. Darüber hinaus zahlt der Verkäufer einer Option eine *Additional Margin*, die als zusätzliche Sicherheitsleistung für einen zu erwarteten Maximalverlust am folgenden Börsentag dienen soll. Ist der Verkäufer dagegen bereits bei Abschluss der Aktienoption im Besitz des Underlyings, so können die Margin-Zahlungen entfallen, wenn er eine ausreichende Anzahl an Basiswerten als Sicherheit bei der Clearingstelle hinterlegt (*gedeckte Optionsposition*).

Beispiel Long Call

Ein Investor erwirbt 10 Kaufoption-Kontrakte für Daimler-Aktien. Die Laufzeit beträgt für diese Option standardmäßig 60 Monate. Verfalltag ist der 3. Freitag im Juni. Der Ausübungspreis beträgt 32 € (at-the-money). Der Optionspreis pro Aktie liegt bei 2,50 €.

Der Käufer dieses Calls besitzt nun das Recht, in den nächsten 60 Monaten, spätestens am Verfalltag des 3. Freitag im Juni, 1.000 Daimler Aktien (Kontraktzahl · Kontraktgröße $= 10 \cdot 100$) der Daimler AG zum Preis von 32 € zu erwerben (amerikanische Option). Dafür zahlt er heute einen Optionspreis von insgesamt 2.500 € (Optionsprämie pro Aktie · Kontraktgröße · Kontraktzahl $= 2{,}50$ € $\cdot 100 \cdot 10$). Der Verkäufer dieser Option ist verpflichtet, die 1.000 Aktien am Tag der Ausübung der Option tatsächlich auch an den Besitzer des Calls zum vereinbarten Preis von 32 € pro Aktie zu verkaufen und zu liefern.

1.3   Gesetzliche Grundlagen des Risikomanagements

Lernziele

Dieses Kapitel vermittelt:

- Die Risikoberichterstattung
- Die grundsätzlichen Aufgaben eines Risikomanagementprozesses

Gesetzlich sind Versicherungsunternehmen seit 1997 gemäß § 91 Abs. 2 AktG zu angemessenem Risikomanagement und angemessener interner Revision verpflichtet. Darüber hinaus wird durch weitere gesetzliche Vorschriften eine breitere, formalisierte Risikoberichterstattung von ihnen gefordert.

Versicherungsunternehmen haben „normalerweise" schon immer Risikomanagement betrieben, es wurde nur unter anderem Namen, als Teil der Versicherungstechnik, des Kapitalanlagemanagements oder der Servicebereiche praktiziert, vielfach mit anderer Intensität, Systematik und Konsequenz im Umgang mit Risiken als nunmehr gefordert. Die Versicherer sind spätestens seit der Einführung des KonTraG (Gesetz zur Kontrolle und Transparenz im Unternehmensbereich) vom 1. Mai 1998 dazu verpflichtet, sich ein Risikomanagement zu organisieren, das über die Berichterstattung für Lageberichte hinausgeht. Des Weiteren wurde aber auch die Pflicht zur Berichterstattung im Lagebericht durch den Gesetzgeber erweitert. So muss die Unternehmensführung bei der Darstellung des Geschäftsverlaufs und der Lage der Gesellschaft auch die voraussichtliche Entwicklung mit ihren wesentlichen *Chancen* und *Risiken* berücksichtigen (§ 289 Abs. 1 HGB). Die Ermittlung der wesentlichen Risiken beginnt mit der sogenannten *Risikoinventur*; diese umfasst die Identifikation der Risiken und deren Bewertung bis hin zur Bewertung der Gegenmaßnahmen. Die *Risikosteuerung* richtet sich auf die

Verbesserungspotenziale; sie übernimmt aber auch die Überwachung ihrer Auswirkungen auf das Risiko und liefert schließlich Impulse für veränderte risikopolitische Zielsetzungen. Als *Risikomanagementsystem* bezeichnet man „die Gesamtheit aller aufeinander abgestimmten und koordinierten Regelungen, Maßnahmen und Verfahren zur Erkennung, Überwachung und Abwehr von Risiken". Das Erkennen und Bewerten der versicherungstechnischen Risiken, der Risiken aus Kapitalanlagen sowie der operationellen und sonstigen Risiken finden überwiegend dezentral statt, während die Informationen zentral verifiziert, verdichtet und für verschiedene Berichtszwecke aufbereitet werden. Aus diesen Informationen heraus werden die externen Berichtspflichten – etwa im Lagebericht – an den Vorstand und an den Aufsichtsrat erfüllt. Mit der Einführung des DRS 5-20 ist eine Klassifikation, nämlich die der Risikokategorien, für das externe Berichtswesen vorgegeben worden. Im Jahr 2001 veröffentlichte der Deutsche Standardisierungsrat (DSR) des Deutschen Rechnungslegungs Standards Committees e.V. DRSC, Berlin, eine Reihe von Rechnungslegungsstandards, die verschiedene Bereiche der Rechnungslegung und des Jahresabschlusses berühren. Zu diesen Standards gehört der Deutsche Rechnungslegung Standard Nr. 5 (DRS 5) – Risikoberichterstattung –, der durch die beiden folgenden Standards ergänzt wurde:

- DRS 5-10 – Risikoberichterstattung von Kredit- und Finanzdienstleistungsinstituten
- DRS 5-20 – Risikoberichterstattung von Versicherungsunternehmen

1.3.1 Risikoberichterstattung

Inzwischen müssen die Versicherungsunternehmen umfangreiche qualitative Anforderungen an ihre Risikoberichterstattung umsetzen. Diese sind in wesentlichen Teilen in der Veröffentlichung des Rundschreibens 03/2009 „Aufsichtsrechtliche Mindestanforderungen an das Risikomanagement (*MaRisk VA*)" als Konkretisierung des § 64a VAG verbindlich. Die MaRisk VA wurden in Deutschland vor der Einführung von Solvency II (siehe Abschn. 4.1.2) angewendet und sind seit dem 1. Januar 2016 aufgehoben. Der Zweck des Rundschreibens war, dass die Geschäftsführung eines Versicherungsunternehmens ein Risikobewusstsein entwickelt und dieses kontinuierlich gelebt wird. Der Anwendungsbereich des Rundschreibens bezog sich auf Erst- und Rückversicherungsunternehmen sowie Pensionsfonds mit Sitz in Deutschland einschließlich ihrer in- und ausländischen Niederlassungen im EU/EWR-Raum.

Betont werden insbesondere die Gesamtverantwortung des Gesamtvorstands für das Risikomanagement und die damit im Zusammenhang stehenden weiteren Regelungen und Maßnahmen. Die BaFin definierte im Rundschreiben 3/2009, was im Rahmen der MaRisk VA als Risiko zu verstehen ist. „Als Risiko wird die Möglichkeit des Nichterreichens eines explizit formulierten oder sich implizit ergebenden Zieles verstanden." Dies bedeutet, dass die in einem Unternehmen vorhandenen Risiken immer in Verbindung mit der Unternehmensplanung bzw. des Unternehmensziels zu beurteilen sind. Wenn auch die MaRisk VA im Zuge der Einführung von Solvency II zum 1. Januar 2016 aufgehoben wurde, sollen die dort erwähnten acht Risikoarten beschrieben werden:

- *Versicherungstechnisches Risiko:* Das versicherungstechnische Risiko bezeichnet das Risiko, dass bedingt durch Zufall, Irrtum oder Änderung der tatsächliche Aufwand für Schäden und Leistungen vom erwarteten Aufwand abweicht. (Abschn. 2.1)
- *Marktrisiko:* Das Marktrisiko bezeichnet das Risiko, das sich direkt oder indirekt aus Schwankungen in der Höhe bzw. in der Volatilität der Marktpreise für die Vermögenswerte, Verbindlichkeiten und Finanzinstrumente ergibt. Das Marktrisiko schließt das Währungskursrisiko und Zinsänderungsrisiko ein. (Abschn. 3.2)
- *Kreditrisiko:* Das Kreditrisiko bezeichnet das Risiko, das sich aufgrund eines Ausfalls oder aufgrund einer Veränderung der Bonität oder der Bewertung der Bonität (Credit-Spread) von Wertpapieremittenten, Gegenparteien und anderen Schuldnern ergibt, gegenüber denen das Unternehmen Forderungen hat. (Abschn. 3.2.)
- *Operationelles Risiko:* Operationelle Risiken können aus der Unangemessenheit oder dem Versagen von internen (Kontrollen) Verfahren, Menschen und Systemen oder infolge extern getriebener Ereignisse (z. B. Systemausfall, Betrug, Fehler …) entstehen. (Abschn. 4.1.1)
- *Liquiditätsrisiko:* Das Liquiditätsrisiko bezeichnet das Risiko, dass ein Unternehmen auf Grund mangelnder Fungibilität nicht in der Lage ist, seinen finanziellen Verpflichtungen bei Fälligkeit nachzukommen. (Abschn. 3.2.5)
- *Konzentrationsrisiko:* Das Konzentrationsrisiko bezeichnet das Risiko, das sich dadurch ergibt, dass das Unternehmen einzelne Risiken oder stark korrelierte Risiken eingeht, die ein bedeutendes Schaden- oder Ausfallpotenzial haben. (Abschn. 3.2.1)
- *Strategisches Risiko:* Das strategische Risiko ist das Risiko, das sich aus strategischen Geschäftsentscheidungen ergibt. Zum strategischen Risiko zählt auch das Risiko, das nicht einem geänderten Wirtschaftsumfeld angepasst wird. Das strategische Risiko ist i. d. R. ein Risiko, das im Zusammenhang mit anderen Risiken auftritt. Es kann jedoch auch als Einzelrisiko auftreten. (Abschn. 4.2.1)
- *Reputationsrisiko:* Das Reputationsrisiko ist das Risiko, das sich aus einer möglichen Beschädigung des Rufs des Unternehmens infolge einer negativen Wahrnehmung in der Öffentlichkeit (z. B. bei Kunden, Geschäftspartnern, Aktionären, Behörden) ergibt. Ebenso wie das strategische Risiko tritt das Reputationsrisiko i. d. R. im Zusammenhang mit anderen Risiken auf. Es kann aber auch als Einzelrisiko auftreten. (Abschn. 4.2.1)

Doch nicht wenige Versicherer haben sowohl im Risikomanagement als auch bei der Implementierung eines effektiven *Reportingsystems* noch erheblichen Handlungsbedarf. Die einzelnen Risiken sind im Rahmen einer Risikotragfähigkeitsberechnung gegen selbst gesetzte Größen zu spiegeln, die ökonomisch begründet sind und damit das langfristige Überleben des Unternehmens sicherstellen. So sind beispielsweise die operationellen

Risiken sehr vielschichtig; dies erschwert deren vollständige Identifikation und Erfassung. Darüber hinaus lassen sie sich auch schwer quantifizieren und mit Eigenkapital unterlegen. Ein weiteres Beispiel sind die strategischen Risiken: Hochgradig komplex und miteinander vernetzt, weisen diese vielfache Wechselbeziehungen zu anderen, etwa versicherungstechnischen Risiken auf und sind darüber hinaus noch stark abhängig von ihrer Umwelt. Damit lassen sie sich wie operationelle Risiken ebenfalls nur schwer quantifizieren. Ein professionelles Risikomanagement und Reportingsystem können beispielsweise auf einer GAP-Analyse basieren. Die GAP-Analyse (deutsch: „Lücke") ist ein Managementinstrument zur Identifizierung strategischer und operativer Lücken durch die Analyse der Lücke zwischen Sollvorgabe und der bisherigen Entwicklung des Geschäfts. Den Rahmen bildet dann eine unternehmensweite, bereichsübergreifende Risikostrategie, die mithilfe externer Expertise und Begleitung entwickelt werden sollte. Wesentliche Orientierungspunkte für die Entwicklung der Strategie ergeben sich im ersten Schritt aus einem Abgleich des Ist-Zustands mit den Anforderungen bzw. Vorgaben der MaRisk. Erst mit einer solchen GAP-Analyse kann der konkrete Änderungsbedarf für das Gesamtvorhaben transparent gemacht werden. Mit einer GAP-Analyse und der dokumentierten Risikostrategie werden der Anpassungsbedarf für die Aufbau- und Ablauforganisation sowie der Rahmen für weitere Meilensteine vorgegeben. Wesentliche Eingangsgrößen für die Entwicklung der Risikostrategie sind die Unternehmensziele, das Geschäftsmodell, die Risikotragfähigkeit sowie die spezifische Risikoneigung des Vorstands und der Mitarbeiter in verantwortlichen Positionen. Die MaRisk schreiben vor, Aufgaben und Verantwortlichkeiten innerhalb der Aufbaustrukturen klar zu definieren und aufeinander abzustimmen. Ebenso sollten die getroffenen Regelungen in entsprechenden Richtlinien gemäß den Vorschriften der MaRisk dokumentiert werden. Deutlich umfangreicher gestaltet sich i. d. R. die Entwicklung eines Risikotragfähigkeitskonzepts, welches die MaRisk ebenfalls erfordern. Es ist auf Basis des unternehmensindividuellen Gesamtrisikos zu erstellen. Im Einzelnen ist darzulegen, wie viel Solvenzkapital (siehe hierzu Abschn. 4) für alle wesentlichen Risiken vorhanden sein muss. Dabei sind die aufsichtsrechtlichen Eigenmittelanforderungen einzuhalten, die dabei gleichzeitig die absolute Untergrenze für das benötigte Solvenzkapital bilden. Für die eigentliche Tragfähigkeitsberechnung sind insbesondere die Komponenten Eigenkapital und stille Reserven (Aktiv/Passiv) von Bedeutung. Auf Basis des vorhandenen Risikokapitals gilt es dann in einem zweiten Schritt, den einzelnen Risikoarten nach einem nachvollziehbaren Schlüssel Risikokapital zuzuweisen und die Risiken angemessen zu limitieren. Auf dieser Basis kann ein Ampelsystem entwickelt werden, welches die aktuelle Auslastung des Risikokapitals aus Unternehmenssicht visualisiert. Im Rahmen des Gesamtvorhabens kann ein Frühwarnsystem konzipiert werden und ein aussagefähiger und ganzheitlicher Risikobericht erstellt werden. Auf Basis plausibler Korrelationen wird damit dem Vorstand ein Gesamtrisikoprofil aufgezeigt. Hierzu zählen auch insbesondere Markt- und Adressrisiken aus Kapitalanlagen, versicherungstechnische Risiken, sonstige Adressrisiken sowie operationelle Risiken. Die Analyse dieser Einzelrisiken auf Aktiv- und

Passivseite wird in den folgenden Kapiteln erfolgen und abschließend im letzten Kapitel in einem Risikomodell zusammengeführt. Grundlage für einen Risikobericht bildete bis zu seiner Aufhebung der DRS 5–20 – *Risikoberichterstattung von Versicherungsunternehmen*.

Auch wenn der DRS 5–20 in der Zwischenzeit aufgehoben und durch den DRS 5–20 – Konzernlagebericht ersetzt wurde, hilft er uns, die Risikosituation im Versicherungsunternehmen strukturiert zu unterscheiden und die Berichtspflichten exemplarisch aufzuzeigen. Demnach gibt es folgende *Risikokategorien:*

- Versicherungstechnische Risiken
- Risiken aus dem Ausfall von Forderungen aus dem Versicherungsgeschäft
- Risiken aus Kapitalanlagen
- Operationelle und sonstige Risiken

Die Risiken sind zu quantifizieren, „wenn dies nach anerkannten und verlässlichen Methoden möglich und wirtschaftlich vertretbar ist und die quantitative Angabe eine entscheidungsrelevante Information" (Tz. 9) darstellt. In diesem Fall sind die verwendeten Modelle und deren Annahmen zu erläutern. Sofern *interne Risikomodelle* vorliegen, „kommen diese i. d. R. zur Anwendung" (Tz. 10), wobei mit dem Begriff des „internen Risikomodells" jene Quantifizierungsansätze zu verstehen sind, „die allgemein anerkannt sind und im Rahmen des unternehmensinternen Risikomanagements zur Anwendung kommen" (Tz. 3).

- Schaden/Leistung
- Betrieb
- Rückversicherung
- Versicherungstechnische Risiken
- Risiken aus dem Forderungsausfall
- Risiken aus Kapitalanlagen
- Operationelle und sonstige Risiken
- Strategische Risiken.

Ein internes Risikomodell eines Versicherungsunternehmens lässt sich wie folgt darstellen: Ausgehend von den Dimensionen „rechtlichen Einheiten", also den Einzelgesellschaften des Konzerns, den „Geschäftsprozessen" und „Einzelrisiken" lässt sich die Gesamtmenge der potenziellen Einzelrisiken im Versicherungskonzern abbilden, indem alle relevanten Kombinationsmöglichkeiten berücksichtigt werden. Die Forderung nach „Vollständigkeit" der gesamthaften Darstellung der Risikolage lässt sich dahingehend erfüllen, dass die Prozess- bzw. Unternehmensverantwortlichen gezielt zur Risikosituation in ihrem Verantwortungsbereich befragt werden.

Die Risiken sind nach Risikokategorien inhaltlich zu konkretisieren und zu quantifizieren. Die Elemente des Risikomanagementsystems sind in funktionaler und organisatorischer Hinsicht darzustellen (Tz. 8).

- Eine Verrechnung mit zugehörigen Chancen darf nicht vorgenommen werden.
- Der jeweils zugrunde liegende Prognosezeitraum ist anzugeben (Tz. 12).
- Die Risikobetrachtung ist auf den Bilanzstichtag abzustellen (Tz. 19).
- Wesentliche Veränderungen der Risikolage im Vergleich zum Vorjahr sind darzulegen (Tz. 20).
- Die Darstellung der versicherungstechnischen Risiken erfolgt nach Abzug der passiven Rückversicherung (Tz. 21).

Der Risikobericht hat in einer geschlossenen Darstellung im Lagebericht getrennt von der Prognoseberichterstattung zu erfolgen, obwohl ein sachlicher Zusammenhang besteht und deshalb auch Bezugnahmen auf den Prognosebericht sinnvoll erscheinen.

Erfolgt die Berichterstattung nicht auf Basis eines internen Risikomodells, legt der DRS 5–20 Pflichtangaben (Tz. 11) fest. Es handelt sich dabei um allgemein verbreitete Kennzahlen, die i. d. R. im Unternehmen ohnehin erhoben werden. Auch für den Fall, dass ein internes Risikomodell zum Tragen kommt, können diese Größen als Maß für den als Minimum geforderten Detaillierungsgrad dienen. Sie konkretisieren sich wie folgt:

Bei der Darstellung der Risiken aus der Lebensversicherung (Tz. 26) sind mindestens aufzuführen:

- die Angaben über die Angemessenheit der für die Berechnung der versicherungstechnischen Rückstellungen verwendeten Berechnungsgrundlagen (unter anderem Sterbetafeln),
- desgleichen die Annahmen zu Stornowahrscheinlichkeiten und
- Angaben zum Zinsgarantierisiko.

Die Rechnungsgrundlagen zur Tarifkalkulation und die dabei verwendeten Sterbetafeln sind in internen aktuariellen Berichten dokumentiert, die zur Vorlage auch an die BaFin dienen. Die Deutsche Aktuarvereinigung e. V. (DAV) spricht Empfehlungen zum Umgang mit biometrischen Risiken aus.

Aussagen zur Stornoentwicklung finden sich in internen Statistiken und in Verbandsmeldungen. Die Zinsgarantierisiken stehen in unmittelbarem Zusammenhang mit der Berichterstattung über Risiken aus Kapitalanlagen (Tz. 28–33).

Sowohl bei der Schaden-/Unfallversicherung als auch bei der Lebensversicherung ist es nicht grundsätzlich problematisch, die vorgenannten Mindestanforderungen zu erfüllen, da die geforderten Daten ohnehin zur operativen Führung von Versicherungsunternehmen erforderlich sind. In der Praxis können sich aber im Einzelfall durchaus erhebliche Schwierigkeiten ergeben. So sind Zeitreihen über einen Zehnjahreszeitraum erläuterungsbedürftig.

Über Risiken aus dem Ausfall von Forderungen aus dem Versicherungsgeschäft (Tz. 27) sollten folgende Mindestangaben gemacht werden:

- Forderungen, die älter als 90 Tage sind,
- die durchschnittliche Ausfallquote der vergangenen drei Jahre und
- die Forderungen gegenüber Rückversicherern, „so weit wie möglich" gegliedert nach externen Ratingklassen.

Bei der Darstellung von Risiken aus Kapitalanlagen (Tz. 31) ist unter anderem auf

- die Auswirkung eines 20-prozentigen Kursverlusts auf den Zeitwert von Aktien und anderen nicht festverzinslichen Wertpapieren einzugehen und
- die Auswirkung einer Verschiebung der Zinskurve um einen Prozentpunkt nach unten oder
- nach oben auf den Zeitwert von festverzinslichen Wertpapieren und Ausleihungen zu beschreiben.

In aller Regel liegen im Kapitalanlagen-Controlling und im Risiko-Controlling bei den Kapitalanlagen weit spezifischere Informationen vor, sodass es auch hier keine allzu großen Probleme bereiten sollte, die entsprechenden Angaben aufzubereiten. Der Begriff „Auswirkungen" kann sowohl quantitativ als auch qualitativ ausgelegt werden; eine qualitative Interpretation der Auswirkungen ließe sich aus der Formulierung des Standards ableiten, ist aber nicht explizit gefordert. Ebenfalls nicht gefordert ist es, Beziehungen zwischen den oben aufgeführten Simulationen herzustellen, die in der Praxis gleichwohl beobachtbar sind. Bekanntlich führen Kursverluste bei Aktien in vielen Fällen zu einem Anstieg der Kurse im Rentenmarkt. Im Falle einer simultanen Betrachtung aller Risikokomponenten bedeutet dies einen erheblichen Aufwand bei der Beschreibung der Abhängigkeiten und macht ggf. auch den Einsatz komplexer Modelle erforderlich. Dies kann derzeit nicht jedem Unternehmen zugemutet werden.

Unter der Kategorie der operationellen und sonstigen Risiken werden Risiken wie menschliches und/oder technisches Versagen, externe Einflussfaktoren und rechtliche Risiken aufgrund vertraglicher Vereinbarungen (Unternehmensverträgen, Haftungen etc.) und rechtlicher Rahmenbedingungen subsumiert. Aus den Regeln zur Berichterstattung (Tz. 34 und 36) ist zu entnehmen, dass strategische Risiken des Unternehmens, wie etwa die grundsätzliche Ausrichtung oder die langfristige Geschäftspolitik, und auch Reputationsrisiken nicht den operationellen Risiken zuzurechnen sind. Gemäß Tz. 35 und 37 des DRS 5–20 wird gefordert darzustellen, welche organisatorischen Vorkehrungen zur Erfassung und Begrenzung, zur Handhabung und Überwachung der operationellen und sonstigen Risiken bestehen.

Die gesamte Risikolage ergibt sich gemäß DRS 5–20 aus der Gesamtbetrachtung aller genannten Risiken, wobei „Diversifizierungseffekte zu berücksichtigen" (Tz. 3) sind. Zur Quantifizierung der gesamten Risikosituation (Tz. 38) sind mindestens die aufsichtsrechtlichen Solvabilitätsanforderungen sowie die zu ihrer Bedeckung vorhandenen Eigenmittel anzugeben und der Anteil der darin einbezogenen Bewertungsreserven zu nennen. Eine Darstellung der Risikokapitalallokation wird als „wünschenswert" (Tz. 39) angesehen. Die Benutzung der Solvabilität als Standard für die Bemessung der Risikolage trägt einem „klassischen" Versicherungskonzern nur mit Einschränkungen Rechnung, da die Betrachtung der Solvabilität ganz überwiegend die operativen Risiken aus dem Versicherungsgeschäft zum Gegenstand hat. Bei stark diversifizierten Konzernen lässt sich mit dieser Angabe real keine zusammenfassende Darstellung der gesamten Risikosituation erreichen. Für interne Zwecke kommen andere Kenngrößen, wie z. B. das risikonotwendige Kapital (Value at Risk) und/oder die Rendite „risk adjusted return on capital", eher in Betracht als die Solvabilität. Siehe hierzu Abschn. 1.1.1.5.

1.3.2 Risikomanagementprozess

Risikomanagement bedeutet, mit Risiken planmäßig und systematisch umzugehen, um die Gesamtsituation eines Unternehmens zu beherrschen. Risiko heißt, dass mit einer gewissen Wahrscheinlichkeit ungünstige künftige Entwicklungen die gesamte *Risikolage* des Unternehmens beeinflussen können. Dabei konzentriert man sich auf die wesentlichen Risiken, die die Vermögens-, Finanz- oder Ertragslage innerhalb eines gewissen Zeitraums negativ beeinflussen oder sogar den Fortbestand der Gesellschaft gefährden können.

Eine Gesamtstrategie, die neben den Mindestanforderungen des Gesetzgebers ein System zur internen Selbststeuerung liefert, ist wünschenswert:

- Verbesserung der Risikostruktur
- Integration der Einzelsysteme
- Eingrenzung der wesentlichen Risiken
- Früherkennung der Risiken
- Konzerneinheitliche Vorgehensweise

Ursprüngliche Aufgabe der Versicherungsunternehmen ist die Übernahme von Risiken. Somit standen bisher die Versicherungstechnik und Kapitalanlage im Vordergrund. Es gab schon immer Bestandsbereinigungsmaßnahmen im Rahmen eines planmäßig, systematisch und zeitnah betriebenen Risikomanagements. Darüber hinaus entsteht jedoch folgender Nutzen: In den Planungs- und Steuerungsprozess fließen nun gleichzeitig, also während Ziele und Maßnahmen hinsichtlich Marktbearbeitung, Neugeschäft und Entwicklung neuer Produkte festgesetzt werden, auch Informationen über die ureigenen Risiken des Unternehmens ein. Hinzu kommen Überlegungen, ob die Realisierung einzelner Risiken verhindern kann, die gesetzten Ziele zu erreichen. So werden die Risiken des Unternehmens nicht losgelöst vom allgemeinen Steuerungsprozess betrachtet, sondern sind Gegenstand einer gesamthaften Sicht. Damit ist es in der frühen Phase der

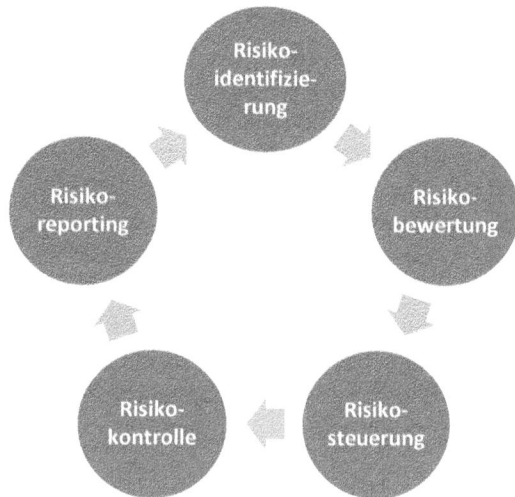

Abb. 1.13 Risikomanagementprozess. (Quelle: eigene Darstellung)

Planung möglich, die Wahrnehmung von Risiken zu fördern, Einstellungen von Mitarbeitern zu verändern und präventive Maßnahmen vorzubereiten, letztlich eine höhere Risikosensitivität zu schaffen. Wie in Abb. 1.13 dargestellt setzt sich der Prozess zusammen aus:

- Risikoidentifizierung
- Risikobewertung (Planung)
- Risikosteuerung (Maßnahmen)
- Risikokontrolle
- Risikoreporting (Plan-Ist-Vergleich)

Ergänzt man den üblichen Planungsprozess um ein derart systematisiertes Risikomanagement mit der Verpflichtung der einzelnen Unternehmensbereiche zur Risikoanalyse und Risikoberichterstattung an eine zentrale Stelle, dann werden Schwachstellen und zielkonträre Sachverhalte frühzeitig aufgedeckt sowie die Schaffung einer Kommunikationsstruktur und Abgrenzung von Aufgaben, Kompetenzen und Verantwortungsbereichen angeregt.

Der gezielte Austausch von Informationen zu den eigenen Risiken des Unternehmens über die einzelnen Managementebenen hinweg und der Einsatz von Tools zum Asset Liability Management (siehe hierzu Abschn. 4.1.3) machen eine weitergehende Analyse von Gefährdungspotenzialen möglich. Hierbei können unterschiedliche Risikolagen simuliert und intern zur Diskussion gestellt werden. Das gezielte Beobachten von Risikoindikatoren und Schwellenwerten sollte betrieben werden.

Mit der Systematisierung der Risiko- und Chancenbetrachtung einschließlich einer entsprechenden Dokumentation können sich eine einheitliche Begriffswelt und ein einheitliches Problemverständnis im Unternehmen entwickeln. Dieser Aspekt ist in der Praxis sehr bedeutsam, weil sich in Versicherungsunternehmen in den letzten Jahren eigenständige *Kennzahlensysteme* etabliert haben und mittlerweile immer häufiger überschaubare Systeme und somit auch einheitliche Datenstrukturen gefordert werden.

Vor diesem Hintergrund muss das Risikomanagementsystem allen aufsichtsrechtlichen Erfordernissen und Anforderungen, sowohl was inhaltliche Themen betrifft als auch in Bezug auf strukturell organisatorische Fragen, genügen. Dies führt dazu, dass analog zur Unternehmensstrategie für alle betriebenen Geschäftsfelder die jeweilige *Risikoexponierung* für das Unternehmen als Ganzes abgeleitet und in einer *Risikostrategie* zusammenfassend definiert werden muss. Dies wird im folgenden Abschnitt erklärt.

1.3.3 Risikostrategie

Das KonTraG hat mit der neuen Vorschrift des § 91 Abs. 2 AktG, wonach „insbesondere ein Überwachungssystem einzurichten" ist, neben der bestehenden allgemeinen Leitungsaufgabe des Vorstands dessen Überwachungsaufgaben hervorgehoben. Die Chancen- und Risikoabwägung gehörte zwar schon immer zu den Führungsaufgaben, doch trägt die Integration des Risikomanagements in die wert- und erfolgsorientierte Unternehmenssteuerung ganz maßgeblich zur Werterhaltung des Unternehmens bei und verringert das Insolvenzrisiko und schafft somit auch bei den Versicherungsnehmern Sicherheit. Insbesondere weist der zum 1. Januar 2008 geschaffene § 64a VAG ausdrücklich darauf hin, dass ein adäquates Risikomanagement die Entwicklung einer auf die Steuerung des Unternehmens abgestimmten *Risikostrategie* erforderlich macht. Diese Risikostrategie soll Art, Umfang und Zeithorizont des betriebenen Geschäfts und der damit verbundenen Risiken berücksichtigen. Dies konkretisiert sich darin, dass eine Risikostrategie aus der Geschäftsstrategie abgeleitet werden soll und alle wesentlichen risikostrategischen Zielsetzungen darzulegen sind.

Die Risikostrategie bringt die grundsätzliche Haltung eines Unternehmens zur Erkennung von und zum Umgang mit Risiken zum Ausdruck. Sie ist aus der Unternehmensstrategie abgeleitet und bildet ein eigenständiges Regelwerk. Zugleich ist sie Ausgangspunkt für die (konzernweite) Umsetzung des Risikomanagements. Die Risikostrategie ist integraler Bestandteil des unternehmerischen Handelns (konzernweit gültig) und spiegelt sich in den Detailstrategien der Geschäftsbereiche wider (vgl. Abb. 1.14).

Ein Versicherungsunternehmen ist mit einer Vielzahl von Risiken konfrontiert, die unmittelbar mit der unternehmerischen Tätigkeit verbunden sind und in den einzelnen strategischen Geschäftsfeldern und geografischen Regionen unterschiedlich ausgeprägt sind. Das Risikoverständnis hat daher ganzheitlich zu sein. Risiko bedeutet also die volle Bandbreite positiver und negativer Zufallsrealisationen um geplante oder erwartete

Abb. 1.14 Strategie. (Quelle: eigene Darstellung)

Werte. Von besonderer Bedeutung für das Risikomanagement sind negative Zufalls-realisationen, unter denen die Möglichkeit des Nichterreichens eines explizit formulierten oder sich implizit ergebenden Ziels verstanden wird. Entscheidendes Kriterium für die Risikotoleranz ist der Schutz des Kapitals. Dies setzt einen bewussten Umgang mit Risiken sowohl in der Schaden- und Personenversicherung als auch bei den Kapital-anlagen voraus.

Um den Schutz des Kapitals zu gewährleisten, ist wesentliches Ziel, die definierten Einzelrisiken so zu kontrollieren und zu steuern, dass das Gesamtrisiko im zulässigen, definierten Toleranzbereich liegt. Das Risikomanagement ist deshalb integraler Bestand-teil einer wertorientierten Unternehmenssteuerung und damit aller übergeordneten Ent-scheidungsprozesse. Neben dem Schutz des Kapitals ist darauf zu achten, dass ggf. knappes Eigenkapital flexibel eingesetzt wird, um die höchsten risikogewichteten Ge-winne zu erzielen. Die Erkenntnisse aus dem Risikomanagementsystem müssen jederzeit einen Überblick über die aktuelle und erwartete künftige Gesamtrisikolage des Unterneh-mens geben. Diese Erkenntnisse bilden somit einen Rahmen für die Entscheidungsfindung auf allen Managementebenen, indem sie das Verhältnis übergeordneter Ziele und der Organisation des Risikomanagements zwischen Chancen und Risiken transparent machen. Die operative Umsetzung dieser Ziele erfolgt unter anderem durch dem Risiko angepasste Standard- und Ad-hoc-Berichte, die die systematische und vollständige Erfas-sung aller wesentlichen Risiken gewährleisten, sowie durch die regelkreisbasierende Überprüfung der Wirksamkeit aller relevanten Systeme im Risikomanagement. Durch entsprechende Regelungen ist eine Trennung zwischen risikoeingehenden und risiko-steuernden Geschäftsbereichen einerseits sowie risikoüberwachenden Bereichen anderer-seits sichergestellt. Die prozessintegrierte Überwachung erfolgt durch einen Risiko-ausschuss. Die prozessunabhängige Überwachung führt die interne Revision durch.

Daher sollte jedes Unternehmen neben den strategischen Unternehmensleitlinien und Zielen über eine explizit formulierte Risikostrategie, die in einem engen Kontext zur definierten Unternehmensstrategie steht, verfügen. Die Risikostrategie leitet sich also unmittelbar aus der Geschäftsstrategie ab und muss alle darin genannten wesentlichen Risiken berücksichtigen. Sie steht im Kontext der rechtlichen Rahmenbedingungen und fokussiert die Risiken unter Aspekten der Wirtschaftlichkeit. Dabei werden die Risiken aus den verschiedenen Strategiefeldern einzeln betrachtet. Zur Umsetzung der Risiko-strategie muss sich jedes Unternehmen eines quantitativen und qualitativen Risiko-managementsystems bedienen, das von einem Limit- bzw. Schwellensystem getragen

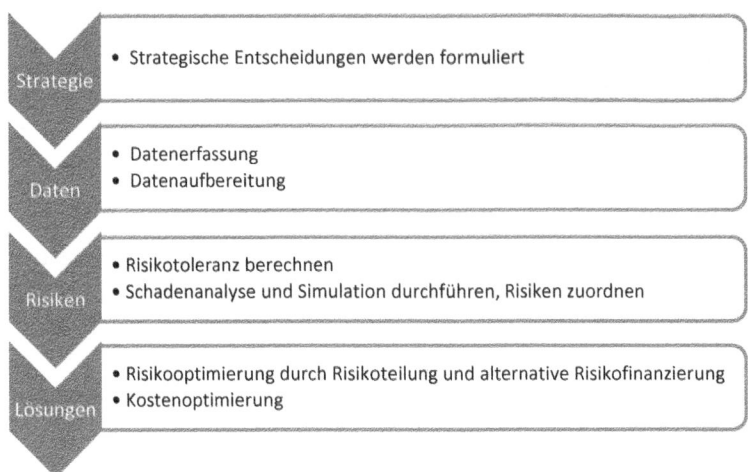

Abb. 1.15 Prozessschritte. (Quelle: eigene Darstellung)

wird. Die Toleranzen sind vom Gesamtvorstand zu verabschieden und unterliegen einer laufenden Anpassung an die definierten Unternehmensziele und Steuerungsgrößen. Hierzu zählen auch Solvenzgrößen (siehe Kap. 4) bzw. die Gesamtquantifizierung durch ein Risikokapitalmodell auf Unternehmensebene.

Wesentlicher Bestandteil dieses Prozesses ist die Optimierung des *Risikotransfers*. Für eine Maximierung der Kapitalrendite aus Risikotransfer und -finanzierung benötigen die Unternehmen einen stabilen Prozess, der nicht nur eine Analyse vorhandener und benötigter Risikotransferlösungen, sondern auch eine breite Betrachtung aller Betriebsrisiken, angemessene Kontrollmechanismen und die optimale Nutzung des Kapitals zur Finanzierung der Risiken beinhaltet. In der Regel sind verschiedene Bereiche und Mitarbeiter an diesem Prozess beteiligt und stellen durch umfassende Finanzanalysen tragfähige Entscheidungsgrundlagen bereit. Durch die Rationalisierung von Prozessen können Synergie- und Einsparpotenziale realisiert werden, noch bevor sich die längerfristigen Vorteile der Risikofinanzierung bemerkbar machen. Oftmals wirkt die Optimierung des Risikotransfers sehr komplex. Die Schritte dieses Prozesses sind in Abb. 1.15 dargestellt.

Bei der Optimierung des Risikotransfers sollten grundsätzlich die drei Hauptphasen

- Verständnis der Unternehmensstrategie,
- Datenanalyse und -modellierung,
- Entwicklung der Risikofinanzierungslösungen

eingehalten werden.

Die grundsätzliche Strategie eines Unternehmens und die Auswirkungen dieser Strategie auf die Mittelverwendung sollten letztendlich auch die Entscheidungen des

Unternehmens im Hinblick auf den Risikotransfer bestimmen. Die Risikobereitschaft eines Unternehmens wird von verschiedenen Faktoren bestimmt, von denen manche objektivierbar und andere ein „Bauchgefühl" sind. Unabhängig davon, welche Faktoren für die Risikobereitschaft ausschlaggebend sind, gilt, dass die optimale Strategie nur entwickelt werden kann, wenn die Entscheidungsträger eine klare Vorstellung davon haben, welche Rolle der Risikotransfer in ihrem Unternehmen spielen soll. Ebenso wie auf eine klare Vorstellung der Unternehmensstrategie kommt es bei der Optimierung des Risikotransfers auf fundierte Informationen an. Denn qualitativ hochwertige Informationen über das Unternehmen, die vorhandenen Risiken, die Qualität der Maßnahmen zur Risikobegrenzung und die vorhandene Risikobereitschaft sind für die Optimierung des Risikotransfers von entscheidender Bedeutung. Die folgenden Informationen sind als Entscheidungsgrundlage für den Umgang mit Risiken zu sammeln:

- Historische Informationen über Schadenfälle
- Bestehendes Risikoinventar
- Sofortreaktions-, Krisenmanagement und Wiederherstellungspläne
- Corporate-Governance-Programm
- Benchmark mit Risikodaten anderer Unternehmen

1.4 Kontrollaufgaben

Aufgabe 1.1
Ein Kollektiv von 100.000 Hausratversicherungen hat eine Schadeneintrittswahrscheinlichkeit von 1 %. Wie groß ist die Wahrscheinlichkeit, dass mehr als 1.000 Schadenfälle eintreten?

Aufgabe 1.2
Ein Bestand von Versicherungen ist mit einem Erwartungswert von 1.000 und einer Streuung von 50 als normalverteilt kalkuliert. Wie viele Sicherheitsmittel sind bei einer Ruinwahrscheinlichkeit von 0,5 % zu hinterlegen?

Aufgabe 1.3
Zwei Würfel werden nacheinander geworfen. Berechnen Sie die Wahrscheinlichkeit für folgende Ereignisse: „Die Augensumme ist kleiner gleich 6" und „Der 2. Würfel zeigt eine kleinere Zahl".

Aufgabe 1.4
Eine Grundgesamtheit ist normalverteilt mit dem bekannten Parameter $a = 5$. Eine Stichprobe vom Umfang 200 ergibt den Mittelwert 12. Mit welcher Sicherheitswahrscheinlichkeit liegt der unbekannte Erwartungswert im Intervall [11; 13]?

Aufgabe 1.5

Ein Kollektiv bestehe aus 10.000 Risiken, bei denen die Schadenverteilungen unabhängig und identisch verteilt sind:

Schadenhöhe	0	2.000,–	5.000,–
Eintrittswahrscheinlichkeit	0,8	0,15	0,05

Welche Maßnahmen führen zu einem geringeren Risiko des Versicherungsunternehmens?

a. Eine prozentuale Selbstbeteiligung von 25 % des Versicherungsnehmers?
b. Eine Selbstbeteiligung von 1.000, – € des Versicherungsnehmers?
c. Eine Verdopplung des Kollektivs?

Aufgabe 1.6

Ein Kollektiv bestehe aus 1.000 Risiken, die unabhängig und identisch verteilt sind mit einer Schadeneintrittswahrscheinlichkeit von 0,1. Die Schadenhöhe sei exponentiell verteilt mit Erwartungswert 500. Dementsprechend tritt mit Wahrscheinlichkeit 0,9 kein Schaden ein. Die Risikoprämie sei 60 pro Periode. Berechnen Sie die Wahrscheinlichkeit, dass der Gesamtschaden des Bestands die Anfangsreserve von 10.000 und die gesamte Prämieneinnahme übersteigt. Die Verteilung des Gesamtschadens approximieren Sie durch die Normalverteilung.

Aufgabe 1.7

Erklären Sie den Begriff Risikomaß und geben Sie drei Beispiele für Risikomaße an. Gehen Sie dabei auf die Bedeutung eines absoluten und relativen Risikomaßes ein und beurteilen Sie dies kritisch.

Aufgabe 1.8

Wie kann man einen Risikomanagementprozess als Regelkreislauf darstellen? Erläutern Sie diesen kurz.

Aufgabe 1.9

Ein Unternehmen A benötigt 100 Mio. € für 5 Jahre, wobei es an einer festen Verzinsung interessiert ist. Ein Unternehmen B benötigt den gleichen Betrag in der gleichen Währung mit der gleichen Laufzeit, aber variabel verzinst. Bei einer Anleiheemission müssten von beiden Unternehmen auf dem Kapitalmarkt aufgrund unterschiedlicher Bonitätseinstufungen folgende Zinssätze gezahlt werden:

in % p. a.	Unternehmen A	Unternehmen B
Kuponanleihe	6,00	4,50
Floating Rate Note	Euribor +0,5	Euribor

Das Unternehmen A begibt zu den oben angegebenen Konditionen einen Floater am Kapitalmarkt und vereinbart gleichzeitig mit B, welches eine festverzinsliche Anleihe zu 4,5 % emittiert, die Durchführung eines Zinsswaps. Der sich daraus ergebende Finanzierungsvorteil in Höhe von 1 % wird im Verhältnis 30 % für A und 70 % für B aufgeteilt.

a. Welche Positionen (Payer oder Receiver) müssen Unternehmen A und B bei einem Zinsswap jeweils einnehmen?
b. Veranschaulichen Sie die Transaktionen der Anleiheemissionen sowie des Zinsswaps in einem geeigneten Schaubild.
c. Ermitteln Sie für beide Partner die jährliche Zinsersparnis durch den Zinsswap. Stellen Sie dabei die Zinskosten der gewünschten Anleiheemission den Zinskosten mit Zinsswap gegenüber.

Aufgabe 1.10
Ein Investor besitzt 200 Aktien der Dt. Lufthansa, die aktuell 16,70 € an der Börse kosten. Angenommen, er möchte sich bis zum nächsten Jahr im Juni gegen größere Wertverluste durch den Kauf von Puts absichern. An der Eurex wird ein Put-Kontrakt zum Underlying Dt. Lufthansa mit Fälligkeit Juni und einem Basispreis von 16 € aktuell zu 1,90 € angeboten. Ein Optionskontrakt mit Underlying Dt. Lufthansa an der Eurex umfasst 100 Aktien.

a. Bei welchem Kurs hat der Investor weder Gewinn noch Verlust mit der Put-Option am Verfalltag gemacht?
b. Zeigen Sie, wie hoch der Gesamtwert einer Put-Option in Abhängigkeit des Aktienkurses am Verfalltag der Option ist. Gehen Sie von folgenden möglichen Kursverläufen des Underlyings am Verfalltag aus:

Szenario	1	2	3	4
Kurs [in €]	10	15	20	25

Skizzieren Sie Ihre Ergebnisse aus a) und b) in einem Gewinn-Verlust-Diagramm.

Liability Management

2

2.1 Versicherungsrisiken

Lernziele

Dieses Kapitel vermittelt:

- Grundsätzliche Aufgaben einer Versicherung
- Die Versicherungskontrolle
- Unterschiedliche Verfahren der Versicherungstechnik

Das Risikogeschäft als Kern des Versicherungsgeschäfts lässt sich als Risikotransfer vom Versicherungsnehmer auf das Versicherungsunternehmen erklären. Dabei besteht der Risikotransfer in der Übertragung einer Wahrscheinlichkeitsverteilung von Schäden. Praktisch vollzieht sich der Transfer, indem der Versicherer das Versicherungsschutzversprechen abgibt, im Versicherungsfall genau definierte Versicherungsleistungen zu gewähren. Der Versicherungsnehmer befindet sich in einer Gesamtrisikolage, in der ein besonders großer Schaden (bzw. mehrere kleinere Schäden, die in ihrer Summe einen großen Schaden ergeben) mit einer relativ geringen Wahrscheinlichkeit eintritt. Falls dieser dennoch passiert, kommt es ohne Versicherungsschutz unter Umständen zum finanziellen Ruin. Für die Versicherung muss zwar eine Prämie entrichtet werden, dafür bewirkt das Versicherungsschutzversprechen und seine Einlösung eine Erhöhung der Sicherheitslage. Das Versicherungsunternehmen übernimmt professionell die Risiken vieler Versicherungsnehmer. Dabei gilt analog, dass ein großer Schaden bei einem versicherten Risiko relativ unwahrscheinlich ist. Noch weniger wahrscheinlich ist es, dass es bei vielen oder gar allen versicherten Risiken zu großen Schäden kommt. Durch die Zusammenfassung einer Vielzahl von Risiken zu einem (möglichst großen) Versicherungsbestand versucht das Versicherungsunternehmen also, einen Risikoausgleich zu erzeugen. Dabei gilt: Viele versicherte Risiken ohne Schäden oder allenfalls mit kleinen

© Springer-Verlag Berlin Heidelberg 2016

C. Möbius, C. Pallenberg, *Risikomanagement in Versicherungsunternehmen*,

BA KOMPAKT, DOI 10.1007/978-3-662-47917-9_2

Schäden sollen wenige versicherte Risiken mit Schäden, darunter auch solche mit großen Schäden, finanzieren. Durch den Risikoausgleich wird die gesamte Schadenbelastung für das Versicherungsunternehmen also besser kalkulierbar als die individuelle Schadenlast für einen einzelnen Versicherungsnehmer.

2.1.1 Klassifizierung und Kontrolle der Versicherungsarten

Das Sicherheitsnetz in der Bundesrepublik Deutschland ist an zwei tragenden Pfeilern befestigt: der Sozialversicherung und der Individualversicherung (Assekuranz). Einmal schützt der Staat in gesetzlich festgelegtem Rahmen bei bestimmten, mit der Arbeitskraft im Zusammenhang stehenden Risiken. Im anderen Fall muss der Bürger selbst Vorsorge treffen und mit den Unternehmen der Versicherungswirtschaft den gewünschten Schutz vereinbaren. Es steht ihm frei, sich gegen fast alle Wechselfälle des Lebens abzusichern.

▶ **Definition Sozialversicherung** *Um die allgemeinen wirtschaftlichen Grundlagen in der Gesellschaft und den sozialen Frieden innerhalb der Bevölkerung zu sichern, verwirklichte Bismarck 1881 auf Grundlage der sogenannten Kaiserlichen Botschaft die Sozialversicherung. Bereits seit 1883 gibt es die gesetzliche Krankenversicherung, ein Jahr später folgte die Unfallversicherung. Heute gliedert sich die Sozialversicherung in fünf Zweige: Kranken-, Unfall-, Renten-, Arbeitslosen- und Pflegeversicherung. Die Mittel werden durch Sozialversicherungsbeiträge der Arbeitgeber und Arbeitnehmer aufgebracht, die Leistungen werden unabhängig von der Bedürftigkeit gewährt. Die Mitgliedschaft beruht auf der Versicherungspflicht, eine freiwillige Versicherung ist möglich.*

▶ **Definition Individualversicherung** *Die Individualversicherung ist ein Zweig der Vorsorge, der alle Versicherungseinrichtungen umfasst, die nicht der Sozialversicherung zuzuordnen sind. Der Begriff stellt auf die individuelle Vertragsgestaltung des Versicherungsschutzes ab. Im Gegensatz zur Sozialversicherung ist die Individualversicherung grundsätzlich marktwirtschaftlich organisiert: Die wirtschaftlichen und rechtlichen Beziehungen zwischen Versicherern und Kunden beruhen auf autonomen Entscheidungen. Einschränkungen der Autonomie ergeben sich aus der materiellen Staatsaufsicht über Versicherungsunternehmen und dem Versicherungsvertragsgesetz.*

Staatlicher und privater Versicherungsschutz prägen das Gesamtsystem der sozialen Sicherheit. Damit am Ende jeder Versicherte genau weiß, was er zu erwarten hat, muss eine Vielzahl mitunter komplizierter Sachverhalte einwandfrei geklärt sein: durch gesetzliche und vertragliche Bestimmungen. Nahezu jeder Bundesbürger ist in irgendeiner Form, i. d. R. durch gesetzlichen Zwang, sozialversichert. Die Individualversicherung hingegen ist grundsätzlich freiwillig, sieht man von der Haftpflichtversicherung für

Kraftfahrzeuge aller Art ab. Fast jeder ist auch privat versichert: für sein Alter, mit seinem Haushalt, Eigenheim oder Auto, gegen Unfälle in Freizeit und Beruf, gegen Feuer und Sturm, Einbruch und Raub. Der Bürger braucht beide: Sozial- und Individualversicherung, den staatlichen und den privaten Schutz.

Den Eckpfeiler baut der Staat: Die Sozialversicherung ist der Eckpfeiler der sozialen Sicherung in der Bundesrepublik Deutschland. Sie sieht ihre Aufgabe darin, in erster Linie Arbeiter, Angestellte und Auszubildende bei bestimmten Wechselfällen des Lebens zu schützen: Krankheit, Arbeitslosigkeit, vorzeitige Erwerbsminderung, Alter und Tod. Auch bei Pflegebedürftigkeit versichert: Seit 1995 gibt es eine fünfte Säule der Sozialversicherung, die gesetzliche Pflegeversicherung. Wer in Deutschland krankenversichert ist – ob gesetzlich oder privat –, muss seitdem ebenfalls über eine Pflegeversicherung verfügen. Grundsätzlich unterliegen Arbeitnehmer der Versicherungspflicht sowohl in der gesetzlichen Renten- als auch in der Krankenversicherung. Wenn das Jahresbruttoeinkommen eines Angestellten jedoch die Versicherungspflichtgrenze der gesetzlichen Krankenversicherung übersteigt, so ist er dort versicherungsfrei und kann eine private Krankenversicherung abschließen.

Grundlage der materiellen Aufsicht bildet das Versicherungsaufsichtsgesetz (VAG), hier ist auch die sogenannte Spartentrennung festgehalten. Es wird einerseits eine grundsätzliche Unterteilung in die Personen- und die Sachversicherung vorgenommen. Bei den meisten Rechtsgrundsätzen (Verordnungen und Richtlinien) besteht eine Unterteilung in die

- Lebensversicherung
- Schadenversicherung
- Krankenversicherung – Unterscheidung der Kalkulation nach Art der Lebensversicherung und nach Art der Schadenversicherung

Versicherungsnehmer müssen sich darauf verlassen können, dass ein Versicherer über einen sehr langen Zeitraum hinweg stets die Leistungen erbringen kann, die sie mit ihm vereinbart haben. Das Versicherungswesen basiert auf Vertrauen: Kunden erwarten von einem Versicherer, dass er konstant und oftmals über einen sehr langen Zeitraum die vertraglich vereinbarten Leistungen erbringt. Mit der Aufsicht über Versicherungsunternehmen erfüllt die BaFin daher wichtige soziale und wirtschaftliche Aufgaben und trägt zur langfristigen Stabilität des gesamten Finanzsektors bei. Gesetzliche Grundlage der Versicherungsaufsicht ist das VAG. Die beiden Hauptziele der Versicherungsaufsicht bestehen nach § 81 VAG darin,

- die Belange der Versicherten ausreichend zu wahren und
- sicherzustellen, dass die Verpflichtungen aus den Versicherungsverträgen jederzeit erfüllbar sind.

Besondere Bedeutung kommt dabei der Solvenzaufsicht zu. Die Versicherer müssen insbesondere ausreichende versicherungstechnische Rückstellungen bilden, die Vermögenswerte sicher und rentabel anlegen und die kaufmännischen Grundsätze einhalten.

Alle privaten und öffentlich-rechtlichen Versicherungsunternehmen, die im Geltungsbereich des VAG die Privatversicherung betreiben und ihren Sitz in Deutschland haben, stehen somit entweder unter der Aufsicht der BaFin oder der Länderaufsichtsbehörden. Seit Anfang 2002 unterliegen auch Pensionsfonds und seit Dezember 2004 inländische Rückversicherer der uneingeschränkten Versicherungsaufsicht nach dem VAG, die durch die BaFin wahrgenommen wird. Versicherungsunternehmen mit Sitz in einem anderen EU-Staat oder einem Vertragsstaat des EWR, die im Wege des Dienstleistungsverkehrs Geschäfte in Deutschland betreiben, unterliegen primär der Aufsicht durch ihren Herkunftsstaat. Die BaFin schreitet in Absprache mit der ausländischen Aufsichtsbehörde aber ein, wenn sie Verstöße gegen allgemeine deutsche Rechtsgrundsätze feststellt. Inländische Gesellschaften, die das Rückversicherungsgeschäft betreiben, unterliegen seit Dezember 2004 ebenfalls der Aufsicht der BaFin.

Die Träger der Sozialversicherung, d. h. die gesetzlichen Krankenkassen, die gesetzliche Rentenversicherung, die Berufsgenossenschaften und die Arbeitslosenversicherung, unterliegen nicht der Aufsicht nach dem VAG. Sie werden von anderen staatlichen Stellen, wie etwa den gesetzlichen Renten- und Krankenversicherungen vom Bundesversicherungsamt, kontrolliert.

Versicherungsgeschäfte dürfen grundsätzlich erst dann betrieben werden, wenn das Unternehmen eine Erlaubnis der BaFin hat. Will ein Versicherer mit Sitz in Deutschland zum Betrieb des Versicherungsgeschäfts zugelassen werden, muss er verschiedene Voraussetzungen erfüllen. Hier einige Beispiele:

- Das Unternehmen muss eine bestimmte Rechtsform haben – die einer Aktiengesellschaft, eines Versicherungsvereins auf Gegenseitigkeit oder einer öffentlich-rechtlichen Anstalt.
- Der Versicherer darf nur Versicherungsgeschäfte und die damit unmittelbar zusammenhängenden Geschäfte betreiben, nicht aber versicherungsfremde Geschäfte. Außerdem gilt das Prinzip der Spartentrennung: So darf z. B. ein Lebensversicherer nicht gleichzeitig Kranken- oder Schadenversicherer sein.
- Das Unternehmen muss einen Geschäftsplan vorlegen, in dem es beschreibt, welche Risiken es decken will. Es hat die Grundzüge seiner Rückversicherungspolitik darzustellen.
- Das Unternehmen muss nachweisen, dass es über genügend Eigenmittel verfügt. Die Mindesthöhe der Eigenmittel (*Mindestgarantiefonds*) hängt von der Versicherungssparte ab, die betrieben werden soll. Darüber hinaus muss das Unternehmen nachweisen, dass es über Mittel für den Aufbau des Betriebs und der Verkaufsorganisation verfügt (*Orga-Fonds*).
- Außerdem hat der Versicherer nachzuweisen, dass er mindestens zwei Geschäftsleiter (*Vieraugenprinzip*) hat, die zuverlässig und fachlich geeignet sind. Die Geschäftsleiter

müssen ausreichende Kenntnisse im jeweiligen Versicherungsgeschäft und ausreichende Leitungserfahrung vorweisen können.

- Der Versicherer muss darüber hinaus die natürlichen oder juristischen Personen nennen, die am Unternehmen eine bedeutende Beteiligung, mithin mindestens 10 % des Nennkapitals oder des Gründungsfonds, halten. Die Inhaber bedeutender Beteiligungen haben ebenfalls bestimmte Anforderungen zu erfüllen, um die Gewähr für eine solide und umsichtige Führung des Unternehmens zu bieten.

Die Versicherungsaufsicht überwacht laufend Unternehmen, denen sie die Erlaubnis erteilt hat. Sie sammelt Informationen, wertet sie aus und beobachtet den Geschäftsbetrieb des Versicherers, um Missständen vorzubeugen oder solche rechtzeitig zu erkennen. Treten Missstände auf, schreitet die Aufsichtsbehörde ein, um möglichst schnell wieder geordnete Verhältnisse herzustellen.

- Das Versicherungsunternehmen muss seinen Geschäftsbetrieb ordnungsgemäß führen und alle gesetzlichen und aufsichtsbehördlichen Vorschriften einhalten. Den gesetzlichen Rahmen geben vor allem das Versicherungsaufsichtsgesetz (VAG), das Versicherungsvertragsgesetz (VVG) und das Bürgerliche Gesetzbuch (BGB) vor.
- Bei Lebensversicherungen haben die Mitarbeiter der Versicherungsaufsicht z. B. darüber zu wachen, dass die Überschussbeteiligungen angemessen sind und dass Leistungen korrekt erbracht werden.
- Das Versicherungsunternehmen muss für die erwarteten Leistungen angemessene Prämien erheben und ausreichende versicherungstechnische Rückstellungen bilden.
- Die Kapitalanlage muss risikogerecht sein. So muss z. B. das Soll des Sicherungsvermögens und des sonstigen gebundenen Vermögens mit Vermögensanlagen bedeckt sein, die den gesetzlichen Qualifikationen genügen – insbesondere in Bezug auf Sicherheit und Rentabilität. Außerdem muss das Unternehmen über genügend freie Finanzmittel verfügen, um unerwartete Verluste verkraften zu können.
- Das Versicherungsunternehmen muss die kaufmännischen Grundsätze einhalten. So haben z. B. Buchführung und Rechnungslegung ordnungsgemäß zu sein. Bilanzen und Erfolgsrechnungen haben die tatsächliche Vermögens-, Finanz- und Ertragslage des Unternehmens widerzuspiegeln. Außerdem muss das Versicherungsunternehmen zur Planung, Steuerung und Kontrolle ein angemessenes internes Kontrollsystem installieren.
- Die Eigenmittelausstattung (Solvabilität) des Versicherungsunternehmens muss ausreichend sein, andernfalls hat der Versicherer der Aufsicht einen Solvabilitäts- oder Finanzierungsplan vorzulegen.
- Darüber hinaus müssen sich Versicherungsunternehmen angemessen rückversichern.

Wichtige Informationen erhält die Aufsicht aus der Rechnungslegung der Unternehmen. Versicherer müssen nicht nur der Öffentlichkeit gegenüber, sondern vor allem der Aufsichtsbehörde gegenüber Rechnung legen und die Informationen liefern, die zur

Feststellung der wirtschaftlichen und finanziellen Lage der Unternehmen benötigt werden. Hier sind unter anderem die Prüfungsberichte zum Jahresabschluss, die Ge-
schäftsberichte und spezielle sogenannte *Nachweisungen* der Versicherungsunternehmen
zu nennen. Die Regelungen sind in der „Verordnung über die Rechnungslegung von
Versicherungsunternehmen" und in der „Verordnung über die Berichterstattung von
Versicherungsunternehmen gegenüber der BaFin" geregelt.

Die BaFin verfügt über verschiedene Mittel, um gegenüber den Versicherungsunternehmen einzugreifen. Sie kann nach dem VAG alle Anordnungen treffen, die „geeignet
und erforderlich" sind, um Missstände, die die Belange der Versicherten gefährden, zu
vermeiden oder zu beseitigen. Man spricht vor allem dann von einem Missstand, wenn ein
Unternehmen die für den Betrieb des Versicherungsgeschäfts geltenden gesetzlichen und
aufsichtsbehördlichen Vorschriften nicht beachtet. Das VAG gibt der BaFin neben dieser
Generalklausel eine Reihe von Sonderbefugnissen an die Hand, um bestimmten typischen
Gefahren vorzubeugen. Diese Sonderbefugnisse sind weitreichend. Die Aufsichtsbehörde
kann einen Sonderbeauftragten für den Vorstand, den Aufsichtsrat oder andere Organe der
Gesellschaft einsetzen. Sie kann sogar die Erlaubnis zum Geschäftsbetrieb widerrufen.
Die BaFin kann auch anlassbezogene Umfragen durchführen, etwa zu den Auswirkungen
von rückläufigen Aktienkursen auf das Sicherungsvermögen (sogenannte Stresstests oder
Szenarioanalysen). Siehe hierzu Kap. 4.

2.1.2   Risikoursachen und Risikoarten

Eine Risikoursache ist ein Auslöser für ein bestimmtes Risiko. Diese Auslöser können im
natürlichen, technischen, wirtschaftlichen, sozialen oder politisch-rechtlichen Umfeld
liegen. Die Bedingungen für die Märkte verändern sich sowohl global als auch regional
permanent, daher entwickeln sich neue Risiken oder bestehende Risiken können sich
verändern.

Dies können beispielsweise allgemeine Konjunkturentwicklungen sein. Hiervon sind
Güter-, Geld- und Kapitalpreise betroffen. Dies konnte man zuletzt in der Finanzmarktkrise erleben, die die Gesamtwirtschaft getroffen hat. Diese Risiken führen daher zwangs-
weise zu Angebots- und Nachfragerisiken – wie wir es in 2009 erlebt haben. Durch die
Finanzkrise (Zusammenbruch der Aktienmärkte) war nun auch die Wirtschaft betroffen,
insbesondere die Automobilbranche und damit die Zulieferbetriebe. Angebot und Nachfrage passten nicht mehr zusammen und es folgten weitere Risiken wie Bonitäts-, Insol-
venz- und Kündigungsrisiken. Dies führte zu Forderungsausfällen, Kurzarbeit und
Liquiditätsengpässen. Diese beschriebene *Risikokette* fällt unter die wirtschaftlichen
Risiken. Eng damit verbunden sind die *politisch-rechtlichen* Risiken: Hierunter versteht
man sämtliche Änderungen im Rechtssystem, welches untergliedert ist in:

- Öffentliches Recht
- Privatrecht
- Strafrecht

Das Verwaltungsrecht, das Steuerrecht und das Sozialrecht sind Teile des öffentlichen Rechts. Somit fällt beispielsweise das Versicherungsaufsichtsgesetz unter das öffentliche Recht, während das Versicherungsvertragsgesetz sowohl dem Privatrecht als auch dem Sozialrecht zuzuordnen ist. Die Rechtsbereiche haben unterschiedliche Auswirkungen auf die verschiedenen Versicherungssparten, so können Änderungen im öffentlichen Recht, also beispielsweise des Versicherungsaufsichtsgesetzes, Auswirkungen auf alle Sparten haben, während Änderungen im Privatrecht, beispielsweise im BGB, nur Auswirkungen auf die Rechtsschutz- und Haftpflichtversicherung haben können. Das Privatrecht gliedert sich in die Bereiche:

- Allgemeines Privatrecht (BGB),
- Spezielles Privatrecht (HGB, Arbeitsrecht, ...)

und hat damit natürlich vielfältige Auswirkungen. Dies betrifft einerseits die Bilanzierung von versicherungstechnischen Risiken (HGB), aber auch personelle Risiken (Arbeitsrecht) im Unternehmen.

Die Rechtsrisiken können nicht nur auf der nationalen Ebene entstehen, sondern auch international in wiederum vielfältigen Ausprägungen. Dies kann sich beispielsweise auf den *Handel* beziehen in Form von Beschränkungen, welche die Einfuhr und Ausfuhr betreffen und somit Unternehmen in einen Ertragsausfall führen. Aber auch *Währungsrisiken* (siehe hierzu Abschn. 3.2.6) und *Kriegsrisiken* gehören in diese Kategorie. Das Kriegsrisiko kann beispielsweise Auswirkungen auf die Bedingungen und somit den Leistungsumfang für den Kunden haben.

Die *technischen* Risikoursachen liegen in den technischen Systemen, da diese immer eines bestimmten Umgangs bedürfen wie Bedienung, Reparatur, Herstellung bis hin zur Entsorgung. Bei technischen Systemen tritt diese Risikoursache in allen Lebensbereichen auf. Es muss daher zwischen *privater und gewerblicher Nutzung* einerseits und dem *öffentlichen Sektor* andererseits unterschieden werden. Die möglichen Risikoausprägungen sind wiederum vielfältig: Feuergefahren, Explosionsgefahren, Schadstoffgefahren und andere Unfallgefahren. Daher wird in diesem Bereich den Risiken mit der *Sicherheitstechnik* begegnet: Diese reicht von der chemischen Sicherheitstechnik bzw. der Schadenkunde im Maschinenbau über das Sicherheitsmanagement auf Baustellen und Straßen bis hin zum Arbeits-, Gesundheits- und Umweltschutz. Auch Probleme der Entsorgung von Altlasten, Strahlenschutz und nuklearer Notfallschutz zählen dazu.

Mit *natürlichen Risikoursachen* haben wir es zu tun, wenn kein menschliches Handeln beteiligt, also kein erkennbarer Einfluss des Menschen vorhanden ist. In der Versicherungsbranche spricht man auch von einem Elementarereignis (Naturereignis): beispielsweise Blitzschlag, Hagel oder Sturm.

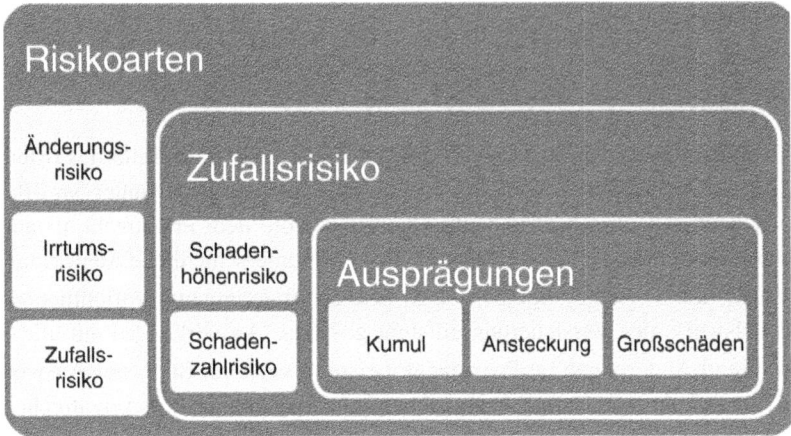

Abb. 2.1 Risikoarten. (Quelle: eigene Darstellung)

Wenn man vom *Katastrophenrisiko* spricht, so sind diese Ereignisse auf *Naturkata-strophen* zurückzuführen:

- Endogene/tektonische Ursachen (Erdbeben, Vulkanausbrüche, ...)
- Gravitatorische Ursachen (Lawinen, Massenbewegungen, ...)
- Klimatische Ursachen (Hagel, Sturmflut, ...)
- Sonstige Ursachen (Insektenplagen, Meteoriteneinschläge, ...)

Daher sind Kenntnisse über die Meteorologie, Geophysik, Tektonik und Hydrologie in der Versicherungswirtschaft fachübergreifend unumgänglich, um Verständnis für Katas-trophen zu schaffen. Dies dient dem Ziel, Schäden für den Einzelnen und für die Gesellschaft so weit wie möglich zu mindern. Über eine frühzeitige Vorhersage extremer Naturereignisse kann die Verwundbarkeit von Menschen, Infrastrukturen, technischen und biologischen Systemen reduziert werden. Deshalb kommt der Vermittlung methodi-scher Kenntnisse (z. B. in Bezug auf die Fernerkundung, Geoinformatik oder meteorolo-gische Messmethoden) eine hohe Bedeutung zu.

Beispiel Vulkanausbruch Island
Jede Risikoursache kann als eine *Risikoart* klassifiziert werden (vgl. Abb. 2.1). Bei der theoretischen Modellierung der Risikoarten wird unterschieden zwischen dem *Zu-fallsrisiko*, dem *Änderungsrisiko* und dem *Irrtumsrisiko*.

Zufallsrisiko: Der Zufall ist der wichtigste Grund für das versicherungstechnische Risiko. Das Zufallsrisiko bezeichnet die Möglichkeit, dass während einer Rechnungs-periode zufällig besonders viele Schäden (Schadenhäufigkeitsrisiko) oder besonders hohe

Schäden (Schadenhöhenrisiko) eintreten und dass deshalb der Schadeneffektivwert den Erwartungswert übersteigt. Dabei wird angenommen, dass das Versicherungsunternehmen die wahre Schadengesetzmäßigkeit vollständig kennt. Als Spezialfälle des Zufallsrisikos können das Kumul-, das Ansteckungs- und das Großschaden- und/oder das Katastrophenrisiko unterschieden werden.

- **Kumulrisiko:** Von ein und demselben Schadenereignis sind gleichzeitig mehrere Risiken betroffen. Beispiel: Kollision mehrerer Kraftfahrzeuge, die zufällig bei einem gleichen Versicherungsunternehmen kaskoversichert sind.
- **Ansteckungsrisiko:** Durch ein und dasselbe Schadenereignis werden nacheinander mehrere Risiken eines Versicherungsunternehmers in Mitleidenschaft gezogen. Beispiel: Übergreifen von Bränden auf benachbarte Gebäude in der Feuerversicherung oder ansteckende Krankheiten in der Krankenversicherung, Pandemie (Infektionskrankheit, die nicht örtlich beschränkt ist, wie AIDS, SARS, Vogelgrippe).
- **Großschadenrisiko/Katastrophenrisiko:** Von einem Versicherungsfall kann zufällig ein Risiko mit einem besonders großen Schadenhöhenpotenzial betroffen sein: beispielsweise ein Schaden aus einer Serien- oder Massenproduktion in der Produkthaftpflichtversicherung.

Änderungsrisiko: Diese Komponente des versicherungstechnischen Risikos begründet sich aus der Tatsache, dass die meisten Risikoursachensysteme dynamisch sind und sich im Zeitablauf in unvorhersehbarer Weise ändern. Das Änderungsrisiko bezeichnet entsprechend die Möglichkeit, dass der kollektive Schadeneffektivwert vom geschätzten Erwartungswert als Folge zyklischer, trendmäßiger oder unregelmäßiger Risikoänderungen ungünstig abweicht. Die steigende Lebenserwartung ist ein Beispiel für das Änderungsrisiko.

Irrtumsrisiko: Versicherer arbeiten in der Realität mit unvollständigen Informationen. Die objektiv richtigen Werte für Schadenerwartungen und -streuung können i. d. R. nicht ermittelt werden, weil die Schadenverteilungen nicht ausreichend bekannt sind. Die Möglichkeit, dass der kollektive Schadeneffektivwert aufgrund fehlerhafter Rechnungsgrundlagen aus der Vergangenheit und fehlerhafter Schätzung ungünstig vom geschätzten Erwartungswert abweicht, wird als Irrtumsrisiko bezeichnet. Nicht zum Irrtumsrisiko gehören dagegen Fehler bei der Auswertung statistischen Materials.

2.1.3 Bilanzierung der Risiken

Die genannten verschiedenen *Risikoarten* finden wir also in einem Versicherungsbestand vor. Bilanziell bildet sich das Risiko des Versicherungsbestands auf der Passivseite in den verschiedenen Formen der *Versicherungstechnischen Rückstellungen* ab.

▶ **Definition Versicherungstechnische Rückstellungen** *Versicherungstechnische Rück-stellungen weisen in der Bilanz von Versicherungsunternehmen deren Schulden aus Versicherungsverträgen entsprechend der handelsrechtlichen Bewertung aus. Sie müssen im Jahresabschluss auch insoweit gebildet werden, wie dies zur Sicherstellung der dauernden Erfüllbarkeit der Verpflichtungen aus den Versicherungsverträgen erforderlich ist. Aufgrund dieser Rückstellungen bestimmt sich aufsichtsrechtlich der Umfang der Kapitalanlagen zur Sicherung der Ansprüche der Versicherungsnehmer (Sicherungsvermögen) und der Eigenmittel, die das Versicherungsunternehmen haben muss.*

Nach dem Bilanzgliederungsschema in der Versicherungsunternehmens-Rechnungslegungsverordnung (RechVersV) gliedert sich der Passivposten *E. Versicherungstechnische Rückstellungen* wie folgt:

* Beitragsüberträge
* Deckungsrückstellung
* Alterungsrückstellung
* Rückstellung für noch nicht abgewickelte Versicherungsfälle
* Rückstellung für Beitragsrückerstattung
* Schwankungsrückstellung
* Sonstige versicherungstechnische Rückstellungen

Im Einzelnen gelten die folgenden Berechnungsvorschriften:

Beitragsüberträge werden für den Teil der Beiträge gebildet, der im Bilanzjahr gebucht wurde, aber Ertrag für Aufwendungen (Versicherungsleistungen, Verwaltungsaufwand) der Folgejahre darstellt. Aus bilanztheoretischer Sicht sind die Beitragsüberträge passive *Rechnungsabgrenzungsposten*.

Die **Deckungsrückstellung** beschreibt den (handelsrechtlich) anzusetzenden Wert der Schuld des Versicherers aufgrund der Verpflichtungen aus einem Versicherungsvertrag, soweit diese sich nicht auf bereits fällige oder aufgrund von bereits eingetretenen Versicherungsfällen bestehende Ansprüche beziehen. Da diese Verpflichtungen ungewiss sind, handelt es sich um eine Rückstellung. Die Schuld besteht in dem Erfüllungsrückstand des Versicherers aus dem Vertrag, für den der Versicherungsnehmer bereits in Erfüllung seiner vertraglichen Pflichten Beiträge gezahlt hat, der Versicherer aber noch nicht seine Gegenleistung, die Tragung von Versicherungsschutz oder die Erbringung anderer Leistungen erfüllt hat. Ein solcher Erfüllungsrückstand ist zur Darstellung einer den tatsächlichen Verhältnissen entsprechenden Vermögens-, Finanz- und Ertragslage zu berücksichtigen, auch wenn die Verpflichtung möglicherweise erst in Jahrzehnten fällig wird. Die Versicherungsnehmer haben mit ihrer Beitragszahlung, die der Versicherer als Ertrag ausgewiesen hat, Ansprüche erworben, die der Versicherer im Gegenzug auszuweisen hat. Bei der Bewertung der zukünftigen Verpflichtungen des

Versicherers werden mindernd diejenigen Beiträge des Versicherungsnehmers berücksichtigt, die dieser in Zukunft noch zur Aufrechterhaltung des Anspruchs leisten
muss. Die Vorschriften zum Ansatz und zur Bewertung der Deckungsrückstellung sind
in § 341 f des Handelsgesetzbuches (HGB) und weitere Vorgaben in den §§ 25 und
32 RechVersV zu finden. Nach § 341e HGB sind auch die Vorschriften des Versicherungsaufsichtsrechts über die mindestens anzuwendende Vorsicht bei der Wahl der
Rechnungsgrundlagen der Deckungsrückstellung zu berücksichtigen. Die aufsichtsrechtliche Norm findet sich in § 65 des Versicherungsaufsichtsgesetzes (VAG) und in
den dazu erlassenen Rechtsverordnungen, der Deckungsrückstellungsverordnung
(DeckRV) für die Lebensversicherung. Nach den EU-Vorschriften ist die Deckungsrückstellung nach der prospektiven Methode zu berechnen. Sie wird dabei nach
versicherungsmathematischen Grundsätzen als Differenz zwischen dem versicherungsmathematischen Wert der Verpflichtung des Versicherers und dem versicherungsmathematisch ermittelten Barwert der vom Versicherungsnehmer zu leistenden Beiträge
(*prospektive Methode*) bestimmt. „Prospektiv" bedeutet hierbei, dass ausschließlich zukünftige Zahlungsströme Berücksichtigung finden. Aus der Wortwahl „Verpflichtung"
und „Beiträge" ergibt sich, dass alle zukünftigen Zahlungsströme, also die gesamten
vertraglichen Beiträge und die gesamten, für die Abwicklung des Vertrags erforderlichen
Aufwendungen, einschließlich aller Aufwendungen für den Versicherungsbetrieb, zu
berücksichtigen sind (Bruttobeitragsverfahren). Von diesem Bruttobeitragsverfahren darf
nur abgewichen werden, wenn dies handelsrechtlich notwendig ist oder sich im Wesentlichen der gleiche Wert ergibt. Ist die Anwendung der prospektiven Methode nicht
möglich (z. B. bei fondsgebundenen Lebensversicherungen oder Verträgen, bei denen
die Höhe des Leistungsversprechens aus anderen Gründen nicht absolut festgelegt ist),
besteht die Deckungsrückstellung in den – soweit eine Verzinsung vereinbart ist –
aufgezinsten eingenommenen Beiträgen abzüglich der vertraglichen Entnahmen für
Risiko- und Betriebsaufwendungen (retrospektive Methode). Während die prospektiv
ermittelte Deckungsrückstellung darauf abzielt, die Finanzmittel zur Sicherstellung von
zugesagten zukünftigen Leistungen der Versicherungsgesellschaft bereitzuhalten, abzüglich der zukünftigen Beiträge, ermittelt die retrospektive Methode den Restwert der
bisher vom Kunden erbrachten Beiträge, aufgrund derer sich der zukünftige Leistungs-
anspruch gemäß Vertrag bestimmt. Die Deckungsrückstellung muss die Verpflichtung
vollständig abdecken (Vollständigkeitsgebot). Auch während des Vertragsverlaufs ent-
stehende zusätzliche Verpflichtungen, wie z. B. durch die Zuteilung von Über-
schussanteilen, die den Anspruch auf Versicherungsleistungen erhöhen (also nicht
die verzinslich angesammelten, vgl. § 341 f HGB), sind zu berücksichtigen. Die Parameter, mit denen die Beiträge und Deckungsrückstellungen in der traditionellen Versicherungsmathematik kalkuliert werden, werden als Rechnungsgrundlagen bezeichnet. Man
unterscheidet in der traditionellen Versicherungsmathematik die Rechnungsgrundlagen
nach biometrischen Rechnungsgrundlagen, dem Rechnungszins sowie Kostensätzen.
Biometrische Rechnungsgrundlagen sind die Parameter, mit denen die versicherten Risiken, wie Sterblichkeit und Berufsunfähigkeit, modelliert werden. In der Regel sind diese

Parameter vom Geschlecht und vom erreichten Alter abhängig. Da Lebensversicherungen üblicherweise über Jahrzehnte laufen, werden künftige Leistungen und Beiträge mit abgezinst. Der hierbei verwendete, traditionell für alle Dauern der Zahlungsströme gleiche Zinssatz wird als Rechnungszins bezeichnet. Der höchstzulässige Rechnungszins für die Berechnung der Deckungsrückstellung für das Neugeschäft in der Lebensversicherung ist in § 2 DeckRV festgelegt. Er beträgt seit dem 1. Januar 2015 1,25 %. Zur vollständigen und vorsichtigen Abbildung zukünftiger Verpflichtungen aus den Versicherungsverträgen gehört auch die Berücksichtigung zukünftiger Aufwendungen für den Versicherungsbetrieb, insbesondere Aufwendungen für die Vertragsverwaltung und das Beitragsinkasso, aber auch für die Regulierung von Versicherungsfällen. Der Verantwortliche Aktuar testiert unter der Bilanz die korrekte Berechnung der Deckungsrückstellung durch den Versicherer (versicherungsmathematische Bestätigung). Neben der Wahl einer angemessenen Berechnungsmethode muss insbesondere auch die Angemessenheit der Wahl der Annahmen und Parameter bestätigt werden.

Dabei gibt es eine Besonderheit bei Rückstellungen: Verpflichtungen aus fonds- und indexgebundenen Lebensversicherungen sind unter dem Passivposten *F, Versicherungstechnische Rückstellungen im Bereich der Lebensversicherung, soweit das Anlagerisiko von den Versicherungsnehmern getragen wird*, auszuweisen. Ihm steht auf der Aktivseite der *Posten D, Kapitalanlagen für Rechnung und Risiko von Inhabern von Lebensversicherungspolicen* in gleicher Höhe gegenüber.

Mit den **Alterungsrückstellungen** treffen private Krankenversicherer Vorsorge für den Umstand, dass ältere Menschen mehr Gesundheitsleistungen in Anspruch nehmen. Alterungsrückstellungen sind vom Krankenversicherer verbindlich mit Techniken der Lebensversicherung zu betreiben, da es sich materiell und versicherungsrechtlich um rentenversicherungsähnliche Anlagen handelt. Es gelten die gleichen handelsrechtlichen Vorschriften wie für die Deckungsrückstellung. Die erlassene Rechtsverordnung nach § 12c VAG zur Berechnung der Prämien und Alterungsrückstellung ist die Kalkulationsverordnung (KalV) für die Krankenversicherung. Der Höchstrechnungszins in der Krankenversicherung beträgt 3,5 %.

Die **Rückstellung für noch nicht abgewickelte Versicherungsfälle** („Schadenrückstellung") wird für bekannte und unbekannte bereits eingetretene Versicherungsfälle gebildet, die noch nicht (vollständig) reguliert sind. In der Lebensversicherung werden auch die noch nicht abgewickelten Rückkäufe hier ausgewiesen. In der Schaden- und Unfallversicherung bildet die Schadenrückstellung den wichtigsten Passivposten. Die Teilrückstellung für die bekannten Versicherungsfälle wird nach dem Grundsatz der Einzelbewertung gebildet. Die Teilrückstellung für unbekannte Versicherungsfälle (sogenannte Spätschadenrückstellung) wird mit einer mathematischen Schätzung ermittelt. Die Rentendeckungsrückstellungen für Haftpflicht- und Unfallrenten werden versicherungsmathematisch bewertet. Weiter ist innerhalb der Schadenrückstellung eine Teilrückstellung für Regulierungskosten zu bilden.

Die **Rückstellung für Beitragsrückerstattung (RfB)** dient der künftigen Überschussbeteiligung der Versicherungsnehmer. Sie ist insbesondere in der Lebens- und

Krankenversicherung von Bedeutung. Der erwirtschaftete Überschuss wird in der RfB gesammelt, somit ist die Ausschüttung von Überschüssen an die Versicherungsnehmer vom Aufwand des Versicherungsunternehmens für Zwecke der Überschussbeteiligung zeitlich entkoppelt. Daneben gibt es auch Überschüsse, die den Versicherten unmittelbar zu Lasten des Geschäftsjahres gutgebracht werden (*Direktgutschrift*). Die Mindestzuführung zur RfB erfolgt nach aufsichtsrechtlichen Vorschriften (in der Lebensversicherung: Mindestzuführungsverordnung: 90 % der Zinsgewinne, 90 % der Risikogewinne, 50 % der sonstigen Gewinne). Der Bezeichnung nach ist die RfB eine Rückstellung, denn sowohl der Zeitpunkt der Auszahlung bzw. Zuteilung an einen bestimmten Versicherungsnehmer als auch der dabei zuzuteilende Betrag ist noch ungewiss. Eine Besonderheit der RfB ist allerdings, dass auch noch der Anspruchsberechtigte unbekannt ist. Vielmehr besteht zum Bilanzstichtag eine Verpflichtung gegenüber den derzeitigen Versicherungsnehmern, bestimmte Beträge zukünftig auf jeden Fall an Versicherungsnehmer auszuschütten. Dadurch sind die Beträge dem Versicherer endgültig entzogen und stellen eine Schuld gegenüber Dritten dar. Für diese ist insofern eine Rückstellung zu bilden. Da es sich um Ansprüche aus einem Versicherungsvertrag handelt, muss die RfB zu den versicherungstechnischen Rückstellungen gehören. Welche Beträge aus der RfB den Versicherungsnehmern gutgeschrieben werden, ist auch Teil der Unternehmenspolitik: Schüttet das Unternehmen zu wenig aus, so hat es eine schlechte Position im Wettbewerb um neue Kunden. Baut es dagegen die RfB zu stark ab, so hat es keine Reserven mehr, um bei einer negativen Entwicklung weiterhin eine angemessene Ausschüttung zu gewährleisten. In der Lebensversicherung ist es Ziel, den Versicherungsnehmern eine möglichst früh voraussehbare, verlässliche Leistung für die Sicherung der Altersversorgung zu erbringen. Die RfB dient als expliziter, in der Bilanz ausgewiesener Puffer, damit auch bei schwankenden Ergebnissen eine konstante Überschussbeteiligung gewährt werden kann: Sind ausreichend Mittel in der RfB vorhanden, so kann die Zuführung in den einzelnen Jahren schwanken, und eine gleichmäßige Entnahme ist dennoch möglich. Durch die Deklaration der Überschussanteilssätze für das Folgejahr wird ein Teil der RfB in der Höhe festgelegt, wie voraussichtlich Mittel entnommen werden, um die deklarierten Überschussanteile zu finanzieren. Die festgelegte RfB für laufende Überschussanteile bildet zusammen mit der festgelegten RfB für laufende Schlussüberschussanteilfonds die gebundene RfB. Der Teil der RfB, der nicht gebunden ist, wird als *freie RfB* (Bedeutung bei der Solvabilität in Abschn. 4.1.2) bezeichnet. In der Krankenversicherung kann es vorkommen, dass es Jahre gibt, in denen eine hohe Entnahme aus der RfB wünschenswert ist, um eine starke Beitragsanpassung zu mildern, während in Jahren, in denen die Beiträge kaum steigen, nur wenig Mittel der RfB entnommen werden „müssen". Bei einer annähernd konstanten Zuführung gleicht also die RfB den unterschiedlichen Bedarf aus. Die Verwendung von Mitteln aus der RfB bedarf in der Krankenversicherung zum Teil der Zustimmung eines unabhängigen Treuhänders. Krankenversicherungen haben den Bilanzposten RfB nach der erfolgsabhängigen und der erfolgsunabhängigen RfB zu untergliedern. Diese Unterscheidung ist in der Praxis auch nur bei Krankenversicherungsunternehmen von Bedeutung, da aus der erfolgsunabhängigen RfB die Beitragsanpassungen abgefedert werden und aus der erfolgsabhängigen RfB das Überschussbeteiligungssystem der Beitragsrückgewähr finanziert wird.

Die **Schwankungsrückstellung** dient dem Ausgleich der Schwankungen im Schadenverlauf künftiger Jahre. Die Schwankungsrückstellung ist für die Schaden- und Unfallversicherung zu bilden. Ihre Berechnung erfolgt nach einem mathematischen Verfahren, welches in der Anlage zu § 29 RechVersV festgelegt ist. Die Schwankungsrückstellung wird für jeden Versicherungszweig gesondert ermittelt. In einem Jahr mit Unterschaden werden ihr Beträge zugeführt. In Jahren mit Überschaden werden Beträge entnommen. Unter der internationalen Rechnungslegung darf eine Schwankungsrückstellung nicht angesetzt werden.

Sonstige versicherungstechnische Rückstellungen sind gemäß § 31 RechVersV festgelegt, beispielsweise Stornorückstellung und Drohverlustrückstellung.

Im Versicherungsunternehmen unterscheiden wir bei der Klassifizierung der Risiken wie folgt:

- Versicherungstechnische Risiken
- Kapitalanlagerisiken
- Operationelle Risiken

Nach der Definition der Risiken werden wir uns im folgenden Abschnitt mit den möglichen Verfahren beschäftigen, um diese zu begrenzen. Die Möglichkeiten der Risikobegrenzung auf der Kapitalanlageseite werden dann in Kap. 3, die operationellen Risiken in Kap. 4 kurz besprochen, um dann die Aktiv- und Passivseite in einem geeigneten Modell zusammenzuführen.

2.2   Verfahren der Versicherungstechnik

Lernziele

Dieses Kapitel vermittelt:

- Grundannahmen und Vorgehen der versicherungstechnischen Verfahren, insbesondere im Hinblick auf einen Risikoausgleich (Prämie-, Reserve- und Rückversicherungspolitik)
- Vorteile und Schwächen der einzelnen Verfahren der Versicherungstechnik

2.2.1   Modelle des Risikoausgleichs

2.2.1.1 Steuerungsinstrumente des versicherungstechnischen Risikos

In dem vorliegenden Abschnitt geht es darum, das versicherungstechnische Risiko, das zuvor als Abweichung vom kollektiven Schadenerwartungswert definiert wurde, mit

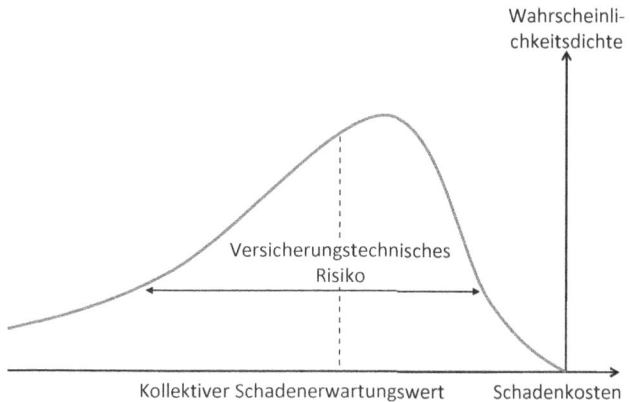

Abb. 2.2 Gesamtschadenverteilung mit versicherungstechnischem Risiko. (Quelle: eigene Darstellung)

geeigneten Maßnahmen zu beeinflussen (vgl. Abb. 2.2). Die Gestalt der Gesamtschadenverteilung ist asymmetrisch. Im besten Fall bleiben Schäden aus, weswegen die Verteilung im rechten Bereich des Ursprungs beginnt. Da die möglichen Schäden jedoch nach der Anzahl und Höhe theoretisch unbeschränkt sind, und sei es auch nur mit einer sehr kleinen Wahrscheinlichkeit, muss die Verteilung nach links offen bleiben. Die ausschließliche Betrachtung der Gesamtschadenverteilung greift jedoch zu kurz und wird den Unternehmenszielen Gewinnerzielung und Unternehmenserhaltung nicht gerecht. Daher muss die Betrachtung auf die ökonomischen Größen Gewinn und Sicherungsmittel ausgedehnt werden.

Wenden wir uns zunächst dem Unternehmensgewinn zu: Sehen wir von den Betriebskosten und den Kapitalerträgen des Versicherers einmal ab und betrachten ausschließlich das Risikogeschäft, so ergibt sich der erwartete Gewinn aus der kollektiven Versicherungsprämie abzüglich des kollektiven Schadenerwartungswertes. Wird neben der reinen Risikoprämie ein allgemeiner Risiko- bzw. Sicherheitszuschlag bei der Prämienkalkulation berücksichtigt, so können wir von der in Abb. 2.3 dargestellten Gewinnverteilung ausgehen.

Wir stellen fest, dass die Gewinnverteilung der Gesamtschadenverteilung in Abb. 2.2 von der Gestalt her gleicht, nur dass sie nach rechts verschoben ist. Dies liegt daran, dass die Jahresprämie als sicher eingestuft werden kann. Die Streuung des Gewinns beruht daher ausschließlich auf der Unsicherheit der Schadenkosten.

Betrachten wir neben dem Gewinn auch die Sicherungsmittel des Versicherers, so erhalten wir die Verteilung der Gesamtreserve (vgl. Abb. 2.4). Die erwartete Risikoreserve am Ende der Periode ergibt sich aus der Anfangsrisikoreserve plus Periodengewinn.

Wird die Anfangsrisikoreserve durch einen Periodenverlust vollkommen aufgezehrt, so liegt der Fall des Ruins vor und als Folge hat der Vorstand der Versicherung die

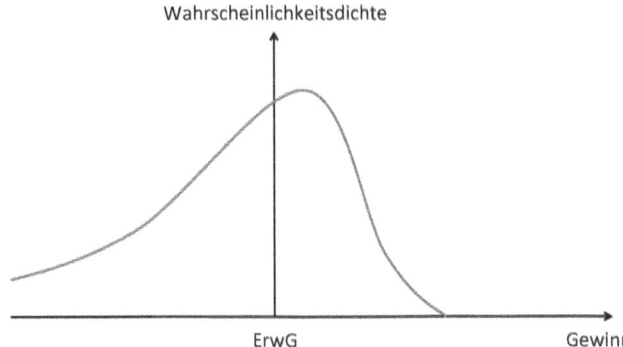

Abb. 2.3 Wahrscheinlichkeitsverteilung des Gewinns mit Sicherheitszuschlag. (Quelle: eigene Darstellung)

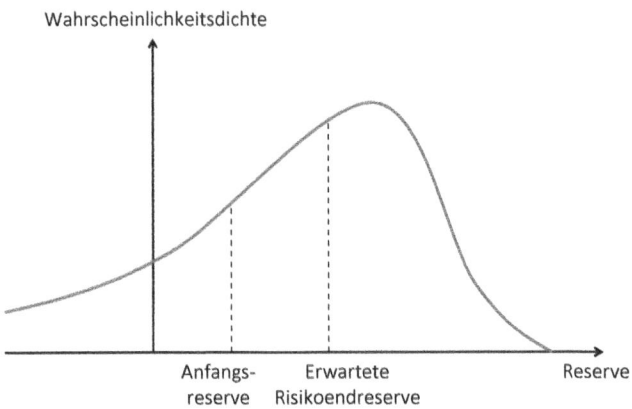

Abb. 2.4 Wahrscheinlichkeitsverteilung der Risikoreserve. (Quelle: eigene Darstellung)

Solvabilitätsvorschriften nicht mehr erfüllt (Abschn. 4.1.2). Damit die Wahrscheinlichkeit der Insolvenz möglichst klein gehalten wird, gibt es diverse Präventivmaßnahmen, die im Folgenden kurz erläutert werden sollen.

Grundsätzlich lassen sich die infrage kommenden Steuerungsinstrumente den folgenden Kategorien zuordnen:

- Prämienpolitik (Höhe der Prämieneinzahlungen)
- Schadenpolitik (Höhe der effektiven Schäden)
- Bestandspolitik (Größe und Zusammensetzung des Bestands)
- Rückversicherungspolitik (Umfang des Eigengeschäfts)
- Sicherheitsmittelpolitik (Höhe und Zusammensetzung der Risikoreserve)

Im Rahmen der folgenden Risikoausgleichsmodelle werden wir auf die einzelnen Instrumente näher eingehen.

2.2.1.2 Einperiodisches Risikoausgleichs-Prämienmodell

Das folgende Modell soll helfen, die Wirkungsmechanismen der Steuerungsinstrumente auf den Erwartungswert und die Streuung des Gewinns aus dem Versicherungsgeschäft zu beschreiben. Dazu betrachten wir zunächst die zwei Grundgleichungen in Abb. 2.5. Die erste der Gleichungen bezieht sich auf den erwarteten Gewinn (ErwG) zu Beginn eines Geschäftsjahres. Dieser ergibt sich als Differenz zwischen der kollektiven Risikoprämie (kP) und dem kollektiven Schadenerwartungswert (kErwS). Die zweite Gleichung beschreibt dagegen den tatsächlichen Gewinn (EffG) am Ende des Geschäftsjahres, der sich aus der Differenz der kollektiven Versicherungsprämien und den tatsächlichen Kollektivschäden (kEffS) berechnet.

2.2.1.2.1 Prämienpolitik

Mit der Wahl der Höhe des *allgemeinen Sicherheitszuschlags* bei der Prämienkalkulation hat das Management direkte Einflussmöglichkeiten auf den erwarteten Gewinn. Dabei ist jedoch zu beachten, dass die Höhe des Risikozuschlags in Abhängigkeit des Versicherungsmarktes zu wählen ist, um sich nicht aus dem Markt zu katapultieren. Wenn der Sicherheitszuschlag zu hoch ausfällt, dann besteht die Gefahr, dass die Versicherungsprodukte aufgrund des zu hohen Preises nicht mehr wettbewerbsfähig sind.

Weiterhin hat die Versicherung im Bereich der Schadenversicherung und unter bestimmten Bedingungen in der Krankenversicherung die Möglichkeit, in den allgemeinen Versicherungsbedingungen *Prämienanpassungsoptionen* zu vereinbaren. Fallen die Schäden höher (niedriger) als erwartet aus, so kann auch noch im Nachhinein eine Prämienanpassung in Form von Nachschüssen (Rückerstattungen) erfolgen.

Prämienanpassungen und Prämienrückerstattungen kommen beispielsweise regelmäßig bei den Tarifen der Privaten Krankenversicherungen vor.

In Abb. 2.6 ist der Effekt eines Sicherheitszuschlags auf die Wahrscheinlichkeitsfunktion für den Unternehmensgewinn dargestellt. Wenn die kollektiven Gesamtschäden einer Periode dem Schadenerwartungswert entsprechen, so beträgt der erwartete Gewinn ($ErwG_1$) bei einer Kalkulation einer reinen Risikoprämie gerade null. Wird neben der reinen Risikoprämie ein kollektiver Sicherheitszuschlag (kSZ) für den gesamten Versicherungsbestand erhoben, so verschiebt sich die Wahrscheinlichkeitsfunktion für den Gewinn bei gleicher Gestalt in Höhe des kollektiven Risikozuschlags nach rechts. Voraussetzung dafür ist, dass aufgrund der erhöhten Prämie kein Versicherungsnehmer zur Konkurrenz abwandert. Der erwartete Gewinn $ErwG_2$ fällt also unter sonst gleichen Bedingungen positiv aus. Die einperiodische Verlustwahrscheinlichkeit sinkt um den Bereich ABCD, die Gewinnwahrscheinlichkeit dagegen nimmt um die Fläche EFG zu.

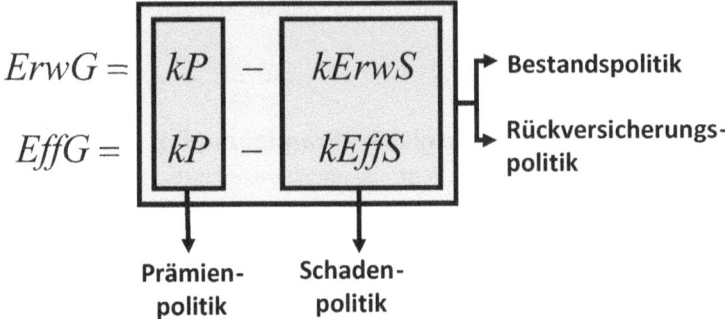

$$ErwG = \boxed{kP} - \boxed{kErwS}$$
$$EffG = \boxed{kP} - \boxed{kEffS}$$

▶ **Bestandspolitik**

↘ **Rückversicherungs-politik**

Prämien-politik   **Schaden-politik**

ErwG = Erwartungswert des Gewinns   *EffG = Effektiver Gewinn*   *kP = kollektive Risikoprämie*

kErwS = kollektiver Schadenerwartungswert   *kEffS = kollektive Effektivschäden*

Abb. 2.5 Wirkungsweise der Steuerungsinstrumente anhand des Risikoausgleichs-Prämienmodells. (Quelle: eigene Darstellung in Anlehnung an Farny 2006, S. 427)

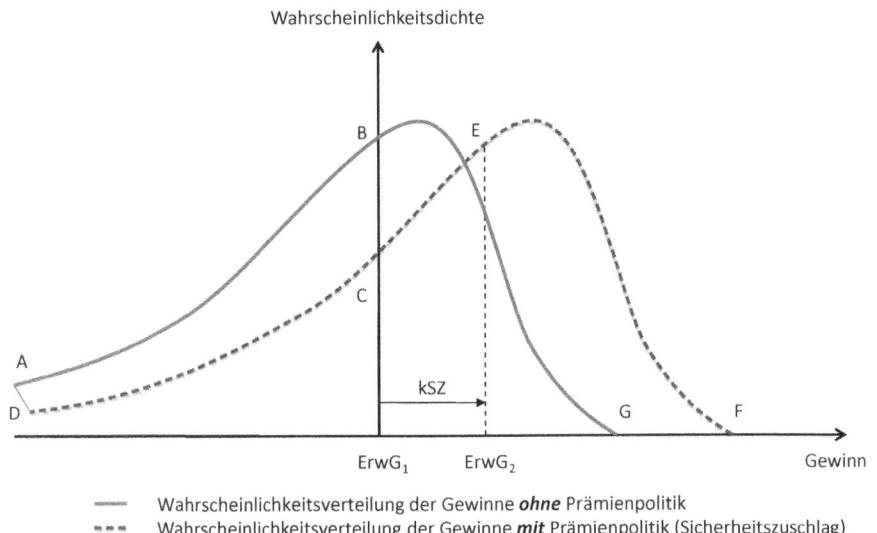

—— Wahrscheinlichkeitsverteilung der Gewinne *ohne* Prämienpolitik
■ ■ ■ Wahrscheinlichkeitsverteilung der Gewinne *mit* Prämienpolitik (Sicherheitszuschlag)

Abb. 2.6 Wirkung der Prämienpolitik am Beispiel des Sicherheitszuschlags. (Quelle: eigene Darstellung in Anlehnung an Farny (2006), S. 429)

2.2.1.2.2 Schadenpolitik

Bei der Schadenpolitik kann zwischen passivem und aktivem Schadenmanagement unterschieden werden: Zum *aktiven Schadenmanagement* zählt beispielsweise die *Schadenregulierung*. Fällt diese aufgrund von *Kulanzregeln* eher großzügig aus, so steigt die Anzahl der zu begleichenden Schäden. Wird dagegen nicht jeder gemeldete Schaden akzeptiert, so lassen sich die Schadenkosten drücken. Durch den Ausschluss bestimmter

Risiken, z. B. Schäden durch Krieg, Terroranschläge und Naturgewalten, können zudem geeignete Vertragsbedingungen die Schadenkosten im Sinne der Risikoverminderung regulieren. Ein weiteres Beispiel stellen die *Kooperationsvereinbarungen* der Versicherungen mit Vertragswerkstätten im KFZ-Bereich dar. Hier lässt sich die Höhe der Schäden aufgrund von Mengenrabatten reduzieren.

Die *Anzeigepflicht* des Schadenfalls seitens des Versicherungsnehmers bei der Polizei stellt dagegen ein Beispiel für *passives Schadenmanagement* dar. Exemplarisch soll hierfür die Hausratversicherung stehen. Man denke z. B. an den Fahrraddiebstahl. Die Versicherungen versuchen so, das moralische Risiko (Moral Hazard) in den Griff zu bekommen.

Eine weitere Möglichkeit, die Schadenkosten zu reduzieren, besteht in der Einführung einer *Versicherungssumme*. Diese wirkt im Falle eines Schadens als Obergrenze für die Begleichung der gemeldeten Schäden. So bei der *Erstrisikoversicherung* wie z. B. der Haftpflicht- und Rechtsschutzversicherung, wo lediglich der Schaden bis zur Versicherungssumme übernommen wird. Weiterhin besteht die Möglichkeit der *Vollwertversicherung* wie z. B. bei der Feuer- und Hausratversicherung. Hier wird im Falle einer Unterversicherung lediglich eine Quote unter eins des gemeldeten Schadens übernommen. Die Gefahr der Unterversicherung trägt folglich der Versicherungsnehmer alleine.

Abb. 2.7 zeigt die exemplarische Wirkung der Schadenpolitik auf die Wahrscheinlichkeitsverteilung des Unternehmensgewinns auf. Die Gestalt der Wahrscheinlichkeitsverteilung ändert sich mit Einführung des Schadenmanagements, da die Anzahl und die Höhe der Schäden beeinflusst werden. Die Verlustwahrscheinlichkeit sinkt um die Fläche ABCD und die Gewinnwahrscheinlichkeit steigt um den Bereich EF oberhalb der durchgezogenen Kurve, gemindert um die Fläche BCE. Der erwartete Gewinn sollte mit den Aktivitäten des Schadenmanagements von $ErwG_1$ auf $ErwG_2$ ansteigen.

2.2.1.2.3 Bestandspolitik

Unter Bestandspolitik werden Maßnahmen im Versicherungskollektiv verstanden, die sowohl die Prämien als auch die Schadenkosten betreffen. Dazu zählt die Geschäftspolitik im Sinne des Diversifikationseffekts:

- Geschäftsfeldbezogene Risikostreuung (Sparten, Produkte)
- Geografische Risikostreuung (Regionen, Länder)
- Absatzbezogene Risikostreuung (Kundenzielgruppen, Absatzkanäle)

Weiterhin kann Bestandspolitik im Sinne von *Zeichnungspolitik* (Underwriting) betrieben werden. Dazu gehört die *Risikoauslese* bei potenziellen Neukunden durch eine ausgiebige Risikoprüfung vor Vertragsabschluss. Eine detaillierte Gesundheitsprüfung findet sich z. B. bei den meisten Tarifen der PKV oder der Risikolebensversicherung. Das *Kündigungsrecht* des Versicherers, wie beispielsweise bei der Rechtsschutzversicherung,

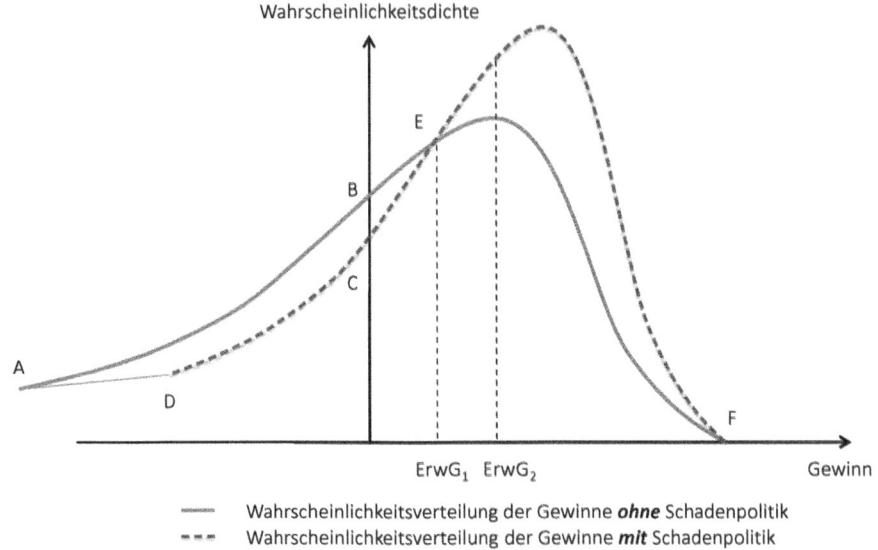

Abb. 2.7 Exemplarische Wirkung der Schadenpolitik. (Quelle: eigene Darstellung)

ist eine weitere Form der Risikoauslese im Versicherungsbestand. Hier wird das Versicherungskollektiv von Zeit zu Zeit auf schlechte Risiken, das sind Versicherungsnehmer, die in der Vergangenheit zu hohe Schadenkosten produziert haben, überprüft und bereinigt. Dies ist bei der Lebens- und Krankenversicherung nicht möglich.

Selbstbehalte im Rahmen der Produktpolitik sind weitere Maßnahmen der Bestandspolitik. Dazu gehört die *Abzugs-* und die *Integral-Franchise*. Beide Formen der Selbstbehalte beeinflussen sowohl die Anzahl wie die Höhe der Schäden als auch die Prämienhöhe.

Wesentliche Bedeutung im Rahmen der Bestandspolitik haben die Risikoausgleichseffekte

- *im Kollektiv*, d. h., wenige große Überschäden werden durch viele kleine Unterschäden innerhalb einer kurzen Zeitperiode kompensiert und
- *in der Zeit*, welche die Abfolge mehrerer einperiodischer Risikoausgleiche im Kollektiv bedeutet.

Voraussetzung für das Funktionieren eines Risikoausgleichs im Kollektiv ist ein ausreichend großer, möglichst homogener Versicherungsbestand, damit das Gesetz der „Großen Zahl" auch zum Tragen kommen kann. Darüber hinaus muss für den Risikoausgleich in der Zeit eine lange und zeitstabile Vertragsbeziehung mit den Kunden existieren. Es ist jedoch zu beachten, dass der Risikoausgleichseffekt in der Zeit durch das Änderungsrisiko hinsichtlich der Eigenschaften der versicherten Risiken und durch die Veränderung des Versicherungsbestands behindert bzw. überkompensiert werden kann.

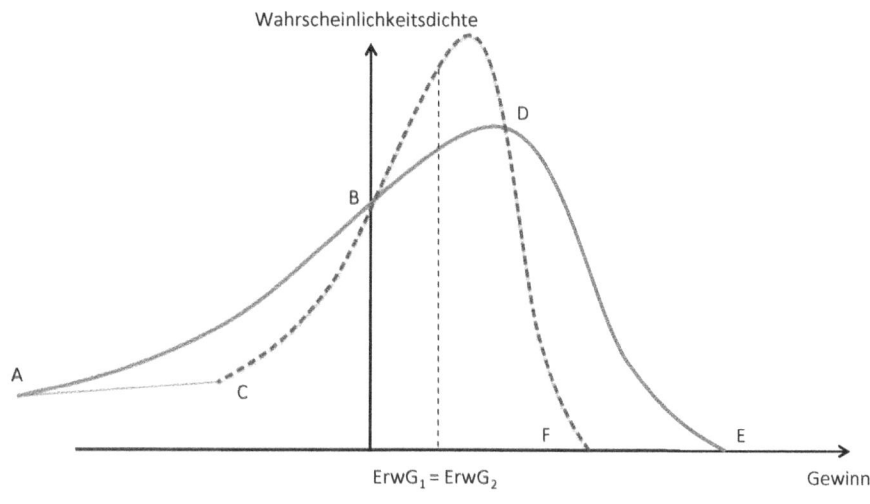

Abb. 2.8 Wirkung der Bestandspolitik am Beispiel der Risikoauslese. (Quelle: eigene Darstellung)

Der Effekt der Bestandspolitik lässt sich am Beispiel der Risikoauslese wie in Abb. 2.8 gut ablesen: Die Streuung der Wahrscheinlichkeitsverteilung des Gewinns und damit auch die Verlustwahrscheinlichkeit (Fläche ABCD) sinkt. Der erwartete Gewinn kann dabei wie in dem Schaubild unverändert bleiben. Die Wahrscheinlichkeit für kleine Gewinne (Fläche oberhalb der durchgezogenen Kurve im Bereich BD) nimmt auf Kosten großer Gewinne (Fläche DEF) zu.

Der Versicherungsbestand wird i. d. R. durch die Bestandspolitik homogenisiert und damit werden die Periodenergebnisse stabiler.

2.2.1.2.4 Rückversicherungspolitik

Die Rückversicherungspolitik soll hier stellvertretend für die Risikoteilung stehen. Dabei ist zwischen primärer und sekundärer Risikoteilung zu unterscheiden. Zur primären Risikoteilung zählt:

- die Pool- und Mitversicherung (Risikoteilung mit anderen Erstversicherern) und
- die Beteiligung der Eigentümer des VU am Risiko (Risikoteilung durch Nachschusspflicht bei einem VVaG).

Die sekundäre Risikoteilung besteht in der Risikoteilung

- mit Rückversicherern,
- mit Kapitalanlegern in Form des Alternativen Risikotransfers (ART).

Unabhängig von der Form der Risikoteilung handelt es sich bei diesem Sicherungsinstrument um eine Art Risikoüberwälzung auf Dritte. Bei dessen Wirkungsweise wollen wir uns im Folgenden auf die klassische Rückversicherung beschränken, wobei wir zwischen proportionaler und nichtproportionaler Rückversicherung differenzieren. An dieser Stelle wird der Unterschied zwischen diesen beiden Rückversicherungsarten erläutert. Die detaillierte Funktionsweise ist in Abschn. 2.2.2.2 beschrieben.

Von *proportionaler Rückversicherung* ist die Rede, wenn der Rückversicherer entsprechend einer vorab festgelegten Quote an den Prämien und den potenziellen Schäden beteiligt wird. Diese Quote kann entweder per Vertragsabschluss fixiert werden (*Quotenrückversicherung*) oder in Relation zur jeweiligen Versicherungssumme festgelegt werden (*Summenexzedenten-Rückversicherung*).

Die *nichtproportionale Rückversicherung* bezieht sich dagegen auf die eingetretenen Schäden, weswegen sie auch als *Schadenexzedenten-Rückversicherung* bezeichnet wird. Sie kommt entweder in den Formen Einzelschaden- oder Kumulschadenexzedenten vor, wenn ein Schadenereignis rückversichert werden soll, oder in der Form der Jahresüberschaden-Rückversicherung (Stop-Loss-Rückversicherung), wenn der Jahresgesamtschaden per Rückversicherung abgesichert werden soll.

Das folgende Beispiel – in Anlehnung an das Beispiel von Farny (2006), S. 435 – soll die Wirkungsweise der Rückversicherung auf das versicherungstechnische Ergebnis verdeutlichen. Aus Vereinfachungsgründen betrachten wir eine diskrete Verteilung der versicherungstechnischen Ergebnisse für zehn Szenarien aus Tab. 2.1. Dabei werden insgesamt fünf Szenarien betrachtet, indem ein Gewinn bzw. eine schwarze Null geschrieben wird. Diese fünf Fälle treten mit einer Wahrscheinlichkeit von 85 % auf. Die weiteren fünf Szenarien unterstellen Verlustsituationen mit relativ kleiner Wahrscheinlichkeit. Der erwartete Gewinn (ErwG) errechnet sich unter diesen Voraussetzungen zu 15,3 GE.

Nun betrachten wir zwei Rückversicherungsmöglichkeiten: die Quotenrückversicherung stellvertretend für die proportionale Rückversicherung und die Jahresüberschaden-Rückversicherung für die nichtproportionale Rückversicherung. Bei der Quotenrückversicherung unterstellen wir eine RV-Quote von 50 %, d. h., sowohl die Prämien als auch die eingetretenen Schäden werden zwischen dem Erst- und dem Rückversicherer gleichmäßig aufgeteilt. Das versicherungstechnische Ergebnis f. e. R. halbiert sich somit für den Erstversicherer. Da die Eintrittswahrscheinlichkeiten der Schäden unberührt vom Rückversicherungsvertrag bleiben, muss sich der erwartete Gewinn bei Abschluss dieser Quotenrückversicherung auf 7,65 GE halbieren.

Wie Abb. 2.9 gut erkennen lässt, nimmt die Streuung der Gewinnverteilung durch die Quotenrückversicherung ab. Der Verlust wird in Höhe der Fläche ABC reduziert, jedoch geht die Wahrscheinlichkeit für einen großen Gewinn (Fläche DEF) ebenfalls zurück. Dafür steigt die Wahrscheinlichkeit eines mittleren Gewinns. Die Zunahme der Wahrscheinlichkeit für einen mittleren Gewinn entspricht der Fläche zwischen B und D oberhalb der durchgezogenen Kurve.

Betrachten wir nun die Wirkungsweise einer nichtproportionalen Rückversicherung in der Form einer Jahresüberschaden-Rückversicherung am gleichen Beispiel (siehe Tab. 2.2).

Tab. 2.1 Wirkung einer proportionalen Rückversicherung auf das versicherungstechnische Ergebnis am Beispiel der Quotenrückversicherung (RV-Quote: 50 %). (Quelle: eigene Darstellung)

Szenario	Eintrittswahrscheinlichkeit	Vt. Ergebnis (brutto)	ErwG ohne RV	Vt. Ergebnis f. e. R.	ErwG mit RV
1	2 %	70	1,4	35	0,7
2	13 %	50	6,5	25	3,25
3	35 %	30	10,5	15	5,25
4	25 %	10	2,5	5	1,25
5	10 %	0	0	0	0
6	5 %	−10	−0,5	−5	−0,25
7	4 %	−30	−1,2	−15	−0,6
8	3 %	−50	−1,5	−25	−0,75
9	2 %	−70	−1,4	−35	−0,7
10	1 %	−100	−1	−50	−0,5
	100 %		15,3		7,65

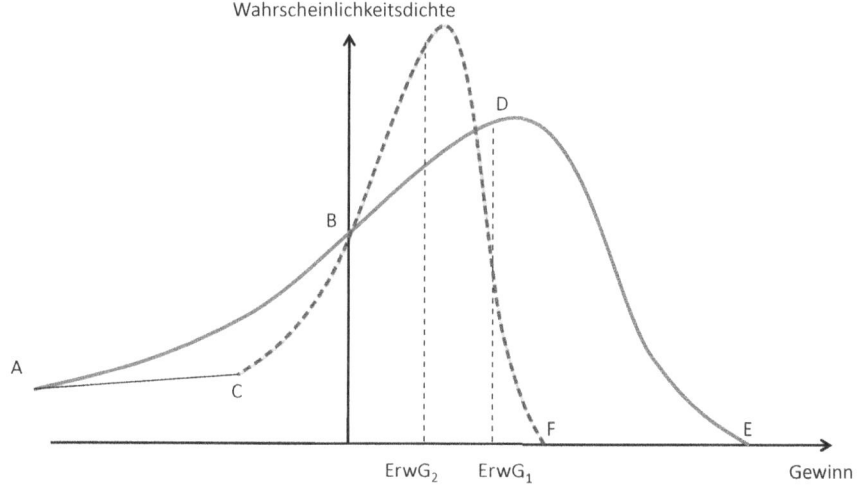

Abb. 2.9 Wirkung der Rückversicherungspolitik am Beispiel der Quotenrückversicherung (RV-Quote: 50 %). (Quelle: eigene Darstellung)

Die Priorität des Erstversicherers soll sich am versicherungstechnischen Ergebnis orientieren und bei −15 GE liegen. Die Rückversicherungsprämie ist auf 10 GE festgesetzt.

In den ersten sechs unterstellten Szenarien trägt der Erstversicherer die Schäden alle selber, da das versicherungstechnische Bruttoergebnis höher als die Priorität ausfällt. Das versicherungstechnische Ergebnis f. e. R. fällt entsprechend um die Absicherungskosten

Tab. 2.2 Wirkung einer nichtproportionalen Rückversicherung auf das versicherungstechnische Ergebnis am Beispiel der Jahresüberschaden-Rückversicherung (Priorität: –15 GE, RV-Prämie: 10 GE). (Quelle: eigene Darstellung)

Szenario	Eintrittswahrscheinlichkeit	Vt. Ergebnis (brutto)	ErwG ohne RV	Vt. Ergebnis f. e. R.	ErwG mit RV
1	2 %	70	1,4	60	1,2
2	13 %	50	6,5	40	5,2
3	35 %	30	10,5	20	7
4	25 %	10	2,5	0	0
5	10 %	0	0	–10	–1
6	5 %	–10	–0,5	–20	–1
7	4 %	–30	–1,2	–25	–1
8	3 %	–50	–1,5	–25	–0,75
9	2 %	–70	–1,4	–25	–0,5
10	1 %	–100	–1	–25	–0,25
	100 %		15,3		8,9

in Höhe der RV-Prämie (RVK) niedriger aus. Erst ab Szenario 7 beteiligt sich der Rückversicherer an den Schäden. Das versicherungstechnische Ergebnis f. e. R. ergibt sich im Fall 7 zu –25 GE (Bruttoergebnis – Priorität – RV-Prämie). Auch wenn der Jahresgesamtschaden des Erstversicherers darüber hinaus liegen sollte, so wie in den Szenarien 8 bis 10, bleibt das versicherungstechnische Ergebnis f. e. R. bei –25 GE stabil.

Die Wahrscheinlichkeit eines schlechteren Ergebnisses als –25 GE ist folglich null, sodass die Gesamtschadenverteilung an dieser Stelle wie abgeschnitten ist. Dieser Sachverhalt kommt in Abb. 2.10 zum Ausdruck, nur dass hier die Wahrscheinlichkeitsverteilung des Gewinns betrachtet wird. Die Streuung der Gewinnverteilung wird damit kleiner. Die Wahrscheinlichkeit für große Verluste reduziert sich in Höhe der Fläche AEF, die Ruinwahrscheinlichkeit ist unter diesen beispielhaften Bedingungen sogar null. Dies erkauft man sich unter anderem mit einer höheren Verlustwahrscheinlichkeit für kleinere Fehlbeträge (Fläche BCDE). Die Wahrscheinlichkeit für größere Gewinne geht ebenfalls zurück (Fläche GHI), dafür steigt die Wahrscheinlichkeit für geringe bis mittlere Gewinne. Der erwartete Gewinn nach Jahresüberschaden-Rückversicherung (ErwG$_1$) reduziert sich im Vergleich zum erwarteten Gewinn ohne nichtproportionale Rückversicherung (ErwG1). Das liegt in erster Linie an den Rückversicherungskosten.

2.2.1.3 Einperiodisches Risikoausgleichs-Prämien-Reservemodell

Das einperiodische Risikoausgleichs-Prämien-Reservemodell berücksichtigt neben den in Abschn. 2.2.1.2 bereits beschriebenen Sicherungsinstrumenten zusätzlich die Sicherungsmittelpolitik. Als Zielgröße fungiert nun die Risikoendreserve, die sich aus der Summe der Anfangsrisikoreserve und des Periodengewinns ergibt. Da wir wiederum die

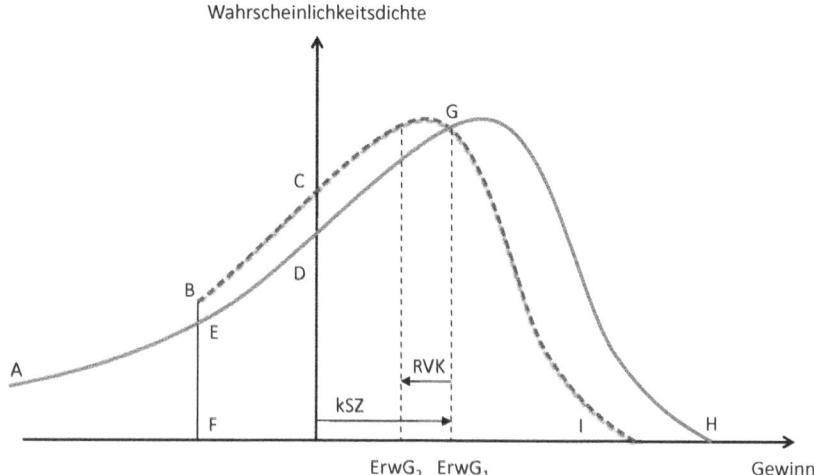

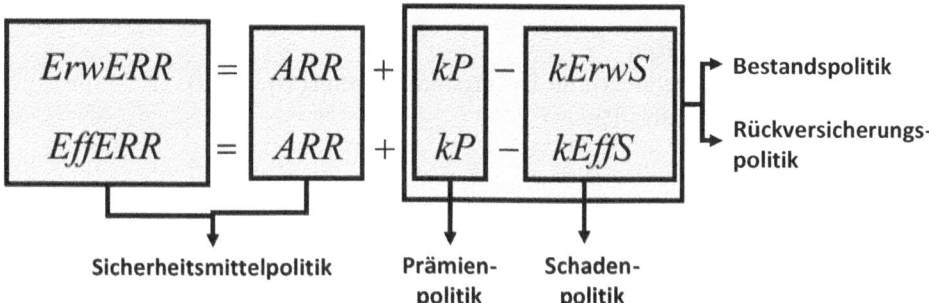

Abb. 2.10 Wirkung der Rückversicherungspolitik am Beispiel der nicht proportionalen Rückversicherung. (Quelle: eigene Darstellung)

ErwERR = Erwartungswert der Endrisikoreserve   EffERR = Effektiver Endrisikobetrag   ARR = Anfangsrisikoreserve

kP = kollektive Risikoprämie   kErwS = kollektiver Schadenerwartungswert   kEffS = kollektive Effektivschäden

Abb. 2.11 Wirkungsweise der Steuerungsinstrumente anhand des Risikoausgleichs-Prämien-Reservemodells. (Quelle: eigene Darstellung in Anlehnung an Farny (2006), S. 427)

erwartete Risikoendreserve von der tatsächlichen Risikoendreserve unterscheiden wollen, betrachten wir auch hier zwei Gleichungen (vgl. Abb. 2.11).

Zunächst soll kurz definiert werden, was im Einzelnen unter Sicherungsmittel verstanden wird. Sicherungsmittel *im Sinne von Risikoreserven* sind:

- Bilanzielles Eigenkapital
- Schwankungsrückstellungen

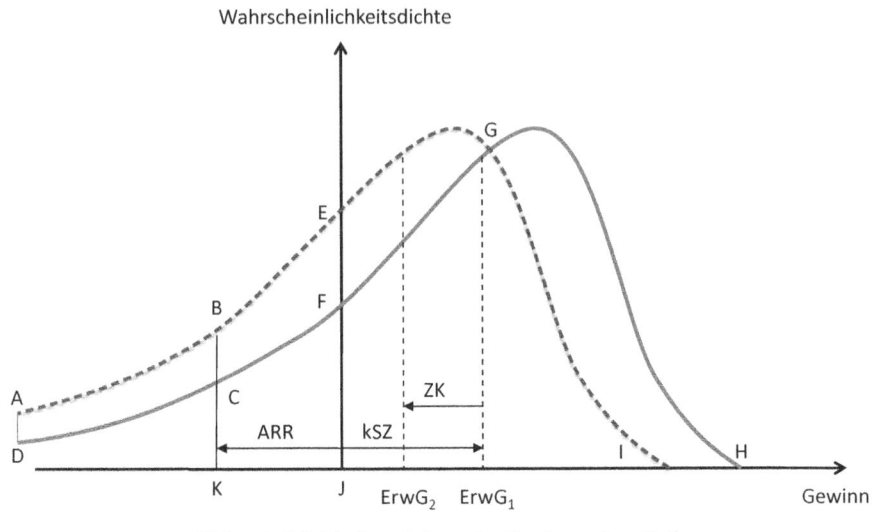

Abb. 2.12 Exemplarische Wirkung der Sicherheitsmittelpolitik. (Quelle: eigene Darstellung in Anlehnung an Farny (2006), S. 442)

- Drohverlustrückstellungen
- Freier Teil der Rückstellungen für Beitragsrückerstattung (freie RfB)
- Stille Reserven der Aktiva/Passiva

Sicherungsmittel im Sinne von Mobilisierungsreserven sind:

- Träger: Kapitalerhöhungsoption bei AG/Nachschusspflicht bei einem VVaG
- Kreditoren: Finite Reinsurance, Contingent Financing durch Rückversicherer

Betrachten wir nun die Abb. 2.12. Das Halten einer Anfangsrisikoreserve kostet Geld in Form von Zinskosten (ZK), da zumindest die Eigenkapitalgeber eine entsprechende Vergütung ihres zur Verfügung gestellten Kapitals erwarten. Die Gewinnverteilung schiebt sich folglich nach links, mit dem Ergebnis, dass der erwartete Gewinn mit Risikoreserve (ErwG$_2$) im Vergleich zum erwarteten Gewinn ohne Risikoreserve (ErwG$_1$) zurückgeht. Die Gestalt der Wahrscheinlichkeitsverteilung des Gewinns bleibt dagegen unverändert. Das liegt daran, dass sich durch die Reservebildung an der Ge-samtschadenverteilung nichts verändert hat.

Die Wahrscheinlichkeit für die Erzielung eines Periodenverlusts hat sich mit der Risikoreserve insgesamt erhöht. Sie entsprach ohne Reserve der Fläche DFJ, mit Reserve AEJ. Die Erhöhung der Verlustwahrscheinlichkeit ergibt sich aus der Differenz dieser beiden Flächen und entspricht der Fläche AEFD. Sie ist auf die Zinskosten zurückzuführen.

Nun ist jedoch zu bedenken, dass ohne Reservepolitik bereits der geringste Verlust zum Ruin geführt hätte. Die Ruinwahrscheinlichkeit ohne Reserve entspricht folglich der Verlustwahrscheinlichkeit ohne Reserve (Fläche DFJ). Mit Reserveeinführung entspricht die Ruinwahrscheinlichkeit der Fläche ABK. Die Fläche BEJK steht für die Wahrscheinlichkeit eines kleinen bis mittleren Verlusts, aber nicht mehr für den Ruin. Denn solange die Anfangsrisikoreserve durch den Periodenverlust nicht vollkommen aufgezehrt wird, stellt sich auch nicht der Tatbestand der Überschuldung. Die Wahrscheinlichkeit des Ruins konnte also mit der Reservepolitik gesenkt werden und stellt sich erst ab einem Periodenverlust in Höhe von K.

2.2.2 Risikoteilung und Rückversicherung

Das Ziel der Risikoeinteilungspolitik eines Versicherungsunternehmens ist es, die übernommenen Risiken und die damit verbundenen möglichen Schadenbelastungen auf mehrere Schultern zu verteilen. Aktivitäten im Rahmen der Risikoteilung werden mitunter als die wichtigste risikopolitische Verfahrensfrage hervorgehoben, weil ihre Wirkungen auf das versicherungstechnische Risiko sehr genau dosiert werden können. Darüber hinaus führt die Risikoeinteilung zu einer Erhöhung der Zeichnungskapazität des einzelnen Versicherungsunternehmens. Als Instrumente der Risikoeinteilungspolitik lassen sich die Mitversicherung, die Beteiligung an Versicherungspoolgeschäften und die (verschiedenen Formen) der Rückversicherung nennen. Diese Aufzählung ist allerdings nicht überschneidungsfrei: Das Versicherungspoolgeschäft nimmt eine Zwitterstellung ein, bei dem entweder auf Elemente der Mitversicherung oder der Rückversicherung zurückgegriffen wird. Insofern wird keine eigenständige Technik der Risikoteilung angewandt.

2.2.2.1 Risikoteilungsmodelle

Wie bereits in Abschn. 2.2.1.2 unter dem Stichwort Rückversicherung kurz ausgeführt, handelt es sich bei der Mitversicherung und dem Versicherungspool um *primäre Risikoteilungsmodelle*. Die *Mitversicherung* ist gekennzeichnet durch folgende Punkte:

- Mehrere Erstversicherer tragen gemeinsam den Versicherungsschutz für ein großes Risiko (Konsortialgeschäft)
- Übernahme eines prozentualen Anteils des Risikos (Zeichnungsquote) oder eines absoluten Betrags der Versicherungssumme durch einen Versicherer
- Versicherungsvertrag zwischen dem Versicherungsnehmer und jedem Mitversicherer
- Führender Mitversicherer erhält von den anderen eine Führungsprovision (prozentualer Anteil vom Beitrag)

Die Mitversicherung findet häufig Anwendung bei industrieller Feuer- und Transportversicherung.

Der *Versicherungspool* ist durch folgende Punkte charakterisiert:

- Zusammenschluss rechtlich und wirtschaftlich selbstständiger Versicherer
- Gemeinsame Mit- und Rückversicherung
  - Mitversicherungspool: Alle Mitglieder sind Erstversicherer
  - Rückversicherungspool: Nur ein zeichnender Erstversicherer
- Pool als Risikoverteiler auf Mit- oder Rückversicherer (Organisationsfunktion)
- Verteilung der Risiken, Prämien und Überschüsse entsprechend der Poolquote
- Rechtsform ist die Gesellschaft des bürgerlichen Rechts (GbR)
- Einbringungsprovision für die akquirierende Versicherung
- Versicherungsgestaltung und Prämien sind im Poolvertrag festgelegt

Der Anwendungsbereich für die Poolversicherung sind neue oder seltene, schwer abschätzbare Großrisiken. Beispiele in Deutschland sind der Luftpool, Kernreaktorpool und Pharmapool (vgl. Farny (2006), S. 289).

2.2.2.2 Klassische Rückversicherung

2.2.2.2.1   Grundlagen der Rückversicherung

Die klassische Rückversicherung ist eine weitere Form der Risikoteilung. Erstversicherer geben Risiken aus dem eigenen Versicherungsbestand an einen oder mehrere Rückversicherungen weiter. Dies trifft insbesondere für neue Arten von Risiken oder für Großrisiken zu. Durch die (mehrfache) Weiterleitung der Risiken an Dritte verteilen sich die zu tragenden Risiken auf mehrere Träger, sodass im Zusammenhang mit der Rückversicherung häufig die Bezeichnung *„Atomisierung des versicherungstechnischen Risikos"* zu hören ist. Diese Art von Risikoteilung wird auch *sekundäre Risikoteilung* genannt. Dabei gilt es zwischen verschiedenen Formen, Arten und Techniken der Rückversicherung zu unterscheiden.

Neben der Risikoteilung als zentralem Motiv für den Abschluss von Rückversicherungsverträgen kann die Rückversicherung weitere Funktionen übernehmen. Diese sollen kurz stichwortartig Erwähnung finden:

Motiv Hedging

- Schutz vor Zufallsrisiken (Anzahl und Höhe der Schäden)
  - Kumul- und Ansteckungsrisiken
  - Katastrophenrisiken
- Schutz vor Irrtums- und Änderungsrisiken
  - Neue Art von Risiken
  - Zeitliche Veränderungen

Motiv Ergebnissteuerung

- Stabilisierung des versicherungstechnischen Ergebnisses durch Homogenisierung des Versicherungsbestands
- Erhöhung des Ergebnisses durch Ausweitung der Zeichnungskapazität
- Verbesserter eigener Risikoausgleich im Kollektiv

Motiv Finanzierung

- Reduktion des Eigenkapitalbedarfs wegen Solvabilitätsvorschriften (Eigenkapitalsubstitution)
- Vorfinanzierung der Abschlussprovisionen (Vorfinanzierungseffekt)

Motiv Serviceleistungen

- Unterstützung durch Rückversicherer (Beratungsfunktion) bei der
  - Quantifizierung neuer Risiken
  - Beitragskalkulation
  - Risikoforschung

Es gibt obligatorische und fakultative Rückversicherungen. Im ersten Fall ist die Abgabe und Annahme der Risiken verbindlich zwischen dem Zedenten (Erstversicherer) und dem Zessionar (Rückversicherer) im Rückversicherungsvertrag geregelt. Im zweiten Fall erfolgt die Weiterleitung und Annahme der Risiken auf freiwilliger Basis. Im Folgenden sollen die wichtigsten charakteristischen Eigenschaften der beiden Rückversicherungsformen noch einmal stichwortartig zusammengefasst werden.

Obligatorische Rückversicherung

- Rückversicherung für ein Portfolio von vertragsbedingten Risiken
- Keine Einzelrisikoprüfung, da Vertragsrückversicherung
- Zedent ist zur Zession der Risiken verpflichtet (Zessionspflicht)
- Zessionar muss Zession der Risiken akzeptieren (Annahmepflicht)

Fakultative Rückversicherung

- Rückversicherung für individuelle Einzelrisiken
- Entscheidung über Zession der Risiken von Fall zu Fall
- Pro Risiko gibt es einen Vertrag
- Zedent und Zessionar entscheiden über die Zession der Risiken freiwillig

Eine in der Praxis eher seltene Form der Rückversicherung stellt die semiobligatorische Rückversicherung (Open Cover bzw. akzeptationspflichtige Rückversicherung) dar, die theoretisch in zwei verschiedenen Varianten genutzt werden kann.

Fakultativ-obligatorische Rückversicherung

- Zedent ist frei bei Zessionsentscheidung
- Zessionar muss Risiken annehmen
- Gefahr der Antiselektion für den Rückversicherer

Obligatorisch-fakultative Rückversicherung

- Zedent ist zur Zession bestimmter Risiken verpflichtet
- Zessionar ist frei in der Annahme der angedienten Risiken
- Gefahr des unzureichenden Schutzes für den Erstversicherer

Zum Schluss soll die Abb. 2.13 einen kurzen Überblick über die Arten der Rückversicherung geben. Auf der einen Seite können sich Rückversicherungsverträge auf die *Versicherungssumme* beziehen. In diesem Fall wird der Rückversicherer entsprechend einer Quote an den zukünftigen Schäden des Erstversicherers beteiligt. Dies bedeutet im Gegenzug jedoch auch eine Prämienteilung entsprechend der ausgemachten Quote. Diese Art der Rückversicherung wird wegen der quotalen Aufteilung der Prämien und Schäden auch als *proportionale Rückversicherung* bzw. wegen der Bezugsgröße Versicherungssumme auch als Summenrückversicherung bezeichnet.

Sind dagegen die Schäden die Bezugsgröße für die Risikoteilung, so wird regelmäßig ein Selbstbehalt des Erstversicherers im Rückversicherungsvertrag festgelegt. Bis zu diesem Selbstbehalt, der häufig auch Priorität genannt wird, trägt der Erstversicherer die eingetretenen Schäden selbst. Erst der über den Selbstbehalt liegende Teil wird vom Rückversicherer übernommen. Dieses Verfahren erinnert an die Abzugsfranchise (vgl. Abschn. 2.2.2.2.3). Die Aufteilung der Schäden erfolgt damit nicht linear, weswegen diese Art der Rückversicherung auch unter dem Begriff *nichtproportionale Rückversicherung* bzw. Schadenrückversicherung geführt wird.

2.2.2.2.2 Proportionale Rückversicherung

Bei der proportionalen Rückversicherung wird die anteilige Risikoteilung zwischen dem Zedenten und dem Zessionar vertraglich festgelegt. Die *verhältnismäßige Beteiligung* des Zessionars betrifft die

- Schadenzahlungen
- Schadenregulierungskosten und Abschlussprovision
- Original-Prämie

Abb. 2.13 Arten der
klassischen Rückversicherung.
(Quelle: eigene Darstellung)

Als mögliche *Bezugsgrößen* der Risikoaufteilung kommen dabei infrage:

- Versicherungssumme (VS)
- Probable Maximum Loss (PML)

Die proportionale Rückversicherung kann sowohl obligatorisch als auch fakultativ
ausgestaltet sein. Eine Technik der proportionalen Rückversicherung besteht in der fixen
Aufteilung der Prämien und Schäden gemäß einer festen Selbstbehaltquote q bzw.
Rückversicherungsquote $1 - q$, weswegen sie auch *Quotenrückversicherung* genannt
wird. Eine andere Technik besteht in der Festlegung eines absoluten Selbstbehalts für
den Erstversicherer. Der über dem Selbstbehalt liegende Teil der Versicherungssumme
wird anschließend quotal zwischen dem Erst- und Rückversicherer aufgeteilt. Als Bezugsgröße dienen dabei die Versicherungssumme *VS* und der *PML*. Da bei dieser Technik
i. d. R. die Versicherungssumme für die Bestimmung der Quote maßgeblich ist, wird sie
auch als *Summenexzedenten-Rückversicherung* bezeichnet (Abb. 2.14).

Quotenrückversicherung
Betrachten wir zunächst die *Quotenrückversicherung* etwas näher. Der Schaden S_i einer
versicherungstechnischen Einheit i wird entsprechend der Selbstbehaltquote q bzw. der
Rückversicherungsquote $1 - q$ zwischen dem Erst- und Rückversicherer formal wie folgt
aufgeteilt, sofern der Schaden kleiner oder gleich der Versicherungssumme VS_i ist:

$$S_i = \underbrace{q \cdot S_i}_{EVer} + \underbrace{(1 - q) \cdot S_i}_{RVer} \text{ mit } S_i \leq VS_i$$

Üblicherweise wird im Rückversicherungsvertrag ein sogenanntes Einbringungslimit VS_i^*
des Zedenten definiert, welches die Maximalhaftung des Zessionars begrenzt. Bezogen
auf die versicherungstechnische Einheit i gilt für den Rückversicherer:

$$\frac{VS_i^*}{VS_i}(1 - q) \cdot S_i \text{ mit } VS_i^* \leq VS_i$$

Abb. 2.14 Techniken der
proportionalen
Rückversicherung. (Quelle:
eigene Darstellung)

Das Einbringungslimit sorgt folglich dafür, dass die RV-Quote nach oben gedeckelt wird. Im besten Fall beträgt sie $1 - q$, wenn das Einbringungslimit exakt der Versicherungssumme der versicherungstechnischen Einheit i entspricht. Liegt die Versicherungssumme dagegen oberhalb des Einbringungslimits, so wird lediglich ein prozentualer Anteil der Maximalhaftung $1 - q$ vom Rückversicherer geleistet, der in jedem Fall unter 100 % liegt.

Beispiel Quotenrückversicherung

Ein Versicherungsportfolio des Erstversicherers besteht aus drei Einzelrisiken, die laut Rückversicherungsvertrag mit einer Quote von 60 % rückversichert sind. Das erste Risiko R_1 weist eine Versicherungssumme von 100.000 €, das zweite R_2 eine Versicherungssumme von 50.000 € und das dritte R_3 eine Versicherungssumme von 10.000 € auf. Zeigen Sie, wie sich der Rückversicherer an den Schäden beteiligen muss, wenn das Einbringungslimit des Erstversicherers

a. 100.000 €
b. 80.000 €

beträgt.

Gehen Sie davon aus, dass der tatsächliche Schaden je Risiko der Versicherungssumme entspricht. Die Rückversicherungsquote beträgt $1 - q = 60\%$. Die Selbstbehaltquote q liegt damit bei 40 %. Für die einzelnen Versicherungssummen ergeben sich damit folgende Rechnungen:

a. Einbringungslimit des Erstversicherers entspricht 100.000 €.
   R_1 ($VS = 100.000$ €):

$$RV_{\text{Quote}}(R_1) = \frac{VS_1^*}{VS_1} \cdot (1 - q) = \frac{100.000}{100.000} \cdot (1 - 0,4) = 60 \ \%$$

R_2 ($VS = 50.000$ €) und R_3 ($VS = 10.000$ €):

Da die Versicherungssummen bei diesen beiden Risiken kleiner sind als das Einbringungslimit, wird auch die volle Quote in Höhe von 60 % vom Rückversicherer übernommen.

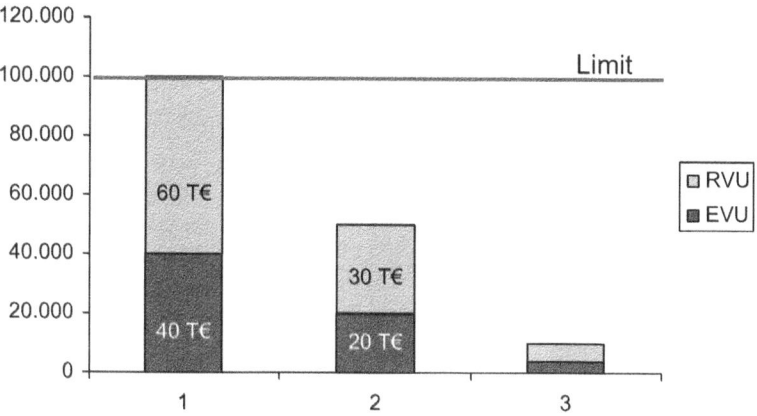

Abb. 2.15 Beispielhafte Risikoteilung bei der Quotenrückversicherung (RV-Quote: 60 %, Einbringungslimit: 100.000 €). (Quelle: eigene Darstellung)

Wie der Abb. 2.15 zu entnehmen ist, wird jeder Schaden der drei betrachteten Risiken entsprechend der fixierten Rückversicherungsquote in Höhe von 60 % aufgeteilt, da keiner der drei Versicherungssummen höher ist als das Einbringungslimit von 100.000 €.

b. Einbringungslimit des Erstversicherers entspricht 80.000 €.

   R_1 ($VS = 100.000$ €):

$$RV_{\text{Quote}}(R_1) = \frac{VS_1^*}{VS_1} \cdot (1 - q) = \frac{80.000}{100.000} \cdot (1 - 0,4) = 48 \ \%$$

R_2 ($VS = 50.000$ €) und R_3 ($VS = 10.000$ €):

Hier gilt das Gleiche wie unter a).

Als Bezugsgröße für die Aufteilung des Schadens dient hier nun nicht mehr primär die Versicherungssumme der einzelnen Risiken, sondern das Einbringungslimit selbst. Das liegt daran, dass die Versicherungssumme bei Risiko 1 größer ist als das Einbringungslimit. Im Gegensatz zu a) muss der Erstversicherer bei einem vereinbarten Einbringungslimit in Höhe von 80.000 € bei dem Risiko 1 einen höheren Anteil am Schaden selbst übernehmen. Da der Zessionar lediglich 48 % des Schadens in Höhe der Versicherungssumme trägt, verbleibt bei dem Zedent ein Anteil von 52 % bezogen auf die Versicherungssumme (vgl. Abb. 2.16). Der Exzessschaden (EVU SB II) in Höhe von 20.000 € muss der Erstversicherer alleine tragen.

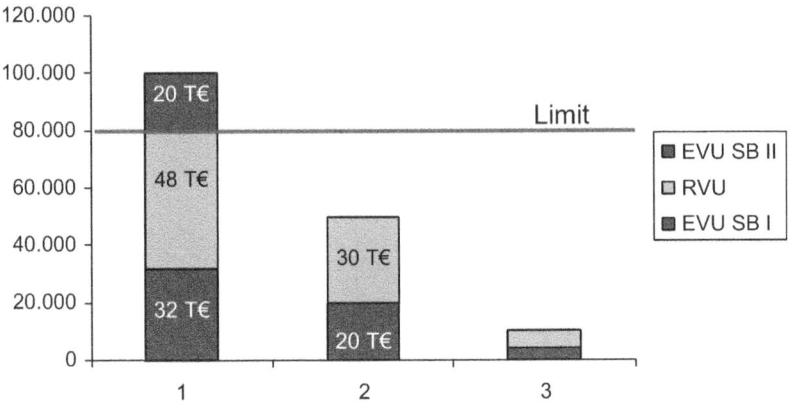

Abb. 2.16 Beispielhafte Risikoteilung bei der Quotenrückversicherung (RV-Quote: 60 %, Einbringungslimit: 80.000 €). (Quelle: eigene Darstellung) (Quelle: in Anlehnung an Liebwein (2009), S. 72)

Fassen wir die Ergebnisse noch einmal zusammen. Dadurch, dass sich der Zessionar bei der Quotenrückversicherung an jedem Risiko entsprechend einer festen Quote am Schaden beteiligt, erhalten wir:

- Effektiven Schutz gegen das Irrtums- und Änderungsrisiko, insbesondere bei
  - Neugründungen von Erstversicherern
  - neuen Produkten bzw. Märkten oder
  - der Einführung einer differenzierten Tarifierung
- Bedingten Schutz gegen das Zufallsrisiko im Klein- und Mittelschadenbereich (Hagel- und Sturmversicherung)
- Keine Absicherung des Zufallsrisikos im Großschadenbereich (Spitzenrisiken wie Kumul-/Katastrophenrisiken durch Erdbeben/Hurrikan)
- Keine Homogenisierung des Versicherungsbestands

Als Fazit können wir festhalten, dass die Quotenrückversicherung bei neuartigen, schlecht kalkulierbaren Risiken interessant ist, da sie ausreichend Schutz vor vielen kleinen bis mittleren Schäden bietet. Außerdem ist sie ein wichtiges Instrument in der Solvabilitätsbedeckung. Hier ist die Quotenrückversicherung ein Eigenkapitalersatz. Eine Anwendung dieses Steuerungsinstruments findet sich beispielsweise auch bei spartenübergreifenden Produkten wie der Unfallrente oder bei der Tarifierung der KFZ-Versicherung.

Summenexzedenten-Rückversicherung

Wenden wir uns nun der *Summenexzedenten-Rückversicherung* zu. Die Bezugsgröße ist wiederum die Versicherungssumme VS_i oder der *PML*. Im Gegensatz zur Quotenrückversicherung wird ein absoluter Selbstbehalt (Maximum) des Erstversicherers festgelegt. Der Rückversicherer wird lediglich an dem den Selbstbehalt übersteigenden Teil des Schadens beteiligt. Die Haftung des Zessionars wird durch Festlegung einer Haftungsstrecke, auch Layer genannt, begrenzt. Üblicherweise wird dabei die Haftungsstrecke als Multiplikator (m) des Selbstbehalts (SB) angegeben. Das Zeichnungslimit des Zessionars, welches sich aus der Summe Selbstbehalt und Haftungsstrecke ergibt, begrenzt seine Maximalhaftung.

Für den Schaden S_i einer versicherungstechnischen Einheit i gilt für die Aufteilung des Schadens zwischen dem Zedenten und dem Zessionar unter Beachtung der Sebstbehaltquote q:

$$S_i = \underbrace{q_i \cdot S_i}_{EVer} + \underbrace{(1 - q_i) \cdot S_i}_{RVer}$$

$$\text{mit } q_i = \begin{cases} 1 & \text{fur } VS_i \leq SB \\ SB/VS_i & \text{fur } SB < VS_i \leq (m+1) \cdot SB \\ (VS_i - m \cdot SB)/VS_i & \text{fur } VS_i > (m+1) \cdot SB \end{cases}$$

bzw. in Abhängigkeit der Rückversicherungsquote $1 - q$:

$$\text{mit } 1 - q_i = \begin{cases} 0 & \text{fur } VS_i \leq SB \\ (VS_i - SB)/VS_i & \text{fur } SB < VS_i \leq (m+1) \cdot SB \\ m \cdot SB/VS_i & \text{fur } VS_i > (m+1) \cdot SB \end{cases}$$

Beispiel Summenexzedenten-Rückversicherung

Wir greifen nochmals das Beispiel der Quotenrückversicherung mit kleinen Modifikationen auf. Zur Erinnerung: Ein Versicherungsportfolio des Erstversicherungsunternehmens (EVU) besteht aus drei Einzelrisiken. Risiko R_1 weist eine Versicherungssumme von 100.000 €, R_2 eine Versicherungssumme von 50.000 € und R_3 eine Versicherungssumme von 10.000 € auf. Das EVU hat mit einem Zessionar einen Summenexzedenten-Rückversicherungsvertrag über das obige Portfolio abgeschlossen. Der Selbstbehalt des EVU liegt bei 20.000 € pro Einzelrisiko. Die Haftungsstrecke des Rückversicherungsunternehmens (RVU) sei das Dreifache des Selbstbehalts.

- Angenommen der tatsächliche Schaden je Risiko entspricht genau der Versicherungssumme. Wie lautet dann die Aufteilung des Schadens zwischen dem EVU und dem RVU?
- Angenommen der tatsächliche Schaden je Risiko liegt bei 1.000 €. Wie lautet jetzt die Aufteilung des Schadens zwischen dem EVU und dem RVU?

Wir berechnen zunächst die Haftungsstrecke (L) und das Zeichnungslimit (ZL) mit:

$$L = m \cdot SB = 3 \cdot 20.000 \ \text{€} = 60.000 \ \text{€} \ \ und$$

$$ZL = (m + 1) \cdot SB = (3 + 1) \cdot 20.000 \ \text{€} = 80.000 \ \text{€}$$

Im nächsten Schritt berechnen wir die Rückversicherungsquote $1 - q$ für die einzelnen Risiken aus dem Versicherungsportfolio. Dabei haben wir die unterschiedlichen Versicherungssummen bei der Berechnung der Quoten zu beachten:

- R_1 ($VS = 100.000 \ \text{€}$):
  Hier liegt der dritte Fall vor, da $VS_3 > (m + 1) \cdot SB = 80.000 \ \text{€}$ gilt.
  Die Rückversicherungsquote beträgt folglich: $1 - q_1 = m \cdot \frac{SB}{VS_3} = \frac{L}{VS_3}$, also
  $1 - q_1 = 3 \cdot 20.000 \ \text{€}/100.000 \ \text{€} = 60.000 \ \text{€}/100.000 \ \text{€} = 60 \ \%$.
- R_2 ($VS = 50.000 \ \text{€}$):
  Bei diesem Risiko liegt Fall 2 vor.
  Es gilt: $1 - q_2 = (VS_2 - SB)/VS_2$, da $SB < VS_2 \leq (m + 1) \cdot SB$. $1 - q_2 = (50.000 \ \text{€} - 20.000 \ \text{€})/50.000 \ \text{€} = 30.000 \ \text{€}/50.000 \ \text{€} = 60 \ \%$
- R_3 ($VS = 10.000 \ \text{€}$):
  Hier liegt der erste Fall vor, sodass $1 - q_3 = 0$, da $VS_3 \leq SB$ ist.

Im nächsten Schritt können wir nun den Anteil des Schadens berechnen, den der Rückversicherer übernimmt (Abb. 2.17).
- Angenommener Schaden in Höhe der jeweiligen Versicherungssummen:
Gemäß obigen Quoten übernimmt der Rückversicherer vom Schaden S_i:
R_1 ($VS = 100.000 \ \text{€}$): $S_1 \cdot (1 - q_1) = 100.000 \ \text{€} \cdot 60 \ \% = 60.000 \ \text{€}$
R_2 ($VS = 50.000 \ \text{€}$): $S_2 \cdot (1 - q_2) = 50.000 \ \text{€} \cdot 60 \ \% = 30.000 \ \text{€}$
R_3 ($VS = 10.000 \ \text{€}$): $S_3 \cdot (1 - q_3) = 10.000 \ \text{€} \cdot 0 \ \% = 0 \ \text{€}$

Durch die Einführung eines absoluten Selbstbehalts kommt es ohne Beachtung von Großschäden zu einer gewissen Homogenisierung des Versicherungsportfolios. Lediglich kleine (EVU SB I) und sehr große Schäden (EVU SB II) werden vom Erstversicherer selbst getragen. Der mittlere Schadenbereich wird dagegen durch die Risikoübernahme des Zessionars herausgeschnitten.
- Angenommener Schaden in Höhe von 1.000 €:
R_1 ($VS = 100.000 \ \text{€}$): $S_1 \cdot (1 - q_1) = 1.000 \ \text{€} \cdot 60 \ \% = 600 \ \text{€}$
R_2 ($VS = 50.000 \ \text{€}$): $S_2 \cdot (1 - q_2) = 1.000 \ \text{€} \cdot 60 \ \% = 600 \ \text{€}$
R_3 ($VS = 10.000 \ \text{€}$): $S_3 \cdot (1 - q_3) = 1.000 \ \text{€} \cdot 0 \ \% = 0 \ \text{€}$

Im Folgenden wollen wir die Rückversicherungsquote in Abhängigkeit der Versicherungssumme anhand unseres Beispiels analysieren. Offensichtlich erreicht die Rück-

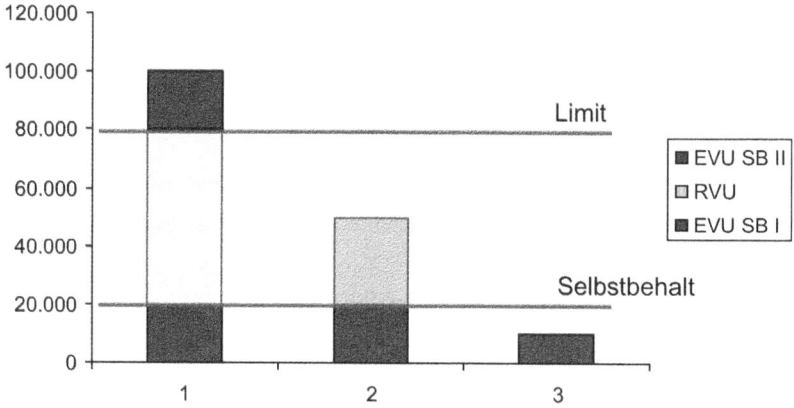

Abb. 2.17 Beispielhafte Risikoteilung bei der Summenexzedenten-Rückversicherung (Selbstbehalt: 20.000 €, Zeichnungslimit: 80.000 €). (Quelle: eigene Darstellung) (Quelle: in Anlehnung an Liebwein (2009), S. 78)

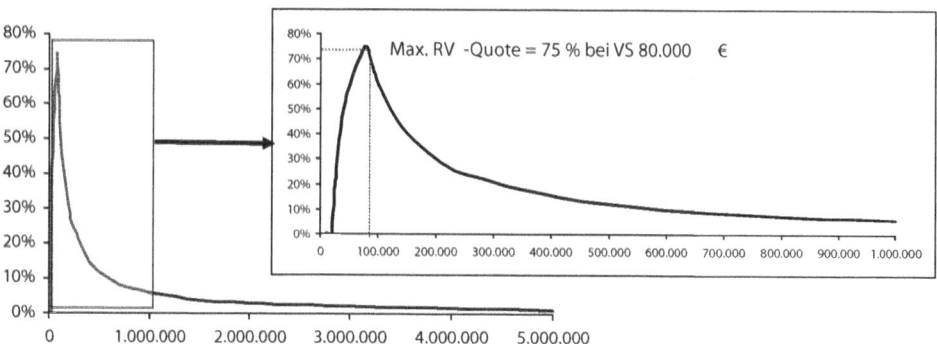

Abb. 2.18 Rückversicherungsquoten in Abhängigkeit der Versicherungssummen. (Quelle: eigene Darstellung)

versicherungsquote ihr Maximum, wenn die Versicherungssumme exakt der Höhe des Zeichnungslimits entspricht. Es liegt Fall 2 vor, da $SB < VS_i \leq (m + 1) \cdot SB$ gilt. Die Rückversicherungsquote ergibt sich zu 75 %. In Abb. 2.18 ist die Rückversicherungsquote in Abhängigkeit der Versicherungssumme dargestellt. Erst wenn die Versicherungssumme den Selbstbehalt in Höhe von 20.000 € erreicht, beteiligt sich der Rückversicherer, wenn auch nur mit einer kleinen Quote, an den entstandenen Schäden. Das Maximum der Quote wird bei einer Versicherungssumme von 80.000 € erreicht, um dann wieder rapide abzufallen. Mit zunehmender Versicherungssumme nähert sich die Rückversicherungsquote asymptotisch der Null.

Fassen wir die wichtigsten Ergebnisse zur Summenexzedenten-Rückversicherung zusammen:

- Homogenisierung des Versicherungsbestands mit dem Effekt der
  - Verringerung der Streuung der Gesamtschadenverteilung
  - Erhöhung der Zeichnungskapazität
  - erhöhtem Schutz gegen das Zufallsrisiko im Großschadenbereich je Risiko
- Bedingter Schutz gegen das Zufallsrisiko im Klein- und Mittelschadenbereich wegen des Selbstbehalts
- Risiko gemessen am Variationskoeffizienten (siehe Abschn. 1.1.1.5.2) sinkt im Bestand
- Bedingter Schutz gegen das Irrtums- und Änderungsrisiko wegen des Selbstbehalts

Als Fazit halten wir fest, dass die Summenexzedenten-Rückversicherung zur Homogenisierung des Versicherungsbestands gut geeignet ist. Sie kommt daher bei Versicherungssparten mit unterschiedlich hohen Versicherungssummen zum Einsatz. Gegen Großschäden ist man jedoch aufgrund des Zeichnungslimits nicht gewappnet. Als Anwendungsbeispiele sollen die Feuer-, Unfall-, Einbruchdiebstahl- und Lebensversicherung dienen.

2.2.2.2.3 Nichtproportionale Rückversicherung

Wie wir im vorherigen Abschnitt festgestellt haben, lassen sich Großrisiken mit der proportionalen Rückversicherung aufgrund des Zeichnungs- bzw. Einbringungslimits nicht abdecken. Der über das Limit hinausgehende Schaden verbleibt als Selbstbehalt bei dem Erstversicherer. Um den Selbstbehalt des Zedenten bei Groß- und Kumulschäden wirkungsvoll zu begrenzen, muss als Bezugsgröße der Schaden beim Versicherer selbst gewählt werden. Dabei kann eine Abdeckung des Selbstbehalts aus der proportionalen Rückversicherung *pro Schadenereignis* erfolgen. Eine Differenzierung zwischen Einzel- und Kumulschäden führt zu den beiden Techniken der nichtproportionalen Rückversicherung in Form des Schadenexzedenten bzw. der Excess-of-Loss-Rückversicherung:

- Einzelschadenexzedent (Working Excess of Loss)
- Kumulschadenexzedent (Catastrophe Excess of Loss)

Erfolgt sogar eine Abdeckung *aller* Selbstbehalte aus der proportionalen Rückversicherung für einen bestimmten Zeitraum, z. B. ein Geschäftsjahr, so kommen wir zu einer weiteren Form der nichtproportionalen Rückversicherung:

- Jahresüberschadenexzedenten-Rückversicherung (Stop-Loss)

Bei den Schadenexzedenten-Rückversicherungen dient als Bezugsgröße der Schaden eines Ereignisses und bei der Stop-Loss-Rückversicherung der Gesamtjahresschaden des Zedenten. Der nichtproportionale Rückversicherungsvertrag kann sowohl obligatorisch als auch fakultativ sein.

Abb. 2.19 Techniken der nichtproportionalen Rückversicherung. (Quelle: eigene Darstellung)

In Abb. 2.19 sind die grundlegenden Techniken der nichtproportionalen Rückversicherung überblicksweise noch einmal gegenübergestellt.

Einzelschadenexzedenten-Rückversicherung

Diese Art der Rückversicherung soll den Selbstbehalt aus der proportionalen Rückversicherung aufgrund von Großschäden des Zedenten aus einem Schadenereignis absichern. Auch hier wird ein absoluter Selbstbehalt pro Schaden eingeführt, den wir im Folgenden zur besseren Unterscheidung zum Selbstbehalt aus der proportionalen Rückversicherung *Priorität* nennen wollen. Die Risikobeteiligung des Zessionars erfolgt erst, wenn der Einzelschaden die Priorität (P) übersteigt (Überschaden bzw. Exzessschaden). Der Zessionar begrenzt seine Risikobeteiligung wiederum durch die Festlegung einer Haftungsstrecke bzw. Layer (L). Die Summe aus Priorität und Layer wird jetzt nicht mehr als Limit, sondern als „Plafond" bezeichnet. Er definiert die Maximalhaftung des Zessionars. Die Bezugsgröße für die Risikoteilung ist die Einzelschadensumme. Für den Schaden S_i einer versicherungstechnischen Einheit i erfolgt die formale Aufteilung des Risikos zwischen dem Erstversicherer (EV) und dem Rückversicherer (RV) wie folgt:

$$S_i = \underbrace{S_i - \min[\max(S_i - P; 0); L]}_{\text{EVer}} + \underbrace{\min[\max(S_i - P; 0); L]}_{\text{RVer}}$$

Selbstbehalte

Die nachfolgend beschriebenen *Selbstbehalte* (P) sind nicht nur im Rückversicherungsgeschäft anzuwenden, sondern auch im Schadenversicherungsbereich zwischen Versicherungsnehmer und Versicherungsgesellschaft, um beispielsweise Bagatellschäden zu vermeiden.

- Abzugsfranchise: Für ein $P > 0$ ist der Rückversicherungsanteil

$$\max(S - P; 0) = \begin{cases} 0 & S \leq P \\ S - P & S > P \end{cases}$$

Der Erstversicherer haftet maximal bis zur Schadenhöhe P.

- *Integralfranchise*: Für ein $P > 0$ ist der Rückversicherungsanteil

$$\begin{cases} 0 & S \le P \\ S & S > P \end{cases} = S \cdot 1_{(P,\infty)}(S)$$

Dieser Selbstbehalt ist nicht praxisrelevant, da so Schäden hochmanipuliert werden können.

Beispiel Einzelschadenexzedent

Das Schadenpotenzial im Selbstbehalt eines Erstversicherers (EV) sei nach Berücksichtigung aller proportionaler Rückversicherungen 8 Mio. €. Zur Absicherung von Großschäden schließt das EV für seinen Versicherungsbestand einen Einzelschadenexzedenten mit einer Priorität von 2 Mio. € und einem Layer von 5 Mio. € ab (Kurzform: 5 Mio. € xs 2 Mio. €).

In einem ersten Schadenfall verursacht ein Brand eine Schadenzahlung in Höhe von 1 Mio. € im Selbstbehalt des EV. In einem zweiten Schadenfall verursacht ein Großbrand einen Versicherungsschaden im Selbstbehalt des EV in Höhe von 5 Mio. €. Ein dritter Schadenfall betrifft einen weiteren Großbrand, das bei dem EV einen Schaden im Selbstbehalt in Höhe von 7,5 Mio. € hervorruft. Wie groß ist der Nettoschaden je Ereignis bzw. der Gesamt-Nettoschaden des EV?

Führen wir zur besseren Übersicht die gegebenen Daten noch einmal für den Einzelschadenexzedenten mit 5 Mio. € xs 2 Mio. € auf:

- Layer (L): 5 Mio. €
- Priorität (P): 2 Mio. €
- Schäden im Selbstbehalt des EV (S_i):
  - Schadenfall 1: 1 Mio. €
  - Schadenfall 2: 5 Mio. €
  - Schadenfall 3: 7,5 Mio. €

Um den Nettoschaden des EV je Ereignis S_i bestimmen zu können, benötigen wir zunächst den Schadenanteil, den der Zessionar übernimmt. Es gilt allgemein:

$$S_{i,\mathrm{RV}} = \min\left[\max\left(S_i - P; 0\right); L\right]$$

Für den einzelnen, vom Rückversicherer zu tragenden Teil der Schadenfälle ergibt sich:

- SF1: $S_{1,\mathrm{RV}} = \min[\max(1.000.000\ € - 2.000.000\ €; 0); 5.000.000€] = 0\ €$
- SF2: $S_{2,\mathrm{RV}} = \min[\max(5.000.000€ - 2.000.000€; 0); 5.000.000€] = 3.000.000€.$
- SF3: $S_{3,\mathrm{RV}} = \min[\max(7.500.000€ - 2.000.000€; 0); 5.000.000€] = 5.000.000€.$

Als Residualgröße verbleibt derjenige Teil des Schadens, den der Erstversicherer selber zu tragen hat:

- SF1: $S_{1,\text{EV}} = S_1 - \min[\max(1.000.000 \; \text{€} - 2.000.000 \; \text{€}; 0); 5.000.000 \text{€}]$
  $= 1.000.000 \; \text{€}.$
- SF2: $S_{2,\text{EV}} = S_2 - \min[\max(5.000.000 \; \text{€} - 2.000.000 \; \text{€}; 0); 5.000.000 \text{€}]$
  $= 2.000.000 \; \text{€}.$
- SF3: $S_{3,\text{EV}} = S_3 - \min[\max(7.500.000 \; \text{€} - 2.000.000 \; \text{€}; 0); 5.000.000 \text{€}]$
  $= 2.500.000 \; \text{€}.$

Als Gesamt-Nettoschaden des Erstversicherers ergibt sich somit eine Summe von 5,5 Mio. €. Der Rückversicherer übernimmt insgesamt 8 Mio. € von den drei Schadenfällen.

(Quelle: in Anlehnung an Kellermann (2001), S. 65)

Die Wirkung des Schadenexzedenten bei dem Erstversicherer lässt sich wie folgt zusammenfassen:

- Homogenisierung des Versicherungsbestands mit dem Effekt der
  - Verringerung der Streuung der Gesamtschadenverteilung
  - Erhöhung der Zeichnungskapazität
- Effektiver Schutz gegen den Eintritt zufälliger Großschäden
- Selbsttragung von Klein- und Mittelschäden wegen der Priorität, sofern keine proportionale Rückversicherung vorgeschaltet ist
- Kein Schutz gegen das Irrtums- und Änderungsrisiko wegen der Priorität

Als Fazit lässt sich festhalten, dass der Schadenexzedent seine positive Wirkung insbesondere bei Versicherungssparten mit unterschiedlich hohen Versicherungssummen entfaltet. Gleichzeitig bietet er einen Schutz vor Großschäden pro Einzelrisiko. Der Anwendungsbereich liegt schwerpunktmäßig bei der Schadenversicherung.

Kumulschadenexzedenten-Rückversicherung Der Unterschied zum Einzelschadenexzedenten besteht lediglich in der Anzahl der rückversicherten Schäden pro Schadenereignis. Mit dem Kumulschadenexzedenten sichert der Erstversicherer seinen Selbstbehalt gegen ein Schadenereignis, das mehrere Einzelschäden gleichzeitig verursacht (Kumulschäden), ab. Dies ist insbesondere bei Naturkatastrophen wie Erdbeben oder Winterstürmen (Hurrikans) gefragt, weswegen diese Art der Rückversicherung auch häufig als Cat XL bezeichnet wird. Als Bezugsgröße dient hier die Summe aller Einzelschäden eines Schadenereignisses. Ansonsten gelten für den Kumulschadenexzedenten die gleichen Bedingungen wie für den Einzelschadenexzedenten:

- Einführung einer absoluten Priorität (P) des Erstversicherers pro Schadenereignis
- Risikobeteiligung des Zessionars an den die Priorität übersteigenden Teil
- Begrenzte Haftung des Rückversicherers durch Festlegung der Haftungsstrecke bzw. Layer (L)
- Summe aus Priorität und Haftungsstrecke = „Plafond"

Für die Aufteilung des Kumulschadens KS_i einer versicherungstechnischen Einheit i gilt formal:

$$KS_i = \underbrace{KS_i - \min[\max(KS_i - P; 0); L]}_{\text{EVer}} + \underbrace{\min[\max(KS_i - P; 0); L]}_{\text{RVer}}$$

Beispiel Kumulschadenexzedenten

Ein Erstversicherer hat einen Kumulschadenexzedenten in der Form 9 Mio. € xs 4 Mio. € abgeschlossen. Andere nichtproportionale Rückversicherungen bestehen nicht. Ein Erdbeben hat bei dem Erstversicherer verschiedene Schäden im Selbstbehalt hervorgerufen:

- Risiko A, B, und C: je 1 Mio. €
- Risiko D: 2 Mio. €
- Risiko E: 4 Mio. €

Wie groß ist der Gesamt-Nettoschaden des Erstversicherers?

Zunächst einmal muss der Gesamtschaden aus dem einen Schadenereignis Erdbeben ermittelt werden. Dieser beträgt:

$$3 \cdot 1 \text{ Mio. € } + 2 \text{ Mio. € } + 4 \text{ Mio. € } = 9 \text{ Mio. €}$$

Von diesem Gesamtschaden ist dann die Priorität des Erstversicherers in Höhe von 4 Mio. € abzuziehen. Es verbleiben 5 Mio. €, die niedriger als der Layer (9 Mio. €) des Rückversicherers sind, sodass die komplette Restsumme vom Zessionar übernommen wird. Der Gesamt-Nettoschaden des Zedenten entspricht somit seiner Priorität in Höhe von 4 Mio. €.

(Quelle: in Anlehnung an Kellermann (2001), S. 65)

Die Wirkung des Kumulschadenexzedenten bei dem Erstversicherer ist:

- Effektiver Schutz gegen zufallsbedingte Katastrophen
- Kein Schutz gegen einzelne Großschäden wegen der Priorität
- Kein Schutz gegen das Irrtums- und Änderungsrisiko wegen Priorität

Als Fazit können wir festhalten, dass der Kumulschadenexzedent bei Versicherungssparten mit vielen Einzelschäden pro Ereignis seine volle Wirkungskraft entfalten kann. Dies trifft insbesondere auf Katastrophenrisiken zu. Daher kommt er auch insbesondere bei der Absicherung von Elementarversicherung wie Feuer und Sturm sowie bei der KfZ-Kaskoversicherung wegen möglicher Hagelschäden zum Einsatz.

Jahresüberschadenexzedenten-Rückversicherung Bei dem Jahresschadenexzedenten sichert sich der Erstversicherer gegen das versicherungstechnische Risiko als Ganzes innerhalb einer Periode, i. d. R. ein Geschäftsjahr, ab. Diese Form des Hedgings wird als Ergänzung zu einem bereits bestehenden Rückversicherungsprogramm gesehen, weil es per se als recht kostspielig gilt. Die charakteristischen Eigenschaften dieser Rückversicherungstechnik lauten:

- Einführung eines prozentualen Selbstbehalts (Priorität) des Zedenten gemessen am rückgedeckten Geschäftsvolumen (i. d. R. Beiträge)
- Wahl der Priorität so, dass der Stop-Loss erst einsetzt, wenn die versicherungstechnische Verlustzone vom Erstversicherer erreicht wird. Der Grund besteht in der Gefahr des Moral Hazard aus Sicht des Rückversicherers.
- Risikobeteiligung des Zessionars an den die Priorität übersteigenden Teil
- Haftung des Zessionars wird i. d. R. durch eine prozentuale Haftungsstrecke (Layer) gemessen am rückgedeckten Geschäftsvolumen (i. d. R. Beiträge) begrenzt
- Bezugsgröße ist der Jahresgesamtschaden

Beispiel Jahresschadenexzedent

Ein Erstversicherer (EV) hat seinen gesamten Versicherungsbestand mit einer Stop-Loss-Rückversicherung (RV) in der Form 50 % xs 70 % abgeschlossen, d. h., 70 % der Jahresprämien ist die Priorität des Zedenten und 50 % der Jahresprämien ist die Haftungsstrecke des Zessionars. Der Erstversicherer hat in den letzten drei Jahren 50 Mio. € Prämien p. a. erzielt und folgende Jahresgesamtschäden zu verzeichnen:

- Jahr 1: 55 Mio. €
- Jahr 2: 30 Mio. €
- Jahr 3: 90 Mio. €

Darüber hinaus fallen an Stop-Loss-Kosten 10 % und an Provisions- und Verwaltungskosten im Versicherungsgeschäft 20 % der Jahresprämien an.

- Wie verteilen sich die Jahresschäden auf den Erst- bzw. Rückversicherer?
- Wie lautet das versicherungstechnische Ergebnis je Jahr des Erstversicherers?

Zunächst tragen wir für die Stop-Loss-Rückversicherung 50 % xs 70 % die wichtigsten Daten zusammen:

- Jahresprämie: konstant 50 Mio. € p. a.
- Priorität: 50 Mio. € · 70 % = 35 Mio. €
- Layer: 50 Mio. € · 50 % = 25 Mio. €

Verteilung des Jahresgesamtschadens auf EV und RV:

- **Jahr 1: 55 Mio. €**
  Der RV übernimmt den die Priorität übersteigenden Anteil in Höhe von 20 Mio. € (= 55 Mio. € − 35 Mio. €) voll, da der Layer noch nicht voll ausgeschöpft ist. Bei dem EV verbleiben somit 35 Mio. € (Priorität).
- **Jahr 2: 30 Mio. €**
  Der EV übernimmt den kompletten Jahresgesamtschaden in Höhe von 30 Mio. €, da die Priorität noch nicht erreicht wird.
- **Jahr 3: 90 Mio. €**
  Der EV trägt den Schaden in Höhe der Priorität plus den Schadenanteil, der über den Layer des RV hinausgeht. Das sind in der Summe 65 Mio. € (= 35 Mio. € + (90 Mio. € − 35 Mio. € − 25 Mio. €)).

Das versicherungstechnische Ergebnis je Jahr des Erstversicherers ergibt sich aus der Differenz Prämien und Kosten für den Versicherungsbetrieb. Zu den Kosten des Versicherungsbetriebs zählen neben den Schadenkosten die Absicherungskosten der Rückversicherung in Höhe von 10 % p. a. sowie die Abschluss- und Verwaltungskosten in Höhe von 20 % p. a. bezogen auf die Jahresprämien. Das sind zusätzliche Kosten von 15 Mio. € p. a (= 50 Mio. € · (10 % + 20 %)). Unter Beachtung der Verteilung der Jahresschäden ergeben sich für die einzelnen Jahre folgende versicherungstechnische Ergebnisse (vtE):

- Jahr 1: vtE = 50 Mio. € − 35 Mio. € − 15 Mio. € = 0 €
- Jahr 2: vtE = 50 Mio. € − 30 Mio. € − 15 Mio. € = 5 Mio. €
- Jahr 3: vtE = 50 Mio. € − 65 Mio. € − 15 Mio. € = −30 Mio. €

In der nachfolgenden Tab. 2.3 sind die wichtigsten Ergebnisse nochmals zusammengefasst:

Fassen wir die wichtigsten Wirkungsmechanismen der Jahresüberschadenexzedenten bei dem Erstversicherer zusammen:

Tab. 2.3 Risikoteilung zwischen Erst- und Rückversicherer sowie das versicherungstechnische Ergebnis am Beispiel einer Stop-Loss-Rückversicherung. (Quelle: eigene Darstellung)

Jahr	Jahresgesamtschaden	Anteil EV	Anteil RV	b) Versicherungstechnisches Ergebnis
1	55 Mio. €	35 Mio. €	20 Mio. €	0 Mio. €
2	30 Mio. €	30 Mio. €	0 Mio. €	5 Mio. €
3	90 Mio. €	65 Mio. €	25 Mio. €	–30 Mio. €

(Quelle: in Anlehnung an Kellermann (2001), S. 68 ff.)

- Effektiver Schutz gegen das versicherungstechnische Risiko in allen Ausprägungen (Zufalls-, Irrtums- und Änderungsrisiko):
  - Kumulierung von kleinen und mittleren Schäden
  - Einzelne Großschäden
  - Katastrophenschäden
- Effektiver Schutz vor Überschuldung und damit vor dem Ruin

Als Fazit lässt sich ziehen, dass die Stop-Loss-Rückversicherung einen sehr guten Schutz vor dem Ruin des Erstversicherers bietet, da sich bereits ex ante das versicherungstechnische Ergebnis steuern lässt. Dafür gilt der Jahresüberschadenexzedent als sehr teures Absicherungsinstrument, das daher auch gerne als „Vollkaskoversicherungsprodukt" der Rückversicherung bezeichnet wird. Es wird insbesondere bei der Absicherung von Elementarversicherungen (Hagel, Sturm, Überschwemmungen) genutzt.

2.2.3 Alternativer Risikotransfer

2.2.3.1 Grundlagen des Alternativen Risikotransfers

Der Alternative Risikotransfer (ART) hat seinen Ursprung in den 1990er-Jahren. Die Erst- und Rückversicherer wollten eine größere Anzahl an Risiken absichern, als der damalige Rückversicherungsmarkt gewillt war zu zeichnen. Diese Kapazitätsgrenzen führten zu der Idee, versicherungstechnische Risiken, ähnlich wie finanzwirtschaftliche Risiken, am Kapitalmarkt zu transformieren. Insbesondere Großschäden durch Naturkatastrophen wie Sturm, Hagel, Überschwemmungen und Erdbeben stehen dabei im Fokus der Risikoabgeber. Als Transformationsvehikel kommen Derivate sowie Verbriefungsformen wie z. B. die Asset Backed Securities infrage. Potenzielle Risikoübernehmer sind grundsätzlich Investoren auf der Suche nach Assets, die mit ihren bisherigen, finanzmarktgeprägten Assets unkorreliert bzw. negativ korreliert sind. Die Motivation der Investoren liegt folglich in der Diversifikation ihres Portfolios. Die Produkte des Alternativen Risikotransfers unterliegen keiner Regulierung durch die BaFin, dürfen aber im Gegenzug auch nicht bei der Solvabilität angerechnet werden.

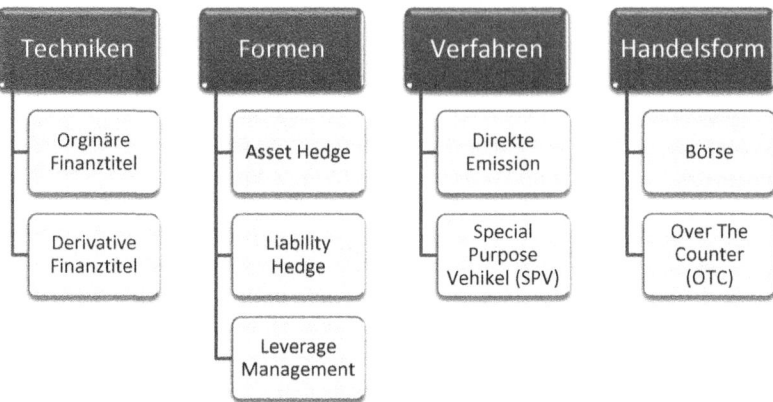

Abb. 2.20 Klassifizierungsmöglichkeiten des Alternativen Risikotransfers. (Quelle: eigene Darstellung)

In Abb. 2.20 sind die Klassifizierungsmöglichkeiten des ART zusammengefasst. Hinsichtlich der Techniken unterscheidet man originäre von derivativen Instrumenten. Als Beispiel für die originären Instrumente können *die Insurance Linked Bonds* (ILB) bzw. *Insurance Linked Securities* (ILS) genannt werden. Das sind Schuldverschreibungen, deren Zahlungsansprüche sich aus versicherungstechnischen Ereignissen ableiten lassen. Die versicherungstechnischen Risiken werden direkt in Form eines Wertpapiers verbrieft, weshalb in diesem Zusammenhang auch von *Verbriefung* oder *Securitization* gesprochen wird. Als derivatives Instrument wird dagegen ein Produkt verstanden, dessen Wert sich von einem Basiswert (Underlying) her ableitet. Dieser Basiswert kann beispielsweise ein Schadenindex sein. Ein solcher Schadenindex stellt der **P**roperty **C**laim **S**ervices-Index, kurz PCS-Index, dar, der von der COBT initiiert wurde. Als ein entsprechendes Versicherungsderivat wäre die PCS-Call-Spread-Option zu nennen. Auf die verschiedenen Formen des ART-Geschäfts wird detailliert im nächsten Abschnitt eingegangen.

Als Emissionsverfahren der ART-Produkte kommt entweder die direkte Emission am Kapitalmarkt oder die Wahl über ein sogenanntes Special Purpose Vehicle (SPV) infrage. Im letzten Fall übernimmt eine Investmentbank die Platzierung der Wertpapiere bzw. der Versicherungsderivate, was mit erhöhten Transaktionskosten verbunden ist. Sind die ART-Produkte erst einmal auf dem Kapitalmarkt platziert, kommt ein Handel an der Börse oder Over The Counter (OTC) zustande. Bei standardisierten Finanzprodukten mit eindeutig vorgegebenen Kontraktspezifikationen findet der Handel über die Börsen statt.

2.2.3.2 Formen und Techniken des Alternativen Risikotransfers

Bei dem ART-Geschäft wird zwischen drei verschiedenen Spezifikationen hinsichtlich der Absicherungsmöglichkeiten des versicherungstechnischen Risikos unterschieden:

- Liability Hedge
- Asset Hedge
- Leverage Management

Der Hedging-Gedanke ist für alle drei Formen identisch: Ein entstandener Großschaden soll das versicherungstechnische Ergebnis im Ereignisjahr nicht oder nur gering belasten. Lediglich der zu beschreitende Weg zu diesem Ziel ist ein anderer.

Liability Hedge: Bei einem *Liability Hedge* soll der entstandene Großschaden durch den Wegfall von bereits bestehenden Verbindlichkeiten (Liabilities) ausgeglichen werden. Ein Großschadenereignis führt womöglich ohne Absicherung zu einem versicherungstechnischen Verlust, der im Ergebnis das Eigenkapital schrumpfen lässt (vgl. ΔEK_1 in Abb. 2.21). Im besten Fall wird dieser Verlust durch das Eigenkapital gedeckt, im schlechtesten Fall tritt der Tatbestand der Überschuldung ein, was die Insolvenz dieses Unternehmens zur Konsequenz hätte. Eine Möglichkeit der Absicherung gegen dieses versicherungstechnische Risiko besteht nun darin, die Aufwendungen möglichst in gleicher Höhe woanders zu reduzieren. Dafür kommt beispielsweise das Finanzergebnis infrage. Fallen in exakt gleicher Höhe Finanzverbindlichkeiten weg, wie das Unternehmen zusätzliche Schäden zu begleichen hat (1:1-Hedge), so entsteht der zuvor beschriebene Unternehmensverlust in der Summe erst gar nicht. Das Eigenkapital wäre dann genauso groß wie vor dem Schadenereignis.

Die Verbindlichkeiten aus dem Finanzbereich gehen jedoch zurück, sodass die Bilanzsumme nach Schadenereignis und ART-Geschäft insgesamt geschrumpft ist. Da das Eigenkapital bei einem 1:1-Hedge unberührt geblieben ist, hat sich sogar die Eigenkapitalquote durch das Schadenereignis und das ART-Geschäft im Vergleich zu vorher verbessert. Das korrespondierende Produkt zu dieser Form des ART ist der Insurance Linked Bond, den wir im Abschn. 2.2.3.3 näher beleuchten.

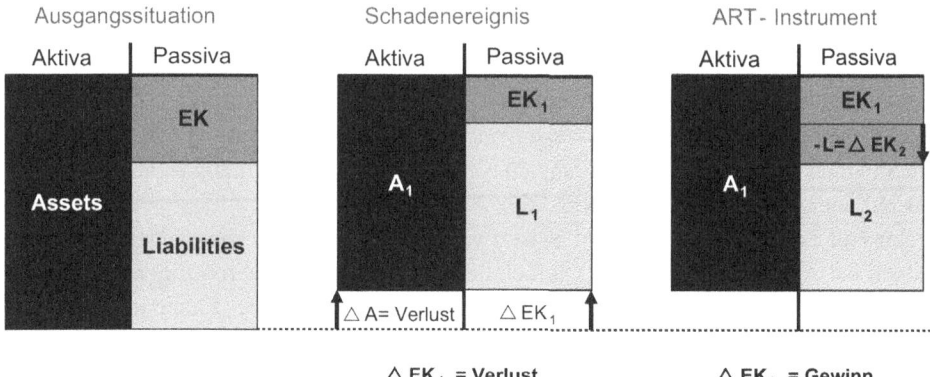

Abb. 2.21 Bilanzielle Auswirkungen eines Liability Hedges durch ART. (Quelle: eigene Darstellung in Anlehnung an Liebwein (2009), S. 455)

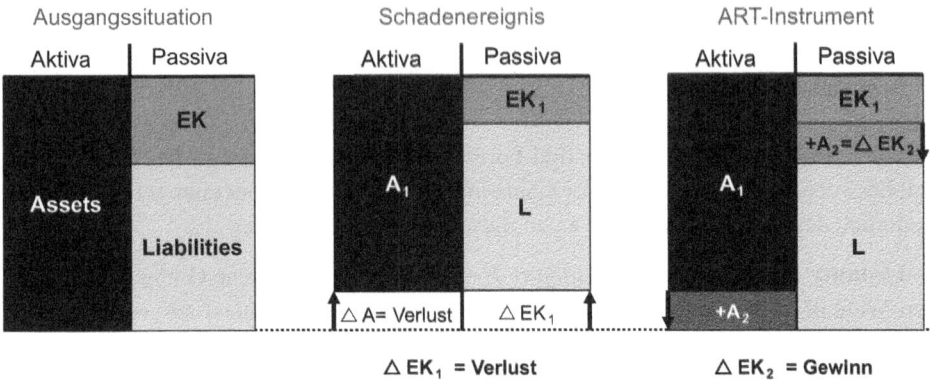

Abb. 2.22 Bilanzielle Auswirkungen eines Asset Hedges durch ART. (Quelle: eigene Darstellung in Anlehnung an Liebwein (2009), S. 455)

Asset Hedge: Die Idee des Asset Hedges besteht darin, dass der versicherungstechnische Verlust bedingt durch einen Großschaden durch zusätzliche Erträge aufgefangen werden soll. Diese Erträge werden jedoch nur dann erzeugt, wenn ein Großschaden eingetreten ist. Im optimalen Fall (1:1-Hedge) wird der Verlust aus dem Versicherungsgeschäft durch den Zusatzertrag des ART-Geschäfts exakt kompensiert. Die Bilanz des Unternehmens würde dann nach dem Schadenereignis und dem ART-Geschäft genauso aussehen wie ohne Eintritt des Großschadenereignisses. Die Eigenkapitalquote sowie die Liabilities sind bei einem Asset Hedge unberührt geblieben (vgl. Abb. 2.22). Diese Art von Asset Hedge erzielt man i. d. R. über den Einsatz von Versicherungsderivaten. Die konkrete Wirkungsweise der Versicherungsderivate wird in Abschn. 2.2.3.4 thematisiert.

Leverage Management: Unter Leverage Management wird die temporäre Bereitstellung von Kapital im Fall eines Großschadens (Contingent Capital) verstanden. Wird das Geld dem Unternehmen in Form von Eigenkapital zur Verfügung gestellt, so soll von Leverage Management des Typs I die Rede sein. Handelt es sich dagegen um Fremdkapital, so ist der Typ II gemeint. Unabhängig davon, um welchen Typ es sich nun handelt, soll das zur Verfügung gestellte Kapital den versicherungstechnischen Verlust bilanziell ausgleichen. Im Fall Leverage Management I hat sich durch das zusätzliche Eigenkapital die Situation des Unternehmens bilanziell nicht verändert. Die Wirkung ist also vergleichbar mit der eines Asset Hedges (vgl. Abb. 2.23).

Im Fall Leverage Management II ist zwar die Bilanzsumme unverändert geblieben, jedoch hat sich die Bonität des Unternehmens wegen der geringeren Eigenkapitalquote verschlechtert (vgl. Abb. 2.24). Dies hat zur Folge, dass die Finanzierungskosten des Unternehmens aufgrund eines zu erwartenden, schlechteren Rating-Urteils steigen werden.

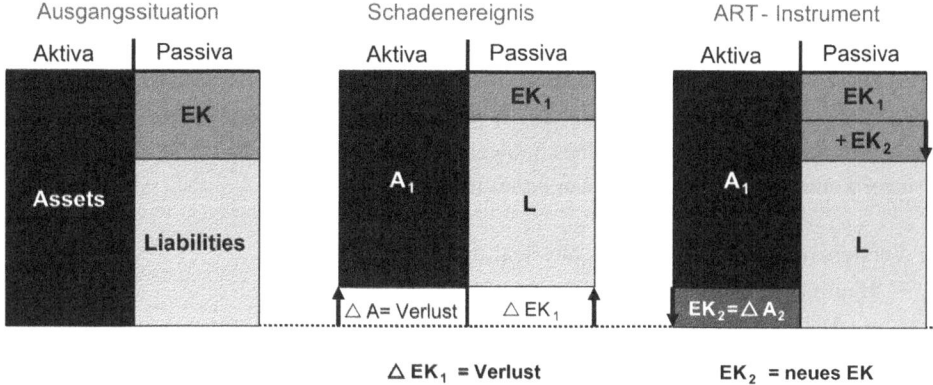

Abb. 2.23 Bilanzielle Auswirkungen eines Leverage Managements I durch ART. (Quelle: eigene Darstellung in Anlehnung an Liebwein (2009), S. 455)

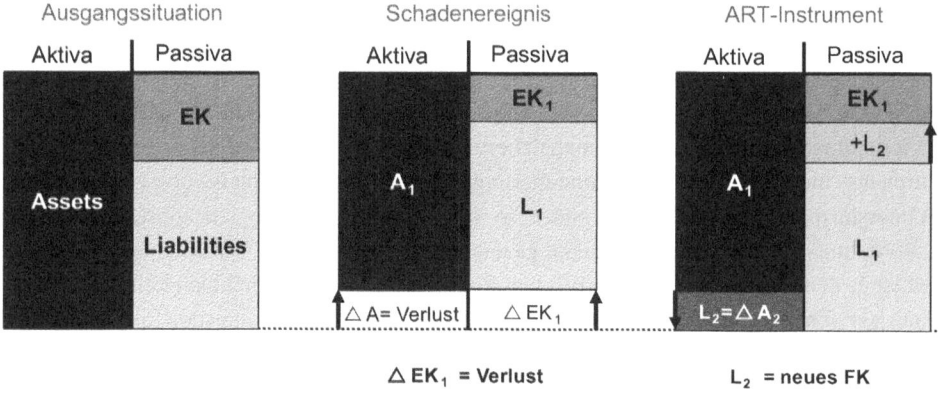

Abb. 2.24 Bilanzielle Auswirkungen eines Leverage Managements II durch ART. (Quelle: eigene Darstellung in Anlehnung an Liebwein (2009), S. 455)

2.2.3.3 Insurance Linked Bonds

Insurance Linked Bonds bzw. Insurance Linked Securities (ILS) sind originäre Wertpapiere, deren Zahlungsstruktur an versicherungstechnische Risikoereignisse gekoppelt ist. Als mögliche Risikoereignisse werden regelmäßig Elementarrisiken aufgrund von Naturkatastrophen identifiziert, die auf den Kapitalmarkt transferiert werden sollen. Man spricht daher auch oft statt von Insurance Linked Bonds von Cat-Bonds (Catastrophe-Bonds). Erst- sowie Rückversicherer, aber auch Industrieunternehmen kommen als Emittenten infrage. Die Platzierung erfolgt entweder direkt oder über ein Special Purpose Vehicle (SPV). Die charakteristische Eigenschaft von ILS ist die Koppelung von Zahlungen aus dem Risiko- und Finanzierungsgeschäft während einer Risikoperiode (Risk Period). Unter der Risk Period wird beispielsweise die Hurrikansaison eines Jahres verstanden. Die Laufzeit des Wertpapiers sollte in jedem Fall größer oder gleich der *Risk Period* gewählt werden, um gegen die relevanten Elementarrisiken auch abgesichert zu sein. Der *Liability Hedge* erfolgt durch die Kompensation der Versicherungsleistungen bei Schadenfall durch einen (teilweisen) Wegfall von Verpflichtungen aus dem Insurance Linked Bond bei Überschreiten eines Schwellenwerts (*Trigger*). Als Bezugsgröße für den Trigger kommen grundsätzlich zwei Arten infrage:

- Versicherungsereignis selbst („physical trigger")
  - Häufigkeit, z. B.
    - Anzahl der Erdbeben in einer Periode
    - Anzahl der Stürme p. P. mit z. B. einer Windgeschwindigkeit > 100 km/h
  - Ausprägung (z. B. Stärke des Erdbebens auf der „Richterskala")
- *Versicherungsschäden* (marktweit oder unternehmensindividuell)
  - Schadenzahl (z. B. Anzahl der betroffenen Versicherungspolicen)
  - Schadenhöhe (z. B. Schäden von einzelnen Ereignissen)
  - Schadensumme (z. B. Gesamtschaden eines Versicherungsbestands)
  - Kennzahlen (z. B. Schadenquote)

Wird das Versicherungsereignis selbst als Bezugsgröße gewählt, so besteht für das Unternehmen zusätzlich ein „Fehlabsicherungsrisiko", auch Basisrisiko genannt. Es ist durchaus möglich, dass ein Versicherungsereignis, wie beispielsweise ein heftiger Wintersturm, zu erheblichen Schäden in einer bestimmten Region führt, in der das Unternehmen besonders viele Risiken gezeichnet hat (Gefahr der Überschäden). Genauso gut ist es denkbar, dass in der betroffenen Region von dem Unternehmen kein oder kaum eine Versicherungspolice verkauft wurde, sodass das Versicherungsportfolio gar nicht oder nur gering von den Auswirkungen des Wintersturms betroffen ist (Chance der Unterschäden). Um diesem Basisrisiko zu entgehen, sollte der Trigger möglichst der unternehmensindividuellen Risikosituation entsprechen.

Ein ILS kann auf unterschiedliche Art und Weise konstruiert sein. Als mögliche Gestaltungsformen für bedingte Zahlungen kommen infrage:

- Bedingte Kapitalrückzahlung (Principal at Risk)
  - gestaffelter Teilverlust des Rückzahlungsbetrags in Abhängigkeit des Risiko-ereignisses
  - Totalverlust des Rückzahlungsbetrags bei Schadenereignis > Trigger
- Bedingte Zinszahlung (Coupon at Risk)
  - Basiszins plus gestaffelter Bonuszins in Abhängigkeit des Risikoereignisses
  - Coupon minus gestaffelter Abschlag in Abhängigkeit des Risikoereignisses
  - Coupon bei Schadenereignis < Trigger und keine Zinszahlung bei Schadene-reignis > Trigger
- Bedingte Zins- und Kapitalrückzahlung (Bond at Risk)
  - Koppelung der bedingten Coupon- und Rückzahlungen

Im Folgenden sollen drei Beispiele für mögliche Gestaltungen für Insurance Linked Bonds aus der jüngeren Vergangenheit dienen. Dabei soll auf Cat-Bonds aus dem Allianz Blue Wings- bzw. Allianz Blue Fin-Programms zurückgegriffen werden:

Beispiel I Cat-Bond Allianz Blue Wings

„Allianz Global Corporate & Specialty hat erfolgreich eine innovative Katastrophenanleihe („Cat-Bond") im Wert von 150 Mio. US-Dollar auf den Markt gebracht, um das Risiko von schwerem Hochwasser bei Flüssen in Großbritannien sowie das Risiko von Erdbeben in Kanada und den USA (mit Ausnahme Kaliforniens) zu verbriefen. Diese Anleiheemission ist Teil eines eine Milliarde US-Dollar umfassenden Programms und wird von Blue Wings Ltd., einer eigens zu diesem Zweck gegründeten Objektgesellschaft, durchgeführt. Die Anleihe bietet eine Rendite von 3,15 % über der London Interbank Offered Rate (LIBOR), ein BB+ Rating von Standard & Poor's bei einem von Risk Management Solutions (RMS) modellierten Versicherungsrisiko von 0,54 % pro Jahr."

(Quelle: Unternehmensnachricht auf allianz.com vom 10.04.2007)

Beispiel II Cat-Bond Allianz Blue Fin

„Der Allianz Cat-Bond dient der Verbriefung von Sturmrisiken in sieben europäischen Ländern und wurde im November 2007 platziert. Die Anleihe wurde in zwei Tranchen mit einem Gesamtwert von 200 Mio. € begeben und ist die erste Emission eines zunächst maximal 1 Mrd. € umfassenden Programms. Die Emission erfolgt durch Blue Fin Ltd., eine Zweckgesellschaft mit Sitz auf den Cayman Islands. Es wird ein parametrischer Index-Trigger verwendet. Der Index basiert auf der Messung von Windgeschwindigkeiten an verschiedenen Standorten.

Die von Blue Fin Ltd. in US-Dollar und Euro emittierten Wertpapiere bieten Anlegern einen Coupon von 4,40 und 4,55 % über der London Interbank Offered Rate (LIBOR) bzw. der Euro Interbank Offered Rate (EURIBOR). Beide Tranchen, die jeweils ein BB+ Rating von Standard & Poor's aufweisen, werden im Jahr 2012 zur Rückzahlung fällig."

(Quelle: Unternehmensnachricht auf allianz.com vom 27.11.2007)

Beispiel III Cat-Bond Allianz Blue Fin

„Allianz platziert erfolgreich die zweite Emission einer Katastrophenanleihe zur Deckung von Hurrikan- und Erdbebenrisiken in den USA mit einem Emissionsvolumen von 180 Mio. US-Dollar im Rahmen des ‚Blue Fin Ltd.'-Programms.

Bei der neuen Katastrophenanleihe werden Risiken aus Hurrikan- und Erdbeben-Ereignissen in den USA unter Verwendung eines Modellschaden-Triggers (‚modeled loss') verbrieft. Die von Blue Fin Ltd. in US-Dollar emittierten Wertpapiere bieten Anlegern einen Coupon von 13,5 % zuzüglich des 3-Monats-LIBOR (London Interbank offered Rate). Die Tranche, die ein „BB–" Rating von Standard & Poor's erhalten hat, wird im April 2012 zur Rückzahlung fällig, sofern keine relevanten Katastrophenereignisse eintreten. Die Struktur dieses Cat-Bonds ist eine Innovation am Markt für Katastrophenanleihen, da die Gelder der Investoren direkt in variabel verzinsliche Papiere der Kreditanstalt für Wiederaufbau (KfW) investiert werden. Als Anstalt öffentlichen Rechts hat die KfW jeweils ein Rating von AAA/Aaa/AAA von S&P, Moody's und Fitch. Gemäß des KfW-Gesetzes verfügt die Bank über eine ausdrückliche Staatsgarantie der Bundesrepublik Deutschland."

Am 27.05.2010 gab die Allianz die erfolgreiche Platzierung der dritten Emission des Blue-Fin-Programms in Höhe von 150 Mio. USD bekannt (vgl. Unternehmensnachricht auf allianz.com vom 27.05.2010).

(Quelle: Unternehmensnachricht auf allianz.com vom 20.04.2009)

Wenden wir uns der Wirkung von ILS auf das Ergebnis eines Versicherungsunternehmens zu. Dazu wollen wir von einem ILS ausgehen, dessen Trigger mit der tatsächlichen Schadensumme des Unternehmens der unternehmensindividuellen Risikosituation angepasst ist. Als weitere Annahmen wollen wir im Folgenden unterstellen:

- Prämieneinnahmen π erfolgen alle am Periodenanfang.
- Gesamtschadenzahlungen S fallen lediglich am Periodenende an.
- Kapitalanlage erfolgt zum risikolosen Zinssatz r.

Für das technische Bruttoergebnis TB (ohne Hedge) gilt am Periodenende (vgl. im Folgenden Kellermann (2001), S. 232 und Albrecht/Schradin (1998), S. 580):

$$TB = \pi - S + r \cdot \pi$$

Darüber hinaus hat das Versicherungsunternehmen einen Insurance Linked Bond am Periodenanfang mit einem Emissionsvolumen in Höhe von A mit bedingtem Couponzinssatz $K(S)$ (Coupon at Risk) und Schaden-Trigger Tr am Kapitalmarkt platziert. Für das technische Nettoergebnis TN (mit Hedge) am Periodenende gilt dann:

$$TN = \pi - S + r \cdot \pi + r \cdot A - K(S) \cdot A$$

$$K(S) = \begin{cases} K & 0 \leq S < Tr \\ 0 & S \geq Tr \end{cases}$$

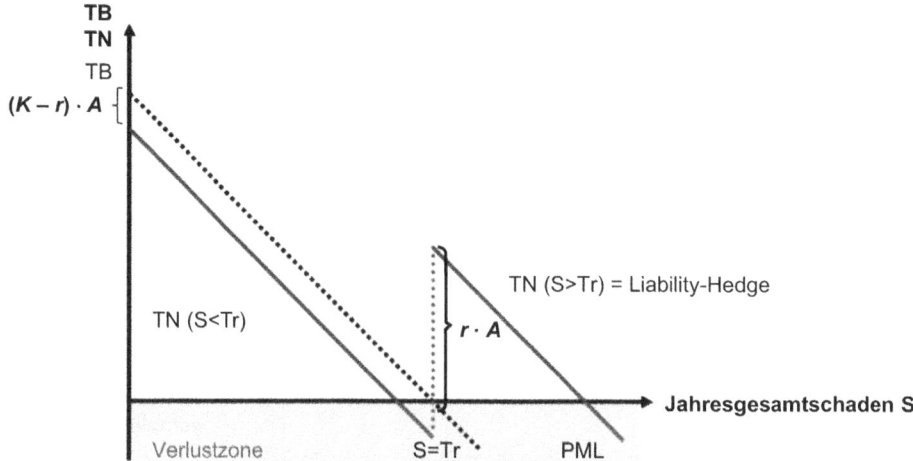

Abb. 2.25 Wirkung eines Insurance Linked Bonds mit Coupon-at-Risk-Ausstattung und einem unternehmensindividuellen Trigger (Fall 1: keine Zinszahlung bei Schadenereignis > Trigger). (Quelle: eigene Darstellung in Anlehnung an Kellermann (2001), S. 235 und Albrecht/Schradin (1998), S. 582)

Für das technische Nettoergebnis *TN* (mit Hedge) ergibt sich unter Beachtung der bedingten Couponzahlung am Periodenende:

$$TN = \begin{cases} \pi - S + r \cdot \pi - (K-r) \cdot A & 0 \leq S < Tr \\ \pi - S + r \cdot \pi + r \cdot A & S \geq Tr \end{cases}$$

Der Ausdruck $(K-r) \cdot A$ stellt die Netto-Zinszahlungen an den Investor dar und ist als absolute Risikoprämie des Emittenten zu werten, sofern $S < Tr$ ist. Diese Risikoprämie schmälert das technische Bruttoergebnis, wie man anhand der Abb. 2.25 gut erkennen kann.

Das Versicherungsunternehmen erreicht mit dem Liability Hedge aufgrund der zu zahlenden Risikoprämie die Verlustzone zwar eher, jedoch ist der Verlust bis zum Erreichen des Triggers (*Tr*) überschaubar klein. Entspricht der tatsächliche Schaden des Unternehmens dem Trigger oder liegt er sogar darüber, so entfallen die Zinskosten aus dem ILS auf einen Schlag komplett. Das Ergebnis ist ein deutlicher Sprung in die Gewinnzone in Höhe von $r \cdot A$, wenn der Schaden exakt dem Trigger entspricht. Der Eintritt in die Verlustzone erfolgt erst bei sehr großen Schäden, die oberhalb des Probable Maximum Loss (PML) liegen.

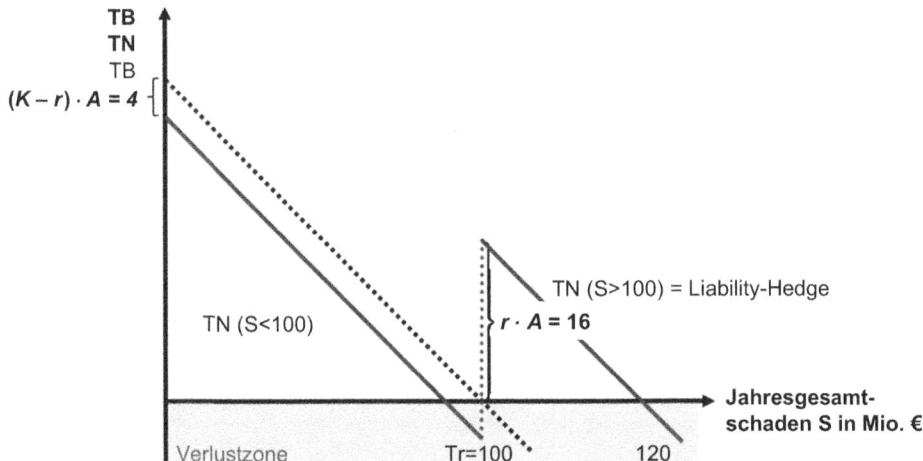

Abb. 2.26 Wirkung eines Insurance Linked Bonds mit Coupon-at-Risk-Ausstattung und Jahresgesamtschaden als Trigger im Beispielfall. (Quelle: eigene Darstellung)

Beispiel Insurance Linked Bond

Ein Erstversicherungsunternehmen (EVU) sucht für sein Versicherungsportfolio mithilfe eines Insurance Linked Bonds Absicherung gegenüber einem geplanten Jahresgesamtschaden, der über einen Betrag von 100 Mio. € hinausgeht. Die Versicherungssumme des Kollektivs beträgt 150 Mio. €. Der Versicherer rechnet mit einem möglichen Maximalschaden aus dem Kollektiv (PML) in Höhe von 120 Mio. €, sodass er eine Deckung in Höhe von 20 Mio. € anstrebt. Der Insurance Linked Bond soll daher diese 20 Mio. € abdecken und mit bedingter Zinszahlung sowie unbedingter Rückzahlung ausgestattet sein. Die Bezugsgröße muss dem Jahresgesamtschaden des EVU mit einem Trigger von 100 Mio. € entsprechen. Der Couponzinssatz richtet sich mit 2,5 % nach dem derzeitigen Marktniveau für Anleihen mit gleicher Laufzeit. Das Volumen des Insurance Linked Bonds muss 800 Mio. € betragen, damit der Jahres-Netto-Gesamtschaden des EVU auf max. 100 Mio. € beschränkt bleibt. Der risikolose Zinssatz für die einjährige Kapitalanlage beträgt 2 %.

Unter diesen Bedingungen beträgt die Netto-Risikoprämie 4 Mio. € ($=$ 2,5 % $-$ 2 %) $\cdot$ 800 Mio. €), sofern der Jahresgesamtschaden unterhalb des Triggers in Höhe von 100 Mio. € liegt. Wie der Abb. 2.26 zu entnehmen ist, springt das technische Nettoergebnis ab einem Schaden in Höhe des Triggers um 20 Mio. € nach oben, was auf die gesparten Zinskosten in Höhe von $K \cdot A$ (2,5 % $\cdot$ 800 Mio. €) zurückzuführen ist. An diesem Punkt liegt man mit 16 Mio. € im Gewinn. Dies entspricht genau dem Zinsgewinn durch die risikolose Geldanlage des Emissionsvolumens ($r \cdot A$). Wie gewünscht, wird erst bei einem Schaden in Höhe des PML von 120 Mio. € die

Verlustzone erreicht. Der Liability Hedge hat perfekt funktioniert. Das Basisrisiko ist gleich null, da als Trigger der Jahresgesamtschaden gewählt wurde.

Aus Sicht des Investors besteht nun die Gefahr des Moral Hazard, da der Emittent des ILS geneigt sein könnte, seinen unternehmensindividuellen Schaden in Richtung des Triggers zu treiben, weil dann ein Unternehmensgewinn im Bereich des Möglichen liegt. Daher wird der Investor des ILS Interesse daran haben, diesen Gewinnsprung des Emittenten bei Großschäden zu vermeiden. Dies ist möglich, wenn der Zinscoupon nicht auf einen Schlag bei Erreichen des vorab definierten Schwellenwerts entfällt, sondern lediglich ein prozentualer Abschlag vom Coupon in Abhängigkeit des einge-tretenen Schadens vorgenommen wird. Dazu muss ein weiterer Trigger eingeführt werden. Bei einem Schaden bis zum ersten Trigger ($Tr1$) bleibt es bei der Couponzahlung in voller Höhe. Wird der erste Trigger jedoch erreicht, der zweite Trigger ($Tr2$) aber nicht, wobei $Tr1 < Tr2$ ist, so wird lediglich ein prozentualer Anteil des ursprünglichen Coupons ausgezahlt. Dieser Anteil verringert sich linear bis zum Erreichen des zweiten Triggers. Hier fällt die Couponzahlung schließlich ganz weg. Das technische Nettoergebnis TN (mit Hedge) lautet somit formal:

$$TN = \begin{cases} \pi - S + r \cdot \pi - (K - r) \cdot A & 0 \leq S < Tr1 \\ \pi - S + r \cdot \pi - \left(\dfrac{Tr2 - S}{Tr2 - Tr1} \cdot K - r \right) \cdot A & Tr1 \leq S < Tr2 \\ \pi - S + r \cdot \pi + r \cdot A & S \geq Tr2 \end{cases}$$

Die an den Investor zu leistende Netto-Risikoprämie lautet in diesem Fall:

$$\left(\frac{Tr2 - S}{Tr2 - Tr1} \cdot K - r \right) \cdot A$$

Unter der Annahme, dass der Exzessschaden ($S - Tr1$) genau der Reduktion der Zinszahlung bei einem ILS entspricht (Perfect Hedge), wird der Unternehmensgewinn bzw. -verlust (TN) bis zum Erreichen des zweiten Triggers eingefroren.

Abb. 2.27 verdeutlicht diesen Sachverhalt für den Fall eines positiven technischen Nettoergebnisses. Sobald der Jahresgesamtschaden des Unternehmens den zweiten Trigger ($Tr2$) erreicht hat, macht das Unternehmen wieder Verluste.

Als Fazit können wir feststellen:

- Bei Wahl des unternehmensindividuellen Gesamtschadens eines Versicherungsbestan-des als Bezugsgröße entspricht der Insurance Linked Bond der Jahresüberschaden-Rückversicherung. Es erfolgt ein Hedge gegen das gesamte versicherungstechnische Risiko unabhängig von der Ursache.

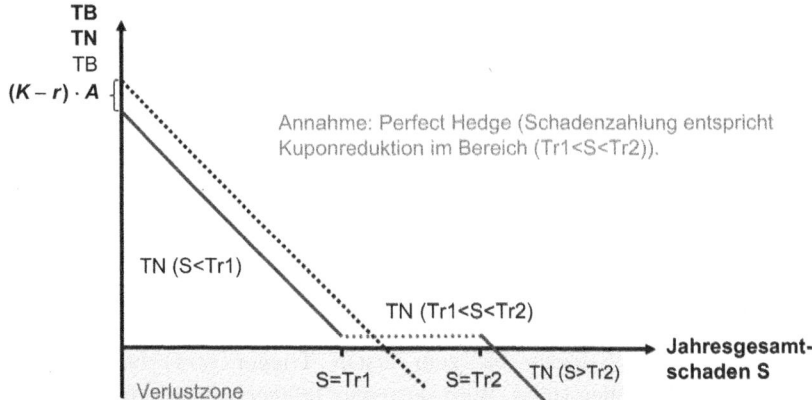

Abb. 2.27 Wirkung eines Insurance Linked Bonds mit Coupon-at-Risk-Ausstattung und zwei unternehmensindividuellen Triggern (Fall 2: Kupon abzüglich eines linear gestaffelten Abschlags). (Quelle: eigene Darstellung in Anlehnung an Kellermann (2001), S. 238) (Quelle: in Anlehnung an Kellermann (2001), S. 235 f.)

- Möchte man bei der Absicherung die dynamische Bestandsentwicklung des Versicherungsportfolios explizit berücksichtigen, so sollte die Schadenquote als Bezugsgröße für den Trigger gewählt werden.
- Um das Basisrisiko in Grenzen zu halten, sollte möglichst ein unternehmensindividueller Trigger wie z. B. die Schadenhöhe je Versicherungsereignis als Bezugsgröße gewählt werden. So ist man gegen Groß- und Kumulschäden abgesichert.
- Wird ein physischer Trigger wie z. B. die Schadenzahl eines Versicherungsereignisses gewählt, so sollte wegen des Basisrisikos vorab das Versicherungsportfolio durch beispielsweise eine Summenexzedenten-Rückversicherung homogenisiert werden, um eine hohe Korrelation zwischen der Schadenzahl und der Schadensumme zu erzielen.
- Ähnliches gilt für die Marktschäden oder das Versicherungsereignis selbst. Diese kommen als Bezugsgröße nur dann infrage, wenn eine hohe Korrelation des Versicherungsbestands zum Markt besteht. Ansonsten droht auch hier das Basisrisiko.

2.2.3.4 Versicherungsderivate

Die Versicherungsderivate stellen Terminkontrakte mit versicherungstechnischem Underlying dar. Als Underlying dient i. d. R. ein Schadenindex. Das Grundprinzip ist simpel: Steigt der Schadenindex an, so steigt der Wert des Versicherungsderivats. Im besten Fall gleichen sich der Verlust aus dem Versicherungs- und der Gewinn aus dem Derivategeschäft geradezu aus (Perfect Asset Hedge). Das Basisrisiko existiert hier natürlich genauso wie bei allen anderen physischen Triggern. Die Folge: Gegebenenfalls kommt es nur zu einer Teilkompensation des versicherungstechnischen Verlusts im Schadenfall durch den Gewinn aus dem Versicherungsderivat. Als Käufer von Versicherungsderivaten kommen sowohl Erst- als auch Rückversicherer infrage. Anhand der PCS-Call-Spread-Option wollen wir uns die Wirkungsweise eines Versicherungsderivats exemplarisch anschauen. Die Abkürzung PCS bedeutet **P**roperty **C**laim **S**ervices und steht für einen in den USA entwickelten Schadenindex an der CBOT. Zuvor ist jedoch ein kleiner Exkurs in die Welt der Optionen an dieser Stelle angebracht.

Der *Call Spread* ist eine spezielle Finanzkonstruktion, die aus zwei Optionen zusammengesetzt ist. Auf der einen Seite wird eine Kaufoption gekauft (Long Call) und auf der anderen Seite gleichzeitig eine Kaufoption verkauft (Short Call). Dabei ist es wichtig, dass sich beide Call-Optionen

- auf das gleiche Handelsobjekt beziehen,
- mit identischer Laufzeit ausgestattet und
- mit unterschiedlichen Ausübungspreisen X_1 und X_2 (Money Spread) versehen sind.

Der Strike des Long Calls (X_1) ist dabei kleiner als der Strike des Short Calls X_2 zu wählen. Der Optionspreis des Long Calls (C_1) ist unter sonst gleichen Bedingungen höher als der Optionspreis für den Short Call (C_2). Dadurch wird

- die Anfangsinvestition in Höhe der Call-Spread-Prämie $C_1 - C_2$ gesenkt (Teilfinanzierung des Long Calls durch den Short Call) und
- der Gewinn des Call Spreads ab Erreichen des Strike des Short Calls (X_2) limitiert.

Abb. 2.28 soll diesen Sachverhalt nochmals verdeutlichen. Neben dem Gewinn ist auch der mögliche Verlust in Höhe der Optionsprämie begrenzt.

Eine solche Call-Spread-Strategie bietet sich an, wenn man von begrenzt steigenden Preisen des Underlying (bis zum Strike X_2 des Short Calls) ausgeht.

PCS-Call-Spread-Option: Die PCS-Call-Spread-Option basiert auf dem oben beschriebenen Plain-Vanilla Call Spread. Der Unterschied liegt darin, dass jetzt nicht ein Asset, wie

Abb. 2.28 Gewinn-Verlust-Diagramm eines Call Spreads. (Quelle: eigene Darstellung)

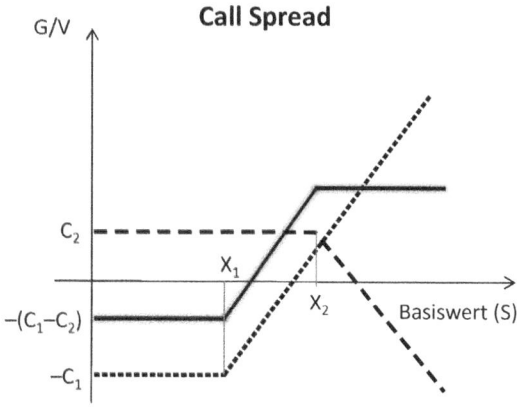

beispielsweise Aktien, als Underlying fungiert, sondern der PCS-Schadenindex. Der erste Strike dient als Trigger, bei dem der PCS Call Spread an Wert zunimmt. Der zweite Strike könnte man sich als PML vorstellen. Ab diesem Marktschaden bleibt der Gewinn aus der Option konstant. Folglich muss der erste Strike eine niedrigere Punktzahl auf dem PCS-Index haben als der zweite Strike. Da es sich bei dem PCS-Index um einen Marktwert handelt, besteht aus Sicht des abzusichernden Unternehmens das Basisrisiko.

Beispiel PCS-Call-Spread-Option

Ein Versicherungsunternehmen (VU) möchte eine synthetische Rückversicherung mit den Instrumentarien des CBOT für einen Layer der Form 6 Mio. \$ xs 4 Mio. \$ erwerben. Die Gesellschaft besitze einen Marktanteil von 0,2 % der gezeichneten Beiträge des Gesamtmarktes und der Verlauf der gesellschaftsindividuellen Schadenerfahrung entspreche idealisiert genau dem PCS-Index.

- Transformieren Sie den gewünschten Layer des VU in einen entsprechenden Schadenindex, indem Sie als grobe Annäherung den Marktanteil des VU nehmen. Verwenden Sie für den Schadenindex als Devisor 100 Mio. \$.
- Wie viele Spread Calls muss das VU erwerben, um sich in Höhe des Layers vollkommen abzusichern? Ein Indexpunkt entspricht dem Wert von 200 \$.
- Zeigen Sie, wie das VU bei einem Marktschaden von 4 Mrd. \$ durch den Call Spread abgesichert ist.
- Skizzieren Sie ein Gewinn-Verlust-Diagramm für den Call Spread am Verfalltag.

Lösungsskizze

- Zunächst einmal müssen die unternehmensindividuellen Strikes in Abhängigkeit der gewünschten Priorität bzw. des abzusichernden Exzessschadens (Layers) und des Marktanteils gefunden werden. Dazu sind folgende Berechnungen notwendig:
  - Strike 1: Priorität / Marktanteil $=$ 4 Mio. \$/0,2% $=$ 2.000 Mio. \$
  - Strike 2: Plafonds / Marktanteil $= \dfrac{4 \text{ Mio. } \$ + 6 \text{ Mio. } \$}{0,2\%} = 5.000$ Mio. \$

  Als Nächstes sind diese unternehmensindividuellen Strikes in Schadenpunkte des PCS-Schadenindex mithilfe des angegebenen Devisors von 100 Mio. \$ zu transformieren. Es gilt:
  - Strike 1: Indexstand $=$ 2.000 Mio. \$ / 100 Mio. \$ $=$ 20 Punkte
  - Strike 2: Indexstand $=$ 5.000 Mio. \$ / 100 Mio. \$ $=$ 50 Punkte

  Daraus ergibt sich, dass eine 20/50 PCS-Call-Spread-Option zu erwerben ist.
- Der Gewinn des ausgewählten 20/50 PCS Call Spreads soll nun bei Überschreiten der Priorität von 4 Mio. \$ den Wertverlust durch die Schäden bis zur Höhe des Layers ausgleichen. Der maximale Gewinn aus dieser PCS-Call-Spread-Option beträgt:
  - max. Gewinn $=$ (Strike 2 – Strike 1) · 200 \$ $=$ (50 – 20) · 200 \$ $=$ 6.000 \$

  Die notwendige Anzahl an PCS Call Spreads errechnet sich aus:

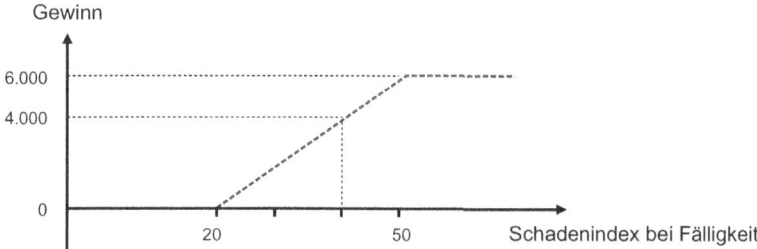

Abb. 2.29 Gewinn-Verlust-Diagramm für eine 20/50 PCS-Call-Spread-Option. (Quelle: eigene Darstellung) (Quelle: Liebwein (2009), S. 412 f.)

- Anzahl Call Spreads = Layer / max. Gewinn aus Call Spread
= 6 Mio. $ / 6.000 = 1.000 Stück
• Der unternehmensindividuelle Schaden entspricht dem Marktanteil des Markt-schadens und lautet folglich:
- Unternehmensindividueller Schaden = 4 Mrd. $ · 0,2 % = 8 Mio. $.
Der abzusichernde Exzessschaden des VU ergibt sich unter Beachtung des Selbst-behalts:
- Exzessschaden = individueller Schaden – Priorität
= 8 Mio. $ – 4 Mio. $ = 4 Mio. $
Nun ist zu prüfen, wie hoch der Gewinn aus der 20/50 PCS-Call-Spread-Option bei einem angenommenen Marktschaden von 4 Mrd. $ ausfällt.
- Stand des Schadenindex = 4 Mrd. $ / 100 Mio. $ = 40 Punkte
Der erste Strike von 20 Punkten ist überschritten und damit wird die Option vom VU ausgeübt. Der Wert der 1.000 Optionen beträgt:
- Wert 20/50 PCS Call Spread = (40 – 20) · 200 $ · 1.000 = 4 Mio. $.
Damit ist das VU bei diesem Marktschaden gegen den Exzessschaden in Höhe des Marktanteils durch den abgeschlossenen 20/50 PCS Call-Spread-Option abgesichert.
• Der maximale Gewinn in Höhe von 6.000 Mio. $ wird bei einem Punktestand von 50 erreicht. Der 20/50 PCS Call Spread steigt ab einem Punktestand von 20 im Wert an. Daraus ergibt sich ohne Beachtung einer Optionsprämie das in Abb. 2.29 erstellte Gewinn-Verlust-Diagramm:

Kommen wir abschließend zu einer Bewertung dieses Absicherungsinstruments:

• Die PCS-Call-Spread-Option ist ein geeignetes Instrument, um versicherungstechni-sche Schäden oberhalb des Selbstbehalts durch Kompensationszahlungen des Kapi-talmarkts auszugleichen (Asset Hedge).
• Es existiert ein Basisrisiko für das VU, wenn Marktschäden bzw. Gesamtschadenindex als Bezugsgröße dienen, insbesondere bei geringer Korrelation der unternehmens-individuellen Schäden zum Markt.

- Wenn der tatsächliche Schaden bei dem VU vom frühzeitig festgelegten (geschätzten) Gesamtschaden bei Abrechnung der Call-Spread-Option abweicht (Spätschadenrisiko), kommt es nicht zu einem perfekten Hedge.

2.3   Kontrollaufgaben

Aufgabe 2.1

Für die Gebäudesturmversicherung wurde ein Quoten- und für die gewerbliche Feuerversicherung ein Summenexzedenten-Rückversicherungsvertrag abgeschlossen

a. Erläutern Sie die Funktionsweise beider Rückversicherungsverträge.
b. Welche Gründe können jeweils für den Abschluss dieser Verträge gesprochen haben?
c. Wäre es sinnvoll, statt der Quotenrückversicherung für die Gebäudesturmversicherung eine Einzelschadenexzedenten-Rückversicherung, z. B. mit einem Selbstbehalt von 100.000 €, zu vereinbaren? Begründen Sie Ihre Entscheidung.

Aufgabe 2.2

In den letzten Jahren entwickelte sich der Prämien- und Schadenverlauf in der Sach- und Kraftfahrzeugversicherung tendenziell negativ.

a. Was ist unter dem Begriff des Risikoausgleichs zu verstehen und wie funktioniert dieser?
b. Erläutern Sie drei mögliche Störungen des Risikoausgleichs.
c. Nennen Sie sechs Maßnahmen, mit denen Sie auf diese Störungen Einfluss nehmen können.

Aufgabe 2.3

Angenommen, ein Versicherungsportfolio eines Erstversicherungsunternehmens (EVU) besteht aus verschiedenen Einzelrisiken, die sich grundsätzlich drei Risikogruppen zuordnen lassen. Die Einzelrisiken der ersten Risikogruppe (R_1) haben jeweils eine Versicherungssumme (VS) von 1.000.000 €, die Einzelrisiken der zweiten Risikogruppe (R_2) eine VS von 200.000 € und die Einzelrisiken der dritten Risikogruppe (R_3) eine VS von 50.000 €. Der Erstversicherer hat mit einem Rückversicherer (RVU) eine Quotenrückversicherung über das obige Portfolio abgeschlossen, wobei zwischen den beiden Vertragspartnern eine RV-Quote von 30 % vereinbart wurde.

a. Zeigen Sie, wie sich die Schäden je Risikogruppe zwischen dem EVU und dem RVU aufteilen, wenn das Einbringungslimit des Erstversicherers bei 500.000 € liegt. Gehen Sie davon aus, dass der tatsächliche Schaden je Einzelrisiko jeweils der Versicherungssumme entspricht.

b. Wann ist der Abschluss einer Quotenrückversicherung generell sinnvoll? Gegen welche Arten von Risiken bleibt der Erstversicherer weitgehend ungeschützt?

c. Angenommen, der Erstversicherer schließt keine Quotenrückversicherung, sondern eine Summenexzedenten-RV ab. Der Selbstbehalt des EVU beträgt 50.000 € pro Einzelrisiko. Die Haftungsstrecke des RVU sei das Doppelte des Selbstbehalts. Nun tritt in der Risikogruppe 1 ein tatsächlicher Schaden in Höhe von 300.000 €, in Risikogruppe 2 in Höhe von 150.000 € und in Risikogruppe 3 in Höhe von 50.000 € auf. Wie hoch sind die jeweiligen RV-Quoten und die jeweiligen Schadenbeträge, die das RVU übernimmt?

d. Zur Absicherung des Selbstbehalts aus der Summenexzedenten-RV schließt der Erstversicherer für seinen Versicherungsbestand aus der Risikokategorie 1 zusätzlich eine Einzelschadenexzedenten-RV mit einer Priorität von 200.000 € und einer Haftungsstrecke von 600.000 € ab. Angenommen, in der Risikogruppe 1 tritt ein Großschaden in Höhe von 1.000.000 € auf. Wie hoch ist dann der gesamte Nettoschaden des EVU nach Berücksichtigung des Summen- und Einzelschadenexzedenten-RV-Vertrags?

e. Der Erstversicherer möchte seinen gesamten Versicherungsbestand gegen Jahresüberschäden zusätzlich schützen. Er schätzt seinen Probable Maximum Loss (PML) auf insgesamt 80 Mio. €. Daher schließt er eine Stop-Loss-RV in der Form 50 % xs 70 % ab, d. h., 70 % der Jahresprämien ist die Priorität des EVU und 50 % der Jahresprämien ist die Haftungsstrecke des RVU. Der Erstversicherer rechnet für dieses Jahr mit einer Jahresprämie in Höhe von 50 Mio. €. Die Stop-Loss-Kosten sowie die Verwaltungskosten im Risikogeschäft belaufen sich auf jeweils 10 % der Jahresprämie. Angenommen, es tritt ein Jahresgesamtschaden des EVU in Höhe von 65 Mio. € ein. Vergleichen Sie das versicherungstechnische Ergebnis des Erstversicherers mit bzw. ohne Abschluss der Stop-Loss-RV.

Aufgabe 2.4

Angenommen, ein Versicherungsunternehmen (VU) möchte eine synthetische Rückversicherung mithilfe eines PCS Call Spread erwerben. Der Layer soll 400 Mio. € und die Priorität 100 Mio. € betragen. Das Unternehmen hat einen Marktanteil von 5 % der gezeichneten Beiträge des Gesamtmarkts.

a. Erläutern Sie die grundsätzliche Funktionsweise eines PCS Call Spread. Gehen Sie auch auf die bilanzielle Wirkungsweise dieser Hedge-Form ein.

b. Welcher PCS Call Spread ist für diesen Absicherungswunsch sinnvoll, wenn Sie davon ausgehen, dass der Verlauf der unternehmensindividuellen Schadenerfahrung idealisiert genau dem PCS-Index entspricht?

   Hinweis: Transformieren Sie zunächst den gewünschten Layer des VU in einen entsprechenden Schadenindex, indem Sie als grobe Annäherung den Marktanteil des VU nehmen. Verwenden Sie für den Schadenindex als Devisor 50 Mio. €.

c. Wie viele PCS Call Spreads muss das VU erwerben, um sich in Höhe des Layers vollkommen abzusichern. Ein Indexpunkt entspricht dem Wert von 1.000 €.

d. Zeigen Sie, wie das VU bei einem Marktschaden von 6 Mrd. € durch den PCS Call Spread abgesichert ist, indem Sie den Exzessschaden dem Wert des PCS Call Spreads gegenüberstellen. Erläutern Sie in diesem Zusammenhang kurz, was unter dem Basisrisiko zu verstehen ist.

e. Skizzieren Sie ein Gewinn-Verlust-Diagramm für den PCS Call Spread am Verfalltag ohne Berücksichtigung der Optionsprämien.

Asset Management

3

3.1 Anlagegrundsätze

Lernziele

Dieses Kapitel vermittelt:

- Rahmenbedingungen für die Anlagepolitik
- Herausarbeitung gesetzlicher Anlagegrundsätze

Die Kapitalanlagepolitik von Versicherungen wird sehr stark durch ihre Verbindlichkeiten geprägt. Für jede Versicherung mit zu verzinsender Ansammlung von Prämienanteilen – wie typischerweise bei Lebensversicherungen – muss auf der Passivseite der Bilanz in Höhe der einzelvertraglich entstandenen Ansprüche aus den Versicherungspolicen eine Deckungsrückstellung gebildet werden. Darüber hinaus sind für die bereits einzelvertraglich festgelegten Ansprüche für das Folgejahr Rückstellungen in Form der gebundenen RfB (Rückstellung für Beitragsrückerstattung, siehe hierzu Abschn. 2.1.3) zu bilden. Diese beiden Positionen machen i. d. R. ca. 90 % der Passivseite aus und sind auf der Aktivseite der Bilanz durch gesonderte Vermögensteile, das sogenannte gebundene Vermögen (Sicherungsvermögen und sonstiges gebundenes Vermögen), zu decken (vgl. Abb. 3.1). Der Gesetzgeber hat zum Schutz der bereits entstandenen und festgelegten Ansprüche der Versicherungskunden spezielle Anlagevorschriften erlassen. Diese beziehen sich ausschließlich auf das gebundene Vermögen. Das restliche Vermögen, welches sich in Analogie zur Passivseite auf das Eigenkapital und Fremdkapital, was nicht zum Versicherungsgeschäft gehört, bezieht, bleibt davon unberührt und kann frei von jeder Regulierung am Kapitalmarkt angelegt werden. Es wird daher auch von dem sogenannten freien Vermögen gesprochen.

© Springer-Verlag Berlin Heidelberg 2016

C. Möbius, C. Pallenberg, *Risikomanagement in Versicherungsunternehmen*,
BA KOMPAKT, DOI 10.1007/978-3-662-47917-9_3

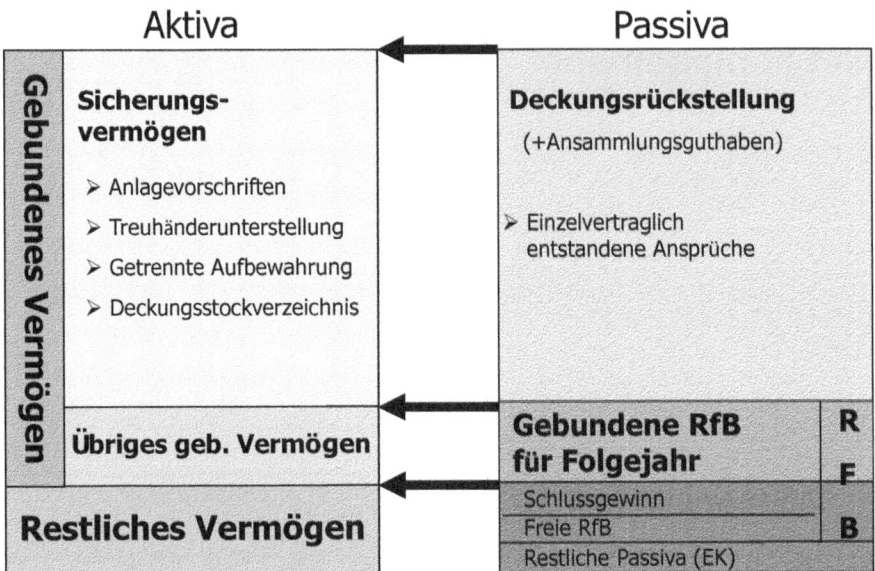

Abb. 3.1 Rahmenbedingungen für die Anlagepolitik eines Lebensversicherers. (Quelle: eigene Darstellung in Anlehnung an Wiegers (2001), S. 342)

Die gesetzlichen Regularien geben den Rahmen für die Kapitalanlage der Versicherungsunternehmen in Deutschland vor. Im Mittelpunkt stehen dabei die Anlagegrundsätze des § 54 Versicherungsaufsichtsgesetz (VAG). Diese Grundsätze beziehen sich, wie bereits oben gesagt, ausschließlich auf das gebundene Vermögen des Versicherungsunternehmens. Dazu zählt das in § 66 VAG definierte Sicherungsvermögen (bis 2004 Deckungsstock) und das sonstige gebundene Vermögen.

Im Einzelnen besagt der § 54 Abs. 1 VAG, dass die Kapitalanlage für das gebundene Vermögen unter Berücksichtigung der Art der betriebenen Versicherungsgeschäfte sowie der Unternehmensstruktur so anzulegen ist, dass möglichst große *Sicherheit* und *Rentabilität* bei jederzeitiger *Liquidität* des Versicherungsunternehmens unter Wahrung angemessener *Mischung* und *Streuung* erreicht wird. Eine ausführliche Interpretation dieser Anlagegrundsätze liefert die Bundesanstalt für Finanzdienstleistungsaufsicht (BaFin) mit ihrem Rundschreiben 4/2011 (VA) (Anlage des gebundenen Vermögens; Anlagemanagement und interne Kontrollverfahren) bzw. in der Begründung der Verordnung zur Änderung der Anlageverordnung und der Pensionsfonds-Kapitalanlagenverordnung vom 03.03.2015, in denen qualitative und quantitative Beschränkungen der einzelnen Anlageklassen geregelt sind. Zum 01.01.2016 werden diese restriktiven Anforderungen an die Zusammensetzung der Kapitalanlagen im Zuge der Gültigkeit der Solvency-II-Richtlinien aufgehoben und durch das Prudent Person Principle, den

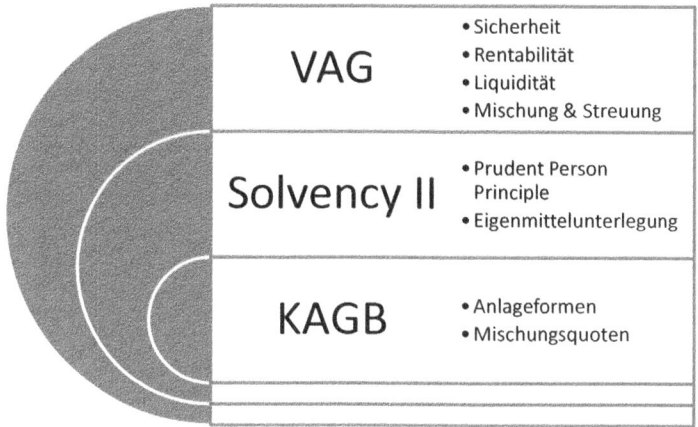

Abb. 3.2 Gesetzliche Regularien bei der Kapitalanlage der Versicherungsunternehmen. (Quelle: eigene Darstellung)

Grundsatz der unternehmerischen Vorsicht, ersetzt. Dies betrifft alle europäischen Versicherungsunternehmen, die jährlich Beiträge von über 5 Mio. € einnehmen oder über 25 Mio. € versicherungstechnische Rückstellungen verfügen. Die Kapitalanlagepolitik dieser VU wird durch die eigene Risikotragfähigkeit bestimmt, sodass dem Risikomanagement eine zentrale Bedeutung bei der Asset Allocation zukommen wird.

Des Weiteren ersetzt das Kapitalanlagegesetzbuch (KAGB) seit Juli 2013 die Anlageverordnungen des Investmentgesetz (InvG), dessen spezifische Regelungen in das KAGB integriert wurden. Das KAGB folgt einer anderen Systematik als das InvG und unterscheidet zwischen Organismen für gemeinsame Anlagen in Wertpapieren (OGAW) und Alternativen Investmentfonds (AIF). Die Abb. 3.2 verdeutlicht noch einmal den Zusammenhang der zu beachtenden Gesetzeslage bei der Kapitalanlage der Versicherungsunternehmen.

3.2 Finanzrisiken

Lernziele

Dieses Kapitel vermittelt:

- Die Einführung und den Zusammenhang zwischen den verschiedenen Finanzrisiken
- Die Darstellung des Kurs-, Wiederanlage-, Bonitäts-, Liquidierungs- und Währungsrisikos

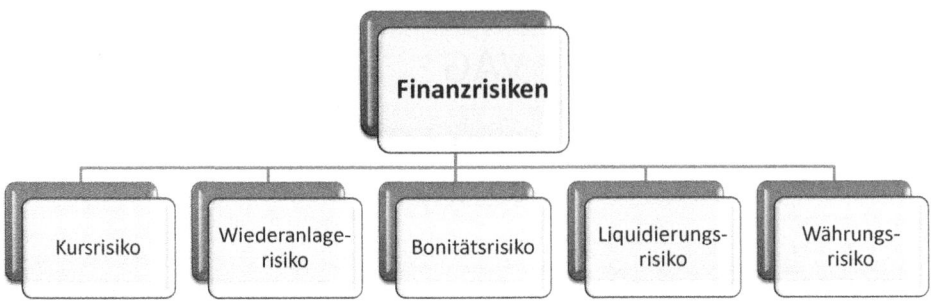

Abb. 3.3 Arten von Finanzrisiken. (Quelle: eigene Darstellung)

3.2.1 Arten von Finanzrisiken

In den verschiedenen Assetklassen Aktien, Anleihen, Immobilien und Fonds kommen die unterschiedlichen Finanzrisiken vor. Dies sind insbesondere Marktpreis- bzw. Kursrisiken, Ausfall- bzw. Bonitätsrisiken sowie Wiederanlagerisiken von Zinskupons, Mieterträgen, Dividenden oder Fondsausschüttungen. Darüber hinaus muss der Portfoliomanager das Liquidierungs- sowie Währungsrisiko beachten (vgl. Abb. 3.3). Unter Liquidierungsrisiko versteht man das Risiko, seine Assets nicht oder nur unter erheblichen Preisnachlässen zum gewünschten Zeitpunkt am Markt zu veräußern. Devisenrisiken treten bei Investments in ausländischer Währung auf.

3.2.2 Kursrisiken

Das Kurs- bzw. *Marktpreisrisiko* ist bei Aktien, Anleihen, Fondsanteilen und Immobilien gleichermaßen ausgeprägt und leicht nachvollziehbar. Die Preise von börsengehandelten Wertpapieren kommen durch Angebot und Nachfrage an den Börsen zustande, welche regelmäßig Schwankungen unterworfen sind. Diese Preisänderungen können wiederum unterschiedliche Ursachen haben. Bei Anleihen beispielsweise kommt es regelmäßig zu zinsinduzierten Kursveränderungen. Steigen die Marktzinsen, so fällt der faire Preis der Anleihe, sinken die Zinsen dagegen, so kommt es zu Kurssteigerungen. Die Zinssensitivität lässt sich mithilfe des Present Value (*PV*) quantifizieren. Die Summe der mit dem aktuellen Marktzins (*i*) diskontierten Kuponzahlungen (*K*) sowie Rückzahlung des Nominalwerts (*N*) am Ende der Restlaufzeit (*n*) ergibt den theoretisch fairen Preis der Anleihe. Für ganzzahlige Laufzeiten und bei Unterstellung einer flachen und konstanten Zinsstrukturkurve gilt:

$$PV = \sum_{t=1}^{n} \frac{Z_t}{(1+i)^t} = K \cdot \frac{(1+i)^n - 1}{i \cdot (1+i)^n} + \frac{N}{(1+i)^n}$$

mit $Z_t = $ Zahlungen im Zeitpunkt t

Beispiel Kursrisiko

Für eine 4-%-Anleihe mit einer Restlaufzeit von genau 5 Jahren beträgt der Present Value 101,12 € bei einem Marktzinssatz von 3,75 %.

$$PV = 4 \cdot \frac{1,0375^5 - 1}{0,0375 \cdot 1,0375^5} + \frac{100}{1,0375^5} = 101,12$$

Verändert sich der Marktzins für diese Restlaufzeit um 75 BP nach oben (unten), so sinkt (steigt) der Present Value auf 97,81 € (104,58 €).

Immobilienpreise sind zwar nicht so schwankungsanfällig wie Aktien und Anleihen, jedoch kann es hier auch im Laufe der Zeit zu Wertsteigerungen oder auch Preisrückgängen kommen. Investmentfondsanteile spiegeln den Wert der dahinterstehenden Assets wider, welche wiederum, wie eben verdeutlicht, selber mehr oder weniger stark im Zeitablauf schwanken.

3.2.3 Wiederanlagerisiko

Das *Wiederanlagerisiko* tritt auf, wenn zwischenzeitlich anfallende Einzahlungen der Assets (Z_t) bis zum Ende des Planungshorizonts zu den dann gültigen Konditionen am Kapitalmarkt (Marktzins i) wieder angelegt werden müssen. Quantifizieren lässt sich diese Art von Risiko, indem der Endwert vor der Zinsänderung mit dem Endwert nach Zinsänderung verglichen wird. Der Endwert einer Anleihe mit einem jährlichen Kupon K, einer Restlaufzeit n sowie einer Rückzahlung in Höhe des Nominalwerts N ergibt sich für den Fall der Ganzzahligkeit der Restlaufzeit formal:

$$EW = \sum_{t=1}^{n} Z_t \cdot (1+i)^t = K \cdot \frac{(1+i)^n - 1}{i} + N$$

Steigen die Zinsen bis zum Wiederanlagezeitraum, so wird der Vermögensendwert am Planungshorizont höher ausfallen als geplant (Chance). Fallen sie dagegen, so verringert sich das Endvermögen der angelegten Überschüsse (Risiko i. e. S.).

Beispiel Wiederanlagerisiko

Wir greifen das Zahlenbeispiel vom Kursrisiko wieder auf: Der Present Value einer 4 %-Anleihe mit einer Restlaufzeit von genau 5 Jahren beträgt 101,12 € bei einem Marktzinssatz von 3,75 %. Der geplante Endwert beläuft sich bei unverändertem Zinssatz auf 121,56 €.

$$EW = 4 \cdot \frac{1,0375^5 - 1}{0,0375} + 100 = 121,56$$

Bei einer einmaligen, sofortigen Zinserhöhung um 75 BP steigt der Endwert auf 121,88 €. Die Differenz zum Planvermögen ist mit 0,32 € pro Anleihe positiv (Chance). Betrachtet man hingegen eine einmalige, sofortige Zinssenkung um ebenfalls 75 BP, so fällt der Endwert auf 121,24 € (–0,32 € im Vergleich zum Planwert, also ein Verlust).

3.2.4 Bonitätsrisiko

Das *Bonitätsrisiko* bzw. *Emittentenrisiko* wird i. d. R. gleichgesetzt mit der Gefahr, dass eine Aktiengesellschaft oder ein Emittent von Anleihen Insolvenz anmelden muss. Die Forderungen aus den Wertpapieren, also beispielsweise der Anspruch auf Kuponzahlungen und Rückzahlung des Nominalwerts am Fälligkeitstag einer Anleihe, würde in diesem Fall untergehen. Die Folge wäre ein sehr starker Kursrückgang der betroffenen Wertpapiere. Schlimmstenfalls tendiert der Kurs gegen null und bei Aktien könnte der Zwangseinzug der Aktie ohne finanzielle Entschädigung drohen. Als jüngstes Beispiel dafür soll die HRE-Aktie dienen. Aber auch bei Immobilien kann es aus verschiedenen Gründen zu Mietausfällen kommen, z. B. weil der Mieter seine Mietschulden nicht zahlt. Hier soll stellvertretend das „Mietnomadentum" erwähnt werden.

Versteht man unter Bonitätsrisiko i. A. den Ausfall von Zahlungen, so wäre auch das einmalige oder mehrmalige Aussetzen von Dividendenzahlungen bereits als Bonitätsrisiko zu werten, wenn auch in abgeschwächter Form. Quantifizieren lässt sich diese Art von Finanzrisiko wiederum durch die Berechnung des Present Value, wobei nun aufgrund der Unsicherheit der Zahlungsausfälle in der Zukunft der erwartete Present Value als Maßstab dienen sollte. Dazu ist es notwendig, die Bonität des Schuldners zu beurteilen. Bei der Immobilie wäre dies der Mieter und bei einer Anleihe der Emittent.

Betrachten wir die Situation des Anleiheemittenten einmal näher: Hier liegen für diverse Staats- und Bundesländer sowie Unternehmen, die Anleihen (Treasury-Bonds bzw. Corporate Bonds) am Kapitalmarkt emittieren wollen oder bereits emittiert haben, Bonitätsbeurteilungen seitens Ratingagenturen vor. Je nach Ausfallwahrscheinlichkeit werden die potenziellen Emittenten einer Bonitätsstufe zugeteilt. Grundsätzlich gilt: Je höher die Bonitätsstufe, desto geringer die Ausfallwahrscheinlichkeit. In Tab. 3.1 lässt sich dieser Zusammenhang anhand der Ratingagentur Moody's gut erkennen.

Besonders groß ist der Sprung der Ausfallwahrscheinlichkeit zwischen der Ratingklasse Baa zu Ba. Zwischen diesen beiden Klassen verläuft die Trennungslinie zwischen dem Investment-Grade- und dem Non-Investment-Grade-Bereich. Institutio-

Tab. 3.1 Ratingklassen und deren durchschnittliche Ausfallwahrscheinlichkeiten. (Quelle: Er-mschel/Möbius/Wengert abgeleitet aus Informationen von Moody's)

Moody's Rating	Durchschnittliche Ausfallwahrscheinlichkeit in einem Rating-Jahr (1970–2001)	Definition	Bemerkung
Aaa	0,00 %	Höchstes Rating	Investment-Grade
Aa	0,01 %	Sehr hohe Qualität	
A	0,02 %	Hohe Qualität	
Baa	0,15 %	Minimaler Investment-Grade	
Ba	1,21 %	Schlechtere Qualität	Unter Investment-Grade „Junk Bonds"
B	6,53 %	Spekulativ	
Caa	24,73 %	Substantielles Risiko	
Ca		Sehr schlechte Qualität	
C		Kurz vor oder im Konkurs	

nelle Investoren wie die Versicherer investieren beispielsweise aus Sicherheitsgründen nur in Wertpapiere aus dem Investment-Grade-Bereich.

Kommen wir zurück auf die Quantifizierung des Bonitätsrisikos. Der erwartete Present Value $E[PV]$ einer Anleihe mit einem jährlichen Kupon K, einer Restlaufzeit n, einer Rückzahlung in Höhe des Nominalwerts N sowie unter Beachtung der Ausfallwahrscheinlichkeit AW_{RK} der Ratingklasse RK ergibt sich für den Fall der Ganzzahligkeit der Restlaufzeit formal zu:

$$E[PV] = \sum_{t=1}^{n} \frac{Z_t \cdot (1 - AW_{RK})}{(1+i)^t} = K \cdot (1 - AW_{RK}) \cdot \frac{(1+i)^n - 1}{i \cdot (1+i)^n} + \frac{N \cdot (1 - AW_{RK})}{(1+i)^n}$$

Beispiel Bonitätsrisiko

Wir kommen wieder auf unser bekanntes Zahlenbeispiel der 4-%-Anleihe zurück. Zur Erinnerung: Die Restlaufzeit beträgt genau 5 Jahre, der Kupon liegt bei 4 % und der Nominalwert soll bei Fälligkeit zu 100 % ausgezahlt werden. Der Present Value betrug unter Sicherheit (Aaa-Rating) bei einem Marktzinssatz von 3,75 % und unter Annahme einer flachen Zinsstrukturkurve 101,12 €. Nehmen wir an, die Bonität des Schuldners dieser Anleihe wird von der Ratingagentur Moody's auf Baa (Ba) herabgestuft. Die durchschnittlichen Ausfallwahrscheinlichkeiten steigen auf 0,15 % (1,21 %) pro Rating-Jahr (vgl. Tab. 3.1). Der erwartete Present Value sinkt als Folge der Herabstufung auf 100,97 € (99,90 €).

$$E[PV] = 4 \cdot (1 - 0,15\%) \cdot \frac{1,0375^5 - 1}{0,0375 \cdot 1,0375^5} + \frac{100 \cdot (1 - 0,15\%)}{1,0375^5} = 100,97$$

bzw.

$$E[PV] = 4 \cdot (1 - 1,21\%) \cdot \frac{1,0375^5 - 1}{0,0375 \cdot 1,0375^5} + \frac{100 \cdot (1 - 1,21\%)}{1,0375^5} = 99,90$$

Im Vergleich zum Ursprungswert ist das ein Rückgang des Present Value von 0,15 € (1,21 €) je Anleihe.

3.2.5   Liquidierungsrisiko

Das *Liquidierungsrisiko* tritt immer dann auf, wenn sich die Assets mangels Fungibilität nicht mehr zum gewünschten Zeitpunkt veräußern lassen. Dies kann mehrere Ursachen haben: Wertpapierbörsen z. B. blieben in der Vergangenheit aufgrund besonderer Ereignisse bereits mehrfach für einen Tag oder sogar länger geschlossen. Man denke nur an die Vorkommnisse vom 11.09.2001, woraufhin die Börsen an der Wall Street tagelang nicht geöffnet wurden, oder an den Höhepunkt der jüngsten Finanzkrise, wo im September 2008 über Tage die russischen Börsen keinen Handel mehr aufgenommen haben.

Ein anderer Grund für ein Liquidierungsrisiko besteht womöglich in der mangelnden Liquidität von z. B. offenen Immobilienfonds. Es kam bereits zur mehrmaligen, zeitweisen Schließung von offenen Immobilienfonds (2005, 2008, 2009 und 2010) und seit 2011 auch vermehrt zur Abwicklung von offenen Immobilienfonds. Begründet wurden diese Schritte mit dem gewaltigen Ansturm von Fondsbesitzern offener Immobilienfonds, die große Mengen von Anteilsscheinen an die Investmentgesellschaften wieder zurückgeben wollten. Da für eine solche Rückgabeflut nicht genügend Liquidität im Fonds vorhanden war, hätte man Teile des Immobilienbesitzes unter Zeitdruck veräußern müssen. Der sofortige Verkauf von Immobilienbesitz wäre nur unter großen Preiszugeständnissen möglich gewesen, sodass die Werthaltigkeit des Fonds gefährdet gewesen wäre. Dem Inhaber der Fondsanteile bleibt nach der zeitweisen Schließung des Fonds nur der Verkauf

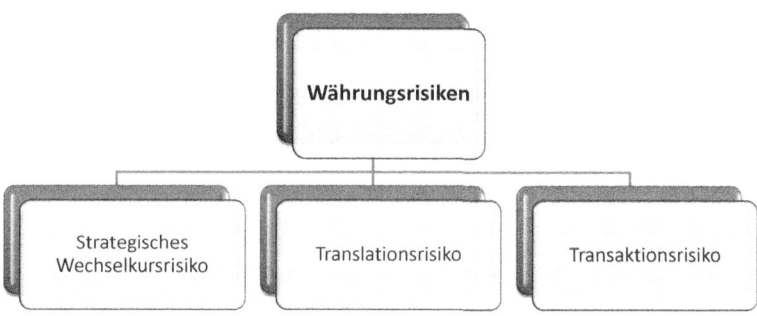

Abb. 3.4 Arten von Währungsrisiken. (Quelle: eigene Darstellung)

seiner Anteile über die Börse, natürlich unter Inkaufnahme von zum Teil erheblichen Preisnachlässen.

3.2.6 Währungsrisiko

Die *Währungsrisiken* lassen sich in strategische und operative Risiken unterteilen. Zu den operativen Währungsrisiken werden wiederum das Translations- und das Transaktions-risiko subsumiert (vgl. Abb. 3.4 „Arten von Währungsrisiken"). Unter *strategischem Wechselkursrisiko* versteht man das nachhaltige Risiko, dauerhaften Währungstrends unterworfen zu sein. Dies betrifft beispielsweise Händler, die ihre Produkte in Fremd-währungsländern verkaufen, oder auch Investoren, die in Assets mit ausländischer Wäh-rung wie z. B. US-amerikanische Aktien oder in Rohstoffe wie Gold oder Rohöl, die in US-Dollar notieren, investieren.

Operative Währungsrisiken sind dagegen von kurzfristiger Natur, betreffen also den Zeitraum bis zu einem Jahr. Das *Translationsrisiko* beschreibt buchwertbezogene Um-rechnungsrisiken von einbehaltenen Gewinnen ausländischer Tochtergesellschaften bei Konsolidierung der Konzernbilanz. Es handelt sich hier folglich um Bilanzrisiken, die bei Beteiligungen in Fremdwährung regelmäßig zum Tragen kommen.

Das *Transaktionsrisiko* oder auch Terminrisiko tritt beim Umtausch offener Devisen-positionen zum aktuell gültigen Wechselkurs oder durch zeitliches Auseinanderfallen verschiedener Devisenpositionen wie z. B. Rohstoffkosten vs. Verkaufspreis auf. Diese Terminrisiken spielen im Asset Management eher eine untergeordnete Rolle.

Währungsrisiken können grundsätzlich bei Währungsforderungen (Sicht des Ex-porteurs) oder bei Währungsverbindlichkeiten (Sicht des Importeurs) auftreten. Bei Währungsforderungen besteht das Risiko von Währungsverlusten (Risiko i. e. S.) in einer zwischenzeitlichen Aufwertung der heimischen Währung, was gleichbedeutend mit einer Abwertung der Fremdwährung ist. Währungsgewinne (Währungschancen) ergeben sich

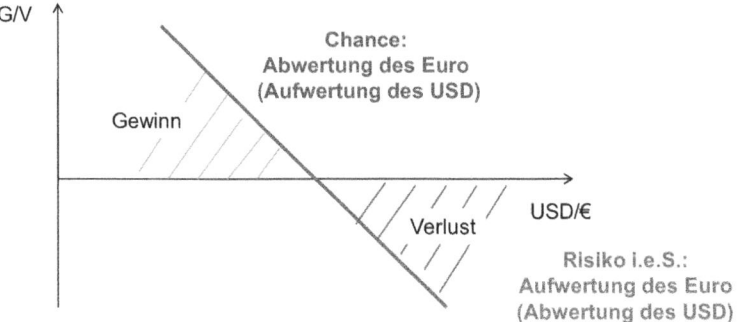

Abb. 3.5 Gewinn- und Verlustsituation einer Währungsforderung. (Quelle: eigene Darstellung)

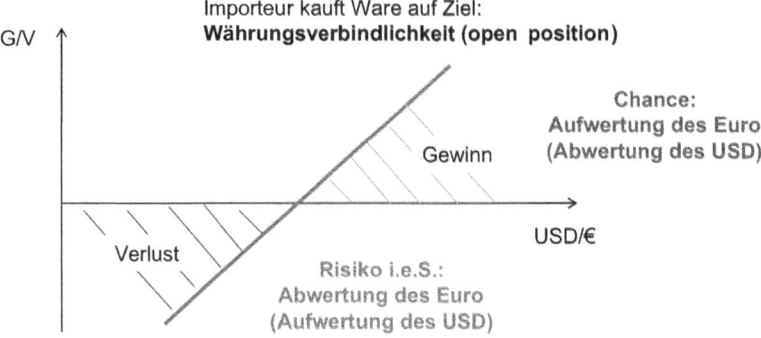

Abb. 3.6 Gewinn- und Verlustsituation einer Währungsverbindlichkeit. (Quelle: eigene Darstellung)

dagegen bei der Abwertung der heimischen Währung bzw. der Aufwertung der Fremdwährung. In Abb. 3.5 ist dieser Zusammenhang anhand des Euro zum USD bildlich dargestellt. Es sei an dieser Stelle darauf hingewiesen, dass die Schreibweise üblicherweise €/USD lautet und gelesen wird als Euro in US-Dollar. Da in Deutschland jedoch das Zeichen „/" grundsätzlich als pro interpretiert wird, wollen wir hier auch USD/€ schreiben.

Bei Währungsverbindlichkeiten verhält es sich genau umgekehrt zu Währungsforderungen (vgl. Abb. 3.6). Hier besteht die Währungschance (Währungsrisiko i. e. S.) in der Aufwertung (Abwertung) der heimischen Währung.

Im Fall von Währungsforderungen bedarf es zur Absicherung folglich eines Asset Hedges, wohingegen die Absicherung von Währungsverbindlichkeiten einem Liability Hedge gleicht.

3.3 Finanzrisikomanagement

Dieses Kapitel vermittelt:

- Die Darstellung der Portfoliotheorie nach Markowitz
- Das Separationstheorem nach Tobin
- Die Grundlagen des CAPM
- Die Anwendungsmöglichkeiten von Portfolio-Insurance-Strategien
- Das Zinsmanagement mit Sensitivitätskennzahlen wie der Duration, Modified
- Duration und der Konvexität
- Das Hedging von Zins- und Währungsrisiken durch den Einsatz von Finanz-
  derivaten

3.3.1 Portfoliomanagement

3.3.1.1 Portfoliotheorie

Die Portfoliotheorie besagt, dass sich Renditerisiken unter bestimmten Bedingungen durch eine geeignete *Mischung aus zwei oder mehreren riskanten Wertpapieren* (Diversifikation) reduzieren lassen. Dieser *Diversifikationseffekt* funktioniert jedoch nur, wenn die *Wertpapierrenditen nicht vollkommen positiv miteinander korreliert* sind. Die Wertpapierrenditen dürfen sich innerhalb eines Betrachtungszeitraums folglich nicht im Gleichklang bewegen, sondern müssen sich mindestens unabhängig voneinander entwickeln. Die Güte der Korrelation lässt sich anhand der Kovarianz bzw. des Korrelationskoeffizienten messen, wobei dieser zwischen -1 und $+1$ schwanken kann. Der Wert $+1$ steht für eine vollkommen positive und -1 für eine vollkommen negative Korrelation der Wertpapierrenditen. Bei einem Korrelationskoeffizienten von null spricht man von einer unabhängigen Entwicklung der Wertpapierrenditen.

Der Diversifikationseffekt wurde 1952 zum ersten Mal von *Harry M. Markowitz* aufgezeigt (vgl. Markowitz (1952)), weshalb in der Literatur häufig auch von der *Portfoliotheorie nach Markowitz* die Rede ist. Die Annahmen des Portfolio-Selection-Grundmodells von Markowitz lauten:

- Der Anleger verhält sich nach dem μ-σ-Prinzip.
- Die Renditen der Wertpapiere sind normalverteilt.
- Der Anleger ist risikoscheu und handelt rational.
- Die Wertpapiere lassen sich beliebig teilen.
- Die Anlageperiode beträgt genau ein Jahr.
- Transaktionskosten und Steuern bleiben unbeachtet.
- Leerverkäufe von Wertpapieren sind unzulässig.

Um den Diversifikationseffekt durch eine geeignete Mischung aus riskanten Wertpapieren aufzeigen zu können, müssen die Rendite-Risiko-Positionen für verschiedene
Portfolios gegenübergestellt werden. Die erwartete Portfoliorendite μ_P ergibt sich aus
der Summe der mit den Anteilen x_i gewichteten erwarteten Wertpapierrenditen μ_i. Formal
folgt daraus für n Wertpapiere:

$$\mu_P = \sum_{i=1}^{n} x_i \cdot \mu_i$$

Als Risikomaß dient uns die Varianz des Portfolios. Es berechnet sich im n-Wertpapier-
Fall aus der Summe der mit den einzelnen Anteilen $x_{i,j}$ gewichteten Kovarianzen cov_{ij}
zwischen den Wertpapieren i und j. Formal gilt:

$$\sigma_P^2 = \sum_{i=1}^{n} \sum_{j=1}^{n} x_i \cdot x_j \cdot cov_{ij}$$

bzw., wenn für die Kovarianzen cov_{ii} und cov_{jj} die Standardabweichungen σ_i und σ_j in die
Gleichung eingesetzt werden:

$$\sigma_P^2 = \sum_{i=1}^{n} x_i^2 \cdot \sigma_i^2 + 2 \cdot \sum_{i=1}^{n} \sum_{j=i+1}^{n} x_i \cdot x_j \cdot cov_{ij}$$

Der Korrelationskoeffizient k_{ij} zwischen den Wertpapieren i und j berechnet sich aus dem
Quotienten der Kovarianz (cov_{ij}) und dem Produkt der Standardabweichungen (σ_i und σ_j):

$$k_{ij} = \frac{cov_{ij}}{\sigma_i \cdot \sigma_j}$$

Wird die Gleichung nach der Kovarianz umgeformt und in die obige Gleichung für die
Berechnung der Portfoliovarianz eingesetzt, so erhalten wir:

$$\sigma_P^2 = \sum_{i=1}^{n} x_i^2 \cdot \sigma_i^2 + 2 \cdot \sum_{i=1}^{n} \sum_{j=i+1}^{n} x_i \cdot x_j \cdot \sigma_i \cdot \sigma_j \cdot k_{ij}$$

Wir merken uns also folgende Zusammenhänge:

- Die Portfoliorendite ist die Summe der gewichteten Einzelrenditen.
- Die Streuung der Portfoliorendite hängt nicht allein von den Streuungen der einzelnen
  Wertpapierrenditen, sondern auch von deren Korrelationen untereinander ab.

Wollen wir nun das risikominimale Portfolio bestimmen, so muss mathematisch das Minimum der Varianzfunktion ermittelt werden. Folgendes Optimierungsproblem gilt es nun zu lösen:

$$\sigma_P^2 = \sum_{i-1}^{n} \sum_{j=1}^{n} x_i \cdot x_j \cdot cov_{ij} \rightarrow \text{Min!}$$

Unter der Nebenbedingung: $\sum_{i=1}^{n} x_i = 1$ mit $x_i \geq 0,\ \ i = 1, 2, \ldots, n$

Aufgrund des hohen Komplexitätsgrades im n-Wertpapier-Fall wollen wir uns im Folgenden auf zwei Wertpapiere beschränken. Die Portfoliorendite berechnet sich im *2-Wertpapier-Fall* zu:

$$\mu_P = x_1 \cdot \mu_1 + x_2 \cdot \mu_2$$

Die Varianz der Portfoliorendite ergibt sich aus:

$$\sigma_P^2 = x_1^2 \cdot \sigma_1^2 + x_2^2 \cdot \sigma_2^2 + 2 \cdot x_1 \cdot x_2 \cdot cov_{12}$$

bzw. unter Beachtung des Korrelationskoeffizienten:

$$\sigma_P^2 = x_1^2 \cdot \sigma_1^2 + x_2^2 \cdot \sigma_2^2 + 2 \cdot x_1 \cdot x_2 \cdot \sigma_1 \cdot \sigma_2 \cdot k_{12}$$

Die Standardabweichung ist die Wurzel der Varianz, sodass weiterhin gilt:

$$\sigma_p = \sqrt{x_1^2 \cdot \sigma_1^2 + x_2^2 \cdot \sigma_2^2 + 2 \cdot x_1 \cdot x_2 \cdot \sigma_1 \cdot \sigma_2 \cdot k_{12}}$$

Beispiel Portfoliotheorie

Für zwei riskante Wertpapiere liegen die erwarteten Renditen sowie die Standardabweichungen wie in Tab. 3.2 vor:

Tab. 3.2 Ausgangsdaten für das Beispiel mit zwei riskanten Wertpapieren. (Quelle: eigene Darstellung)

	Wertpapier 1	Wertpapier 2
Rendite	8,00 %	3,00 %
Standardabweichung	11,00 %	7,00 %

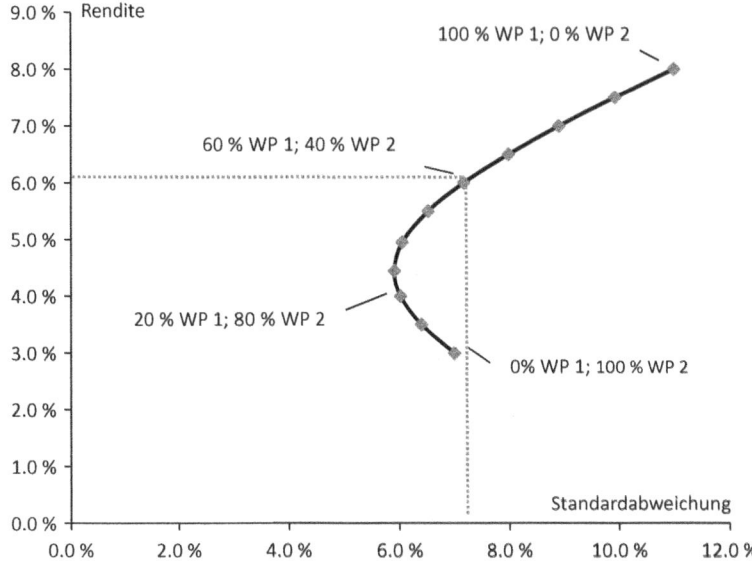

Abb. 3.7 Rendite-Risiko-Positionen eines Portfolios riskanter Wertpapiere mit einem Korrelationskoeffizienten von null am Beispiel des 2-Wertpapier-Falls. (Quelle: eigene Darstellung)

Die zukünftige Entwicklung der Renditen für Wertpapier 1 und 2 wird als unabhängig eingeschätzt. Der Korrelationskoeffizient beträgt null. Durch unterschiedliche Mischungsverhältnisse der beiden Wertpapiere in einem Portfolio erhalten wir verschiedene Rendite-Risiko-Positionen auf einer kurvenähnlichen Funktion (vgl. Abb. 3.7). Die jeweiligen Endpunkte der Kurve entsprechen der Rendite und Standardabweichung eines der beiden Wertpapiere. In diesen Fällen besteht das Portfolio also entweder zu 100 % aus Wertpapier 1 (oberer Punkt) oder zu 100 % aus Wertpapier 2 (unterer Punkt). Dazwischen liegen für alle denkbaren Kombinationsmöglichkeiten zwischen den beiden Wertpapieren die weiteren Rendite-Risiko-Positionen.

Betrachten wir beispielsweise das Portfolio, welches zu 60 % aus Wertpapier 1 und zu 40 % aus Wertpapier 2 besteht. Die erwartete Portfoliorendite ergibt sich zu $\mu_P = 0,6 \cdot 8\% + 0,4 \cdot 3\% = 6\%$ und die dazugehörige Standardabweichung lautet:

$$\sigma_P = \sqrt{0,6^2 \cdot 0,11^2 + 0,4^2 \cdot 0,07^2 + 2 \cdot 0,6 \cdot 0,4 \cdot 0,11 \cdot 0,07 \cdot 0} = 7,17$$

Die beiden ermittelten Werte ergeben den Koordinatenpunkt im Rendite-Risiko-Schaubild, wie Abb. 3.7 gut erkennen lässt. Weitere Koordinaten für andere Mischungsverhältnisse finden sich in Tab. 3.3, die ebenfalls in das Schaubild eingetragen werden. So ergibt sich die typische Kurvenfunktion.

Tab. 3.3 Rendite-Risiko-Positionen für unterschiedliche Mischungsverhältnisse und Korrelations-koeffizienten im beispielhaften 2-Wertpapier-Fall. (Quelle: eigene Darstellung)

Anteil WP1	Anteil WP2	μ_P	σ_P $(k_{12}=0)$	σ_P $(k_{12}=1)$	σ_P $(k_{12}=-1)$
100 %	0 %	8,00 %	11,00 %	11,00 %	11,00 %
90 %	10 %	7,50 %	9,92 %	9,20 %	10,60 %
80 %	20 %	7,00 %	8,91 %	7,40 %	10,20 %
70 %	30 %	6,50 %	7,98 %	5,60 %	9,80 %
60 %	40 %	6,00 %	7,17 %	3,80 %	9,40 %
50 %	50 %	5,50 %	**6,52 %**	2,00 %	9,00 %
38,89 %	61,11 %	4,94 %	**6,05 %**	**0,00 %**	8,56 %
28,82 %	**71,18 %**	**4,44 %**	**5,91 %**	1,81 %	8,15 %
20 %	80 %	4,00 %	**6,02 %**	3,40 %	7,80 %
10 %	90 %	3,50 %	**6,40 %**	5,20 %	7,40 %
0 %	100 %	3,00 %	7,00 %	7,00 %	7,00 %

Das bemerkenswerte Ergebnis ist, dass Portfolios existieren, die ein geringeres Risiko aufweisen als die riskanten Wertpapiere 1 und 2 für sich allein. Dies ist der Fall, wenn der Anteil des Wertpapiers 1 (x_1) zwischen 1 % und 57 % sowie x_2 zwischen 43 % und 99 % liegt. Die daraus resultierenden Standardabweichungen sind in der Tab. 3.3 fett hervorgehoben.

Weiter zeigt Abb. 3.7, dass es Portfolios gibt, die offensichtlich andere dominieren. So beträgt beispielsweise die Rendite eines Portfolios, welches zu 57 % aus Wertpapier 1 und zu 43 % aus Wertpapier 2 besteht, 5,85 % und die Standardabweichung 6,96 %. Im Vergleich zu einem Portfolio, das allein aus dem Wertpapier 2 (Rendite: 3 %) besteht, wird bei ungefähr gleichem Risiko (7 %) eine um 2,85 %-Punkte höhere Rendite erzielt. Es wird in diesem Zusammenhang von effizienten und nicht effizienten Portfolios gesprochen. Ersteres gehört zu den effizienten und Letztgenanntes zu den ineffizienten Portfolios. Im 2-Wertpapier-Fall genügt die vertikale Sicht auf die Rendite-Risiko-Positionen. Im n-Wertpapier-Fall muss zusätzlich eine horizontale Blickrichtung eingenommen werden. Dann gibt es auch Portfolios, die nicht auf der Kurve, sondern auch rechts davon liegen können. Effizient sind dann diejenigen Portfolios, die bei gleicher Rendite ein geringeres Risiko aufweisen. Dies sind offensichtlich die Portfolios mit Rendite-Risiko-Positionen direkt auf der Kurve.

Fassen wir diesen wesentlichen Zusammenhang noch einmal zusammen: Effiziente Portfolios lassen sich durch einfache Dominanzkriterien identifizieren. Sie liegen alle auf einer *Effizienzkurve* (*Efficient Frontier*) und zeichnen sich dadurch aus, dass es

- bei gleicher Rendite kein Portfolio mit geringerem Risiko und
- bei gleichem Risiko kein Portfolio mit höherer Rendite

gibt.

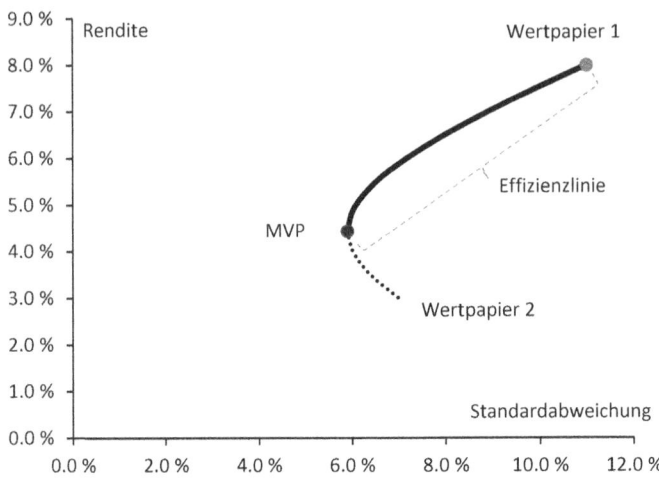

Abb. 3.8 Effizienzlinie des Beispiels im 2-Wertpapier-Fall. (Quelle: eigene Darstellung)

Die Frage, die sich nun stellt, ist die nach den Grenzpunkten der Effizienzlinie. Die obere Grenze wird durch das Wertpapier 1 determiniert. Die untere Grenze ist die Rendite-Risiko-Position, die die geringste Standardabweichung aufweist. Dieser Punkt wird als *Minimum-Varianz-Portfolio* (MVP) bezeichnet. Mathematisch ergibt er sich aus dem Minimum der Varianzfunktion. Die Anteile des Minimum-Varianz-Portfolios berechnen sich im 2-Wertpapier-Fall wie folgt: Für den Anteil des ersten Wertpapiers gilt:

$$x_1 = \frac{\sigma_2^2 - cov_{12}}{\sigma_1^2 + \sigma_2^2 - 2 \cdot cov_{12}} \quad \text{bzw.} \quad x_1 = \frac{\sigma_2^2 - \sigma_1 \sigma_2 k_{12}}{\sigma_1^2 + \sigma_2^2 - 2\sigma_1 \sigma_2 k_{12}}$$

und aus der Nebenbedingung ergibt sich der Anteil des zweiten Wertpapiers:

$$x_2 = 1 - x_1$$

Bezogen auf unser Beispiel erhalten wir für die beiden Wertpapieranteile:

$$x_1 = \frac{0,07^2 - 0,11 \cdot 0,07 \cdot 0}{0,11^2 + 0,07^2 - 2 \cdot 0,11 \cdot 0,07 \cdot 0} = 28,82\% \quad \text{und}$$

$$x_2 = 1 - 0,2882 = 71,18\%$$

Nun haben wir die Effizienzlinie unseres Beispielfalls eindeutig identifiziert, wie man Abb. 3.8 entnehmen kann.

Wir halten fest, dass zur Bestimmung des risikominimalen Portfolios und der Effizienzlinie die individuelle Risikoeinstellung des Investors nicht benötigt wird. Der

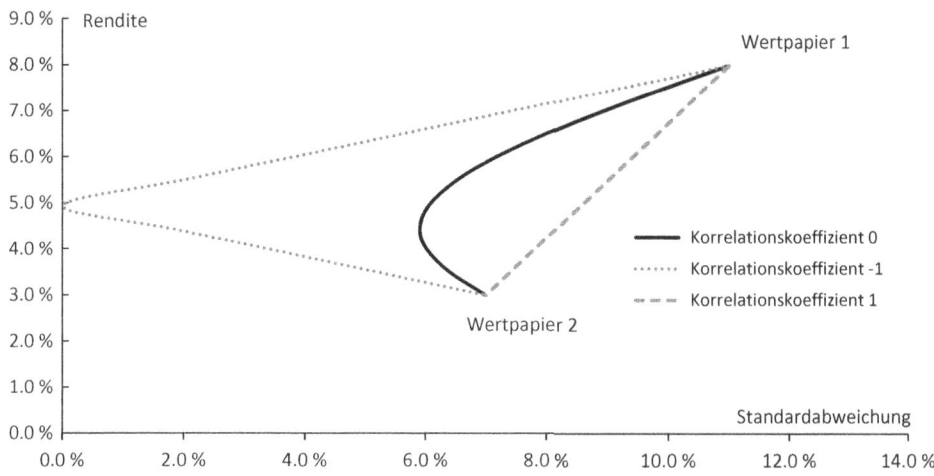

Abb. 3.9 Rendite-Risiko-Positionen riskanter Wertpapiere im 2-Wertpapier-Fall bei unterschied-lichen Korrelationskoeffizienten. (Quelle: eigene Darstellung)

Anleger muss nun in einem weiteren Schritt ein effizientes Portfolio auswählen, welches seiner persönlichen Risikobereitschaft entspricht. Für einen risikoaffinen Investor wird das für ihn optimale Portfolio weiter oben auf der Effizienzlinie liegen. Dagegen wird sich ein risikoscheuer Anleger eher für das Minimum-Varianz-Portfolio entscheiden.

Kommen wir nun noch einmal auf die Korrelationen der Wertpapiere zu sprechen. Zur Erinnerung: In unserem Beispielfall sind wir von zwei Wertpapieren ausgegangen, deren Renditen sich unabhängig voneinander entwickeln. Der Korrelationskoeffizient war null. Nun wollen wir zwei Extremfälle betrachten: Im Fall 1 unterstellen wir eine vollkommen positive Entwicklung (Korrelationskoeffizient von 1) und im Fall 2 eine vollkommen negative Entwicklung (Korrelationskoeffizient von −1) der beiden Wertpapierrenditen. Wie man aus Tab. 3.3 und Abb. 3.9 entnehmen kann, stellt sich bei perfekter Korrelation kein Diversifikationseffekt durch Mischung der riskanten Wertpapiere ein. Je größer der Anteil des Wertpapiers 1 im Portfolio wird, desto größer die zu erwartende Rendite, desto größer jedoch auch das Risiko.

Im zweiten Fall, bei perfekt negativer Korrelation, erhält man sogar durch eine Mischung aus zwei riskanten Wertpapieren eine *risikolose Position*, die eine höhere Rendite verspricht als das riskante Wertpapier 2. Dieses Minimum-Varianz-Portfolio besteht zu 38,89 % aus Wertpapier 1 und zu 61,11 % aus Papier 2. Die sichere Rendite beträgt 4,94 %, wie der Tab. 3.3 zu entnehmen ist.

Als Fazit können wir festhalten: Sobald zwei Anlagen nicht positiv miteinander korreliert sind, kann ein Anleger durch Kombination dieser Wertpapiere das Risiko seines Portfolios reduzieren. Wie Abb. 3.10 gut erkennen lässt, hätte zwischen dem DAX 30 und dem DJ EURO STOXX 50 (Korrelationskoeffizient von 0,95 bzw. 0,96) aufgrund der sehr hohen positiven Korrelation in der Vergangenheit weder innerhalb von 6 Monaten noch

	DAX 30	DJ EURO STOXX 50	DOW JONES IA	HANG SENG	NIKKEI 225	MSCI EUROPE	MSCI WORLD	NASDAQ 100	S&P 500 COMPOSITE	REX GENERAL BOND	EONIA
DAX 30	1,00	0,95	0,67	0,52	0,42	0,88	0,85	0,61	0,67	-0,31	0,00
DJ EURO STOXX 50	0,96	1,00	0,62	0,51	0,46	0,94	0,85	0,56	0,62	-0,29	0,03
DOW JONES IA	0,59	0,57	1,00	0,36	0,13	0,55	0,88	0,94	0,99	-0,22	0,00
HANG SENG	0,41	0,41	0,25	1,00	0,67	0,54	0,56	0,31	0,35	-0,41	-0,03
NIKKEI 225	0,38	0,40	0,11	0,65	1,00	0,51	0,45	0,02	0,12	-0,29	-0,04
MSCI EUROPE	0,86	0,91	0,50	0,46	0,44	1,00	0,85	0,49	0,56	-0,26	0,02
MSCI WORLD	0,80	0,82	0,85	0,49	0,44	0,84	1,00	0,82	0,89	-0,29	-0,01
NASDAQ 100	0,53	0,59	0,91	0,21	0,06	0,43	0,78	1,00	0,96	-0,20	-0,03
S&P 500 COMPOSITE	0,59	0,57	0,99	0,25	0,11	0,51	0,87	0,93	1,00	-0,21	-0,01
REX GENERAL BOND	-0,25	-0,24	-0,17	-0,33	-0,27	-0,22	-0,24	-0,14	-0,16	1,00	-0,02
EONIA	0,01	0,03	0,01	0,00	-0,02	0,04	0,02	-0,01	0,01	-0,02	1,00

Abb. 3.10 Korrelationsmatrix ausgewählter Indizes für 6 Monate und 3 Jahre. (Quelle: Scope Analysis Kompakt Indexprodukte, März 2009, S. 9)

auf 3-Jahres-Frist ein Diversifikationseffekt mit diesen beiden Indizes erzielt werden können. Auch bei den anderen Aktienindizes liegt eine positive Korrelation vor, wenn auch teilweise in abgeschwächter Form. Dies ist damit zu erklären, dass alle Aktienindizes kollektiv dem allgemeinen Aktienmarktpreisrisiko ausgesetzt sind, das z. B. auf konjunkturelle Entwicklungen der Weltwirtschaft zurückzuführen ist. In diesem Zusammenhang wird auch von dem sogenannten *systematischem Risiko* gesprochen, das durch Diversifikation innerhalb der gleichen Assetklasse nicht reduziert wird. Folglich muss ein diversifiziertes Portfolio aus Wertpapieren unterschiedlicher Assetklassen bestehen. Laut der Korrelationsmatrix hätte sich z. B. auf 3-Jahres-Sicht ein Portfolio aus einem Aktienindex wie z. B. dem DAX 30 und dem deutschen Rentenindex REX angeboten, weil zwischen diesen beiden Indizes eine negative Korrelation vorlag.

Neben dem systematischen Risiko gibt es innerhalb einer Assetklasse das sogenannte *unsystematische Risiko*. Darunter versteht man beispielsweise den Kursrückgang oder auch -anstieg von Wertpapieren aufgrund *unternehmensindividueller Gründe*. Managementfehler werden sich im Kurs der betroffenen Aktiengesellschaft, nicht jedoch in der Branche oder auf dem gesamten Aktienmarkt bemerkbar machen.

Dieses unsystematische Risiko lässt sich jedoch dadurch reduzieren, dass man nicht alles auf „eine Karte" setzt, sondern eine ausreichende große Streuung innerhalb der Assetklasse vornimmt. Mit der Anzahl der Wertpapiere aus einer Klasse nimmt das unsystematische Risiko innerhalb des Portfolios ab. Das allgemeine Marktrisiko bleibt

Abb. 3.11 Reduktion des unsystematischen Risikos durch Streuung innerhalb einer Assetklasse. (Quelle: eigene Darstellung)

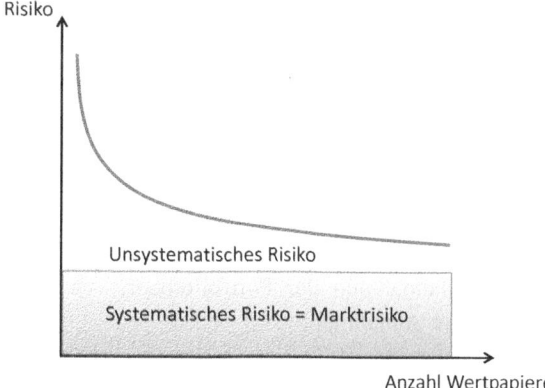

jedoch als Bodensatz übrig (vgl. Abb. 3.11). Nun wird vielleicht auch verständlich, warum ein in Deutschland zugelassener Investmentfonds laut Investmentgesetz mindestens 16 verschiedene Anlagepositionen ausweisen muss.

Fassen wir dieses wichtige Ergebnis noch einmal zusammen: Bei den Aktien- oder Rentenindizes ist das unsystematische Risiko aufgrund der Streuung also schon annähernd null. Das noch vorhandene systematische Risiko lässt sich dann nur noch über die Mischung aus Wertpapieren unterschiedlicher Assetklassen, die nicht oder negativ miteinander korreliert sind, reduzieren.

Die Kritikpunkte an der Portfoliotheorie nach Markowitz sind:

- Die dynamische Entwicklung der Kapitalmärkte bleibt unberücksichtigt, d. h., sowohl der Korrelationskoeffizient als auch die Standardabweichungen der Wertpapiere werden über die Zeit als konstant angesehen.
- Die Auswahl des optimalen Portfolios erfolgt ohne Berücksichtigung der Liability-Struktur und der Finanzstärke des Investors. Vorgegebene Risikobudgets bleiben ebenso unberücksichtigt.
- Die Mindesterfordernisse des Investors, wie z. B. die jährliche Erwirtschaftung einer Garantieverzinsung bei Lebensversicherern, oder die Wahrscheinlichkeit des Ruins bleiben im Entscheidungsprozess außen vor.
- Neben der Dynamik der Kapitalmärkte verbleibt die Prognoseunsicherheit hinsichtlich der zukünftigen Modellparameter erwartete Rendite, Varianz und Korrelationen.
- Für die Ermittlung der Rendite-Risiko-Positionen im n-Wertpapier-Fall bedarf es der Erhebung und Verarbeitung großer Datenmengen:
  - n Renditen und n Varianzen und
  - $n(n-1)/2$ Kovarianzen bzw. Korrelationen.
  Beispiel: Für 100 Wertpapiere benötigt man 5.150 Schätzgrößen.
- Der letzte Kritikpunkt betrifft die Normalverteilungsannahme der Wertpapierrenditen.

3.3.1.2 Kapitalmarktlinie und CAPM

Bisher haben wir bei der Portfoliotheorie nach Markowitz ausschließlich die Investition in riskante Wertpapiere betrachtet. Darüber hinaus hat der Anleger aber auch die Möglichkeit, sein Kapital zum risikolosen Zinssatz anzulegen. Diesen Fall hat *James Tobin* (1918–2002) genauer untersucht (vgl. Tobin (1958)). Das Ergebnis seiner Untersuchungen war die *Kapitalmarktlinie* (*capital market line*), die unter bestimmten Annahmen eine Linearität zwischen der erwarteten Rendite und dem Risiko unterstellt. Bevor detaillierter darauf eingegangen wird, sollen zunächst die Prämissen näher betrachtet werden. Neben den Grundannahmen der Portfoliotheorie nach Markowitz gelten folgende zum Teil modifizierte Annahmen:

- Die Anleger haben *homogene Erwartungen* bezüglich des Erwartungswerts, der Varianz und der Kovarianzen der Wertpapierrenditen.
- Die Anleger können unbegrenzt Geld zum risikolosen Zinssatz anlegen oder aufnehmen. Es herrscht ein *vollkommener Kapitalmarkt*.
- Der Kapitalmarkt ist *informationseffizient* und befindet sich im *Gleichgewicht*. Mit anderen Worten, der Anleger hat keinen Anlass, sein Portfolio umzuschichten.

Unter diesen Annahmen gibt es genau ein riskantes *Marktportfolio* (MP), in das *alle* Marktteilnehmer investieren, wenn sie ihr Kapital riskant anlegen wollen. Dieses Marktportfolio ergibt sich aus dem Tangentialpunkt der Kapitalmarktlinie mit der Effizienzlinie, weswegen es auch häufig als Tangentialportfolio bezeichnet wird. In diesem Tangentialpunkt ist der Nutzen jedes Anlegers maximal. Das Erstaunliche ist dabei, dass dieses Marktportfolio unabhängig von der Risikoeinstellung des Investors Gültigkeit besitzt. Dieses Phänomen ging in der Literatur als *Tobin Separation* bzw. *Separations-Theorem* ein.

Teilen wir den Sparbeitrag mit einem Anteil x in ein riskantes Portfolio M und mit einem Anteil $1 - x$ in eine risikolose Anlage F auf, so ergibt sich eine zu erwartende Rendite für das Gesamtportfolio P von

$$\mu_P = x \cdot \mu_m + (1 - x) \cdot r_f,$$

wobei r_f der risikolose Zinssatz und μ_m die erwartete Rendite des riskanten Portfolios ist. Das Gesamtrisiko aus riskanter und risikoloser Anlage beträgt dann unter Beachtung, dass $\sigma_F = 0$ ist:

$$\sigma_P = \sqrt{x^2 \cdot \sigma_m^2 + (1 - x)^2 \cdot \sigma_F^2 + 2x(1 - x)\sigma_m\sigma_F k_{P,F}} = x \cdot \sigma_m$$

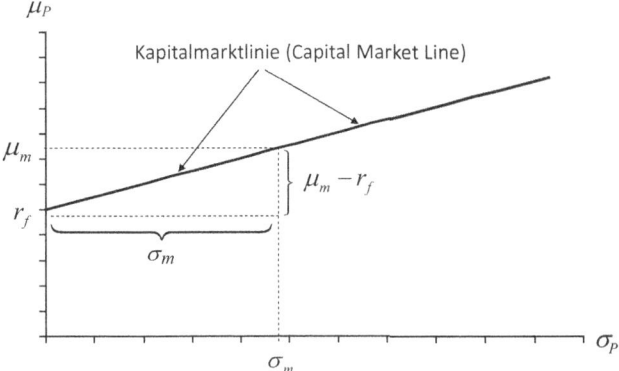

Abb. 3.12 Die Kapitalmarktlinie in der Theorie. (Quelle: eigene Darstellung)

Diese Gleichung wird nun nach x umgeformt und in die Renditegleichung eingesetzt:

$$\mu_P \frac{\sigma_P}{\sigma_m} \cdot \mu_m + \left(1 - \frac{\sigma_P}{\sigma_m}\right) \cdot r_f$$

Nach wenigen Umformungen erhalten wir schließlich die Geradengleichung für die Kapitalmarktlinie:

$$\mu_P = r_f + \left(\frac{\mu_m - r_f}{\sigma_m}\right) \cdot \sigma_P$$

Die Linearität zwischen dem Risiko (σ_P) und der zu erwartenden Rendite (μ_P) des Gesamtportfolios ist nun gut zu erkennen. Wenn überhaupt kein Risiko eingegangen wird, so kann auch nur der risikolose Zins (r_f) erreicht werden (vgl. den Schnittpunkt mit der Ordinate in Abb. 3.12). Die Steigung der Kapitalmarktlinie ergibt sich aus der Überrendite der riskanten Anlage gegenüber der risikolosen Anlage im Verhältnis zum eingegangenen Risiko:

$$b = \left(\frac{\mu_m - r_f}{\sigma_m}\right)$$

Diese Steigung kann sozusagen als *risikoadjustierte Rendite* aufgefasst werden und findet sich in der Literatur auch häufig als Performancemaß mit der Bezeichnung Sharpe Ratio wieder. Es gibt die erwartete Rendite pro eingegangener Einheit Risiko an.

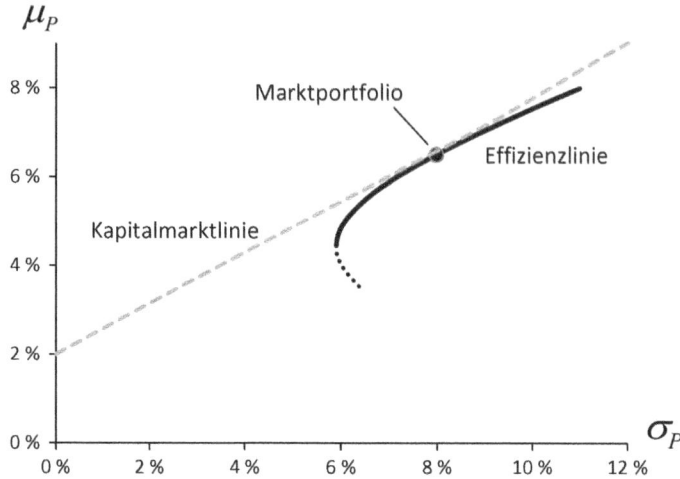

Abb. 3.13 Die Kapitalmarktlinie im Beispielfall. (Quelle: eigene Darstellung)

Beispiel Kapitalmarktlinie

Greifen wir noch einmal das Beispiel zur Portfoliotheorie auf. Wir sind vom 2-Wert-papier-Fall ausgegangen, was natürlich für die Darstellung der Kapitalmarktlinie unpassend ist, da wir unterstellen, dass sämtliche riskanten Wertpapiere des Marktes berücksichtigt werden. Die Gestalt der Effizienzlinie im n-Wertpapier-Fall ist jedoch mit der im 2-Wertpapier-Fall vergleichbar, sodass wir aus Vereinfachungsgründen mit diesem Beispiel fortfahren wollen. Der Korrelationskoeffizient der Wertpapierrenditen betrug null. Angenommen, wir gehen für die eine Periode von einem risikolosen Zinssatz in Höhe von 2 % aus: Die Kapitalmarktlinie in Abb. 3.13 ergibt sich nun aus dem Schnittpunkt mit der Ordinate (risikoloser Zinssatz) und dem Tangentialpunkt mit der Effizienzlinie. In diesem Punkt ist die Steigung der Kapitalmarktlinie mit der Steigung der Effizienzlinie identisch. Da theoretisch alle Wertpapiere durch die Effizienzlinie repräsentiert werden, muss der Tangentialpunkt das nutzenoptimale Portfolio für alle Marktteilnehmer sein. Man spricht vom sogenannten Marktportfolio, welches sich unabhängig von der jeweiligen Risikoeinstellung der Marktteilnehmer für alle Marktteilnehmer ergeben muss.

In einem nächsten Schritt muss sich der Investor entsprechend seiner individuellen Risikoeinstellung auf der Kapitalmarktlinie positionieren. Ein risikoscheuer Anleger wird sein *optimales Gesamtportfolio* in der Nähe des risikolosen Zinssatzes finden, also im unteren Bereich der Kapitalmarktlinie (vgl. beispielsweise das Portfolio 75 % risikolose Anlage und 25 % Marktportfolio in Abb. 3.14). Ein risikofreudiger Investor würde dagegen sein optimales Portfolio eher in der Nähe des Marktportfolios sehen. Die Realisierung eines Portfolios oberhalb des Marktportfolios ist auch denkbar. Hier

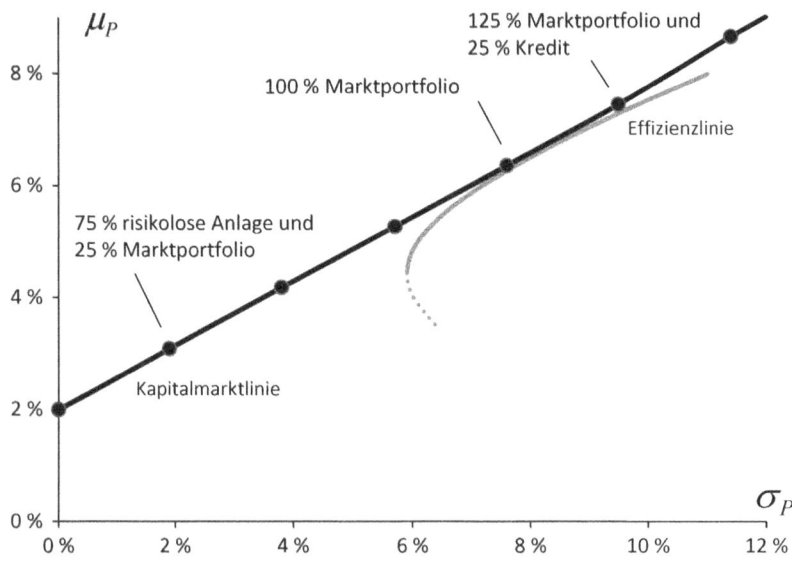

Abb. 3.14 Optimale Portfolios unter Berücksichtigung unterschiedlicher Risikoeinstellungen der Investoren. (Quelle: eigene Darstellung)

würde der Anleger mehr als sein Eigenkapital riskant anlegen. Dazu verschuldet er sich zum risikolosen Zinssatz und investiert dieses Fremdkapital zusätzlich in das Marktportfolio (vgl. das Portfolio 125 % Marktportfolio und 25 % Kredit in Abb. 3.14).

Neben der Kapitalmarktlinie gibt es eine zweite Rendite-Risiko-Linie: die *Wertpapierlinie* (Security Market Line). Sie weist eine lineare Beziehung zwischen der erwarteten Rendite eines riskanten Wertpapiers und dem Risiko des Marktportfolios aus. Da es sich bei dem Marktportfolio um ein diversifiziertes und effizientes Portfolio handelt, wird die Rendite auch nicht in Beziehung zum Gesamtrisiko gesetzt, sondern nur zum systematischen Risiko. Das unsystematische Risiko lässt sich bereits durch geeignete Mischung und Streuung der Wertpapiere reduzieren und darf folglich nicht am Kapitalmarkt vergütet werden. Die erwartete Rendite des riskanten Wertpapiers (μ_i) setzt sich dann aus der risikolosen Verzinsung und einer wertpapieradäquaten Risikoprämie zusammen.

Diese wertpapierindividuelle Risikoprämie wird über die Risikoprämie des Marktportfolios determiniert. Der Kerngedanke dabei ist folgender: War das riskante Wertpapier in der Vergangenheit im Verhältnis zum Marktportfolio weniger riskant, so muss die Risikoprämie auch kleiner ausfallen und vice versa. Diese Risikobeziehung zum Marktportfolio, die allgemein als Betafaktor (β_i) bezeichnet wird, lässt sich berechnen, indem die Kovarianz zwischen der Wertpapierrendite und der Rendite des Marktportfolios (cov_{im}) ins Verhältnis zur Varianz des Marktportfolios (σ_m) gesetzt wird. Es gilt für den Betafaktor:

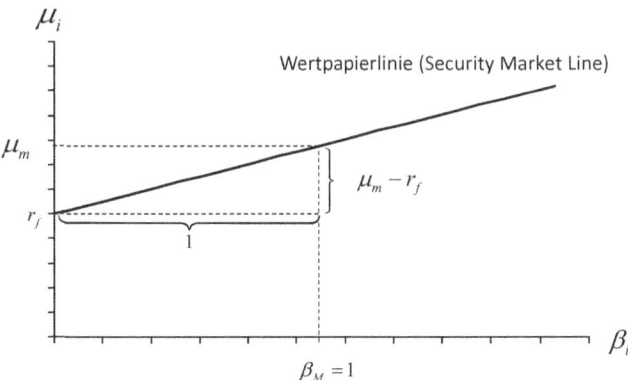

Abb. 3.15 Die Wertpapierlinie. (Quelle: eigene Darstellung)

$$\beta_i = \frac{cov_{im}}{\sigma_m^2}$$

Wird für die Kovarianz der Korrelationskoeffizient (k_{im}) eingesetzt, so ergibt sich auch:

$$\beta_i = k_{im} \cdot \frac{\sigma_i}{\sigma_m}$$

Der Betafaktor für das Marktportfolio muss nach dieser Definition 1 sein, da der Korrelationskoeffizient 1 beträgt und die Standardabweichungen sich gegenseitig aufheben, wie man leicht durch Einsetzen in die Formel erkennen kann:

$$\beta_m = k_{mm} \cdot \frac{\sigma_m}{\sigma_m} = 1$$

Im Falle des Marktportfolios entspricht also die Risikoprämie genau der zu erwartenden Outperformance gegenüber der risikolosen Anlage (vgl. Abb. 3.15). Die Outperformance ergibt sich als Differenz zwischen der erwarteten Rendite des Marktportfolios (μ_m) und dem risikolosen Zinssatz (r_f). Diese Outperformance muss nun noch mit dem individuellen Betafaktor des riskanten Wertpapiers justiert werden, sodass sich die Risikoprämie des riskanten Wertpapiers ergibt zu:

$$\text{Risikoprämie} = (\mu_m - r_f) \cdot \beta_i$$

Je nach Stellung der einzelnen Parameter, lässt sich die Risikoprämie unterschiedlich interpretieren.

$$\text{Risikoprämie} = \underbrace{\left(\mu_m - r_f\right)}_{\substack{\text{absolute Uberrendite} \\ \text{des Marktportfolios}}} \cdot \overbrace{\beta_i}^{\text{relatives Marktrisiko}}$$

$$\text{Risikoprämie} = \underbrace{\left(\frac{\mu_m - r_f}{\sigma_m}\right)}_{\substack{\text{relative Uberrendite} \ = \\ \text{Marktpreis des Risikos}}} \cdot \overbrace{k_{im} \cdot \sigma_i}^{\text{absolutes Marktrisiko}}$$

Die Wertpapierlinie lautet dann formal wie folgt:

$$\mu_i = r_f + \left(\mu_m - r_f\right) \cdot \beta_i \text{ bzw.}$$

$$\mu_i = r_f + \left(\mu_m - r_f\right) \cdot \frac{cov_{im}}{\sigma_m^2} \text{ oder } \mu_i = r_f + \left(\mu_m - r_f\right) \cdot \frac{k_{im} \cdot \sigma_i}{\sigma_m}$$

Die Berechnung der erwarteten Rendite eines riskanten Wertpapiers auf diese Art und Weise wurde in den 1960er-Jahren unabhängig voneinander von Sharpe, Lintner und Mossin hergeleitet. Als Kapitalmarktgleichgewichtsmodell ging es in der Literatur unter der Bezeichnung *Capital Asset Pricing Model* (CAPM) ein. Da es sich hierbei um eine Weiterentwicklung der Portfoliotheorie nach Markowitz und der Kapitalmarktlinie handelt, gelten für dieses Modell dieselben Annahmen.

Beispiel CAPM

Angenommen, man legt für das Marktportfolio den DAX zugrunde. Die langfristige jährliche Rendite des DAX soll einmal 6 % betragen. Der risikolose Zinssatz in Deutschland wird langfristig auf 4 % geschätzt. Das 250-Tage-Beta der Adidas-Aktie liegt aktuell bei 0,8098 und das der Daimler-Aktie bei 1,4650 (vgl. Tab. 3.4). Dann ergibt sich als Risikoprämie für den Markt 2 % (6 % – 4 %).

Unter Verwendung des CAPM kann der Investor für die Adidas-Aktie eine Jahresrendite in Höhe von

$$\mu_{\text{Adidas}} = 4\% + (6\% - 4\%) \cdot 0,8098 = 5,62\%$$

erwarten. Da das Risiko für die Daimler-Aktie, gemessen am 250-Tage-Beta, höher liegt, fällt die erwartete Jahresrendite für die Daimler Aktie mit

Tab. 3.4 Betafaktoren vom 17.03.2010 für ausgewählte DAX-Aktien. (Quelle: Deutsche Börse AG)

Aktienkürzel	Beta
ADS	0,8098
ALV	1,1682
BAS	1,1682
BAYN	0,7798
BMW	1,1448
BEI	0,4050
CBK	1,6274
DAI	1,4650

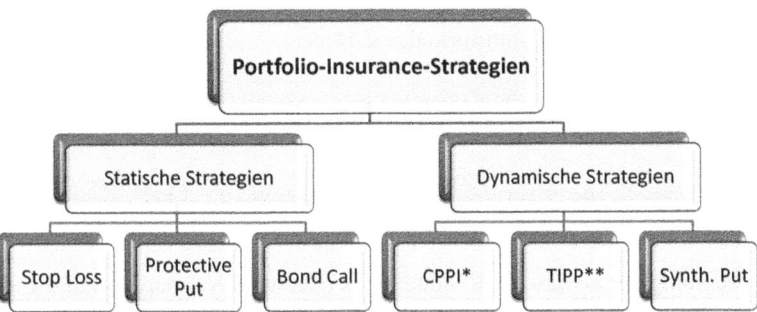

Abb. 3.16 Portfolio-Insurance-Strategien. (Quelle: eigene Darstellung)

$$\mu_{\text{Daimler}} = 4\% + (6\% - 40\%) \cdot 1,4650 = 6,93\%$$

um etwa 1,3 %-Punkte höher aus.

3.3.1.3 Portfolio-Insurance-Strategien

Die Grundkonzeption der Portfolio Insurance besteht in der Verlustbegrenzung seines Anlagevermögens im Fall sinkender bei gleichzeitiger Partizipation an steigenden Marktbewegungen. Dabei liegen die Anwendungsbereiche

- beim Gesamtportfolio (*Strategische Asset Allocation*) oder
- bei reinen Aktien- oder Anleiheportfolios (*Taktische Asset Allocation*).

Bei den Immunisierungsstrategien der Portfolio Insurance unterscheidet man zwischen statischen und dynamischen Strategien (vgl. Abb. 3.16).

Stop-Loss-Strategie

Statische Strategien sind dadurch gekennzeichnet, dass man vorab einmalig Verlust-grenzen definiert, die unabhängig von der Entwicklung der riskanten Wertpapiere bzw. Märkte einzuhalten sind. Zu den statischen Verfahren zählt die *Stop-Loss-Strategie*. Sie kommt insbesondere bei der Absicherung von Aktienpositionen und/oder Aktienport-folios mit einem Absolute-Return-Ansatz zum Einsatz. Die klassische Vorgehensweise lautet wie folgt:

- Festlegung eines Portfoliomindestwerts ($F =$ Floor) zu einem bestimmten Zeitpunkt (z. B. Ende des Planungshorizonts T)
- Bestimmung des Present Value des Floors (PV^{Floor})
- Erreicht das Portfolio den Present Value des Floors, so wird sofort in ein risikoloses Portfolio (risikoloser Zins $= r_f$) umgeschichtet
- Formal gilt: $PV_t^{\text{Floor}} = F \cdot \left(1 + r_f\right)^{-(T-t)}$

Dadurch, dass der vorab definierte Floor nie unterschritten werden darf, bedarf es der ständigen Überprüfung des Present Value.

Bond-Call-Strategie

Eine modifizierte Anwendung der Stop-Loss-Strategie, aber mit erheblich geringerem Aufwand, besteht in der *sofortigen* Aufteilung des Anlagebetrags (AB) in einen sicher anzulegenden und einen riskanteren Teil. Die Vorgehensweise lautet:

- Bestimme den sicher anzulegenden Geldbetrag durch Diskontierung des abzusi-chernden Betrags N im Zeitpunkt T: $PV_t^{\text{sicher}} = N \cdot \left(1 + r_f\right)^{-T}$.
- Kauf von Zero-Bonds in Höhe des diskontierten Betrags PV_t^{sicher}
- Kauf eines Calls (Long Call) auf riskante Assets in Höhe des Restbetrags $AB - PV_t^{\text{sicher}}$

Diese Art von Strategie wird auch als *Bond-Call-Strategie* bezeichnet, da neben einem Zero-Bond ein Call gekauft wird. Eine Anwendung dieser statischen Strategie kommt bei fondsgebundenen Lebens- und Rentenversicherungen mit Garantie sowie bei Produkten der betrieblichen Altersversorgung zum Einsatz, wenn Beitragszusage mit Mindestleis-tung (BZM) vereinbart wurde. Dies ist bei den fondsgebundenen Produkten der Direkt-versicherung, der Pensionskasse sowie des Pensionsfonds beispielsweise der Fall. Ein Garantiezertifikat, auch Safe- oder Airbag-Zertifikat genannt, ist ebenfalls so konstruiert.

Protective-Put-Strategie

Eine weitere Möglichkeit der statischen Absicherung ist die *Protective-Put-Strategie*. Hier wird eine bestehende, riskante Position, z. B. Aktien, sofort durch den Kauf eines Puts abgesichert. Die Idee ist, dass mögliche Aktienkursverluste durch Gewinne der Puts

Tab. 3.5 Möglicher Wertverlauf mit Protective-Put-Strategie im Beispielfall. (Quelle: eigene Darstellung)

Daimlerkurs am Verfallstag	Optionprämie	Wert Long Put	Gesamtwert Long Put	Gesamtwert Aktien	Aktienerfolg	Vermögensänderung
29,00	−3.970	600	6.000	29.000	−6.000	−3.970
31,00	−3.970	400	4.000	31.000	−4.000	−3.970
33,00	−3.970	200	2.000	33.000	−2.000	−3.970
35,00	−3.970	0	0	35.000	0	−3.970
37,00	−3.970	0	0	37.000	2.000	−1.970
39,00	−3.970	0	0	39.000	4.000	30
41,00	−3.970	0	0	41.000	6.000	2.030

ausgeglichen werden. Dabei ist zunächst das Absicherungsniveau zu bestimmen. Wenn beispielsweise der mögliche Wertverlust der Aktien genau durch den Gewinn der Puts kompensiert werden soll, dann muss das Verhältnis von gekauften Puts zu gehaltenen Aktien 1:1 fixiert werden. Man spricht in diesem Zusammenhang von einem *1:1-Fixed-Hedge*. Zu beachten ist dabei allerdings, dass das Hedging-Ziel der absoluten Absicherung nur bei einer Ausübung der Option am Verfalltag erreicht wird und nicht schon während der Laufzeit der Option.

Da die Gesamtposition aus Aktien und Long Put einem Long Call entspricht, kann statt von einer Protective-Put-Strategie auch von einer *synthetischen Call-Strategie* gesprochen werden.

Beispiel Protective-Put-Strategie

Ein Investor hält am 18.03.2010 1.000 Aktien der Daimler AG. Der aktuelle Kurs der Daimler Aktie beträgt 35 €. Der Anleger möchte den Gesamtwert seiner Aktienpositionen in Höhe von 35.000 € gegen mögliche Wertverluste in 9 Monaten durch den Kauf von Puts heute absichern. Er wählt daher einen Put-Optionsschein, der mit einem Basispreis von 35 € at-the-money ist. Der passende Optionsschein mit der ISIN DE000GS18YG3 von Goldman Sachs kostet 3,97 € pro Aktie. Der Fälligkeitstag dieses Optionsscheins ist der 16.12.2010. Da der Investor einen 1:1-Hedge wünscht, muss er bei einem Bezugsverhältnis von 1 insgesamt 1.000 Optionsscheine kaufen.

Die Optionsprämie für den Long Put beträgt also insgesamt 3.970 €. Betrachten wir den Verfalltag des ausgewählten Optionsscheins, dann ergeben sich für unterschiedliche Daimlerkurse die in Tab. 3.5 aufgeführten Wertveränderungen. Fällt beispielsweise der Aktienkurs am Fälligkeitstag auf 29 €, so wird der Put ausgeübt, da er im Geld ist. Pro Schein beträgt der Gewinn dann 6 € (35 € − 29 €), insgesamt also 6.000 €. Abzüglich der Optionsprämie von 3.970 € ergibt das für den Long Put einen Nettogewinn von 2.030 €. Da die 1.000 Daimler-Aktien im Bestand im Wert um 6 € pro Aktie verloren haben, ergibt sich aus beiden Positionen ein Gesamtverlust in Höhe von 3.970 €, was exakt der Optionsprämie entspricht. Der Aktienverlust wird folglich durch den Wertzuwachs des Long Puts neutralisiert. Der 1:1-Hedge ist aufgegangen. Dies ist bei allen Aktienkursen unterhalb des Basispreises von 35 € der Fall.

Ist der Aktienkurs am Verfalltag des Optionsscheins dagegen auf 41 € gestiegen, so ist zwar der Optionsschein wertlos, aber der Investor partizipiert trotzdem, vermindert um die Optionsprämie, am steigenden Aktienkurs. Der Gesamtgewinn beläuft sich auf 2.030 €. Wie man sieht, ist die verlorene Optionsprämie vergleichbar mit einer Versicherungsprämie unabhängig vom Eintreten der möglichen Ereignisse in jedem Fall verloren.

In Abb. 3.17 ist der Wertverlauf der Aktienposition (ohne Hedge) dem Wertverlauf der Aktienposition mit Protective-Put-Strategie (mit Hedge) gegenübergestellt. Es ist gut zu erkennen, dass der Kurvenverlauf mit Hedge dem Kurvenverlauf eines Long Calls entspricht.

CPPI-Strategie

Die Constant-Proportion-Portfolio-Insurance-Strategie (CPPI) gehört zu den dynamischen Wertsicherungsstrategien und wurde von Black und Jones (1987) in den 1980er-Jahren entwickelt. Die Idee dabei ist, ein riskant angelegtes Portfolio in Abhängigkeit der Portfolioentwicklung zu steuern: Tendieren die Aktienmärkte nach unten, so wird das Portfolio von riskant zu weniger riskant umgeschichtet und umgekehrt. Da das Portfolio bei dieser Methode am Trend des Kapitalmarkts ausgerichtet wird, spricht man bei einem CPPI auch von einer *pfadabhängigen Strategie*. Die Vorgehensweise ist folgende:

- Festlegung eines fixen Portfoliomindestwerts (F = Floor)
- Festlegung eines absoluten Risikopuffers (C = Cushion) in Abhängigkeit des Gesamtvermögens (V) und des Floors, wobei $C = \max(V - F; 0)$ gilt
- Festlegung und Quantifizierung der Risikoeinstellung des Investors

Der Portfoliomindestwert darf während der gesamten Anlagedauer nie unterschritten werden. Wird lediglich der Risikopuffer investiert, ist dies auch immer gewährleistet. Die Risikoeinstellung des Investors kommt über einen Multiplikator (M) zum Ausdruck. Er gibt an, um das Wievielfache des Risikopuffers (C) riskant angelegt werden darf. Wird lediglich der Risikopuffer riskant investiert, so ist der Multiplikator 1. Der Aktienexposure (E) berechnet sich folglich aus:

$$E = M \cdot C \quad \text{mit } M \geq 1$$

Die Höhe des Multiplikators hat jedoch eine zweite Funktion: Er spiegelt einen maximal möglichen Tagesverlust bei der riskanten Geldanlage wider.

Geht man beispielsweise von einem Aktiencrash von 25 % aus, was dem bisher höchsten Tagesverlust der Dow Jones Industrial Average am 12.12.1914 entspricht, so ergibt sich ein Multiplikator von 4 als Kehrwert des Tagesverlusts ($1/25$ %). Je niedriger

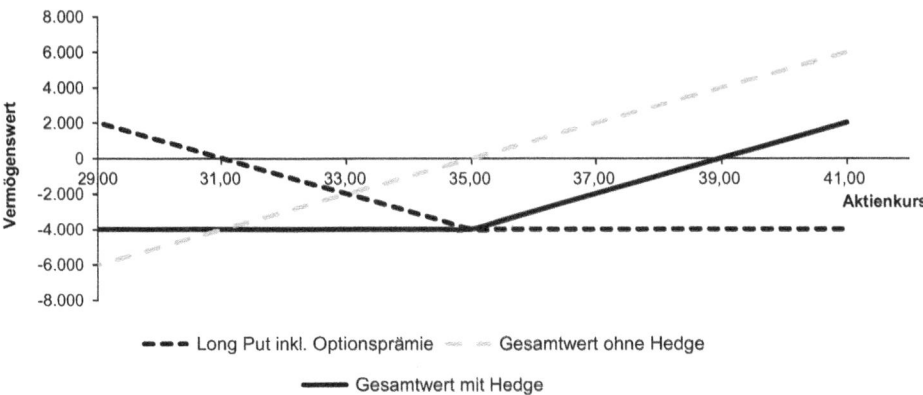

Abb. 3.17 Vermögensposition mit und ohne Hedge im Beispielfall. (Quelle: eigene Darstellung)

ein möglicher Tagesverlust eines Aktienindex eingeschätzt wird, desto höher der Multiplikator. Mit anderen Worten: Ein risikoaffiner Investor würde einen hohen und ein weniger risikofreudiger Investor dagegen einen niedrigen Multiplikator wählen.

Bei den weiteren Betrachtungen wollen wir von folgenden Annahmen ausgehen:

- Die riskante Geldanlage ist ein Aktienindex.
- Kreditfinanzierte Aktienkäufe sind nicht zulässig. Die Aktienquote beträgt maximal 100 %.
- Transaktionskosten fallen bei der Umschichtung nicht an.
- Die risikolose Geldanlage ist die Kassenhaltung.

Beispiel CPPI-Strategie

Das Vermögen des Investors beträgt heute 100.000 €. Seine Verlusttoleranz liegt bei 10 %, sodass der Mindestportfoliowert (Floor) mit 90.000 € fixiert ist. Die Risikoeinstellung gibt der Investor mit einem Multiplikator in Höhe von 3,5 an, was einem maximalen Tagesverlust von 28,57 % entspricht. Die riskante Anlage ist ein Aktienindex und die risikolose Anlage besteht in der Kassenhaltung. Der anfängliche Risikopuffer in $t = 0$ beträgt:

$$C_0 = max(V_0 - F; 0) = max(100.000 \ € - 90.000 \ €; 0) = 10.000 \ €$$

Das Aktienexposure in $t = 0$ ergibt sich aus dem Multiplikator und dem anfänglichen Risikopuffer zu:

$$E_0 = M \cdot C_0 = 3,5 \cdot 10.000 \ € = 35.000 \ €$$

Die anfängliche Aktienquote beträgt also 35 %. Im Folgenden wollen wir die CPPI- mit der Buy-and-Hold-Strategie bei drei verschiedenen Szenarien vergleichen: ein stetig steigender Aktienmarkt, ein stetig fallender Aktienmarkt und ein volatiler Aktienmarkt.

Szenario 1: Stetig steigender Aktienmarkt
Steigt der Aktienindex in der ersten Periode um 10 %-Punkte, so steigt das Portfolio um 3.500 € (35.000 € · 10 %) im Wert. Bei konstantem Floor muss der Risikopuffer um ebenfalls 3.500 € ansteigen. Das Aktienengagement steigt jedoch überproportional auf 47.250 €. Davon sind 3.500 € auf die Wertsteigerung und die restlichen 8.750 € auf eine Portfolioumschichtung von risikolos zu riskant zurückzuführen. Die Aktienquote steigt auf 45,7 %. Steigt der Aktienindex in der nächsten Periode, so ergibt sich eine Wertveränderung des Portfolios allgemein von:

$$\text{Wertveränderung} = \frac{AI_t - AI_{t-1}}{AI_{t-1}} \cdot E_{t-1}$$

Bezogen auf den konkreten Fall ergibt sich eine Wertveränderung in $t=2$ bei einer Steigung des Aktienindex um 10 %-Punkte:

$$\text{Wertveränderung} = \frac{120\% - 110\%}{110\%} \cdot 47.250 \ \text{€} = 4.295 \ \text{€}$$

Der Portfoliowert erhöht sich dadurch von 103.500 € auf 107.795 € und der Risikopuffer erhöht sich ebenfalls um 4.295 € auf 17.795 €. Das Aktienexposure steigt wiederum überproportional. Neben dem Wertzuwachs in Höhe von 4.259 € steigt der Aktienanteil durch die Umschichtung in Höhe von 10.739 € auf insgesamt 62.284 €. Die weitere Entwicklung des Portfolios kann Tab. 3.6 entnommen werden.

Der Vergleich mit der Buy-and-Hold-Strategie zeigt, dass die Aktienquote nicht so stark ansteigt wie bei der CPPI-Strategie (vgl. Tab. 3.7). Das liegt natürlich daran, dass der Aktienanteil sich lediglich um die Wertveränderung erhöht.

Tab. 3.6 CPPI-Portfolio bei stetig steigendem Aktienmarkt. (Quelle: eigene Darstellung)

t	Aktien- index	Wertver- änderung	Portfolio- wert V	Floor F	Risiko- puffer C	Aktienex- posure E	Aktien- quote
0	100 %	0	100.000	90.000	10.000	35.000	35,0 %
1	110 %	3.500	103.500	90.000	13.500	47.250	45,7 %
2	120 %	4.295	107.795	90.000	17.795	62.284	57,8 %
3	130 %	5.190	112.986	90.000	22.986	80.450	71,2 %
4	140 %	6.188	119.174	90.000	29.174	102.110	85,7 %
5	150 %	7.294	126.468	90.000	36.468	126.468	100,0 %

Tab. 3.7 Buy-and-Hold-Portfolio bei stetig steigendem Aktienmarkt. (Quelle: eigene Darstellung)

t	Aktienindex	Wertveränderung	Portfoliowert V	Aktienexposure E	Aktienquote
0	100 %	0	100.000	35.000	35,0 %
1	110 %	3.500	103.500	38.500	37,2 %
2	120 %	3.500	107.000	42.000	39,3 %
3	130 %	3.500	110.500	45.500	41,2 %
4	140 %	3.500	114.000	49.000	43,0 %
5	150 %	3.500	117.500	52.500	44,7 %

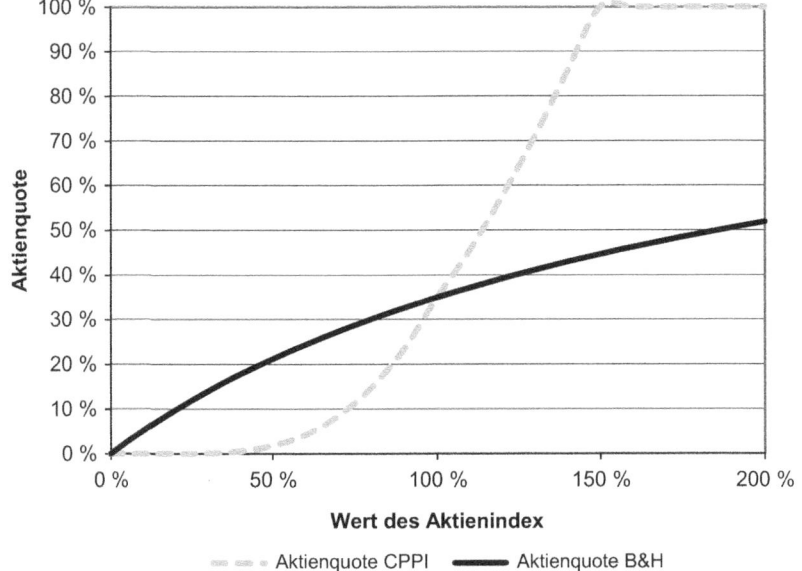

Abb. 3.18 CPPI- vs. Buy-and-Hold-Aktienquote bei stetigen Aktienmarktentwicklungen. (Quelle: eigene Darstellung)

Die Aktienquote ist bei der Buy-and-Hold-Strategie nach fünfmaliger Erhöhung des Aktienindex um jeweils 10 %-Punkte (Index = 150 %) mit gerade einmal knapp 45 % noch nicht einmal halb so hoch wie die bei der CPPI- Strategie (100 %). Dies ist in Abb. 3.18 auch gut zu erkennen.

Szenario 2: Stetig fallender Aktienmarkt

Betrachten wir einen stetig fallenden Aktienindex, so ergibt sich bei einem CPPI-Portfolio ein sehr schnelles Umschichten zugunsten der Kassenhaltung. Der Portfoliowert nähert sich dem vorab definierten Floor von 90.000 €. Die Aktienquote beträgt nach fünfmaligem Sinken des Aktienindex um jeweils 10 %-Punkte (Aktienindex = 50 %) nur noch 1,8 % (vgl. Tab. 3.8).

Tab. 3.8 CPPI-Portfolio bei stetig fallendem Aktienmarkt. (Quelle: eigene Darstellung)

t	Aktien-index	Wertver-änderung	Portfolio-wert V	Floor F	Risiko-puffer C	Aktienex-posure E	Aktien-quote
0	100 %	0	100.000	90.000	10.000	35.000	35,0 %
1	90 %	−3.500	96.500	90.000	6.500	22.750	23,6 %
2	80 %	−2.528	93.972	90.000	3.972	13.903	14,8 %
3	70 %	−1.738	92.234	90.000	2.234	7.820	8,5 %
4	60 %	−1.117	91.117	90.000	1.117	3.910	4,3 %
5	50 %	−652	90.465	90.000	465	1.629	1,8 %

Tab. 3.9 Buy-and-Hold-Portfolio bei stetig fallendem Aktienmarkt. (Quelle: eigene Darstellung)

t	Aktienindex	Wertveränderung	Portfoliowert V	Aktienexposure E	Aktienquote
0	100 %	0	100.000	35.000	35,0 %
1	90 %	−3.500	96.500	31.500	32,6 %
2	80 %	−3.500	93.000	28.000	30,1 %
3	70 %	−3.500	89.500	24.500	27,4 %
4	60 %	−3.500	86.000	21.000	24,4 %
5	50 %	−3.500	82.500	17.500	21,2 %

Im Vergleich dazu liegt die Aktienquote bei der Buy-and-Hold-Strategie immerhin noch bei 21,2 %, mit dem Effekt, dass der Portfoliowert unterhalb des Floors gesunken ist (vgl. Tab. 3.9 und Abb. 3.18).

Der Grund für die geringere Aktienquote bei der CPPI-Strategie liegt in der ständigen Anpassung des Portfolios an die Marktsituation. Steigen die Aktienkurse, so wird stärker in die riskante Anlage umgeschichtet und vice versa.

In Abb. 3.19 sind die Ergebnisse für einen stetig steigenden bzw. fallenden Aktienmarkt für die CPPI- und Buy-and-Hold-Strategie noch einmal grafisch aufbereitet.

Als Zwischenfazit können wir festhalten: Die CPPI-Strategie passt die Aktienquote durch die Portfolioumschichtungen sehr schnell an die Marktbewegungen an. Dies geschieht umso stärker, je höher der Multiplikator M ist und damit die Risikoeinstellung des Investors. In Abb. 3.20 ist dieser Effekt anhand der Multiplikatoren $M = 1$, was der Buy-and-Hold-Strategie entspricht, sowie $M = 3,5$ und $M = 5$ einmal dargestellt. Man spricht in diesem Zusammenhang auch vom sogenannten Konvexitätseffekt, da das Portfoliovermögen mit stetiger Zu- bzw. Abnahme des Aktienmarkts konvex verläuft.

Die Krümmung der Kurve ist umso stärker, je höher der Multiplikator ist. Die permanente Umschichtung bei der CPPI-Strategie ist bei einem klaren Aktientrend erfolgreicher als die Anwendung der Buy-and-Hold-Strategie. Damit wird deutlich, dass es sich bei der CPPI-Strategie um eine *Trendfolgestrategie* mit eingebautem Risikomanagement handelt, weil der vorab definierte Floor nie unterschritten wird.

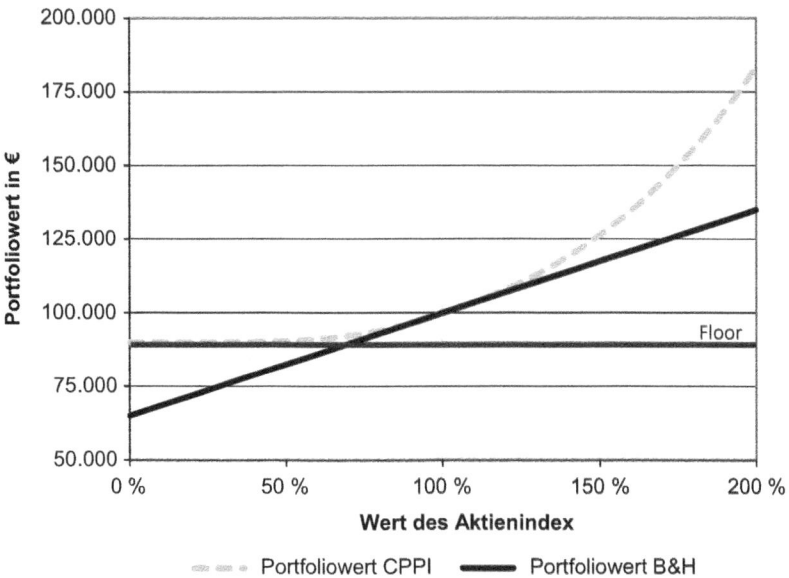

Abb. 3.19 Wertentwicklung eines CPPI-Portfolios im Vergleich zu einem Buy-and-Hold-Portfolio bei stetiger Aktienmarktentwicklung. (Quelle: eigene Darstellung)

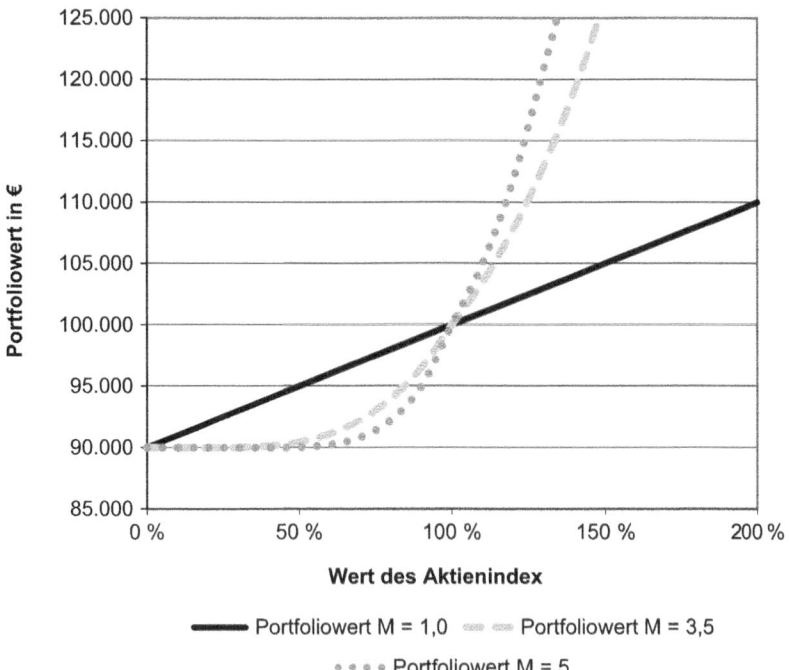

Abb. 3.20 Der Konvexitätseffekt der CPPI-Strategie. (Quelle: eigene Darstellung)

Szenario 3: Volatiler Aktienmarkt

Unterstellen wir in unserem dritten Szenario uneinheitliche Aktienmärkte, so ergibt sich ein anderes Bild: Wie der Tab. 3.10 und 3.11 zu entnehmen ist, ist der Buy-and-Hold-Portfoliowert bei einer „Schaukelbörse" höher als bei Anwendung der CPPI-Strategie.

Nach sechs volatilen Marktbewegungen liegt der Portfoliowert bei der Buy-and-Hold-Strategie wieder bei dem ursprünglichen Wert von 100.000 €, wohingegen der Portfoliowert bei der CPPI-Strategie mit 96.797 € unterhalb dieses Wertes notiert.

Die Abb. 3.21 fasst die Ergebnisse für insgesamt acht Perioden noch einmal grafisch aufbereitet zusammen. Dadurch, dass der Floor bei steigenden Märkten nicht nach oben angepasst wird, gehen einmal erzielte Gewinne bei fallenden Märkten wieder verloren.

Wir fassen zusammen:

- Die CPPI-Strategie ist der Buy-and-Hold-Strategie überlegen, wenn stetig steigende bzw. fallende Märkte unterstellt werden.
- Der Portfoliowert bei der CPPI-Strategie ist umso größer, je stärker der Markt gestiegen bzw. gefallen ist (Konvexitätseffekt).
- Je größer die Risikofreudigkeit des Investors, desto größer ist der Konvexitätseffekt.
- Die Aktienquote atmet mit dem Reservepuffer (Cushion).
- Während der Laufzeit erzielte Gewinne werden nicht abgesichert.

Tab. 3.10 CPPI-Portfolio bei volatilem Aktienmarkt. (Quelle: eigene Darstellung)

t	Aktien-index	Wertver-änderung	Portfolio-wert V	Floor F	Risiko-puffer C	Aktienex-posure E	Aktien-quote
0	100 %	0	100.000	90.000	10.000	35.000	35,0 %
1	115 %	5.250	105.250	90.000	15.250	53.375	50,7 %
2	105 %	−4.641	100.609	90.000	10.609	37.130	36,9 %
3	95 %	−3.536	97.072	90.000	7.072	24.754	25,5 %
4	110 %	3.908	100.981	90.000	10.981	38.433	38,1 %
5	95 %	−5.241	95.740	90.000	5.740	20.090	21,0 %
6	100 %	1.057	96.797	90.000	6.797	23.791	24,6 %

Tab. 3.11 Buy-and-Hold-Portfolio bei volatilem Aktienmarkt. (Quelle: eigene Darstellung)

t	Aktienindex	Wertveränderung	Portfoliowert V	Aktienexposure E	Aktienquote
0	100 %	0	100.000	35.000	35,0 %
1	115 %	5.250	105.250	40.250	38,2 %
2	105 %	−3.500	101.750	36.750	36,1 %
3	95 %	−3.500	98.250	33.250	33,8 %
4	110 %	5.250	103.500	38.500	37,2 %
5	95 %	−5.250	98.250	33.250	33,8 %
6	100 %	1.750	100.000	35.000	35,0 %

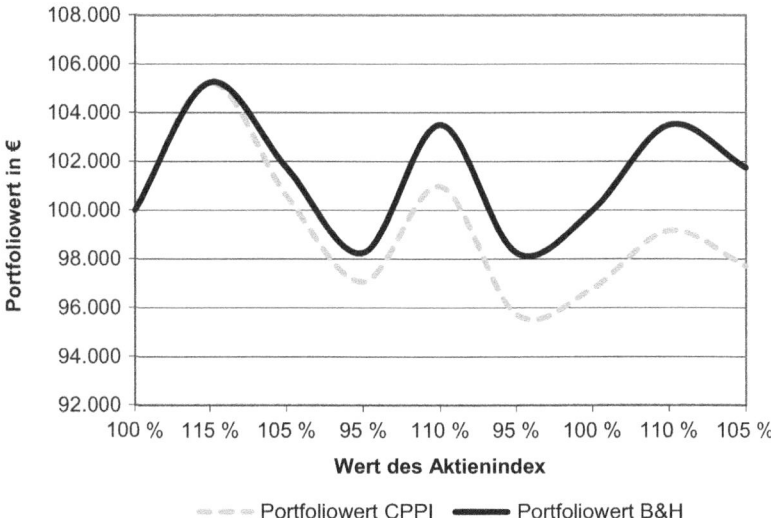

Abb. 3.21 Wertentwicklung eines CPPI-Portfolios im Vergleich zu einem Buy-and-Hold-Portfolio bei volatiler Aktienmarktentwicklung. (Quelle: eigene Darstellung)

- Im Fall nicht stetiger Kapitalmarktentwicklungen (volatile Märkte) ist die Buy-and-Hold-Strategie der CPPI überlegen.
- Berücksichtigung von Transaktionskosten würde die Performance aufgrund der zahlreichen Umschichtungen bei volatilen Märkten weiter verschlechtern.

TIPP-Strategie

Eine Modifikation der CPPI-Strategie stellt die **T**ime-**I**nvariant-**P**ortfolio-**P**rotection-Strategie (TIPP) dar. Sie wurde von Estep und Kritzman (1988) entwickelt und setzt sich zum Ziel, einmal erzielte Gewinne nicht wieder bei einem Aktienkursrückgang komplett zu verlieren. Dies erreicht sie wie folgt:

- Der konstante absolute Floor (F) wird zugunsten eines variablen Floors aufgegeben. Er wird als fester Prozentsatz (ff) zum Portfoliowert (V) angegeben.
- Die Anpassung des Floors erfolgt nur bei steigendem Portfoliowert.
- Ein einmal erreichter Floor wird bei fallenden Märkten eingefroren.

Formal gilt: $F_t = \max(V_t \cdot f; F_{t-1})$

Beispiel TIPP-Strategie

Kommen wir wieder auf unser Beispiel zur CPPI-Strategie zurück. Zur Erinnerung: Das Vermögen des Investors beträgt heute 100.000 €. Seine Verlusttoleranz liegt bei 10 %, sodass der anfängliche, variable Floorprozentsatz 90 % beträgt. Der

Mindestportfoliowert in $t = 0$ liegt folglich bei 90.000 €. Die Risikoeinstellung gibt der Investor mit einem Multiplikator in Höhe von 3,5 an, sodass die anfängliche Aktienquote bei 35 % ($=3,5 \cdot 10.000$ € / 100.000 €) liegt.

Auch hier wollen wir wieder drei Szenarien betrachten und die Ergebnisse mit denen der CPPI- und Buy-and-Hold-Strategie vergleichen.

Szenario 1: Stetig steigender Aktienmarkt
Steigt der Aktienindex in der ersten Periode um 10 %-Punkte, so steigt das Portfolio um 3.500 € (35.000 € $\cdot$ 10 %) im Wert (Tab. 3.12). Im Gegensatz zur CPPI-Strategie steigt der Risikopuffer nicht um diesen Betrag, da bei der TIPP-Strategie der Floor zunächst nach oben angepasst wird:

$$F_t = \max(103.500 \ € \cdot 90\%; 90.000) = 93.150 \ €$$

Der Restbetrag des Wertzuwachses von 350 € (= 3.500 € – 3.150 €) erhöht den Risikopuffer.

Der Aktienanteil wird in $t = 1$ gemäß der Risikoeinstellung des Investors und des vorhandenen Risikopuffers um 1.225 € erhöht, sodass das Aktienexposure

$$E_1 = M \cdot C_1 = 3,5 \cdot 10.350 \ € = 36.225 \ €$$

beträgt. Die Aktienquote ist bei dieser Aktion mit 35 % (= 36.225 € / 103.500 €) konstant geblieben. Wie man der Tab. 3.12 entnehmen kann, gilt dies auch für die weiteren Perioden. Bei der Buy-and-Hold-Strategie steigt die Aktienquote dagegen kontinuierlich auf 44,7 % (vgl. Tab. 3.7). Der Portfoliowert nach fünf Perioden fällt daher auch mit 117.000 € höher aus als bei der TIPP-Strategie (115.689 €). Die Anpassung des Floors nach oben und damit die Absicherung des Gewinns kosten Rendite bei der TIPP-Strategie (vgl. auch Abb. 3.22).

Tab. 3.12 TIPP-Portfolio bei stetig steigendem Aktienmarkt. (Quelle: eigene Darstellung)

t	Aktien-index	Wertver-änderung	Portfolio-wert V	Floor F	Risiko-puffer C	Aktienex-posure E	Aktien-quote
0	100 %	0	100.000	90.000	10.000	35.000	35,0 %
1	110 %	3.500	103.500	93.150	10.350	36.225	35,0 %
2	120 %	3.293	106.793	96.114	10.679	37.378	35,0 %
3	130 %	3.115	109.908	98.917	10.991	38.468	35,0 %
4	140 %	2.959	112.867	101.580	11.287	39.503	35,0 %
5	150 %	2.822	115.689	104.120	11.569	40.491	35,0 %

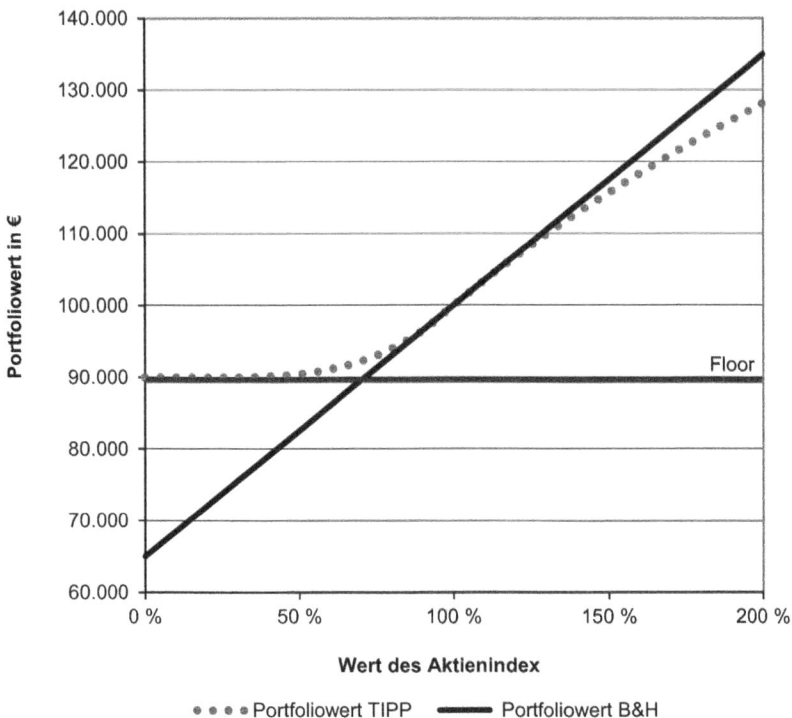

Abb. 3.22 Wertentwicklung eines TIPP-Portfolios im Vergleich zu einem Buy-and-Hold-Portfolio bei stetiger Aktienmarktentwicklung. (Quelle: eigene Darstellung)

Szenario 2: Stetig fallender Aktienmarkt

Fällt der Aktienmarkt kontinuierlich, so ergibt sich bei der TIPP-Strategie dasselbe Bild wie bei der CPPI-Strategie. Der Floor bleibt mit 90.000 € konstant über die Laufzeit, die Aktienquote nimmt über die Zeit stetig ab (vgl. auch Tab. 3.8).

Abb. 3.22 verdeutlicht noch einmal die Gemeinsamkeiten und Unterschiede zur CPPI-Strategie. Fällt der Aktienmarkt stetig, so wird die Aktienquote wie bei der CPPI-Strategie nach unten angepasst, damit der Floor nicht verletzt wird. Steigt der Aktienmarkt dagegen kontinuierlich an, so liegt der Portfoliowert aufgrund der niedrigeren Aktienquote unterhalb des Portfoliowerts der Buy-and- Hold- und CPPI-Strategie (vgl. Abb. 3.19 und 3.22).

Szenario 3: Volatiler Aktienmarkt

Folgen die Aktienmärkte keinem einheitlichen Trend, so ist die Performance eines TIPP-Portfolios schlechter als die eines Buy-and-Hold-Portfolios. Nach exemplarischen sechs Perioden liegt der TIPP-Portfoliowert mit 99.416 € (Tab. 3.13) im Vergleich zum Buy-and-Hold-Portfolio mit 100.000 € (vgl. Tab. 3.11) nur geringfügig darunter, jedoch

Tab. 3.13 TIPP-Portfolio bei volatilem Aktienmarkt. (Quelle: eigene Darstellung)

t	Aktien-index	Wertver-änderung	Portfolio-wert V	Floor F	Risiko-puffer C	Aktienex-posure E	Aktien-quote
0	100 %	0	100.000	90.000	10.000	35.000	35,0 %
1	115 %	5.250	105.250	94.725	10.525	36.838	35,0 %
2	105 %	−3.203	102.047	94.725	7.322	25.626	25,1 %
3	95 %	−2.441	99.606	94.725	4.881	17.084	17,2 %
4	110 %	2.697	102.304	94.725	7.579	26.525	25,9 %
5	95 %	−3.617	98.687	94.725	3.962	13.865	14,1 %
6	100 %	730	99.416	94.725	4.691	16.420	16,5 %

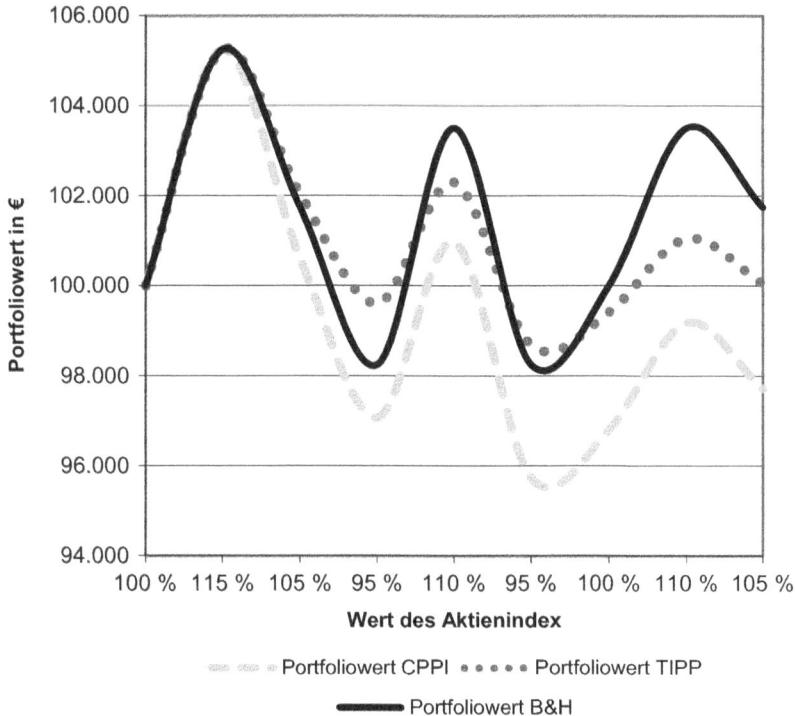

Abb. 3.23 Wertentwicklung eines TIPP-, CPPI- und eines Buy-and-Hold-Portfolios im Vergleich bei volatiler Aktienmarktentwicklung. (Quelle: eigene Darstellung)

baut sich die Differenz wieder aus, wenn in Periode 7 und 8 eine weitere „Schaukelbörse" unterstellt wird (Abb. 3.23).

Im Vergleich zur CPPI-Strategie ist die TIPP-Strategie jedoch bei volatilen Akti-enbewegungen besser. Das liegt daran, dass bei Aufwärtsbewegungen die Aktienquote nicht ausgebaut wird, sodass bei fallenden Märkten von einem geringeren Niveau aus in die risikolose Kassenhaltung umgeschichtet wird.

3.3.2 Zinsmanagement

3.3.2.1 Sensitivitätskennzahlen

3.3.2.1.1 Grundlagen Zinsmanagement

Bevor wir uns den Sensitivitätskennzahlen von Anleihen im Einzelnen zuwenden, müssen zuvor die Begriffe Anleiherisiken und Zinsmanagement definiert werden. Unter Anleiherisiken werden Bonitäts-, Zinsänderungs- und Währungsrisiken subsumiert (vgl. Abb. 3.24). Das Zinsänderungsrisiko lässt sich wiederum in das Kurs- und Wiederanlagerisiko unterteilen. Diese Arten von Finanzrisiken haben wir bereits in Abschn. 3.2.1 ausführlich besprochen.

Wir wollen uns im Weiteren auf das Zinsänderungsrisiko konzentrieren. Die Handhabung von Bonitäts- und Währungsrisiken folgen in den Abschn. 3.2.4 bzw. 3.3.3.

▶ **Definition Zinsmanagement** *Unter Zinsmanagement soll der bewusste und planvolle Umgang mit Zinsänderungsrisiken verstanden werden.*

Unter *Kursrisiko* wird die Sensitivität des Marktpreises einer Anleihe durch zukünftige Zinssatzänderungen verstanden. Es lässt sich über die Berechnung des Barwerts der diskontierten Zahlungsansprüche der Anleihe quantifizieren. Steigt der Marktzins (Diskontierungszinssatz), so sinkt der Anleihekurs. Sinkt der Marktzins hingegen, so steigt der Kurs der Anleihe (vgl. Tab. 3.14 und das Beispiel in Abschn. 3.2.2).

Bei dem Wiederanlagerisiko verhält es sich genau umgekehrt zum Kursrisiko. Es lässt sich über den Endwert einer Anleihe quantifizieren. Steigt der Marktzins, so steigt auch der Endwert der Anleihe und vice versa (vgl. das Beispiel in Abschn. 3.2.3). Kurs- und Wiederanlagerisiko sind folglich gegenläufig bzw. negativ korreliert.

Abb. 3.24 Anleiherisiken.
(Quelle: eigene Darstellung)

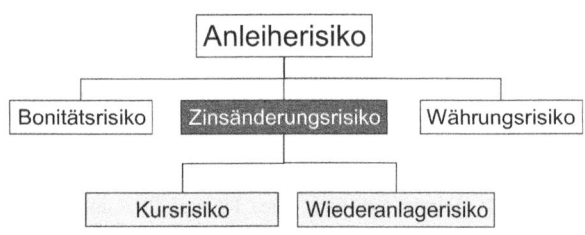

Tab. 3.14 Sensitivitätseigenschaften von Anleihen bei Zinssatzänderungen.
(Quelle: eigene Darstellung)

Sensitivität	Marktpreis	Endwert
Zinserhöhung	fällt	steigt
Zinssenkung	steigt	fällt

3.3.2.1.2 Duration

Die Duration einer Anleihe ist zunächst einmal ein Risikomaß für das Zinsänderungs-risiko. Sie kann als Schätzparameter für die Auswirkungen einer Zinsänderung dienen. Je größer die Duration einer Anleihe ist, desto größer ist auch das Risiko bei steigenden Zinsen, dass der Preis der Anleihe deutlich fällt. Jedoch bedeutet eine hohe Duration auch gleichzeitig die Chance bei fallenden Zinsen, stärker an steigenden Kursen der Anleihe zu partizipieren. Folglich besitzt die Duration einer Anleihe eine ähnliche Funktion wie die Restlaufzeit einer Anleihe. Die Einheit der Duration wird ebenfalls in Jahren gemessen.

Darüber hinaus definiert die Duration auch einen Zeitpunkt, an dem der Investor unter bestimmten Annahmen immun gegen Zinsänderungen ist. Diese Annahmen lauten:

- Flache Zinsstrukturkurve
- Unmittelbare, einmalige Zinsänderung (kurz nach $t = 0$)
- Zinsänderung als Parallelverschiebung der gesamten Zinsstrukturkurve

Diese Immunisierungseigenschaft der Duration soll anhand eines einfachen Beispiels demonstriert werden.

Beispiel Duration

Wie greifen wieder das Zahlenbeispiel aus dem Abschn. 3.2.2 auf. Zur Erinnerung: Betrachtet wird eine 4-%-Anleihe mit einer Restlaufzeit von genau 5 Jahren. Der Present Value dieser Anleihe beträgt 101,12 € bei Unterstellung einer flachen Zins-strukturkurve auf dem Zinsniveau von 3,75 %. Der geplante Endwert der Anleihe im Zeitpunkt $t = 5$ beläuft sich bei unverändertem Zinssatz auf 121,56 €.

Verändert sich der Marktzins in $t = 0$ für alle Laufzeiten einmalig um 75 BP nach oben (unten), so sinkt (steigt) der Present Value auf 97,81 € (104,58 €). Der Endwert steigt bei der unterstellten einmaligen Zinserhöhung (Zinssenkung) um 75 BP auf 121,88 € (121,24 €). Die Differenz zum Planvermögen ist mit 0,32 € (–0,32 €) pro Anleihe positiv (negativ).

Die Abb. 3.25 verdeutlicht die gegenläufige Wirkung von Zinssatzänderungen auf Present Value und Endwert einer Anleihe. Es muss offensichtlich einen Schnittpunkt der drei Linienverläufe geben. Tatsächlich liegt dieser Schnittpunkt kurz vor dem Fällig-keitstermin der Anleihe. In diesem Punkt ist die Anleihe unter den gegebenen Annahmen zinsimmun. Diesen Zeitpunkt nennt man Duration.

Die Duration einer Anleihe lässt sich exakt berechnen. Die bekannteste Herleitung der Durations-Formel stammt aus dem Jahr 1938 von *Macauly*, weswegen in der Literatur auch häufig von der Macauly-Duration die Rede ist. Formal wird sie wie folgt berechnet:

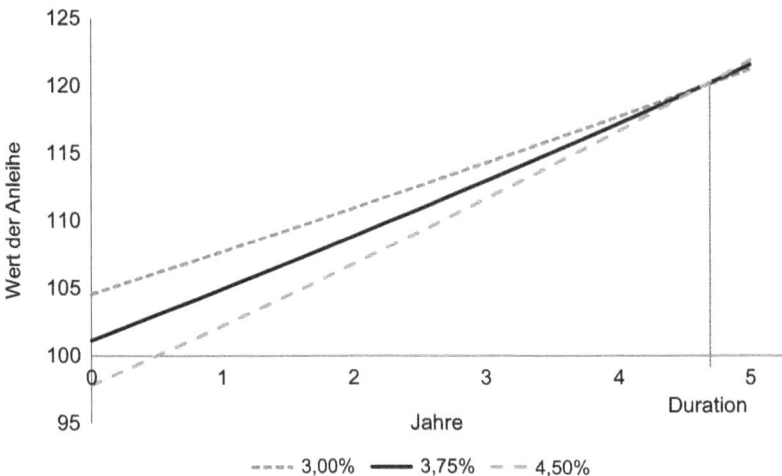

Abb. 3.25 Immunisierungseigenschaften der Duration anhand eines Beispiels. (Quelle: eigene Darstellung)

$$D = \frac{\sum\limits_{t=1}^{n} t \cdot z_t (1 + i)^{-t}}{\sum\limits_{t=1}^{n} z_t (1 + i)^{-t}}$$

mit

$D =$ Duration
$t =$ Zeitindex in Jahren
$zt =$ Zahlungsansprüche im Zeitpunkt t
$n =$ Restlaufzeit der Anleihe
$i =$ Marktzinssatz

Man kann natürlich auch die in Excel hinterlegte Durationsfunktion verwenden. Sie lautet:

DURATION(Abrechnung, Fälligkeit, Nominalzins, Rendite, Häufigkeit)

Mit „Abrechnung" ist der Tag des Anleihekaufs, mit „Fälligkeit" der Fälligkeitstermin der Anleihe, mit „Nominalzins" der Zinskupon, mit „Rendite" der gültige Marktzinssatz für die Restlaufzeit und mit „Häufigkeit" die Anzahl der Zinstermine im Jahr gemeint.

Beispiel Duration – Fortsetzung

Die Duration der 4-%-Anleihe beträgt:

$$D = \frac{1 \cdot 4 \cdot (1,0375)^{-1} + 2 \cdot 4 \cdot (1,0375)^{-2} + \ldots + 5 \cdot 104 \cdot (1,0375)^{-5}}{101,12} = 4,6323$$

Mit anderen Worten: In 4,6323 Jahren ist der Investor unter den zugrunde gelegten Prämissen immun gegen eine einmalige, sofortige Zinsänderung.

Anhand einer Zeitstrahlwippe, auf der die diskontierten Zahlungsansprüche der Anleihe abgetragen werden, lässt sich eine weitere Definition der Duration ableiten. Das Gleichgewicht der Zeitstrahlwippe ist gefunden, wenn die linke Seite den gleichen Wert hat wie die rechte Seite. Dies ist im Zeitpunkt $D = 4,6323$ der Fall, vorausgesetzt, die Rückflüsse aus der Anleihe fallen kontinuierlich über die Zeitperiode an. Dies muss, wie Abb. 3.26 zeigt, insbesondere für den Nominalwert gelten, da dieser mit Abstand das größte Gewicht auf der Zeitstrahlwippe aufweist.

Die Hälfte der Barwerte aller Zahlungsansprüche entspricht der Hälfte des Present Values in Höhe von 101,12 €. Der Wert von 50,56 € kann über die Barwerte der Kuponzahlungen (14,61 €) alleine nicht erreicht werden, sodass sich der Restbetrag in Höhe von 35,95 € über einen Bruchteil des Nominalwerts ergeben muss.

Fassen wir zusammen: Im Zeitpunkt der Duration ist die Hälfte des heutigen Barwerts der Zahlungsreihe an den Investor der Anleihe zurückgeflossen. Diese Begriffsdefinition gilt streng genommen nur für stetige Zahlungsströme. Je geringer die Zahlungsdichte, desto geringer die Aussagekraft der Duration.

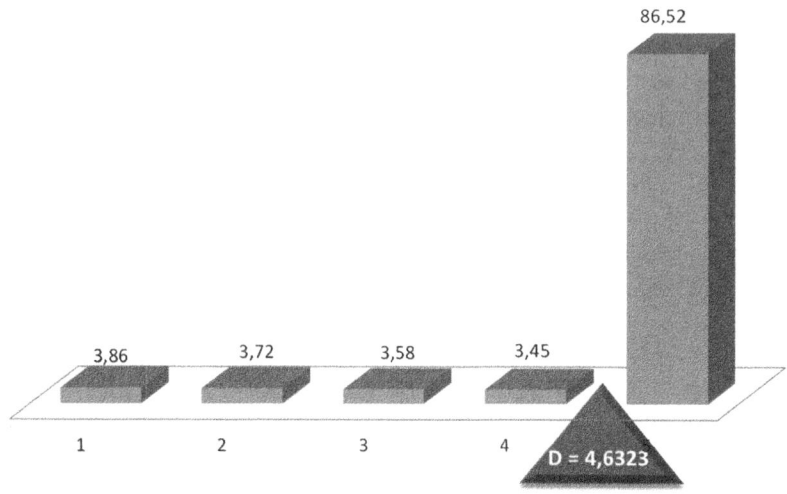

Abb. 3.26 Duration als Keil einer Zeitstrahlwippe. (Quelle: eigene Darstellung)

Mithilfe der Zeitstrahlwippe lässt sich die Wirkungsweise der Einflussfaktoren auf die Höhe der Duration sehr gut ableiten. Es gilt:

- Je höher der Kupon einer Anleihe, desto geringer die Duration.
- Je länger die Restlaufzeit, desto größer die Duration.
- Je höher der Marktzins, desto geringer die Duration.

Kommen wir noch einmal auf die Immunisierungseigenschaften der Duration zu sprechen. Möchte sich der Investor unter den gemachten Annahmen gegen das Zins-änderungsrisiko schützen, so muss er nach einer Anleihe suchen, deren Duration seinem individuellen Planungshorizont entspricht. Darüber hinaus ist der Investor auch mit einem Zero-Bond gut gegen Zinsänderungsrisiken abgesichert, sofern die Restlaufzeit des Zero-Bonds mit dem Planungshorizont übereinstimmt. Denn es gilt für einen Zero-Bond, dass seine Duration der Restlaufzeit n entspricht, wie sich leicht zeigen lässt:

$$
D = \frac{\sum_{n=1}^{n} t \cdot z_n (1+i)^{-n}}{\sum_{n=1}^{n} z_n (1+i)^{-n}} = \frac{n \cdot z_n (1+i)^{-n}}{z_n (1+i)^{-n}} = n
$$

Findet der Investor keine Anleihe auf dem Markt, die zu seinen persönlichen Planungsdaten passen sollte, so gibt es eine dritte Möglichkeit, die gewünschte Immunisierung gegen Zinsänderungsrisiken zu erzielen. Er sucht nach zwei Anleihen, deren Duration zum einen kleiner und zum anderen größer ist als die Wunschduration. Aus diesen beiden Anleihen lässt sich dann ein Anleiheportfolio mit der gewünschten Durationseigenschaft durch eine geeignete Mischung konstruieren. Bezeichnen wir die Duration des Anleiheportfolios mit D_P, so lassen sich aus einer Linearkombination der beiden Anleihen 1 und 2 mit den Eigenschaften $D_1 < D_P < D_2$ die Portfolioanteile w_1 und w_2 wie folgt berechnen:

$$
D_P = w_1 D_1 + w_2 D_2 \ \text{ mit } \ w_1 + w_2 = 1
$$

Wird die Nebenbedingung $w_1 + w_2 = 1$ in die erste Gleichung eingesetzt, so erhalten wir nach einigen Umformungen:

$$
w_1 = \frac{D_P - D_2}{D_1 - D_2}
$$

Der Portfolioanteil der zweiten Anleihe ergibt sich dann als Resultierende der Nebenbedingung.

Fassen wir die Ergebnisse für die drei Immunisierungsstrategien noch einmal kurz zusammen:

1. Kauf einer *Anleihe* mit einer *Duration*, die exakt dem Planungshorizont des Investors entspricht
2. Kauf eines *Zero-Bonds* mit einer *Restlaufzeit*, die exakt dem Planungshorizont des Investors entspricht
3. Konstruktion eines *Anleiheportfolios* mit *gewünschter Duration D_P* aus zwei Anleihen, für deren Duration $D_1 < D_P < D_2$ gilt

Der Investor erreicht mit diesen Strategien unter den gemachten Prämissen mindestens das geplante Vermögen zum gewünschten Zeitpunkt.

Beispiel Immunisierungsstrategie mithilfe der Duration

Betrachten wir wieder das Zahlenbeispiel von eben. Eine 4-%-Anleihe mit einer Restlaufzeit von genau 5 Jahren weist bei einem Zinsniveau von 3,75 % einen Present Value in Höhe von 101,12 € auf. Die Duration beträgt 4,6323 Jahre. Es wird wiederum eine flache Zinsstrukturkurve unterstellt. Der Investor hat einen Planungshorizont von 4 Jahren. Um sich gegen das Zinsänderungsrisiko genau zu diesem Zeitpunkt abzusichern, sucht er nach einer Anleihe, deren Duration genau seinem Planungshorizont entspricht. Er findet am Kapitalmarkt jedoch keine Anleihe mit dieser Duration und auch keinen Zero-Bond mit der gewünschten Restlaufzeit. Daher konstruiert er sich mithilfe einer weiteren Anleihe ein Anleiheportfolio, welches die gewünschte Duration von 3 Jahren hat. Diese zweite Anleihe besitzt einen Kupon von 5 € und hat eine Restlaufzeit von 4 Jahren. Die Duration liegt mit 3,7301 Jahren unterhalb der gewünschten Duration und ist somit geeignet für das Anleiheportfolio. Die Gewichte der beiden Anleihen ergeben sich demnach zu:

$$w_1 = \frac{4 - 3,7301}{4,6323 - 3,7301} = 29,92\% \text{ und } w_2 = 1 - 29,92\% = 70,08\%$$

Das konstruierte Anleiheportfolio besteht also zu 29,92 % aus Anleihe 1 und zu 70,08 % aus Anleihe 2. Die Duration dieses Anleiheportfolios entspricht mit 4 Jahren exakt dem Planungshorizont des Investors.

Die Zahlungsansprüche des Anleiheportfolios je Jahr lauten dann unter Beachtung der ermittelten Gewichtungen gemäß Tab. 3.15:

Tab. 3.15 Zahlungsansprüche des Anleiheportfolios. (Quelle: eigene Darstellung)

Jahr	1	2	3	4	5
Anleihe 1	1,20	1,20	1,20	1,20	31,12
Anleihe 2	3,50	3,50	3,50	73,58	
Anleiheportfolio	4,70	4,70	4,70	74,78	31,12

Nun wollen wir prüfen, ob dieses Anleiheportfolio tatsächlich gegen Zinsänderungsrisiken immun ist. Dazu berechnen wir den Wert der Anleihe im Zeitpunkt 4 vor und nach Zinssatzänderungen. Für diese Berechnung müssen die jeweiligen Zahlungsansprüche $t = 1$ bis 3 auf den Zeitpunkt $t = 4$ aufgezinst und der Zahlungsanspruch aus $t = 5$ auf den Zeitpunkt $t = 4$ abgezinst werden. Folglich gilt:

$$V_4 = \sum_{t=1}^{5} z_t \cdot (1+i)^{4-t} = 4,70 \cdot 1,0375^3 + 4,70 \cdot 1,0375^2 + 4,70 \cdot 1,0375^1$$
$$+ \ 74,78 + 31,12 \cdot 1,0375^{-1} = 119,96 \ €$$

Die gleiche Berechnung führen wir nun für die Fälle der Zinserhöhung bzw. Zinssenkung um 75 BP unmittelbar nach $t = 0$ durch. Wir erhalten im Fall der Zinserhöhung den Wert 119,97 € und im Fall der Zinssenkung den Wert 119,96 €. Damit ist gezeigt, dass sich der Investor mit der berechneten Anleihekombination gegen eine einmalige, sofortige Zinsänderung zu seinem individuellen Planungshorizont von 4 Jahren abgesichert hat.

Aufgrund der restriktiven Annahmen der Duration lassen sich deren theoretisch aufgezeigte Eigenschaften nicht so einfach eins zu eins in der Praxis umsetzen. Jedoch gibt es Weiterentwicklungen der Duration, die die vereinfachenden Prämissen Stück für Stück aufheben. Stellvertretend für diese Modifikationen sollen hier genannt werden:

*   *Effective Duration*, die nicht flache Zinsstrukturkurven berücksichtigt sowie
*   *Key Rate Duration*, die die Variation einzelner Spot Rates erlaubt.

Der interessierte Leser sei hier auf die Literatur z. B. in Steiner/ Bruns/ Stöckl (2012) verwiesen.

3.3.2.1.3 Modified Duration

Hicks hat 1939 eine weitere Durations-Formel aus der Elastizitätsgleichung hergeleitet, mit deren Hilfe Preisänderungen aufgrund von Zinsänderungen abgeschätzt werden sollen. Im Allgemeinen stellt die Elastizität das Verhältnis der relativen Änderung einer Größe zu der sie verursachenden relativen Änderung einer anderen Größe dar. Bezogen auf das Zinsänderungsrisiko benötigen wir die Zinselastizität ε. Sie gibt die relative Veränderung des Kurses *PV* einer Anleihe auf die relative Änderung des Zinssatzes i wieder. Formal gilt:

$$\varepsilon = -\frac{\frac{\Delta PV}{PV}}{\frac{\Delta i}{i}} = -\frac{\Delta PV}{\Delta i} \cdot \frac{i}{PV}$$

Das negative Vorzeichen bringt die negative Korrelation zwischen dem Present Value und dem Marktzinssatz zum Ausdruck. Nach einigen Schritten, die wir an dieser Stelle nicht vertiefen wollen, ergibt sich eine formale Beziehung zwischen der relativen Preisänderung (in %) bzw. absoluten Preisänderung (in €) der Anleihe und der Zinssatzänderung mithilfe der Modified Duration MD. Formal lässt sich die Kursänderung einer Anleihe aufgrund einer Zinssatzänderung näherungsweise wie folgt abschätzen:

a. Relative Kursänderung: $\dfrac{\Delta PV}{PV} = -MD \cdot \Delta i$

b. Absolute Kursänderung: $\Delta PV = -MD \cdot \Delta i \cdot PV$

Die Modified Duration lässt sich wiederum aus der Macauly-Duration berechnen, wobei der Zinssatz *vor* Änderung Verwendung findet. Es gilt:

$$MD = \frac{D}{1 + i}$$

Die Modified Duration lässt sich auch über folgende Excel-Funktion berechnen:

MDURATION(Abrechnung, Fälligkeit, Nominalzins, Rendite, Häufigkeit)

Mit „Abrechnung" ist der Tag des Anleihekaufs, mit „Fälligkeit" der Fälligkeitstermin der Anleihe, mit „Nominalzins" der Zinskupon, mit „Rendite" der gültige Marktzinssatz für die Restlaufzeit und mit „Häufigkeit" die Anzahl der Zinstermine im Jahr gemeint.

Die Abschätzung der Kursveränderung einer Anleihe bedingt durch eine Zinssatzänderung ist unter Zuhilfenahme der Modified Duration lediglich für kleine Zinssatzänderungen genau genug. Je größer die Zinsänderungen, desto größer der Approximationsfehler. Die Ursache liegt darin, dass mithilfe der Modified Duration lediglich ein linearer Zusammenhang zwischen der Zinssatzänderung und der Kursänderung der Anleihe unterstellt wird. Tatsächlich reagiert der Preis einer Anleihe auf Zinssatzänderungen aufgrund des Zinseszinseffekts überproportional. Der Verlauf der Present-Value-Funktion ist konvex und damit nichtlinear (vgl. Abb. 3.27).

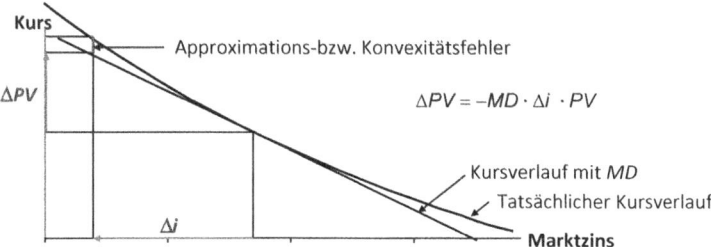

Abb. 3.27 Konvexitätsfehler bei Preisabschätzung mithilfe der Modified Duration. (Quelle: eigene Darstellung)

Der Kursverfall (Kursanstieg) der Anleihe wird bei großen Zinssteigerungen (Zins-senkungen) regelmäßig überschätzt (unterschätzt). Man spricht daher davon, dass es sich bei der Modified-Duration-Preisabschätzung um eine konservative Schätzung handelt.

Beispiel Modified Duration

Wir kommen wieder auf das uns bekannte Zahlenbeispiel aus dem Abschn. 3.2.2 „Kursrisiko" zurück. Zur Erinnerung: Betrachtet wird eine 4-%-Anleihe mit einer Restlaufzeit von genau 5 Jahren. Der Present Value dieser Anleihe beträgt 101,12 € bei Unterstellung einer flachen Zinsstrukturkurve auf dem Zinsniveau von 3,75 %. Die Duration liegt bei 4,6323 Jahren.

Nun soll die Auswirkung einer Zinserhöhung (Zinssenkung) um 75 BP auf den Preis der Anleihe mittels der Modified Duration abgeschätzt werden. Zunächst wenden wir uns der Zinserhöhung zu. Im 1. Schritt wird die Modiefied Duration berechnet:

$$MD = \frac{4,6323}{1+0,0375} = 4,4648$$

Nun kann im 2. Schritt die relative Preisänderung ermittelt werden:

$$\frac{\Delta PV}{PV} = -4,4648 \cdot 0,0075 = -3,35\%$$

Der Present Value vor der Zinsänderung wird nun im 3. Schritt mit der relativen Preis-änderung gewichtet:

$$\Delta PV = -3,35\% \cdot 101,12 = -3,39 \ \text{€}$$

Im 4. und letzten Schritt wird der Present Value um den geschätzten Preisänderungsbetrag modifiziert:

$$PV^{MD}_{\text{geschätzt}} = 101,12 \ \text{€} - 3,39 \ \text{€} = 97,73 \ \text{€}$$

Vergleicht man nun diesen geschätzten Anleihepreis mit dem theoretischen, genauen Present Value der Anleihe nach Zinssatzänderung (97,81 €), so ergibt sich eine Differenz in Höhe von 0,07 €, wenn man einmal von Rundungsdifferenzen absieht. Der Kurs-rückgang aufgrund einer Zinserhöhung wird folglich überschätzt.

Eine Zinssenkung um 75 BP hat nach der Schätzmethode der Modified Duration eine Veränderung des Anleihekurses in gleicher Höhe auf 104,51 € zur Folge (tatsächlicher Present Value 104,58 €). Der Kursanstieg aufgrund der Zinssenkung wird folglich unterschätzt.

Der Schätzfehler ist auf die Konvexität der PV-Funktion zurückzuführen, die bei der Modified Duration unberücksichtigt bleibt.

3.3.2.1.4 Konvexität

Eine weitere Sensitivitätskennzahl für Anleihen ist die Konvexität. Sie berücksichtigt im Gegensatz zur Modified Duration die Krümmung der Present-Value-Funktion. Mithilfe von Taylorreihen kann man den Wert einer n-mal differenzierbaren nichtlinearen Funktion an einer bestimmten Stelle näherungsweise bestimmen. Auch hier kann wie üblich die Taylorreihenentwicklung bereits nach der 2. Ableitung abgebrochen werden. Auf die Herleitung wollen wir aber auch an dieser Stelle wieder verzichten. Formal lässt sich die Kursänderung einer Anleihe aufgrund einer Zinssatzänderung näherungsweise mithilfe der Modified Duration MD und der Konvexität C wie folgt abschätzen:

a. Relative Kursänderung: $\dfrac{\Delta PV}{PV} = -MD \cdot \Delta i + \dfrac{1}{2} C \cdot \Delta i^2$

b. Absolute Kursänderung: $\Delta PV = \left(-MD \cdot \Delta i + \dfrac{1}{2} C \cdot \Delta i^2 \right) \cdot PV$

Wie gut zu erkennen ist, wird die MD-Näherungsformel um einen Term, in dem die Konvexität vorkommt, ergänzt. Diese Ergänzung ist positiv. Das macht auch Sinn, da es sich bei der MD-Abschätzung um eine konservative Schätzung handelt. Wir erinnern uns: Zinssenkungen führten zu einem geringeren Preisanstieg und Zinserhöhungen zu einer stärkeren Preisabsenkung, als es nach der Present-Value-Berechnung hätte sein dürfen. Diese Lücke wird jetzt mit der Konvexität geschlossen.

Die Konvexität ist formal der Quotient aus der 2. Ableitung und dem Present Value. Sie ist wie folgt definiert:

$$C = \frac{PV''}{PV} = \frac{\displaystyle\sum_{t=1}^{n} t(t+1) z_t (1+i)^{-t}}{(1+i)^2 \cdot \displaystyle\sum_{t=1}^{n} z_t (1+i)^{-t}}$$

Auch hier erkennt man die Ähnlichkeit mit der Durationsformel nach Macauly. Der Unterschied im Zähler besteht in einer weiteren Gewichtung der diskontierten Zahlungsansprüche der Anleihe um $t + 1$. Im Nenner wird dagegen der Present Value mit dem quadrierten Zinsfaktor gewichtet.

Die Konvexität kann neben der Duration als weiteres Risikokriterium bei der Wahl zwischen mehreren Anleihen verwendet werden. Im Gegensatz zur Duration gilt für die Konvexität: Je größer die Konvexität, desto größer die Kurschance und desto kleiner das Kursrisiko der Anleihe. Erwartet der Investor fallende Marktzinsen, so sollte er Anleihen mit einer hohen Duration bzw. Konvexität auswählen, um die Kurschancen auch richtig zu nutzen. Rechnet der Anleger jedoch mit steigenden Marktzinsen, sollte er sich für Anleihen mit kurzer Duration und hoher Konvexität entscheiden, um die Kursrisiken zu begrenzen.

Beispiel Konvexität

Wir greifen wieder das uns bereits bekannte Zahlenbeispiel für die Duration und die Modified Duration auf. Zur Erinnerung: Betrachtet wird eine 4-%-Anleihe mit einer Restlaufzeit von genau 5 Jahren. Der Present Value dieser Anleihe beträgt 101,12 € bei Unterstellung einer flachen Zinsstrukturkurve auf dem Zinsniveau von 3,75 %. Die Duration liegt bei 4,6323 Jahren und die Modified Duration beträgt 4,4648. Wir wollen nun die Auswirkung einer Zinserhöhung (Zinssenkung) um 75 BP auf den Preis der Anleihe mittels der Konvexität abschätzen.

Im ersten Schritt muss die *Konvexität C* berechnet werden:

$$C = \frac{1(1+1)\cdot 4\cdot 1,0375^{-1} + 2(2+1)\cdot 4\cdot 1,0375^{-2} + \ldots + 5(5+1)\cdot 104\cdot 1,0375^{-5}}{1,0375^2 \cdot 101,12}$$
$$= 25,1499$$

In einem zweiten Schritt kann nun die relative Preisabschätzung vorgenommen werden. Betrachten wir zunächst die Zinserhöhung um 75 BP:

$$\frac{\Delta PV}{PV} = -4,4648 \cdot 0,0075 + \frac{1}{2}\cdot 25,1499 \cdot 0,0075^2 = -3,28\%$$

Der dritte Schritt besteht in der Berechnung der *absoluten Preisänderung*. Dazu muss lediglich der Present Value vor Zinsänderung mit der relativen Preisänderung gewichtet werden:

$$\Delta PV = -3,28\% \cdot 101,12 \ € = -3,315 \ €$$

Nun können wir die Kursänderung aufgrund einer Zinserhöhung um 75 BP abschätzen, indem wir den Present Value vor Zinsänderung um die absolute Preisänderung korrigieren:

$$PV^C_{\text{geschätzt}} = 101,12 \ € - 3,315 \ € = 97,805 \ €$$

Vergleicht man den geschätzten mit dem tatsächlichen Present Value, so ist nur noch ein geringer Unterschied von 0,005 € festzustellen. Gegenüber dem Schätzfehler bei der Modified Duration ist dieses Ergebnis eine deutliche Qualitätsverbesserung.

3.3.2.2 Hedging mit Finanzderivaten

3.3.2.2.1   Forward Rate Agreements

Was Forwards sind, haben wir bereits in Abschn. 1.2.2 kurz behandelt. Nun wollen wir uns im Rahmen des Zinsmanagements mit Forward Rate Agreements (FRA) beschäftigen.

▶ **Definition Forward Rate Agreement** *Ein Forward Rate Agreement ist ein außerbörsliches Zinstermingeschäft, bei dem bereits heute ein zukünftiger Zinssatz (Forward Rate) für die Geldanlage bzw. -aufnahme vereinbart wird.*

Die Vertragspartner verständigen sich bei dem Abschluss des Vertrages auf

- die Wartezeit bis zur Erfüllung des Geschäfts (*Vorlaufzeit*),
- einen festen zukünftigen Verzinsungszeitraum (*Referenzperiode*),
- die Höhe des Terminzinssatzes (*Forward Rate*) für die Referenzperiode,
- den *Referenzzinssatz* (z. B. Euribor, Libor) sowie
- einen Geldbetrag in einer bestimmten Währung (*Nominalkapital*).

Will man sich nun mithilfe eines FRA gegen das zukünftige Zinsänderungsrisiko heute absichern, so richtet sich die Vorlaufzeit des FRA nach dem Termin der abzusichernden Zinsforderung bzw. -verbindlichkeit. Die zu wählende Referenzperiode wird wiederum durch die Länge des Absicherungszeitraums determiniert. Der Forward Rate richtet sich nach dem aktuellen Zinsniveau bei Abschluss des FRA. Bei der Wahl des Referenzzinssatzes ist man keinen Zwängen unterworfen. Die Höhe des Nominalkapitals ist eine Frage des Hedge-Grades, den man mit dem FRA erreichen möchte. Strebt man beispielsweise einen perfekten Hedge bzw. einen 1:1-Hedge an, so muss das Nominalkapital des FRA dem abzusichernden Geldbetrag genau entsprechen.

Ein Forward Rate Agreement „6 × 18" bedeutet beispielsweise, dass die Vorlaufzeit 6 Monate beträgt und die Gesamtlaufzeit des FRA 18 Monate ist. Daraus ergibt sich folglich die Länge der Referenzperiode von 12 Monaten automatisch. Abb. 3.28 verdeutlicht diesen Zusammenhang noch einmal.

Zu *Beginn der Referenzperiode* (RP) werden der Forward Rate (FR) und der dann gültige Referenzzinssatz (RZ) miteinander verglichen. Je nachdem welche Position man bei einem FRA eingegangen ist und ob diese Zinsdifferenz positiv oder negativ ist, findet zu diesem Zeitpunkt eine *Ausgleichszahlung* (AZ) an die jeweilige andere Partei statt. Da

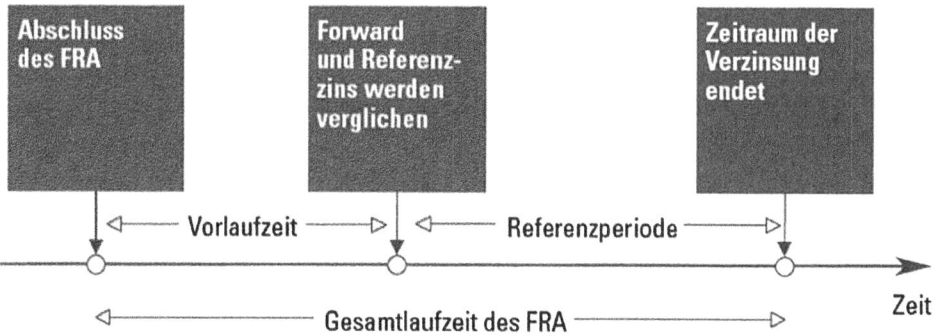

Abb. 3.28 Zeitraumdimensionen eines FRA. (Quelle: Beike und Schlütz (2010))

sich alle Zinssätze grundsätzlich aufs Jahr beziehen, muss je nach Länge der Referenzperiode eine Umrechnung der Zinsdifferenzen vorgenommen werden. Diese Zinsdifferenz ist anschließend auf das zuvor vereinbarte Nominalkapital (NK) zu beziehen. Formal gilt aus der Sicht des Käufers eines FRA folglich:

$$AZ_{\text{RP-Ende}} = (RZ - FR) \cdot \left(\frac{RP}{360}\right) \cdot NK$$

Ist $AZ > 0$, so erhält der Käufer vom Verkäufer des FRA eine Ausgleichzahlung. Im anderen Fall muss der Käufer eine Ausgleichszahlung an den Verkäufer leisten. Theoretisch fallen die Ausgleichzahlungen am Ende der Referenzperiode an, da es sich bei den Referenzzinssätzen um nachschüssige Zinsen handelt. Praktisch wird die Ausgleichszahlung zu Beginn der Referenzperiode fällig. Daher muss die oben berechnete Ausgleichzahlung wiederum mit dem aktuell gültigen Referenzzinssatz auf den Beginn der Referenzperiode abgezinst werden. Formal gilt wiederum aus der Sicht eines Käufers eines FRA nun:

$$AZ_{\text{RP-Beginn}} = (RZ - FR) \cdot \left(\frac{RP}{360}\right) \cdot NK \cdot \left(1 + RZ \cdot \frac{RP}{360}\right)^{-1}$$

Nun sind wir in der Lage, für verschiedene Erwartungen hinsichtlich der zukünftigen Zinsentwicklung Handelsstrategien abzuleiten. Rechnen wir in Zukunft mit

- *steigenden Zinsen*, so sollte die Position des *Käufers*, bei
- *fallenden Zinsen* dagegen die Position des *Verkäufers*

eingenommen werden.

Wenden wir uns wieder dem Hedge-Gedanken zu. Hier sollte nun sinnvollerweise zwischen einem *Asset Hedge* (Absicherung einer Forderungsposition) und einem *Liability Hedge* (Absicherung einer Verbindlichkeitsposition) differenziert werden.

Betrachten wir zunächst einen Asset Hedge: Angenommen, wir erhalten in 6 Monaten einen Geldbetrag, den wir dann für 12 Monate anlegen wollen, so ist dieser Geldbetrag einem Zinsänderungsrisiko in der Form des Wiederanlagerisikos ausgesetzt. Fallen innerhalb der Vorlaufzeit die Zinsen, beispielsweise der 12-Monats-Euribor, so müssen wir den Geldbetrag zu den gefallenen Zinsen anlegen. Die Folge ist ein geringerer Endwert als geplant nach Ablauf der 12 Monate. Um sich gegen diesen drohenden Vermögensverlust abzusichern, muss heute ein FRA in der *Position des Verkäufers* abgeschlossen werden. Denn fallende Zinsen bedeuten bei einem FRA, dass der Verkäufer eine Ausgleichzahlung vom Käufer des FRA erhält. Diese Ausgleichszahlung wirkt dann wie eine Schadenausgleichszahlung eines Versicherers, die den erlittenen Wertverlust bei der Wiederanlage des Geldbetrags aufgrund der gesunkenen Zinsen bei einem perfekten Hedge gerade kompensieren soll.

Wenden wir uns nun einem *Liability Hedge* zu. Hier verhält es sich genau umgekehrt zum geschilderten Asset Hedge. Das Risiko für den Inhaber der Zinsverbindlichkeiten auf Termin liegt in einer zwischenzeitlichen Zinserhöhung. Steigen die Zinsen, so steigen die Finanzierungskosten. Dagegen kann man sich mithilfe eines FRA „versichern", indem man die Position des Käufers eines FRA einnimmt.

Beispiel Asset Hedge mit einem FRA

Der Portfoliomanager eines Rentenfonds hat einen sehr großen Teil des Kapitals in festverzinsliche Anleihen investiert. Angenommen, dem Fonds fließen in einem halben Jahr Kuponzahlungen in Höhe von 5 Mio. € zu, die dann wiederum für ein halbes Jahr (180 Tage) angelegt werden müssen. Der Manager rechnet für diesen Zeitraum mit fallenden Zinsen und beschließt daher, ein 1:1-Hedge mithilfe eines FRA vorzunehmen. Seine Hausbank teilt ihm die aktuelle Quotierung für ein FRA „6 × 12" mit. Sie lautet „2,50 zu 2,55", wobei der erste Zinssatz der Geld- und der zweite Zinssatz der Briefkurs darstellt.

Der Portfoliomanager muss einen Asset Hedge durchführen. Er geht folglich die Position des Verkäufers bei einem FRA ein, um sich gegen das Wiederanlagerisiko in 6 Monaten heute abzusichern. Der für ihn gültige Terminzinssatz ist der Geldkurs, also 2,50 %. Wir wollen zwei verschiedene Szenarien unterstellen. Szenario 1 besteht aus einen Rückgang des Referenzzinssatzes um 50 BP auf 2,00 % p. a. Bei Szenario 2 soll der Referenzzinssatz zu Beginn der Referenzperiode um 50 BP auf 3,00 % p. a. steigen.

Szenario 1

Betrachten wir zunächst Szenario 1 (2,00 % p. a.): Unter diesen Bedingungen hat der Käufer des FRA eine Ausgleichszahlung an den Verkäufer zu leisten. Am Ende der Referenzperiode beträgt diese

$$AZ_{\text{RP-Ende}} = (2,00\% - 2,50\%) \cdot \left(\frac{180}{360}\right) \cdot 2.000.000 = -5.000 \ €$$

Bezogen auf den Beginn der Referenzperiode ergibt das einen Betrag in Höhe von:

$$AZ_{\text{RP-Beginn}} = -5.000 \cdot \left(1 + 2,00\% \cdot \frac{180}{360}\right)^{-1} = -4.950,50 \ €$$

Diese Ausgleichszahlung in Höhe von 4.950,50 € erhöht nun den gesamten Anlagebetrag bei dem Rentenfondsmanager auf 2.004.950,50 €. Dieses Kapital wird jetzt zum gültigen Referenzzinssatz in Höhe von 2,00 % p. a. ein halbes Jahr angelegt. Dies ergibt einen Geldbetrag von:

$$2.004.950, 50 \ \text{€} \cdot \left(1 + 2,00\,\% \cdot \frac{180}{360}\right) \ = 2.025.000 \ \text{€}$$

Die erzielte Rendite der Wiederanlage entspricht dem Forward Rate von 2,50 % p. a., wie sich leicht nachrechnen lässt:

$$\text{Rendite} \ = \ \left[\left(\frac{2.025.000 \ \text{€}}{2.000.000 \ \text{€}}\right) - 1\right] \cdot \frac{360}{180} \ = \ 2,50\,\%$$

Damit ist gezeigt, dass sich der Rentenfondsmanager für den gewählten Zeitraum wirkungsvoll gegen das Wiederanlagerisiko abgesichert hat.

Szenario 2
Betrachten wir jetzt Szenario 2 (3,00 % p. a.): Wie unschwer zu erkennen ist, dreht sich lediglich das Vorzeichen gegenüber dem Szenario 1. Nun erhält der Käufer vom Verkäufer des FRA am Ende der Referenzperiode einen Ausgleichszahlung in Höhe von 5.000 €. Bezogen auf den Beginn der Referenzperiode ergibt dies gerundet:

$$\text{AZ}_{\text{RP–Beginn}} = 5.000 \cdot \left(1 + 3,00\% \cdot \frac{180}{360}\right)^{-1} = 4.926, 11 \ \text{€}$$

Dies schmälert natürlich das Anlagevolumen des Rentenfondsmanagers auf 2.000.000 € − 4.926,11 € = 1.995.073,89 €. Dieses Kapital wird nun zum dann gültigen Referenzzinssatz von 3,00 % für ein halbes Jahr angelegt und ergibt:

$$1.995.073, 89 \ \text{€} \cdot \left(1 + 3,00\% \cdot \frac{180}{360}\right) = 2.025.000 \ \text{€}$$

Die Rendite dieser Wiederanlage ergibt wiederum den Forward Rate von 2,50 %. Mit anderen Worten: Der Rentenfondsmanager hat sich der Chance einer höheren Wiederanlage durch den Abschluss des FRA beraubt. Das Fazit aus dem Beispiel lautet: Mit dem Abschluss eines FRA lassen sich die Zinsen für eine zukünftige Wiederanlage bereits heute „einfrieren".

3.3.2.2.2   Zinsfuture
Bereits in Abschn. 1.2.3 haben wir Future-Geschäfte thematisiert. Zur Erinnerung sei hinsichtlich der Typen von Zinsfutures auf Abb. 1.5 sowie bezüglich der Kontraktspezifikationen von Zinsfutures auf Tab. 1.4 verwiesen.

Tab. 3.16 Lieferbare Anleihen des Euro-Bund-Futures Juni 2010. (Quelle: www.eurexchange.com/trading/products/INT/FIX/FGBLde.html?mode = deliverablebonds (Abrufungsdatum 18.02.2010))

ISIN für lieferbare Anleihe	Coupon [%]	Fälligkeitstermin	Konvertierungsfaktor
DE0001135374	3,75	04.01.2019	0,852328
DE0001135382	3,50	04.07.2019	0,828936
DE0001135390	3,25	04.01.2020	0,803710

▶ **Definition Zinsfuture** *Ein Zinsfuture ist ein börsengehandeltes Termingeschäft auf festverzinsliche Wertpapiere am Geld- oder Kapitalmarkt in synthetischer Form, die in Bezug auf Laufzeit, Kontraktgröße und Verzinsung standarisiert sind.*

Obwohl es sich bei den Underlyings der Zinsfutures an der Eurex um synthetische Anleihen handelt, findet am Fälligkeitstag des Zinsfutures eine physische Lieferung von Anleihen tatsächlich statt. Der Verkäufer eines Zinsfutures verpflichtet sich, eine von der Eurex spezifizierte Anleihe zu liefern. Er hat lediglich das Wahlrecht (Option Delivery), welche der lieferbaren Anleihen er tatsächlich liefern möchte. Der Käufer eines Zinsfutures muss diese vom Verkäufer ausgewählte Anleihe dann auch abnehmen.

Nun wollen wir uns das Lieferwahlrecht des Verkäufers am Verfalltag des Zinsfutures etwas näher betrachten. Als Beispiel soll der Euro-Bund-Future (FGBL) Juni 2010 dienen. Wie aus Tab. 3.16 ersichtlich ist, sind bei diesem Future-Kontrakt drei lieferbare Anleihen von der Eurex fix vorgegeben. Sie unterscheiden sich hinsichtlich der Laufzeit und der Höhe des Zinskupons. Diese lieferbaren Anleihen müssen nun am Verfalltag mit der synthetisch unterstellten Anleihe des FGBL, die eine feste Verzinsung in Höhe von 6 % bei einem Laufzeitfenster von 8,5 bis 10 Jahre unterstellt, vergleichbar gemacht werden. Dazu wird der Future-Kurs am Fälligkeitstag des Bund-Futures herangezogen und mit dem Konvertierungsfaktor (Konversionsfaktor) gewichtet. Die somit erhaltenen Umrechnungskurse der lieferbaren Anleihen stellen nun die potenziellen Kaufkurse des Käufers des FGBL dar. Aus Sicht des Verkäufers sind es folglich die möglichen Erlöse aus dem Anleiheverkauf.

Unterstellen wir einmal, dass der Verkäufer keine der lieferbaren Anleihen am Verfalltag besitzt, so ist er gezwungen, eine dieser Anleihen am Kapitalmarkt zum aktuellen Börsenkurs zu erwerben. Da er ein Lieferwahlrecht besitzt, wird er die für ihn günstigste, lieferbare Anleihe (*Cheapest-to-Deliver-Anleihe* bzw. *CTD-Anleihe*) auswählen. Das ist diejenige Anleihe, bei der der Verkäufer den geringsten Verlust macht. Um das herauszubekommen, muss er nun in einem weiteren Schritt die Differenz zwischen den Umrechnungs- und den Börsenkursen ermitteln. Wie anhand Tab. 3.17 unschwer zu erkennen ist, ist die Differenz bei der Bundesanleihe mit der ISIN DE0001135374 mit 1,00 € je Anleihe am geringsten. Zum Vergleich: Die zweite Anleihe verspricht einen Verlust von 1,71 € und die dritte Anleihe einen von 2,44 € je Anleihe.

Tab. 3.17 CTD-Anleihe des Euro-Bund-Futures Juni 2010. (Quelle: eigene Darstellung)

ISIN für lieferbare Anleihe	Zinskupon [%]	Fälligkeitstermin	Konvertierungsfaktor	Future-Kurs am Verfalltag	Umrechnungskurs	Kurs der lieferbaren Anleihe
DE0001135374	3,75	04.01.2019	0,852328	121,96	103,95	105,03
DE0001135382	3,50	04.07.2019	0,828936	121,96	101,10	102,81
DE0001135390	3,25	04.01.2020	0,80371	121,96	98,02	100,46

Tab. 3.18 Future-Positionen in Abhängigkeit der Zinserwartungen. (Quelle: eigene Darstellung)

Future-Position	Erwartung	Erfüllung
Long Future	Fallende Zinsen = Steigender Anleihekurs	Anleihen kaufen
Short Future	Steigende Zinsen = Fallender Anleihekurs	Anleihen liefern

Abb. 3.29 Perfect Asset Hedge mit einem Short Zinsfuture. (Quelle: eigene Darstellung)

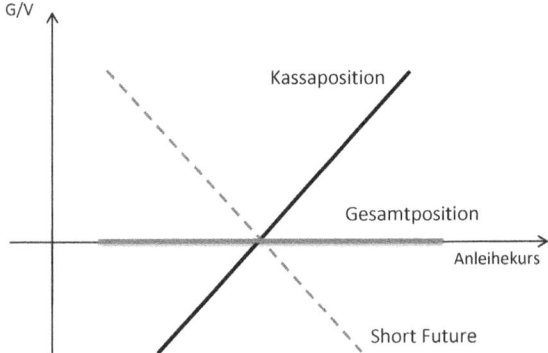

Betrachten wir jetzt die möglichen Future-Positionen: Erwartet der Investor in Zukunft fallende Zinsen, was mit steigenden Anleihekursen einhergeht, so muss er einen Zinsfuture kaufen (*Long Future*), um daran zu partizipieren. Geht er dagegen zukünftig von steigenden Zinsen aus, was zu fallenden Anleihekursen führt, so ist er mit dem Verkauf eines Zinsfutures (*Short Future*) besser beraten (vgl. Tab. 3.18).

Betrachten wir nun verschiedene Hedging-Strategien: Die Zinsfutures können einerseits zur Absicherung bestehender Anleiheportfolios (Kassaposition), andererseits zur Absicherung eines zukünftigen Anleihekaufs (zukünftige Kassaposition) eingesetzt werden. Beide Formen des Hedgings bezeichnen wir als Asset Hedge.

Betrachten wir zunächst den ersten Fall: die Absicherung einer bestehenden Anleiheposition bzw. eines bereits existierenden Anleiheportfolios. Die Anleihe verliert mit steigenden Zinsen (fallenden Kursen) an Wert. Gegen diesen drohenden Wertverlust muss man sich mit einem Gegengeschäft schützen, welches mit fallenden Anleihekursen an Wert zunimmt. Diese Form des Gegengeschäfts findet man im Verkauf eines Zinsfutures (Short Future). Abb. 3.29 verdeutlicht diesen Sachverhalt. Bei einem perfekten Hedge, was zweifelsohne den Idealfall darstellt, heben sich die Gewinne und Verluste der

beiden Geschäfte geradezu auf. Der Korrelationskoeffizient liegt bei −1. Die Gesamtposition liegt auf der Abszisse und man spricht in diesem Fall von einem *Perfect Hedge*.

Im zweiten Fall, der Absicherung eines zukünftigen Anleihekaufs, möchte man sich
bereits heute die Kurse der potenziellen Anleihen sichern. Bei sinkenden Zinsen, was mit
steigenden Kursen einhergeht, wird der zukünftige Kauf der Anleihen also teurer. Um sich
die Kurse von heute für morgen zu sichern, muss man heute ein Future-Geschäft eingehen, welches eine konträre Entwicklung zur zukünftigen Kassaposition besitzt. Dieses
Gegengeschäft muss folglich ein Long Zinsfuture sein, was auch aus Abb. 3.30 hervor-
geht. Auch hier heben sich im theoretischen Idealfall die Gewinne und Verluste der
beiden Geschäfte genau auf, was durch das Spiegelbild der beiden Positionen deutlich
wird, und die Gesamtposition liegt wieder auf der Abszisse (Perfect Hedge). Der Perfect
Hedge ist in der Praxis jedoch kaum umzusetzen, weil

- die Laufzeit der Kassaposition i. d. R. nicht identisch mit der Future-Position ist,
- das Absicherungsvolumen i. d. R. nicht exakt dem Kontraktvolumen entspricht und
- für manche Kassapositionen keine passenden Futures existieren.

Die Folge mangelnder Kongruenz zwischen Kassa- und Future-Geschäft ist der sogenannte *Cross Hedge*. Dabei kommt es regelmäßig entweder zu einer Übersicherung von
kleinen Portfolios (*Over Hedge*) oder zu einer Untersicherung von sehr großen Portfolios
(*Under Hedge*). In der Summe aus beiden Geschäften treten dann kleine Verluste oder
Gewinne auf, was bildlich gesehen zu einer Streuung um die Abszisse führt.

Bei der Anwendung der vorgestellten Hedging-Strategien kommt es entscheidend auf
die Anzahl der abzuschließenden Kontrakte an. Die optimale Kontraktanzahl erhält man
grundsätzlich aus dem Verhältnis zwischen Kassa- und Future-Position (*Hedge Ratio*).
Zur genauen Bestimmung der Hedge Ratio finden sich in der Literatur verschiedene
Methoden (vgl. z. B. Steiner/ Bruns/ Stöckl (2012), S. 483 ff., Bruns und Meyer-
Bullerdiek (2008), S. 515 ff., Rudolph/ Schäfer (2010), S. 127 ff. sowie Schmidt (2002),
S. 184 ff.):

Abb. 3.30 Perfect Asset
Hedge mit einem Long
Zinsfuture. (Quelle: eigene
Darstellung)

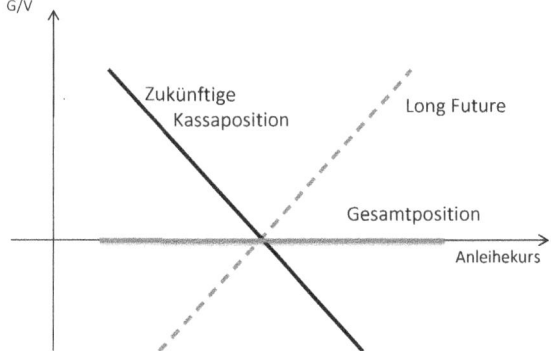

- Nominalwertmethode (naiver Hedge)
- Kurswertmethode
- Konversionsfaktormethode (Preisfaktor-Hedge)
- Basispunktwert- oder Basis-Point-Value-Methode
- Durationsbasierte Methode
- Regressionsfaktormethode

Wir wollen im Folgenden nur die Nominalwert-, Konversionsfaktor- sowie die durationsbasierte Methode näher betrachten.

Nominalwertmethode
Die Hedge Ratio wird aus dem Verhältnis Nennwert der Kassaposition (NW_{Kassa}) zum
Nennwert der Future-Position (NW_{Future}) gebildet:

$$\text{Hedge Ratio} = \frac{NW_{Kassa}}{NW_{Future}}$$

Beträgt beispielsweise der Nominalwert des abzusichernden Anleiheportfolios mit einer
Restlaufzeit von 9 Jahren 20 Mio. €, so sind bei einem 1:1-Hedge 20 Mio. €
(= 20.000.000 / 100.000) Eurex-Bund-Future-Kontrakte mit einer standardisierten
Kontraktgröße je Future von 100.000 € die richtige Wahl. Diese Methode führt nur dann
zu brauchbaren Ergebnissen, wenn das Portfolio ausschließlich aus lieferbaren Anleihen
des Zinsfuture-Kontrakts besteht. Darüber hinaus bleiben hier unterschiedliche Preis-
sensitivitäten von Zinsänderungen unberücksichtigt.

Konversionsfaktormethode
Konversionsfaktoren haben wir bereits bei der CTD-Anleihe kennengelernt. Aufgrund der
unterschiedlichen Laufzeiten und Zinskupons der lieferbaren Anleihen im Vergleich zur
synthetischen Anleihe eines Zinsfutures reagieren die Preise der Anleihen auch unterschiedlich auf Zinsänderungen. Die Konversionsfaktoren führen dazu, dass die Preise der
lieferbaren Anleihen am Fälligkeitstag untereinander und mit dem Underlying selbst
vergleichbar werden. Darüber hinaus ist in der Praxis auch nicht der Nominalwert einer
Anleihe bzw. eines Anleiheportfolios abzusichern, sondern der Marktwert (MW_{Kassa}).
Wird dieser ins Verhältnis gesetzt zum Marktwert der

$$\text{Hedge Ratio} = \frac{MW_{Kassa}}{MW_{Future}}$$

Future-Position (MW_{Future}), so erhält man die Hedge Ratio auf Marktwertbasis: Wird der
Marktwert der Zinsfuture-Position auf den theoretischen Preis einer CTD-Anleihe (P_{CTD})
mit der Formel

$$MW_{\text{Future}} = \frac{P_{\text{CTD}} \cdot 1.000}{KF_{\text{CTD}}}$$

umgerechnet, so erhält man die Hedge Ratio auf Basis des Konversions- bzw. Preisfaktors (KF_{CTD}):

$$\text{Hedge Ratio} = \frac{MW_{\text{Kassa}}}{P_{\text{CTD}} \cdot 1.000} \cdot KF_{\text{CTD}}$$

Auch diese Methode führt nur dann zu brauchbaren Ergebnissen, wenn das Portfolio ausschließlich aus lieferbaren Anleihen des Zinsfuture-Kontrakts besteht.

Durationsbasierte Methode
In den bisher beschriebenen Verfahren wird die Preissensitivität von Zinsänderungen auf die Kassa- und Future-Position bei der Berechnung der Hedge Ratio nicht ausreichend berücksichtigt. Im Abschn. 3.3.2.1 haben wir Kennzahlen kennengelernt, die die Zinselastizität von Anleihen verdeutlichen. Insbesondere die Modified Duration (MD) stellt sich hier als geeignete Kennzahl dar, da sie angibt, um wie viel Prozent sich der Anleihekurs ändert, wenn sich das Marktzinsniveau um einen Prozentpunkt ändert. Da der Zinsfuture jedoch keine Modified Duration besitzt, greift man zwecks Berechnung auf die lieferbaren Anleihen des Zinsfutures zurück. Üblicherweise wählt man die CTD-Anleihe. Die Hedge Ratio ermittelt sich nun formal aus

$$\text{Hedge Ratio} = \frac{MW_{\text{Kassa}}}{MW_{\text{Future}}} \cdot \frac{MW_{\text{Kassa}}}{MD_{\text{CTD}}}$$

oder auf Basis des Preis- bzw. Konversionsfaktors KF_{CTD}

$$\text{Hedge Ratio} = \frac{MW_{\text{Kassa}}}{P_{\text{CTD}} \cdot 1.000} \cdot \frac{MW_{\text{Kassa}}}{MD_{\text{CTD}}} \cdot KF_{\text{CTD}}$$

Beispiel Asset Hedge mit Zinsfutures Ein Portfoliomanager hält die Bundesanleihe mit der ISIN DE0001135374 am 17.02.2010 mit einem Nominalwert von 20 Mio. € in seinem Bestand. Die Kennzahlen für diese Bundesanleihe lauten:

- Kupon: 3,75 %
- Fälligkeit: 04.01.2019
- Restlaufzeit: 8,88 Jahre
- Duration: 7,71 Jahre
- Modified Duration: 7,48 %
- Kurs am 17.02.2010: 105,03 €

Der Portfoliomanager befürchtet in den kommenden 4 Monaten einen Zinsschock. Daher möchte er seinen gesamten Bestand dieser Bundesanleihe für diesen Zeitraum gegen fallende Kurse mit einem Zinsfuture absichern.

Als geeignetes Absicherungsinstrument bietet sich aufgrund der Restlaufzeit der Bundesanleihe von 8,88 Jahren der Euro-Bund-Future an der Eurex an. Aufgrund des Absicherungszeitraums von 4 Monaten wählt er den FGBL Juni 2010 Kontrakt aus. Die abzusichernde Bundesanleihe ist auch gleichzeitig eine der drei lieferbaren Anleihen (vgl. Tab. 3.16).

Mittels der *Konversionsfaktormethode* rechnet der Portfoliomanager die notwendige Anzahl an Kontrakten aus, die er als Schutz verkaufen muss (Short Hedge).

$$\text{Hedge Ratio} = \frac{MW_{\text{Kassa}}}{P_{\text{CTD}} \cdot 1.000} \cdot KF_{\text{CTD}} = \frac{21.006.000}{105,03 \cdot 1.000} \cdot 0,852328 = 170,4656$$

Aufgerundet ergeben sich 171 Future-Kontrakte des Typs Bund-Future Juni 2010, die er verkaufen muss.

Angenommen, seine Befürchtungen eines Zinsanstiegs haben sich bestätigt und der Anleihekurs der betrachteten Bundesanleihe ist am Verfalltag auf 103,54 € zurückgegangen, so müsste der Short Future diesen Wertverlust nun einigermaßen kompensiert haben. Der Kurs des Bund-Futures Juni 2010 ist ebenfalls auf 120,28 € gefallen. Der Wertverlust der Bundesanleihe, bedingt durch den Kursrückgang um 1,49 € bzw. 149 BP bezogen auf den Nominalwert je Anleihe, beträgt 298.000 € (20.000.000 € · (− 1,49 %)). Der Wertverlust des Future-Kontrakts beläuft sich auf 1,68 % bezogen auf den Nominalwert in Höhe von 100.000 €. Der Gewinn aus dem Zinsfuture liegt folglich bei 285.600 € (100.000 € · 1,68 % · 170 Stück). Insgesamt hat der Portfoliomanager mit dem Asset Hedge lediglich 12.400 € statt 298.000 € (ohne Hedge) verloren. Berücksichtigt man zudem die zwischenzeitlich angefallenen Stückzinsen, so verringert sich der Verlust nochmals.

Fassen wir die Vor- und Nachteile bei einem Hedging mit Zinsfutures zusammen: Die *Vorteile* von Zinsfutures lauten:

• Geringe Kosten in Höhe der Margins
• Hohe Liquidität wegen Börsenhandels
• Kein Kreditrisiko wegen Sicherungsmittel (Margin-System)

Der *Nachteil* von Zinsfutures liegt im *Basisrisiko* wegen der Inkongruenzen zwischen Kassaposition und Underlying in Bezug auf:

• Laufzeiten
• Absicherungsvolumen
• Produkte (Cross Hedge)

3.3.2.2.3 Zinsswaps

Bereits in Abschn. 1.2.4 sind wir auf Swaps eingegangen. Zur Erinnerung sei der „Plain-Vanilla"-Zinsswap nochmals kurz definiert.

▶ **Definition Zinsswap** *Ein Zinsswap ist ein außerbörsliches Termingeschäft, in dem zwei Parteien in einem individuell gestalteten Vertrag Zinszahlungen in der Zukunft zu fest vereinbarten Terminen für einen vorab definierten Zeitraum tauschen.*

Der Swapkäufer (*Payer*) verpflichtet sich heute, einen festen Zinssatz bezogen auf einen fiktiven Nominalbetrag für eine bestimmte Anzahl von Jahren in der Zukunft zu leisten. Im Gegenzug erhält er zum selben Termin den variablen Referenzzinssatz auf den gleichen fiktiven Nominalbetrag für den gleichen Zeitraum. Den Gegenpart nimmt der Swapverkäufer (*Receiver*) ein.

Als Hedge-Instrument eignet sich der Zinsswap sowohl für die Absicherung zukünftiger Zinsforderungen (*Asset Swap*) als auch zur Absicherung zukünftiger Zinsverbindlichkeiten (*Liability Swap*).

Bei einem *Asset Swap* geht es darum, zukünftige, unsichere Einzahlungen aus einem variabel vereinbarten Zinssatz, die beispielsweise aus einem Floater resultieren, heute durch den Verkauf eines Zinsswaps (*Short Swap*) zu kompensieren. Es muss also bei dieser Art von Hedge die Rolle eines *Receivers* eingenommen werden.

Der *Liability Swap* ist dagegen dadurch gekennzeichnet, nun unsichere, zukünftige *Aus*zahlungen, die aus der Emission eines Floaters entstanden sind, heute abzusichern. Das entsprechende Gegengeschäft müsste dann aus dem Kauf eines Zinsswaps (*Long Swap*) bestehen. Bei einem Liability Swap muss folglich der Hedger in die Rolle des *Payers* schlüpfen.

Beispiel Asset Swap

Ein Portfoliomanager eines Rentenfonds hat einen Floater im Nominalwert von 10 Mio. € mit einer Restlaufzeit von 3 Jahren in seinem Bestand. Als Basis für die variable Verzinsung dient der 12-Monats-Euribor. Der Fondsmanager rechnet damit, dass zukünftig die Geldmarktzinsen tendenziell fallen werden. Gegen dieses Zinsänderungsrisiko möchte er sich heute absichern und schließt daher einen Plain-Vanilla-Zinsswap für die nächsten 3 Jahre ab. Er findet einen Kontrahenten in einer Bank, die sich bereit erklärt den 12-Monats-Euribor gegen einen Festzinssatz von 2 % 3 Jahre lang zu tauschen.

In Abb. 3.31 werden die Auswirkungen dieses Asset Swaps stellvertretend für ein Jahr sichtbar. Aus der ursprünglichen Situation, dass der Rentenfondsmanager den jeweils gültigen, unsicheren 12-Monats-Euribor für seinen Floater erhält, ist für den Fondsmanager eine kalkulierbare Situation geworden. Die Summe aller Zahlungen aus beiden Geschäften (Gesamtposition) ergibt einen fixen Betrag in Höhe von 200.000 €.

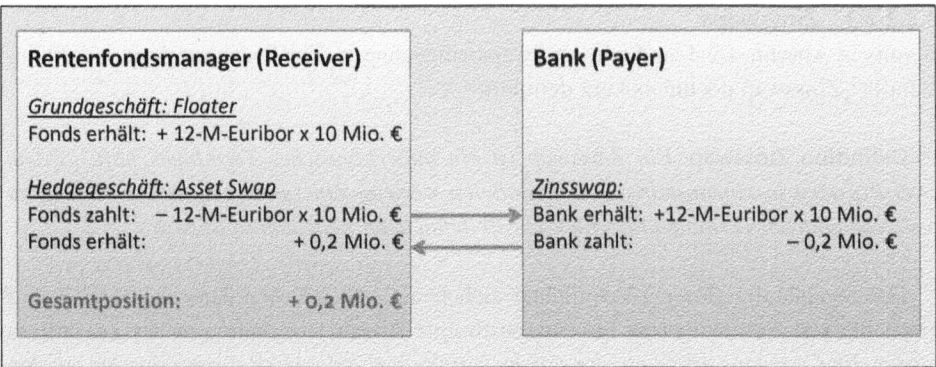

Abb. 3.31 Beispiel Asset Swap. (Quelle: eigene Darstellung)

3.3.3 Währungsmanagement

3.3.3.1 Devisentermingeschäfte

Bereits in Abschn. 3.2.6 haben wir die verschiedenen Typen von Währungsrisiken kennengelernt. Eine kurze Einführung in das Thema Termingeschäfte wurde in Abschn. 1.2 gegeben. Diese beiden Kapitel bilden folglich die Grundlage für das Währungsmanagement und werden als gelesen vorausgesetzt. Es sei an dieser Stelle nochmals erwähnt, dass die Schreibweise üblicherweise €/USD lautet und gelesen wird als Euro in US-Dollar. Da in Deutschland jedoch das Zeichen „/" grundsätzlich als pro gelesen wird, wollen wir hier auch USD/€ schreiben. Devisentermingeschäfte (DTG) zählen zu den Forwards und lassen sich folgendermaßen definieren:

▶ **Definition Devisentermingeschäft** *Ein Devisentermingeschäft ist ein außerbörsliches, verbindliches Währungsgeschäft zwischen zwei Parteien, Devisenpositionen (Währungsbetrag) zu einem festen Zeitpunkt in der Zukunft (Fälligkeitstermin) zu einem heute festgelegten Preis (Terminkurs) zu kaufen bzw. zu verkaufen.*

Währungsbetrag, Volumina, Fälligkeitstermin und Terminkurs sind mit dem Kontrahenten frei verhandelbar. Daher sind DTG auch nur über den OTC-Handel abzuschließen.

Rechnet man zukünftig mit steigenden Wechselkursen, so müssen Devisentermingeschäfte in der Position als Käufer abgeschlossen werden (*Long DTG*), um daran positiv partizipieren zu können. Der Käufer eines DTG verpflichtet sich heute, zu einem fest vereinbarten Termin die Fremdwährung zu kaufen, was mit einem Verkauf der heimischen Währung gleichzusetzen ist (vgl. Abb. 3.32 am Beispiel des USD).

Der Devisenterminkurs wird bei Abschluss des Derivats festgelegt. Steigt der zukünftige Devisenkassakurs über diesen Terminkurs, so macht der Käufer einen Gewinn. Nimmt der

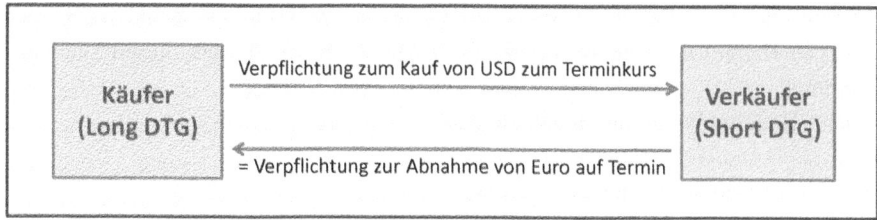

Abb. 3.32 Verpflichtungscharakter eines DTG. (Quelle: eigene Darstellung)

Abb. 3.33 Pay-Off-Diagramm eines Long DTG. (Quelle: eigene Darstellung)

Abb. 3.34 Pay-Off-Diagramm eines Short DTG. (Quelle: eigene Darstellung)

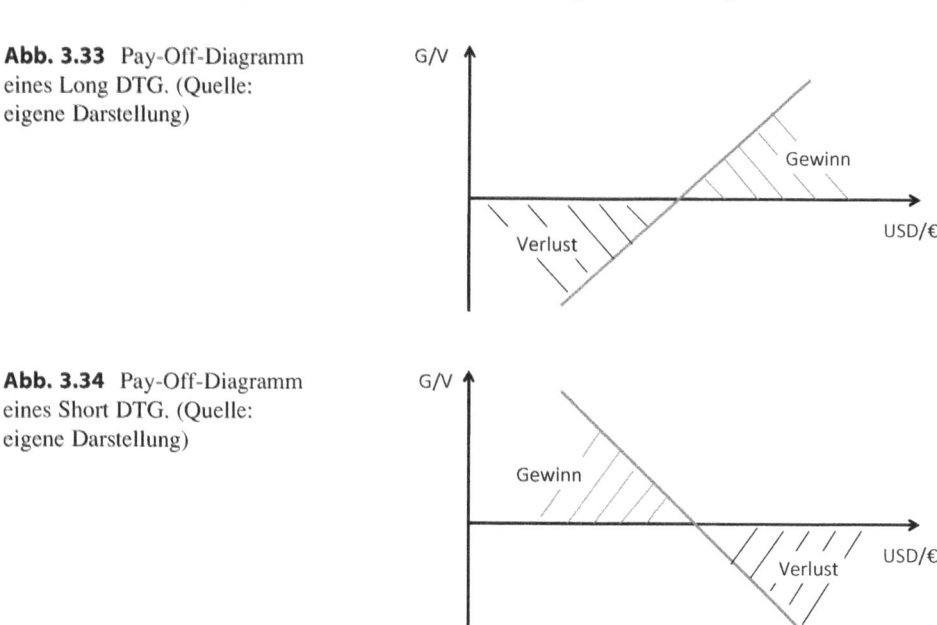

Wechselkurs dagegen zukünftig ab, so macht er Verluste. Abb. 3.33 zeigt die Gewinn- und Verlustsituation eines Long DTG am Beispiel des Wechselkurses Euro in USD auf. Der Käufer profitiert von der Aufwertung des Euro bzw. von der Abwertung des USD.

Wird dagegen mit einem fallenden Wechselkurs in der Zukunft gerechnet, so muss man die Position des Verkäufers eines DTG eingehen (*Short DTG*). Mit sinkendem, zukünftigem Wechselkurs macht der Verkäufer eines DTG Gewinne. Er partizipiert also an der zunehmenden Stärke der ausländischen Währung bzw. an dem Wertverlust der heimischen Währung.

Am Beispiel des Wechselkurses USD zum Euro werden die Gewinn- und Verlustmöglichkeiten in Abhängigkeit des Wechselkurses in Abb. 3.34 skizziert.

Wenden wir uns nun den Hedging-Strategien mit DTG zu. Wenn das ursprüngliche Handelsgeschäft in einer Fremdwährung besteht (*Opening*), beispielsweise die Investition in einen US-Zero-Bond (*Währungsforderung*), so verliert das Grundgeschäft bei sinkendem Wechselkurs an Wert. Diesen Wertverlust gilt es nun durch Abschluss eines Short DTG (*Asset Hedge*) auszugleichen (*Closing*). Abb. 3.35 verdeutlicht diesen Sachverhalt noch einmal.

Bei einem Hedging ist darauf zu achten, dass

- die Währungseinheiten beider Geschäfte,
- das Volumen mit dem Absicherungsbetrag,
- der Fälligkeitstermin mit dem Absicherungszeitpunkt und
- der Devisenterminkurs mit dem abzusichernden Wechselkurs

übereinstimmen. Je näher die genannten Parameter beisammen liegen, desto höher ist der Absicherungseffekt bzw. der Grad der Kompensation. Stimmen die Komponenten in allen Punkten exakt überein, so spricht man von einem *Perfect Hedge*. Angenommen der Devisenterminkurs entspricht dem abzusichernden Kassakurs, so resultiert daraus eine Gesamtposition aus Handels- und Devisentermingeschäft mit einem Wert von null. In Abb. 3.36 ist diese Gesamtposition auf der Abszisse zu erkennen.

Liegt der Devisenterminkurs jedoch oberhalb des abzusichernden Wechselkurses, so macht der Investor in jedem Fall einen fixen Währungsverlust.

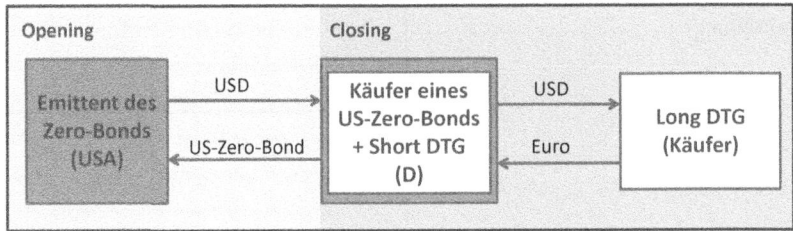

Abb. 3.35 Schematische Darstellung eines Asset Hedges einer Währungsforderung am Beispiel eines US-Zero-Bonds am Fälligkeitstag. (Quelle: eigene Darstellung)

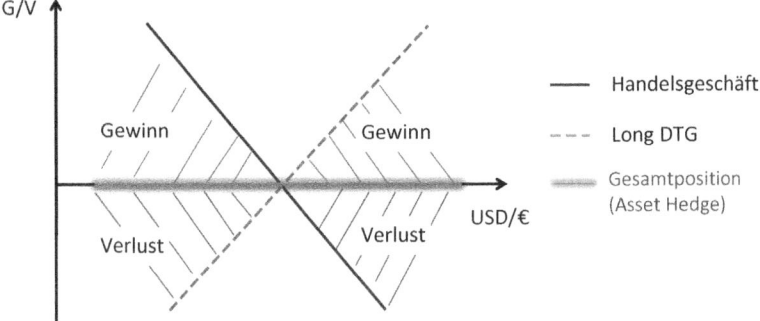

Abb. 3.36 Perfekter Asset Hedge mit einem Long DTG. (Quelle: eigene Darstellung)

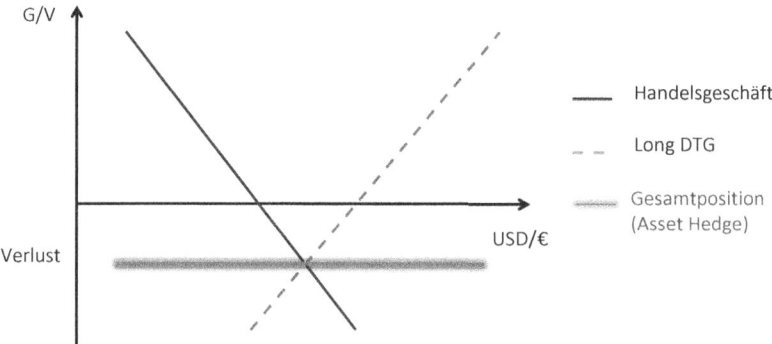

Abb. 3.37 Suboptimaler Asset Hedge mit einem Long DTG. (Quelle: eigene Darstellung)

Tab. 3.19 Hedge-Kosten bzw. -Gewinne (Devisenswapsätze) eines DTG in Abhängigkeit der Währungsposition. (Quelle: eigene Darstellung)

Währungsposition	Prämie in USD/€ (positiver Swapsatz)	Discount in USD/€ (negativer Swapsatz)
Währungsforderung	Kosten	Gewinn
Währungsverbindlichkeit	Gewinn	Kosten

Dieser Verlust wird durch die Differenz zwischen den beiden Wechselkursen determiniert. Der Asset Hedge ist in diesem Fall suboptimal, wie Abb. 3.37 zeigt.

Die Kosten eines DTG lassen sich anhand der Devisenswapsätze ablesen. Die Summe aus aktuellem Kassa-Wechselkurs und *Devisenswapsatz* ergibt den Devisenterminkurs. Ist der Devisenswapsatz positiv, so liegt der Devisenterminkurs oberhalb des Kassakurses. Man spricht in diesem Zusammenhang von einer *Prämie* oder einem *Report*. Im umgekehrten Fall, also wenn der Devisenswapsatz negativ ist, liegt ein sogenannter *Discount* oder *Deport* gegenüber dem aktuellen Kassakurs vor. Je nachdem, welche Währungsposition man hat, ist der eine oder andere Fall positiv zu werten.

Der Inhaber von Währungsforderungen (Exporteur) profitiert von einem negativen Swapsatz und der Besitzer von Währungsverbindlichkeiten (Importeur) von einem positiven Swapsatz. Dieser Sachverhalt ist in Tab. 3.19 noch einmal zusammengefasst.

Beispiel Devisentermingeschäft

Ein Portfoliomanager eines Rentenfonds hält 2.000 Stücke eines US-Zero-Bonds mit der ISIN US313586QR34 in seinem Bestand. Emittent ist die Federal National Mortgage Association. Folgende Daten liegen am 19.02.2010 über diesen Zero-Bond vor:

- Emissionstag: 05.07.2014
- Fälligkeitstag: 01.06.1984
- Nominalwert: 5.000 USD

- Restlaufzeit: 4,37 Jahre
- Rendite: 3,84 %
- Börsenkurs: 84,85 USD

Der Portfoliomanager rechnet damit, dass der US-Dollar zukünftig wieder schwächer bzw. der Euro wieder an Stärke zunehmen wird. Deshalb möchte er sich den heutigen Wechselkurs von 1,3610 USD/€ mithilfe eines DTG zum Ende der Laufzeit des Zero-Bonds sichern. Er informiert sich daher bei der WestLB über die derzeit gültigen Devisenswapsätze (vgl. Tab. 3.20).

Da die Restlaufzeit des US-Zero-Bonds 4,37 Jahre beträgt, wird zwischen den Devisenswapsätzen im Jahr 4 und 5 interpoliert, um den laufzeitkonformen Devisenswapsatz zu erhalten. Dieser beträgt 0,0323 USD/€. Folglich gilt für das DTG der Terminkurs von 1,3933 USD/€ (1,3610 USD/€ + 0,0323 USD/€).

Da das Absicherungsvolumen für den US-Zero-Bond bei 10 Mio. US-Dollar (2.000 Stück · 5.000 USD Nominalwert) liegt, muss der Rentenfondsmanager bei einer vollkommenen Absicherung des Volumens 10 Mio. DTG zum Terminkurs von 1,3933 USD/€ verkaufen (Short DTG). Abb. 3.38 zeigt auf, dass sich der Rentenfondsmanager mit diesem Hedge gegen das Währungsrisiko wirkungsvoll abgesichert hat.

Der Wert des DTG am Fälligkeitstag beträgt unabhängig von der Entwicklung des Wechselkurses 7.177.081,57 €. Da der Rentenfondsmanager in Bezug auf den US-Dollar short gegangen ist, stellt dieser Wert für ihn den fixen Verkaufspreis für den US-Dollar dar. Im Gegensatz dazu ist der Kaufpreis des US-Dollars am Fälligkeitstag unsicher. Mit steigendem Wechselkurs wird der US-Dollar billiger und damit steigt der Gewinn aus dem DTG. Der Wert des Zero-Bonds auf Euro-Basis

Tab. 3.20 Kassakurs und Devisenswapsätze für den USD am 19.02.2010. (Quelle: westlb.de)

Kassa	1 Jahr	2 Jahre	3 Jahre	4 Jahre	5 Jahre
1,3610	−0,0009	0,0030	0,0127	0,0267	0,0419

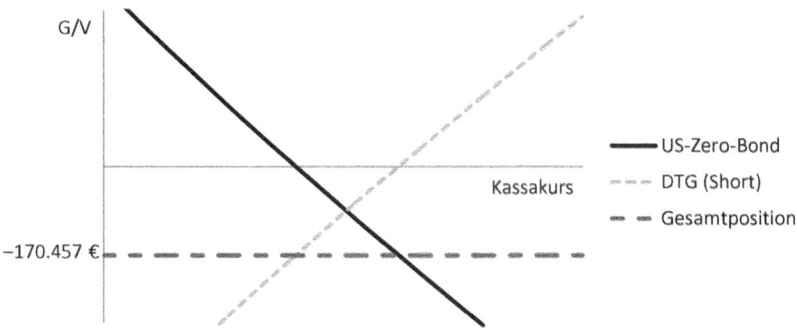

Abb. 3.38 Pay-Off-Diagramm eines Asset Hedges mit einem DTG (Short) am Beispiel eines US-Zero-Bonds am Fälligkeitstag. (Quelle: eigene Darstellung)

nimmt jedoch mit steigendem Wechselkurs ab. Betrachtet man die Gesamtposition aus beiden Geschäften, dann saldieren sich die Wertveränderungen aus den beiden Geschäften genau auf einen fixen Betrag in Höhe von 170.457 €. Dieser Betrag stellt die Kosten für den Asset Hedge dar und ist auf den positiven Devisenswapsatz zurückzuführen, wie man leicht überprüfen kann:

$$\text{Hedge-Kosten} = \frac{10.000.000 \ \text{USD}}{1,3933 \ \text{USD}/\text{€}} - \frac{10.000.000 \ \text{USD}}{1,3610 \ \text{USD}/\text{€}} = -170.457 \ \text{€}$$

Bezogen auf das heutige Absicherungsvolumen in Höhe von 7.347.538,57 € entsprechen diese Kosten 2,32 %.

3.3.3.2 Devisenfutures

In dem einführenden Abschn. 1.2.3 haben wir verschiedene Typen von Futures bereits kennengelernt. Unser Augenmerk richtet sich nun auf Devisenfutures, die ähnlich den DTG sind:

▶ **Definition Devisenfuture** *Ein Devisenfuture ist ein standardisiertes, verbindliches an der Börse abzuschließendes Währungsgeschäft zwischen zwei Kontrahenten, Devisenpositionen (Währungsbetrag) zu einem festen Zeitpunkt in der Zukunft (Fälligkeitstermin) zu einem heute festgelegten Preis (Terminkurs) zu kaufen bzw. zu verkaufen.*

Der Unterschied zu den DTG besteht in der Standardisierung der einzelnen Ausstattungsmerkmale, wie:

- Underlying
- Kontraktvolumen
- Kontraktmonate
- Verfalltermine
- Preisänderungen (Tick-Size)
- Art der Andienung
- Sicherheitsleistungen (Margin)

Devisenfutures werden nicht an der Eurex, sondern nur an der *Chicago Mercantile Exchange* (CME) bzw. an der Globex gehandelt. Die gültigen Kontraktspezifikationen für einen *Euro-FX-Future* (FX = Foreign Exchange) stehen in Tab. 3.21.

Der *E-mini-Euro-FX-Future* hat lediglich eine Kontraktgröße von 62.500 €. Die Initial Margin (Ersteinschuss) und Maintenance Margin (Mindesteinschuss) betragen folglich die Hälfte des Euro-FX-Futures. Eine Besonderheit besteht bei beiden Euro-Futures in der Reportpflicht gegenüber der amerikanischen Börsenaufsicht CFTC bei Überschreiten der Kontraktzahl von jeweils 400 Stücken (*reportable limit*).

Tab. 3.21 Kontraktspezifikationen eines Euro-FX-Futures. (Quelle: eigene Darstellung. Daten von CMEgroup.com vom 19.02.2010)

EURO-FX-Future	Kontraktspezifikationen
Kontraktvolumen	125.000 €
Notierung	USD/€ (vier Nachkommastellen)
Tick-Size	1 Stelle oder 0,0001 USD/€
Kontraktmonate	März, Juni, September, Dezember (stets 6 Terminmonate aus diesem Zyklus)
Letzter Handelstag	2 Börsentage vor dem 3. Mittwoch des jeweiligen Liefermonats
Andienung	Effektive Lieferung
Margin	Initial Margin: 4.050 USD, Maintenance Margin: 3.000 USD

Tab. 3.22 Hedging mit Euro-FX-Futures in Abhängigkeit der Währungsposition. (Quelle: eigene Darstellung)

Währungsposition	Währungsforderung	Währungsverbindlichkeit
Grundposition	Ausländischer Investor einer US-Anleihe	Ausländischer Emittent einer US-Anleihe
Hedge-Position	Long Euro-FX-Future	Short Euro-FX-Future

Möchte man nun mit Devisenfutures Währungspositionen absichern, so wird der perfekte Hedge durch die standardisierten Kontraktgrößen erschwert. Die Gefahr eines Over- bzw. Under-Hedges ist groß. Auch was den Zeitraum der Währungsabsicherung betrifft, ist man mit einem Devisenfuture festgelegt. So werden an der CME in Chicago lediglich sechs verschiedene Kontrakte gleichzeitig aus dem Fälligkeitszyklus März, Juni, September und Dezember gehandelt. Die maximale Laufzeit eines Euro-FX-Futures liegt damit bei ca. 18 Monaten, was den Absicherungszeitraum determiniert.

Der Euro-FX-Future ist ein in den USA aufgelegter Future-Kontrakt. Der Euro stellt also aus Sicht der USA die Fremdwährung dar. Ein *Long Euro-FX-Future* bedeutet demnach, dass man auf Termin den Euro kauft bzw. den US-Dollar verkauft. Mit einem *Short Euro-FX-Future* verkauft man den Euro bzw. kauft man den US-Dollar auf Termin. Ein deutscher Investor einer US-Anleihe beispielsweise muss folglich einen Euro-FX-Future kaufen, wenn er sich heute gegen das Währungsrisiko in der Zukunft absichern möchte, und vice versa (vgl. Tab. 3.22).

Wenden wir uns zunächst dem *Asset Hedge* zu. Die Grundposition besteht aus einer Währungsforderung. Dies könnten beispielsweise bei einer Investition in einen US-Bond aus deutscher Sicht die zukünftigen Zinskupons in US-Dollar oder auch die Rückzahlung des Nominalwerts in US-Dollar am Fälligkeitstag sein. Der Investor ist dem Währungsrisiko ausgeliefert (*Opening*).

Abb. 3.39 verdeutlicht die Situation am Fälligkeitstag des US-Bonds. Der Investor gibt die US-Anleihe an den Emittenten zurück und erhält im Gegenzug den Nominalwert in

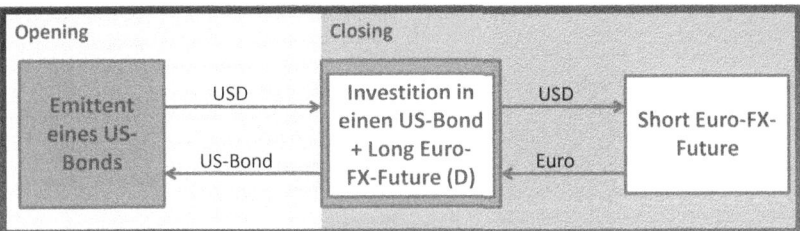

Abb. 3.39 Schematische Darstellung eines Asset Hedges mit einem Euro-FX-Future (Long) am Beispiel eines US-Bonds am Fälligkeitstag. (Quelle: eigene Darstellung)

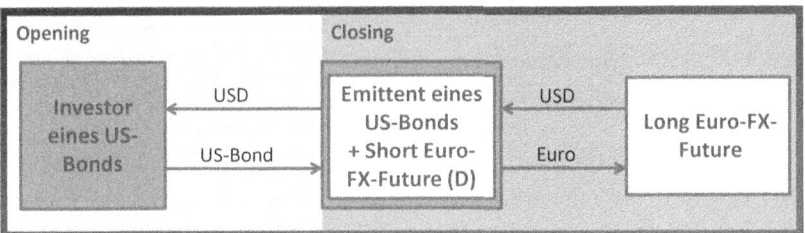

Abb. 3.40 Schematische Darstellung eines Liability Hedges mit einem Euro-FX-Future (Short) am Beispiel eines US-Bonds am Fälligkeitstag. (Quelle: eigene Darstellung)

US-Dollar ausbezahlt. An diesem Tag müssten die US-Dollars zu dem dann gültigen Wechselkurs in Euro umgetauscht werden. Um diesem Transaktionsrisiko schon frühzeitig aus dem Weg zu gehen, wurde weit vor dem Fälligkeitstag der damals gültige Wechselkurs durch den Kauf eines Euro-FX-Futures (Long) für die Zukunft gesichert (*Closing*).

Der *Liability Hedge* sichert dagegen zukünftige Währungsverbindlichkeiten gegen das Währungsrisiko ab. Wurden beispielsweise Anleihen in US-Dollar von einem deutschen Emittenten ausgegeben, dann sind die Zinszahlungen sowie die Rückzahlung des Nominalwerts in US-Dollar im Risiko. Am Tag der Fälligkeit des Bonds muss der entsprechende US-Dollar-Nominalwert an den Investor zurückgezahlt werden (vgl. Abb. 3.40). Man benötigt folglich US-Dollar, die spätestens an diesem Tag gegen Euro zum tagesaktuellen Wechselkurs umgetauscht werden müssen.

Zwecks Absicherung wurde zuvor ein Euro-FX-Future vom Emittenten des US-Bonds in Höhe der Währungsverbindlichkeit verkauft (Short). In Abb. 3.41 wird die Wirkungsweise eines Long Euro-FX-Futures noch einmal verdeutlicht. Wenn die Absicherungssumme mit dem Volumen des Futures, der Wechselkurs mit dem Terminkurs sowie der gewünschte Absicherungszeitraum mit den Laufzeiten des Futures übereinstimmen, dann ergibt sich im Idealfall ein perfekter Hedge. Die Gesamtposition aus beiden Geschäften liegt auf der Abszisse. Man kann bei sinkendem Wechselkurs keinen Währungsgewinn,

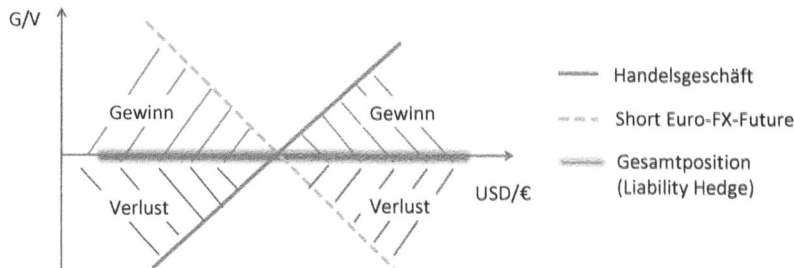

Abb. 3.41 Perfekter Liability Hedge mit einem Euro-FX-Future (Short). (Quelle: eigene Darstellung)

aber auch bei steigendem Wechselkurs keinen Währungsverlust mehr machen. Die Gesamtposition ist sozusagen „eingefroren".

Beispiel Devisenfuture Ein Portfoliomanager eines Rentenfonds hält 100.000 Stücke eines US-Treasury-Bonds mit der ISIN US912828FA33 in seinem Bestand. Emittent sind die Vereinigten Staaten von Amerika. Folgende Daten liegen am 19.02.2010 über diesen Treasury-Bond vor:

- Emissionstag: 31.03.2006
- Fälligkeitstag: 1.03.2011
- Nominalwert: 100 USD
- Kupon: 4,75 %
- Kupon-Periode: 6 Monate
- Restlaufzeit: 1,11 Jahre
- Rendite: 1,85 %
- Börsenkurs: 103,13 USD

Der Portfoliomanager rechnet damit, dass der US-Dollar bis zum Fälligkeitstag des Bonds wieder schwächer bzw. der Euro wieder stärker wird. Deshalb möchte er sich den heutigen Wechselkurs von 1,3610 USD/€ mithilfe eines Euro-FX-Futures zum Laufzeitende des Treasury-Bonds sichern. Die drei noch fälligen Zinskupons sollen dagegen währungsungesichert bleiben. Da der Bond am 31.03.2011 fällig wird, wählt er den Kontrakt Euro-FX-Future März 2010 an der elektronischen Terminbörse Globex. Der Future-Preis liegt am 19.02.2010 bei 1,3583 USD/€.

Das Absicherungsvolumen beträgt 10 Mio. US-Dollar (100 USD · 100.000 Stücke) und die Kontraktgröße eines Euro-FX-Futures liegt bei 125.000 USD. Daher muss der Rentenfondsmanager insgesamt 80 Future-Kontrakte (10.000.000 USD/125.000 USD) kaufen. Die Initial Margin beträgt folglich 324.000 USD (80 · 4.050 USD), was 3,24 % des Absicherungsvolumens entspricht.

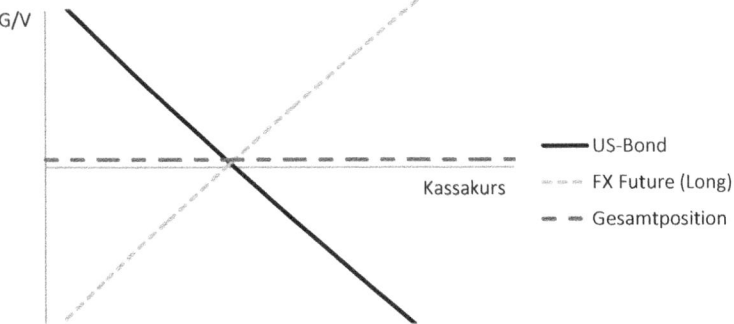

Abb. 3.42 Pay-Off-Diagramm eines Asset Hedges mit einem Euro-FX-Future (Long) am Beispiel eines US-Bonds am Fälligkeitstag. (Quelle: eigene Darstellung)

Durch den Abschluss des Long Euro-FX-Futures hat man sich einen Währungsbetrag in Höhe von 7.362.143,86 € am Fälligkeitstag des Futures gesichert. Dadurch, dass der Future-Kurs am 19.02.2010 mit 1,3583 USD/€ kleiner ist als der tagesaktuelle Wechselkurs in Höhe von 1,3610 USD/€, liegt die Gesamtposition aus beiden Geschäften oberhalb der Abszisse (vgl. Abb. 3.42).

Sieht man von Transaktionskosten durch den Börsenkauf einmal ab, so erzielt man in diesem Fall sogar einen fixen Absicherungsgewinn in Höhe von 14.605,28 €. Steigende Wechselkurse stellen nun kein Risiko mehr für den Investor dar, von sinkenden Wechselkursen kann er nun aber auch nicht mehr profitieren.

3.3.3.3 Devisenoptionen

Zum besseren Verständnis dieses Kapitels werden die Abschn. 1.2.5 zu Optionen sowie 3.2.6 zu Währungsrisiken vorausgesetzt. Devisenoptionen lassen sich wie folgt definieren:

▶ **Definition Devisenoption** *Eine Devisenoption verbrieft gegen Zahlung der Optionsprämie das Recht, Devisenpositionen (Währungsbetrag) zu einem festen Zeitpunkt in der Zukunft (Fälligkeitstermin) zu einem heute festgelegten Preis (Strike) zu kaufen bzw. zu verkaufen.*

Devisenoptionen werden sowohl in standardisierter als auch in individueller Form gehandelt. Bei einem standardisierten Handel an der Terminbörse, wie z. B. der CME, sind die Ausübungspreise sowie die Fälligkeitstage genau festgelegt. Üblicherweise werden die Strikes in Pip (Percentage in point) angegeben. Ein Pip ist die vierte Nachkommastelle des Wechselkurses. Also ein Wechselkurs von 1,3615 USD/€ sind 13.615 Pips. An der CME werden Devisenoptionen mit Strikes in 50 Pip-Schritten gehandelt. Auf speziellen internetbasierten OTC-Handelsplattformen, wie z. B. der FOREX, können dagegen die Strikes und Laufzeiten der Devisenoptionen frei vereinbart werden.

Möchte man sich nun gegen zukünftige Wechselkursrisiken heute absichern, so kommt es wiederum auf die *Währungsposition* an. Besitzt man beispielsweise eine Währungsforderung in US-Dollar, so muss eine *US-Dollar-Put-Option* bzw. eine *Euro-Call-Option* gekauft (Long) werden. Gegen eine *Währungsverbindlichkeit* in US-Dollar schützt man sich dagegen mit dem Kauf (*Long*) einer *US-Dollar-Call-Option* bzw. mit einer *Euro-Put-Option*.

Der große Nachteil bei einem Hedging von Währungsrisiken mit Devisentermingeschäften bzw. Devisenfutures ist, dass man sich möglicher Währungsgewinne in der Zukunft durch die Verbindlichkeit des Terminkurses beraubt. Dies ist nun aus der Sicht eines *Käufers einer Devisenoption* (*Long*) anders, weil er das *Recht* und *nicht die Pflicht der Ausübung* besitzt.

Beispiel Devisenoption Wir greifen das Beispiel Devisenfuture aus Abschn. 3.3.3.2 wieder auf. Ein Portfoliomanager eines Rentenfonds hält 100.000 Stücke eines US-Treasury-Bonds mit der ISIN US912828FA33 in seinem Bestand. Emittent sind die Vereinigten Staaten von Amerika. Folgende Daten liegen am 19.02.2010 über diesen Treasury-Bond vor:

* Emissionstag: 31.03.2006
* Fälligkeitstag: 31.03.2011
* Nominalwert: 100 USD
* Kupon: 4,75 %
* Kupon-Periode: 6 Monate
* Restlaufzeit: 1,11 Jahre
* Rendite: 1,85 %
* Börsenkurs: 103,13 USD

Der Portfoliomanager rechnet damit, dass der US-Dollar bis zum Fälligkeitstag des Bonds wieder schwächer bzw. der Euro wieder stärker wird. Deshalb möchte er sich mit einer Devisenoption zum Laufzeitende des Treasury-Bonds absichern. Die drei noch fälligen Zinskupons sollen dagegen währungsungesichert bleiben.

Er kauft Euro-Call-Optionen im Wert von 10 Mio. US-Dollar mit einem Strike von 13.700 PIPS und einer Fälligkeit zum März 2011 über den OTC-Handel zu einem Optionspreis von 0,01 € pro Option.

Wie Abb. 3.43 zu erkennen gibt, verliert die offene Währungsforderung mit zunehmendem Wechselkurs an Wert. Liegt der Wechselkurs unterhalb des Strikes in Höhe von 1,3700 USD/€, so wird die Euro-Call-Option nicht ausgeübt und der Verlust beschränkt sich auf die gezahlte Optionsprämie von 100.000 € (10.000.000 · 0,01 €). Bezogen auf den Absicherungsbetrag von 10 Mio. USD sind das unter Berücksichtigung des aktuellen Kassakurses von 1,3610 USD/€ Absicherungskosten in Höhe von 1,36 %. Übersteigt der Wechselkurs dagegen den Strike, so nimmt der Call an Wert zu. Bei einem Wechselkurs

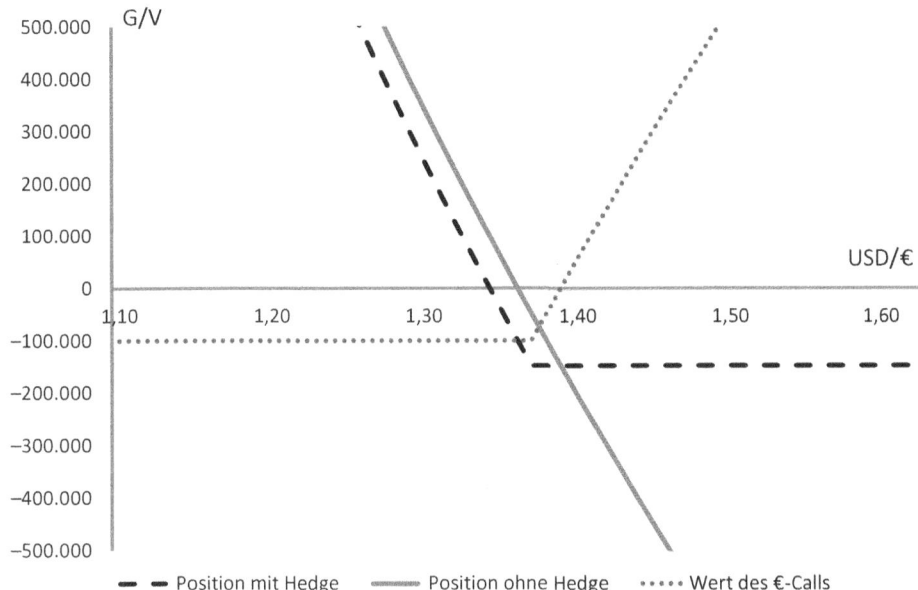

Abb. 3.43 Pay-Off-Diagramm eines Asset Hedges mit einer Euro-Call-Option (Long) am Beispiel eines US-Bonds am Fälligkeitstag. (Quelle: eigene Darstellung)

von 1,3890 USD/€ ist die Optionsprämie verdient und damit der Break-even der Call-Option erreicht.

Die Gesamtposition aus der ursprünglichen Währungsforderung des Treasury-Bonds und der Euro-Call-Option ist ab einem Wechselkurs von 1,3700 USD/€ auf einer Höhe von −148.269 € nach unten abgesichert, wie sich leicht nachrechnen lässt. Bei einem Wechselkurs von genau 1,3700 USD/€ beträgt die Gesamtposition:

$$
\text{Gesamtposition} = \underbrace{\left(\frac{1}{1,3700} - \frac{1}{1,3610}\right) \cdot 10.000.000 \ \text{USD} - 100.000 \ \text{€}}_{\text{Verlust aus Treasury-Bond}}
$$
$$
= -148.269 \ \text{€}
$$

Bei einem Wechselkurs von 1,4000 beispielsweise beläuft sich die Gesamtposition auf:

$$\text{Gesamtposition} = \underbrace{\left(\frac{1}{1,4000} - \frac{1}{1,3610}\right) \cdot 10.000.000 \ \text{USD}}_{\text{Verlust aus Treasury-Bond}}$$

$$+ \underbrace{\left(\frac{1}{1,3700} - \frac{1}{1,4000}\right) \cdot 10.000.000 \ \text{USD}}_{\text{Gewinn aus Euro-Call-Option}}$$

$$\underbrace{-100.000 \ \text{€}}_{\text{Optionsprämie}} = -148.269 \ \text{€}$$

Dadurch, dass der Strike höher als der aktuelle Wechselkurs ist, liegt der gesamte Währungsverlust oberhalb der gezahlten Optionsprämie.

Von einem sinkenden Wechselkurs profitiert der Rentenfondsmanager dagegen. Der Währungsgewinn fällt im Vergleich zur ungeschützten Position schlechter aus. Dies liegt an der Optionsprämie, die erst einmal wieder verdient werden muss. Der Break-even der Gesamtposition liegt bei 1,3427 USD/€.

3.4   Kontrollaufgaben

Aufgabe 3.1

Ein Investor kann in zwei Wertpapiere A und B mit nachstehenden Eigenschaften in Bezug auf Rendite und Risiko investieren:

	Wertpapier A	Wertpapier B
Rendite	10 %	5 %
Risiko	5 %	3 %

Der Korrelationskoeffizient beider Renditen ist $k_{AB} = 0{,}2$.

(a) Bestimmen Sie die erwartete Rendite und die Standardabweichung des Portfolios, welches zu 75 % aus Wertpapier A und zu 25 % aus Wertpapier B besteht.
(b) Bestimmen Sie das risikominimale Portfolio. Berechnen Sie für dieses Portfolio die erwartete Rendite sowie die Standardabweichung.
(c) Skizzieren Sie alle möglichen Rendite-/Risikopositionen zwischen Wertpapier A und B. Geben Sie dabei sowohl das Minimum-Varianz-Portfolio als auch den Wertebereich der Effizienzlinie nach der Portfoliotheorie von Markowitz an.

Aufgabe 3.2

Im Rahmen des CAPM betrage der risikolose Zinssatz langfristig 4 %. Die erwartete Rendite des Marktportfolios liegt bei 10 %. Das Risiko des Marktportfolios, gemessen durch die Standardabweichung, ist 20 %.

a. Wie hoch sind die absolute und die relative Risikoprämie des Marktportfolios?

b. Angenommen, die Rendite der VW-Aktie weist eine Korrelation zur Rendite des Marktportfolios von 0,02 (Kovarianz) auf.

  Hinweis: $\mathrm{cov}_{im} = \sigma_i \cdot \sigma_m \cdot k_{im}$

  b1) Bestimmen Sie das absolute und das relative systematische Risiko der VW-Aktie.

  b2) Wie hoch ist die Risikoprämie der VW-Aktie?

  b3) Welche Rendite können Sie bei der VW-Aktie langfristig nach dem CAPM erwarten?

c. Warum bleibt bei einem CAPM das unsystematische Risiko einer Aktie unberücksichtigt?

Aufgabe 3.3

Ein Pensionsfonds hält 10.000 Aktien von der SAP AG. Der aktuelle Kurs der Aktie liegt bei 150 €. Die Portfoliomanager der Lebensversicherung möchten den Gesamtwert dieser Aktienposition in Höhe von 1.500.000 € gegen mögliche Wertverluste durch den Kauf von Puts absichern. Der entsprechende Put mit einem Basispreis von 150 € kostet 5 € pro Aktie. Ein Optionskontrakt an der Eurex umfasst 100 Aktien.

a. Wie viele Put-Kontrakte muss der Pensionsfonds heute kaufen, wenn er den Wert der SAP-Aktien zu 80 % am Ende der Laufzeit der Put-Option absichern möchte?

b. Wie hoch ist der maximal mögliche Gesamtverlust für den Pensionsfonds, wenn die Portfoliomanager einen 1:1-Fixed-Hedge im Rahmen der Protective-Put-Strategie wählen?

c. Auf welchen Kurs muss die SAP-Aktie am Verfalltag der Option steigen, damit das Aktienvermögen des Pensionsfonds nach Kosten durch den Kauf der Put-Option unverändert bleibt?

d. Zeigen Sie die Veränderung der Vermögenswerte bei Anwendung eines 1:1-Fixed-Hedges bzw. ohne Hedge in Abhängigkeit des Aktienkurses am Verfalltag der Option auf. Gehen Sie von folgenden möglichen Kursverläufen der Aktie aus:

Variante	1	2	3	4	5	6
Kurs [in €]	0	50	100	150	200	250

Skizzieren Sie die Vermögenswerte mit und ohne Hedge in Abhängigkeit der möglichen Aktienkurse aus d) in einem geeigneten Schaubild.

Aufgabe 3.4

Eine 10-jährige Staatsanleihe mit jährlicher, nachschüssiger Kuponzahlung und einer Restlaufzeit von 3 Jahren weist heute, einen Tag nach Zahlung des letzten Kupons in Höhe von 5 % des Nominalwerts, eine Rendite von 4 % auf. Folglich stehen in den verbleibenden Jahren weitere drei Kuponzahlungen sowie die Rückzahlung des

Nominalwerts am Ende der Laufzeit in Höhe von 100 € an. Ein Investor, mit einem Planungshorizont von 3 Jahren, interessiert sich für diese Staatsanleihe.

a. Worin besteht für den Anleger generell das Zinsänderungsrisiko und wie lässt es sich i. A. quantifizieren?

b. Mithilfe welcher Kennzahl lässt sich das Zinsänderungsrisiko immunisieren? Gehen Sie bei der Beantwortung dieser Frage auch kurz auf die Annahmen dieser Kennzahl ein.

c. Ist der Investor bei Kauf dieser Staatsanleihe gegen das Zinsänderungsrisiko abgesichert? Begründen Sie Ihre Antwort mithilfe einer geeigneten Kennzahl dieser Anleihe.

d. Angenommen, die Zinsstrukturkurve verschiebt sich unmittelbar nach $t = 0$ parallel um 25 Basispunkte (0,25-Prozentpunkt) nach unten. Schätzen Sie mithilfe der Modified Duration von Hicks die absolute Preisänderung der Staatsanleihe ein. Beurteilen Sie die Genauigkeit der geschätzten Preisänderung, indem Sie den Present Value der Anleihe nach Zinsänderung berechnen und dem geschätzten Kurs gegenüberstellen.

e. Angenommen, die Zinssenkung unmittelbar nach $t = 0$ wäre statt einem Viertel-Prozentpunkt 100 Basispunkte gewesen. Erläutern Sie kurz, warum man jetzt mithilfe der Konvexität die Auswirkungen der Zinsänderung auf den Kurs der Anleihe abschätzen muss. Die Konvexität C beträgt für diese Anleihe 10,4127. Schätzen Sie den Kurs der Anleihe durch die Zinssatzänderung.

f. Angenommen, am Kapitalmarkt notiert neben der oben erwähnten Staatsanleihe eine zweite, die eine Restlaufzeit von 4 Jahren aufweist mit einem Kupon von 4 €, der folglich noch viermal zur Auszahlung kommt. Die Tilgung dieser Anleihe erfolgt am Ende der Laufzeit zu 100 €. Die Duration dieser Anleihe beläuft sich auf 3,7751. Welche Möglichkeiten der Absicherung gegen das Zinsänderungsrisiko hat der Investor in diesem speziellen Fall? Machen Sie einen konkreten Vorschlag. Erläutern Sie kurz, wie man überprüfen kann, ob der Investor zum Planungszeitpunkt $t = 3$ tatsächlich gegen das Zinsänderungsrisiko abgesichert ist.

Aufgabe 3.5

Der Manager eines Rentenfonds hat einen Teil der Gelder in festverzinsliche Anleihen investiert. In einem halben Jahr fließen dem Fonds Kuponzahlungen in Höhe von 1 Mio. € zu, die dann für ein Vierteljahr (90 Tage) wieder angelegt werden müssen. Da der Manager sinkende Zinsen befürchtet, will er den Zinssatz für die Wiederanlage festschreiben. Er schließt mit einem Zinshändler einer Bank einen FRA „6 gegen 9" ab. Der Forward Rate für dieses FRA-Geschäft beträgt 1,20 %.

a. Welche Position muss der Manager einnehmen, wenn er das Wiederanlagerisiko in 6 Monaten heute ausschließen will?

b. Angenommen, der 3-Monats-Euribor notiert in einem halben Jahr bei 1,00 %. Zeigen Sie, ob der Manager sich mit dem Abschluss des FRA gegen das Zinsänderungsrisiko wirkungsvoll abgesichert hat, indem Sie die Gesamtrendite aus dem FRA und dem Wiederanlagegeschäft berechnen.

Aufgabe 3.6

An der Eurex werden für den Bund-Future-Kontrakt (FGBL) mit Fälligkeit September 2010 folgende drei lieferbare Anleihen aufgeführt:

ISIN für lieferbare Anleihe	Coupon (%)	Fälligkeitstermin	Konvertierungsfaktor
DE0001135382	3,50	04.07.2019	0,832496
DE0001135390	3,25	04.01.2020	0,807685
DE0001135408	3,00	04.07.2020	0,781866

Die Anleihe DE0001135382 notiert aktuell zu 105,89 €, die Anleihe DE0001135390 zu 103,60 € und die dritte Anleihe DE0001135408 zu 101,21 €.

a. Welche Bedeutung hat hier der Konvertierungsfaktor und wie wird er generell berechnet?
b. Angenommen, heute wäre der Verfalltag des September-Bund-Future-Kontrakts. Welche lieferbare Anleihe (CTD-Anleihe) würde der Verkäufer des Bund-Futures auswählen, wenn der Bund-Future bei 126,41 € notiert? Begründen Sie Ihre Antwort rechnerisch.

Aufgabe 3.7

Das schwäbische Spezialwerkzeugmaschinen-Unternehmen Schleif GmbH & Co. KG hat heute mit einem US-amerikanischen Unternehmen einen Vertrag über die Lieferung einer Spezialmaschine im Wert von 250.000 USD abgeschlossen. Die Rechnung ist in US-Dollar fakturiert und mit einem 3-monatigen Zahlungsziel versehen. Der aktuelle Kassakurs beträgt 1,4988 USD/€. Die Schleif GmbH & Co. KG möchte sich in jedem Fall gegen das Wechselkursrisiko heute absichern und wendet sich diesbezüglich an ihre Hausbank Haibanking. Dort werden der Schleif GmbH & Co. KG zwei Alternativen der Kursabsicherung angeboten:

• Alternative 1: Devisentermingeschäft mit Laufzeit 3 Monate und Kurs 1,5228 USD/€.
• Alternative 2: USD-Devisen-Put-Option (europäisch) mit Laufzeit 3 Monate, Strike 1,5127 USD/€ und Optionsprämie von 3.000 €.

a. Welche Position muss die Schleif GmbH & Co. KG bei dem Devisentermingeschäft bzw. bei der USD-Devisen-Put-Option einnehmen?
b. Angenommen, der Wechselkurs des US-Dollars läge in 3 Monaten alternativ bei
   1. 1,5020 USD/€,
   2. 1,4860 USD/€ und
   3. 1,5531 USD/€.

Bewerten Sie die beiden Absicherungsalternativen in Abhängigkeit der angegebenen Kassakurse.

Skizzieren Sie den Wert des Handels-, des Devisentermingeschäftes (DTG) sowie die Gesamtposition in Abhängigkeit des Wechselkurses. Wie hoch ist der Gesamtgewinn bzw. -verlust nach Hedging mit dem DTG und wie ist dieser zu interpretieren?

Wert- und risikoorientierte Unternehmenssteuerung

4

4.1 Risikosteuerung

Lernziele

Dieses Kapitel vermittelt:

- Die Darstellung der Instrumente und Analysemethoden für die Aktiv- und Passivseite
- Eine Erläuterung des operationellen Risikos
- Die Zusammenführung zu einem ALM
- Die Herausarbeitung von unternehmens- und produktspezifischen Steuerungsmethoden unter Beachtung des Solvenzbegriffs

Die Grundlagen für ein wert- und risikoorientiertes Management wurden in Abschn. 1.3 bereits erläutert. Das Kernstück eines Risikomanagementsystems ist die Risikostrategie, die in enger Verbindung mit der Unternehmensstrategie steht. Die Geschäftstätigkeit eines Versicherungsunternehmens besteht in der Verbriefung von Risiken. Dies ist das *Versicherungstechnische Risiko*, das in Abschn. 2.2 ausführlich dargestellt wurde. In Risikomodellen beschäftigt man sich mit der Begrenzung und Beherrschung des versicherungstechnischen Risikos – als dem bedeutendsten Risiko des Versicherungsunternehmens neben dem Kapitalanlagerisiko, das ausführlich in Kap. 3 erklärt wurde. Hinzu kommt das operationelle Risiko, das in Abschn. 4.1.1 erklärt wird. Es werden spezielle risikopolitische Instrumente eingesetzt, die in ihrer Gesamtheit die versicherungstechnischen Verfahren darstellen. Sie haben unter anderem das Ziel, den Risikoausgleich im Kollektiv und in der Zeit zu fördern und damit die Sicherheit des Versicherungsunternehmens zu gewährleisten. Allerdings sind bei einem Einsatz der risikopolitischen Instrumente auch die anderen übergeordneten Unternehmensziele, z. B.

© Springer-Verlag Berlin Heidelberg 2016
C. Möbius, C. Pallenberg, *Risikomanagement in Versicherungsunternehmen*,
BA KOMPAKT, DOI 10.1007/978-3-662-47917-9_4

Gewinn und Wachstum, zu beachten. Deshalb geht es nicht darum, das versicherungstechnische Risiko auf null zu reduzieren, etwa durch sehr hohe Prämien oder vollständige
Rückversicherung der übernommenen Risiken. Vielmehr geht es darum, die versicherungstechnischen Verfahren im Hinblick auf alle Ziele, einschließlich des *Sicherheitsziels*, auszuwählen. Zur Erklärung des Sicherheitsziels ist der Begriff der Solvabilität von
grundlegender Bedeutung.

4.1.1 Das operationelle Risiko

Operationelle Risiken sind die Gefahr von Verlusten als Folge von Unzulänglichkeiten
oder des Versagens von Menschen, internen Prozessen oder Systemen sowie aufgrund
externer Ereignisse. Rechtsrisiken sind eingeschlossen. Reputationsrisiken, Risiken aus
strategischen Entscheidungen sowie die im Rahmen von Versicherungsprodukten aktiv
übernommenen Risiken fallen nicht unter die operationellen Risiken.

Bewusst wurde das Wort „Unzulänglichkeit" anstelle des Wortes „Unangemessenheit"
als Entsprechung für das englische Wort „inadequacy" gewählt, um die negative Erwartung eines daraus resultierenden Ereignisses zu betonen. Mit Systemen sind neben
IT-Systemen z. B. auch weitere technische Systeme gemeint. Das Rechtsrisiko umfasst
die Möglichkeit eines Verlustes aufgrund der unzureichenden Beachtung der aktuellen
Rechtslage, das insbesondere durch belastende gerichtliche oder behördliche Entscheidungen sowie belastende Änderungen der bestehenden Gesetze hervorgerufen wird.
Darüber hinaus umfasst das Rechtsrisiko Verluste, die durch eine unklare Rechtslage
sowie nachteilige vertragliche Regelungen verursacht werden.

Operationelle Risiken können unterschiedlich strukturiert werden. In der Praxis am
häufigsten anzutreffen sind die Einteilungen nach Ursachenkategorien oder Ereigniskate-
gorien. Bei der Strukturierung operationeller Risiken (materielle oder potenzielle Vor-
fälle) ist zwischen den daraus resultierenden Verlusten, deren mutmaßlichen Ursachen
bzw. Auslösern und den Effekten, die das Ereignis bewirken, zu unterscheiden. Hier die
Kategorisierung nach Ursachen:

- Technische Ursachen
- Menschliche Ursachen
- Organisatorische Ursachen
- Externe Ursachen

Im Einzelfall ist die Unterscheidung zwischen Ursache – Ereignis – Wirkung nicht
immer ohne Weiteres möglich: Was ist Ursache und was das Ereignis für die Schadenzahlung eines Wasserschadens, der durch ein offenes Fenster während eines Sturms
ausgelöst wird? Die Kategorisierung nach Ursache ermöglicht es, Verluste, die aufgrund

von Schwächen und Unzulänglichkeiten in Prozessen und Kontrollen bestehen, zu erkennen, zu beurteilen und zu managen. Das frühzeitige Erkennen der Ursachen für potenzielle Risiken oder bereits eingetretener operationaler Verluste ermöglicht deren Reduzierung oder Verhinderung.

Eine Kategorisierung nach Ereignissen bietet sich an, um eine einheitliche Kategorisierung für Banken und Versicherungen zu gewährleisten, beispielsweise für Allfinanzgruppen. Die Hauptkategorien nach Ereignissen gemäß Basel II sind:

- Absichtliches Fehlverhalten
- Unzulässige Handlungen durch Externe
- Beschäftigungsverhältnisse und Arbeitssicherheit
- Geschäftspraktiken und Produkteigenschaften
- Schäden an der Betriebs- und Geschäftsausstattung
- Betriebsunterbrechung und Versagen technischer Systeme
- Geschäftsprozessrisiken

Es ist Aufgabe der Unternehmen, die einzelnen Haupt- und Subkategorien zu definieren und genau voneinander abzugrenzen, um eine Doppelerfassung operationaler Verluste zu vermeiden. Die Kategorisierung sollte sich an den anerkannten Verfahren der Finanzwirtschaft orientieren.

Die ursachenbasierte Kategorisierung und die Ereigniskategorisierung nach Basel II werden als gleichwertig angesehen und sind ineinander überführbar. Als zusätzliche Untergliederung der Kategorisierung operationeller Risiken können organisatorische Aspekte herangezogen werden. Beispielsweise können dies Geschäftsfelder (Industrie-, Gewerbe-, Privatkunden) oder interne Funktionsbereiche (Betrieb, Vertrieb, Schadenbearbeitung, Reporting, Controlling, Rechnungswesen, Planung, Finanzbuchhaltung, Kapitalanlagen, Personen und Externe, Informationssysteme, Gebäudetechnik und Sicherheit, Externe Kommunikation, Recht und Steuern) sein.

Die oben genannten Einteilungen haben unterschiedliche Stärken im Hinblick auf die verfolgten Zwecke (Beaufsichtigung, interne Steuerung) und sollten zur Unternehmensstruktur passen.

Verluste durch operationelle Risiken stellen ein finanzielles Risiko für das Unternehmen dar und müssen daher prinzipiell mit Eigenkapital unterlegt werden. Operationelle Risiken sind neben den Hauptrisikokategorien wie dem versicherungstechnischen Risiko, dem Marktrisiko und dem Kreditrisiko eine eigene Risikoart im Risikomanagement. Die Existenz operationeller Risiken als eigenständige Risikoart ist pragmatisch begründet. In der Gewinn- und Verlustrechnung treten Verluste aus operationellen Risiken nicht gesondert in Erscheinung. Sie manifestieren sich im Regelfall als Verluste in der Versicherungstechnik (Leistungen, Schadenaufwand, Regulierungsaufwand) in den Verwaltungskosten oder im Kapitalanlagebereich.

Jedes Risiko sollte danach beurteilt werden, ob es

- ein wesentliches, operationelles Risiko darstellt, das den Fortbestand eines Unternehmens gefährden könnte, oder
- bereits in einer anderen Risikoart enthalten ist.

Es zeigte sich, dass der größte Teil der operationellen Risiken bereits bilanziell im versicherungstechnischen Risiko, im Marktrisiko oder im Kreditrisiko erfasst ist. Daraus ergibt sich, dass eine eigenständige Risikokapitalhinterlegung nur für operationelle Risiken vorzusehen ist, die wesentlich sind, d. h. den Fortbestand des Unternehmens gefährden können.

Bei der Modellierung und Eigenkapitalbestimmung für operationelle Risiken ergeben sich einige Probleme: Die Modellierung des versicherungstechnischen Risikos, des Marktrisikos und des Kreditrisikos in internen Modellen stellt zumeist auf die historische Volatilität geeigneter Zeitreihen ab. Wäre eine Modellierung dieser Risikoarten vollständig, d. h., würden alle historischen Verluste aus operationellen Risiken miterfasst und gäbe es eine umfassende statistische Basis, so würde sich für operationelle Risiken kein eigenständiges Risikokapitalerfordernis ergeben. Ein Herausrechnen des operationellen Risikos wäre aufwendig und müsste durch komplizierte und fehleranfällige Korrelationsüberlegungen zwischen den einzelnen Risikokategorien zum operationellen Risiko wieder berücksichtigt werden.

4.1.2 Solvabilität

Das europäische Solvabilitätssystem ist pragmatisch angelegt und auf eine einfache Handhabung ausgerichtet. Es ist ein Instrument der Finanzaufsicht über Versicherungsunternehmen. Im Zuge der Schaffung des europäischen Binnenmarkts für Versicherungen wurden die in §53c VAG enthaltenen Solvabilitätsregeln bereits mehrfach modifiziert. Ziel ist es, die dauernde Erfüllbarkeit der Verträge gegenüber dem Versicherungsnehmer zu sichern. Die neuen Vorschriften sehen eine Erweiterung der Eingriffsbefugnisse der Aufsichtsbehörden vor, z. B. für den Fall, dass sich die Finanzlage von Versicherungsunternehmen schnell verschlechtert. Bei der Aufnahme des Versicherungsgeschäfts oder neuer Versicherungszweige muss eine Mindestausstattung an Eigenmitteln vorliegen, der sogenannte *Mindestgarantiefonds*. Dieser beträgt derzeit grundsätzlich 2,3 Mio. €. Für Unternehmen, die das Geschäft der Haftpflicht-, Kredit- und Kautionsversicherung bzw. Lebensversicherung betreiben, werden 3,5 Mio. € verlangt. Entgegen den bisherigen Regelungen wird der Mindestgarantiefonds indexiert. Die geforderte Solvabilitätsspanne definiert die Sollgröße des Sicherheitspolsters, über das ein Versicherungsunternehmen während des laufenden Geschäftsbetriebs mindestens verfügen muss. Wird dieses Sicherheitspolster unterschritten, kann die Aufsichtsbehörde gemäß §81b (1) VAG einen

Solvabilitätsplan verlangen. In diesem muss das Versicherungsunternehmen Maßnahmen nennen, mit denen die Eigenmittelausstattung verbessert werden soll, z. B. über die Beschaffung von Eigenkapital, durch Prämienerhöhungen, mehr Rückversicherung oder über den Verzicht auf weiteres Wachstum. Ein Drittel der Solvabilitätsspanne gilt als *Garantiefonds*. Wird dieses Drittel unterschritten, verlangt die Aufsichtsbehörde einen Finanzierungsplan (vgl. § 81b (2) VAG), der die Möglichkeiten zur kurzfristigen Beschaffung von Eigenmitteln nennt. Das Schema zur Berechnung der Solvabilitätsspanne von Lebensversicherern weicht von dem der Nicht-Lebensversicherer ab. Nach der Solvabilitätsformel wird unterstellt, dass die Risikolage eines Versicherers aus dem betriebenen Lebensversicherungsgeschäft in zwei Größen zum Ausdruck kommt, nämlich dem versicherungstechnischen Risiko und dem Kapitalanlagerisiko in den „mathematischen Reserven". Das Solvabilitäts-Soll wird in der Nichtlebensversicherung nach den jährlichen Beitragseinnahmen oder nach der Schadenbelastung berechnet. Der Beitragsindex ergibt sich, indem die Bruttobeiträge mit 18 % (bis zu 57,5 Mio. €, darüber hinaus mit 16 %) bewertet werden. Die Rückversicherung wird durch einen Rückversicherungsfaktor (Verhältnis von Netto- zu Bruttoaufwendungen der Versicherungsfälle, jedoch höchstens 50 %) berücksichtigt. Der Schadenindex wird aus den Aufwendungen für Versicherungsfälle ermittelt und zwar mit einer Bewertung von 26 % (bis 40,3 Mio. €, darüber hinaus mit 23 %). Der Rückversicherungsfaktor ist analog anzuwenden. Das höhere der beiden Ergebnisse ist die maßgebliche Solvabilitätsspanne. Diese darf einen bestimmten Mindestbetrag, den sogenannten Mindestgarantiefonds, nicht unterschreiten.

Beispiel

Ein Unternehmen hat eine Prämieneinnahme von 100 Mio. € und Schadenaufwendungen von 60 Mio. €. Es liegt eine proportionale Rückversicherungsquote von 20 % vor. Dann beträgt der Schadenindex:

$$40,3 \text{ Mio.} \cdot 26\% + 19,7 \text{ Mio.} \cdot 23\% = 15,009 \text{ Mio.}$$

und der Beitragsindex:

$$57,5 \text{ Mio.} \cdot 18\% + 42,5 \text{ Mio.} \cdot 16\% = 17,15 \text{ Mio.}$$

Somit beträgt die Soll-Solvabiltät brutto 17,15 Mio. Es kann nun 20 % Rückversicherung in Abzug gebracht werden und es sind dann noch 13,72 Mio. zu stellen.

In der Lebensversicherung setzt sich die Solvabilitätsspanne aus zwei Teilbeträgen zusammen, dem für die Kapitalanlage und dem für das biometrische Risiko. Der erste Teilbetrag wird an der Bruttodeckungsrückstellung bemessen, wobei Rückversicherung berücksichtigt werden darf, aber es müssen mindestens 85 % angerechnet werden. Dieser Betrag ist dann mit 4 % zu bewerten. Bei fondsgebundenen Versicherungen beträgt der

Satz 1 %. Der zweite Teilbetrag ergibt sich aus 3 ‰ des riskierten Kapitals, wobei Rückversicherung berücksichtigt werden darf, aber mindestens 50 % zur Bemessung kommen müssen. Bei kürzeren Laufzeiten reduziert sich der Satz auf 1 ‰ bei Laufzeiten bis zu 3 Jahren und auf 1,5 ‰ bei Laufzeiten bis zu 5 Jahren. Bei Zusatzversicherungen kommt der Beitrags- bzw. Schadenindex zur Anwendung.

Beispiel

Ein Unternehmen hat eine Deckungsrückstellung von 1 Mrd. € und eine versicherte Summe von 5 Mrd. €, wobei alle Verträge noch mindestens 5 Jahre Laufzeit haben Es liegt eine proportionale Rückversicherungsquote auf das riskierte Kapital von 10 % vor. Die Soll-Solvabilität berechnet sich dann aus:

$$1 \text{ Mrd.} \cdot 4\% + 4 \text{ Mrd.} \cdot 0,3\% \cdot 0,9 = 50,8 \text{ Mio.}$$

Als *Eigenmittel* zur Bedeckung der Solvabilitätsspanne kommen im Wesentlichen infrage:

• Das eingezahlte Grundkapital
• Gesetzliche Rücklagen
• Freie Rücklagen
• Gewinnvortrag nach Abzug auszuschüttender Dividenden
• Freie RfB
• Nachrangige Verbindlichkeiten (nur unter bestimmten Bedingungen)

Die Berechnungsvorschriften für das *Solvabilitäts-Soll* sind in der „Verordnung über die Kapitalausstattung von Versicherungsunternehmen" geregelt. Alle Werte sind in der *Kapitalausstattungsverordnung* festgelegt und werden inflationsbedingt laufend angepasst. Die aktuellen Zahlen gelten seit dem 01.01.2010. Die Vorschriften zu den anrechenbaren Eigenmitteln sind in § 53c VAG geregelt. Es wird zwischen den Eigenmitteln A und B differenziert. Eigenmittel A sind die oben aufgeführten, dann gibt es noch die Eigenmittel B, die nur mit Genehmigung seitens der Aufsichtsbehörde angerechnet werden dürfen. Beispielsweise gehört dazu: Die Hälfte des nicht eingezahlten Teils des Grundkapitals, des Gründungsstocks oder der bei öffentlich-rechtlichen Versicherungsunternehmen dem Grundkapital bei Aktiengesellschaften entsprechenden Posten, wenn der eingezahlte Teil 25 % des Grundkapitals, des Gründungsstocks oder der bei öffentlich-rechtlichen Versicherungsunternehmen dem Grundkapital bei Aktiengesellschaften entsprechende Posten erreicht.

Diese Definition des Sicherheitsziels wird auch unter dem Namen *Solvency I* geführt. Seit Beginn des Jahrtausends arbeitet man an risikoorientierten Modellen: Es soll gewährleistet sein, dass jedes Unternehmen gemäß seiner tatsächlich gezeichneten Risiken Risikokapital hinterlegt: Dies ist das Projekt *Solvency II*.

Solvency II ist ein Projekt der EU-Kommission zu einer grundlegenden Reform des Versicherungsaufsichtsrechts in Europa, vor allem der Solvabilitätsvorschriften für die Eigenmittelausstattung von Versicherungsunternehmen. Am 10. Juli 2007 hat die Europäische Kommission dem Europäischen Parlament und Rat einen Vorschlag für eine Solvency-II-Rahmenrichtlinie vorgelegt. Anfang April 2009 konnten sich Unterhändler der 27 Mitgliedstaaten und des EU-Parlaments auf neue Aufsichts- und Eigenkapitalregeln Solvency II verständigen. Solvency II wurde am 22. April 2009 vom EU-Parlament und am 10. November 2009 von den EU-Finanzministern verabschiedet. Am 15. Februar 2012 wurde der Regierungsentwurf für das Zehnte Gesetz zur Änderung des Versicherungsaufsichtsgesetzes veröffentlicht, mit dem die Solvency-II-Richtlinie in deutsches Recht umgesetzt werden soll. Aufgrund von Verzögerungen wurde im September 2014 erneut ein Entwurf im Bundestag eingereicht, der am 05. Februar auch verabschiedet wurde. Mit der Zustimmung des Bundesrats am 06. März 2015 treten die Solvency-II-Richtlinien mit Wirkung zum 01. Januar 2016 in Kraft.

Wie bei *Basel II* wird ein *3-Säulen-Ansatz* verfolgt, anders als bei der Bankenbranche stehen aber weniger die Einzelrisiken als vielmehr ein ganzheitliches System zur Gesamtsolvabilität im Zentrum. Neben quantitativen Größen wie dem Solvenzkapital werden hier auch qualitative Aspekte betrachtet. Ein qualitativer Aspekt ist das Vorhandensein eines adäquaten Risikomanagementsystems im Unternehmen. Nach der Finanzkrise wurde Basel III entwickelt und ist 2013 schrittweise in Kraft getreten (vgl. Abb. 4.1).

Die *erste Säule* soll die finanziellen Anforderungen umfassen. Dies sind Regeln über die versicherungstechnischen Rückstellungen, die Kapitalanlage und die Eigenmittelausstattung. Darunter fällt die Höhe des *Minimumsolvenzkapitals*, dies ist die Mindestkapitalanforderung (MCR, Minimal Capital Requirement) und das zu stellende *Ziel-*

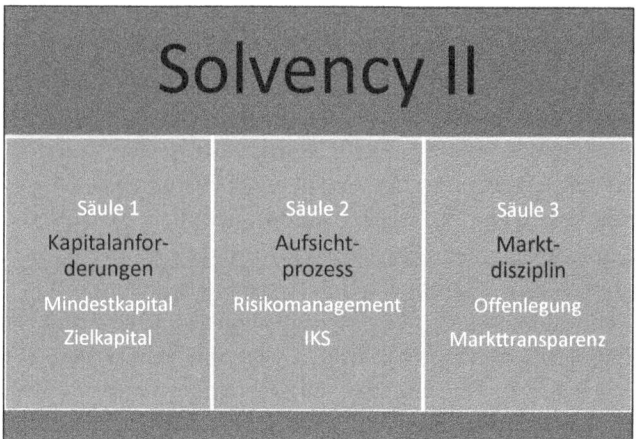

Abb. 4.1 Drei-Säulen-Modell der Versicherungswirtschaft. (Quelle: eigene Darstellung)

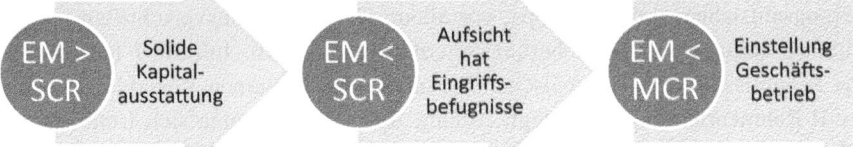

Abb. 4.2 Aufsichtsleiter. (Quelle: eigene Darstellung)

solvenzkapital, dies ist die Solvenzkapitalanforderung (SCR, Solvency Capital Requirement) und die anrechnungsfähigen *Eigenmittel* (Eligible Own Funds). Eigenmittel wurden unter Solvency I auch als das vorhandene Solvenzkapital (ASM, Available Solvency Capital) bezeichnet. Das Vorsichtsprinzip im Bereich der Rückstellungen soll beibehalten werden.

Die *zweite Säule* soll wie im Bankenbereich das aufsichtsrechtliche Überprüfungsverfahren beinhalten. Hier sollen insbesondere ein *Konzept* für das Zielkapital, also die konkrete Eigenmittelausstattung mit genauen Bestimmungen über die Risikobewertungsmethoden, sowie die aufsichtsbehördlichen Eingriffsbefugnisse erstellt werden. Darunter fällt auch die Prüfung des *Risikomanagementsystems.*

Die *dritte Säule* umfasst die Verbesserung der Markttransparenz, Marktdisziplin und risikogestützten Beaufsichtigung. Es sollen jedoch die Besonderheiten des Versicherungswesens beachtet werden, denn Daten des Unternehmens haben großen Wettbewerbscharakter und können so Unternehmenssituationen bei einer Offenlegung verschlechtern. Bei den Berichtspflichten nach Säule III von Solvency II soll eine enge Anbindung an andere gesetzliche Berichtspflichten wie auch in der Rechnungslegung, insbesondere den IFRS (*International Financial Reporting Standards*), erreicht werden.

Bei den quantitativen Anforderungen an die Finanzausstattung – also der Säule I – wird zwischen der Mindestkapitalanforderung (MCR) und der Zielkapitalanforderung (SCR) unterschieden. Zwischen dem MCR und dem SCR besteht eine „Aufsichtsleiter" (siehe Abb. 4.2), die der Versicherungsaufsicht sukzessive mehr Rechte bei unterschrittenem SCR einräumt. Bei Unterschreitung des MCR wird der Geschäftsbetrieb eingestellt. Die Zielkapitalanforderung kann entweder mit dem Standardmodell oder einem internen Modell, die beide in Abschn. 4.2 erklärt werden, ermittelt werden. Durch die neuen quantitativen Anforderungen soll erreicht werden, dass Versicherungsunternehmen ihr Solvenzkapital der realen Risikosituation und Geschäftspolitik anpassen.

Die qualitativen Anforderungen beziehen sich auf den Aufsichtsprozess. Unternehmen sind danach verpflichtet, ein internes Kontrollsystem und gemäß § 64a VAG ein funktionierendes Risikomanagement einzurichten. Die Einhaltung der Anforderungen wird von der Versicherungsaufsicht überprüft. Sollten die Vorschriften nicht erfüllt sein, kann bzw. muss die Aufsichtsbehörde Konsequenzen ziehen. Dies ist in Abb. 4.2 dargestellt.

4.1.3 Aktiv-Passiv-Steuerung

Um jedoch generell derartige Sicherheitsziele zu erfüllen, muss eine geeignete Aktiv-Passiv-Steuerung (*ALM – Asset Liability Management*) implementiert werden. Wir beschreiben daher die grundsätzlichen Anforderungen und Ziele an ein solches System. Die gesetzliche Entwicklung von Risikomanagement sollte daher nicht als bürokratische Zwangsmaßnahme gesehen werden, sondern es sollte genutzt werden, den betrieblichen Entscheidungsprozess zu verbessern, intern und extern transparenter zu gestalten und alle Beteiligten in die Lage zu versetzen, das Zusammenwirken von Entscheidungen im Produkt-, Vertriebs-, Prozess- und Kapitalanlagebereich in seinen positiven und negativen Wirkungen nachvollziehen zu können. Die hieraus gewonnenen Erkenntnisse können dann den Nutzen für das eigene Unternehmen deutlich verbessern und quasi nebenbei die Anforderungen der Aufsicht auch erfüllen. Die Ziele eines umfassenden ALM und somit der allgemeine Nutzen für alle Beteiligten wie Kunden, Kooperationspartner, Vorstand, Mitarbeiter, Eigentümer und Finanzaufsicht finden sich im Einzelnen nachfolgend aufgeführt:

* ALM ermöglicht eine systematische und regelmäßige jährliche Analyse, Planung und Kontrolle des je nach betriebenem Versicherungsgeschäft und der Bestandszusammensetzung kurz-, mittel- und langfristig notwendigen Risikokapitals. Das vorhandene Risikokapital soll dauerhaft mindestens so groß sein wie das notwendige Risikokapital. Dies soll die dauerhafte Existenz des Unternehmens und damit die Kundenansprüche sichern, die Arbeitsplätze erhalten und die Eigentümer vor einem Verlust ihrer Einlagen schützen.
* Das ALM analysiert die kurz-, mittel- und langfristigen Chancen-Risiko-Profile der Kapitalmärkte entsprechend den gewählten Anlageklassen und berücksichtigt die Auswirkungen auf die bereits getroffenen und die noch zu treffenden Kapitalanlageentscheidungen. Dies soll eine erfolgreiche und sichere Anlagepolitik des Unternehmens fördern, die die Grundsätze der Mischung und Streuung beachtet sowie die Sicherung des Kapitals, die Erhaltung der Liquidität und die Ertragssteigerung als gleichwertige Ziele verfolgt.
* Das ALM ermittelt die möglichen und tatsächlichen Konsequenzen von Entscheidungen auf die einzelnen Bilanzpositionen, das einzelperiodische und das mehrperiodische Unternehmensergebnis sowie den geplanten Shareholder-Value (RoE, EVA oder andere Ergebniswerte). Bereits im Planungsstadium lassen sich die verschiedenen Auswirkungen von Entscheidungen erkennen. Daraus können dann alternative Optionen entwickelt werden, die bessere Ergebnisse erzielen sollen. Der *EVA* (*Economic Value Added*) ist eine Kennzahl zur Messung der Wertschaffung im Unternehmen. Berechnet als Differenz aus dem Geschäftsergebnis (*NOPAT – Net Operating Profit after Taxes*) und den Kapitalkosten auf das investierte Kapital, zeigt EVA den

Wertbeitrag einer Periode. Return on Equity (*RoE*) ist die Eigenkapitalrendite und ergibt sich aus den Größen Gewinn durch Eigenkapital.

- Ein systematisches und regelmäßiges ALM sichert alle Unternehmensentscheidungen mit ihren finanziellen Konsequenzen entsprechend der Risikoeinschätzung durch die Geschäftsleitung ab. Strategische Entscheidungen über neue Produkte, Geschäftsfelder oder Vertriebswege, über Kooperationen und Outsourcing von Funktionen werden mit ihren finanziellen Risiken und Chancen bewertet. Investitionsentscheidungen über Ersatz-, Erhaltungs-, gesetzlich veranlasste, Rationalisierungs-, Verbesserungs- und Erweiterungsinvestitionen werden mit ihren positiven und negativen Wirkungen im Unternehmen in unterschiedlichen Szenarien bewertet. Operative Entscheidungen über Prozesse, Produktsegmentergebnisse und Budgets für Organisationseinheiten und Projekte werden mit ihren finanziellen Konsequenzen dargestellt.

- ALM ermöglicht ein systematisches und organisiertes frühzeitiges Erkennen und Vermindern von Ruinwahrscheinlichkeiten sowie die Nutzung erkannter Ertragsmöglichkeiten. Die regelmäßige und organisierte Betrachtung von Risiken und Chancen verbessert die Kommunikationsprozesse der unterschiedlichen Beteiligten im Entscheidungsprozess (Vertriebs-, Produkt- und Prozessverantwortliche) und soll zu besseren und nachvollziehbareren Entscheidungen führen. Die Dokumentation der einzelnen Schritte verbessert den ständigen „Lernprozess" im Unternehmen aus den erfahrenen Verlusten und Gewinnen und soll den Anteil der richtigen Entscheidungen erhöhen.

- Das ALM-Bilanz-Modell schafft Simulationsmöglichkeiten für die Auswirkungen neuer und bestehender Produkte sowie neuer und bestehender Anlagearten auf die Gewinn- und Verlustrechnungs- und die Bilanzpositionen. Der Einsatz eines ALM-Bilanzmodells, das von allen Verantwortlichen im Unternehmen inhaltlich und methodisch verständlich und aktiv genutzt werden kann, erweitert die Betrachtungsmöglichkeiten alternativer Auswirkungen auf das Risikokapital und soll zur Verbesserung der Entscheidungsfindung beitragen.

- Ein ALM-Bilanz-Modell kann eine laufende Überprüfung der Deckung des Solvabilitätsbedarfs, der Einhaltung der Kriterien der verschiedenen Stresstests (siehe Abschn. 4.2.3) sowie der Finanzkraft des Unternehmens unter verschiedenen Szenarien der Entwicklungen im Versicherungs-, Kapitalanlage- und Dienstleistungsgeschäft ermöglichen. Die getroffenen und dokumentierten Entscheidungen können mit dem ALM-Bilanz-Modell und den unterjährigen Ist-Informationen aus dem Rechnungswesen sowie dem wirtschaftlichen Umfeld ein wirkungsvolles Überwachungsinstrument bilden, das frühzeitig mögliche Entwicklungen im Risiko-Chancen-Bereich aufzeigt und damit rechtzeitig Gegensteuerungsmaßnahmen ermöglicht. Zum wirtschaftlichen Umfeld gehören der Kapitalmarkt sowie die Storno- und Neugeschäftsentwicklung, aber auch die Schaden- und Kostenentwicklung.

- ALM soll die Auswirkungen verschiedener Zielentscheidungen und der damit verbundenen Strategien auf die Aktiv- und die Passivseite der Bilanz bereits im Planungsstadium transparenter, nachvollziehbarer und plausibler machen. Verschiedene Entscheidungen im Unternehmen verfolgen oft konkurrierende, sich ergänzende oder auch gegensätzliche Ziele. Die Transparenz über die möglichen Auswirkungen soll dazu beitragen, die Entscheidungsverantwortlichen mit fundierteren und umfassenderen Informationen über die Alternativen auszustatten,um so zu besseren Prioritätsentscheidungen zu kommen.

Generell soll ALM die tatsächlichen Auswirkungen der Ziel- und Strategieentscheidungen transparent und nachvollziehbar machen und damit einen Lernprozess aus den Verlusten und aus den Gewinnen generieren. Dokumentierte und damit transparente Entscheidungen lassen sich mit ihren Annahmen, Kriterien und geplanten Wirkungen nachvollziehen. Es entstehen Lerneffekte aus positiven und negativen Erfahrungen, aus denen sich dann ein verbessertes *Risiko-Chancen-Management* entwickeln soll. Generell sollten folgende Managementregeln gelten:

- Einhaltung der gesetzlichen und anderer Rahmenbedingungen
- Entscheidungen über die Unternehmensziele
- Regelungen, unter welchen Bedingungen welche Handlungen auszuführen sind

Zu den übergeordneten Unternehmenszielen gehören:

- Mindest-EVA des Unternehmens
- Nettoverzinsung der Kapitalanlagen
- Höhe der Gewinnbeteiligung (Überschussverwendungsquote)
- Umsatzwachstum
- Wettbewerbsposition
- Bestandssicherung

Die Managementregeln müssen dann die tatsächlichen Zusammenhänge widerspiegeln: Es müssen also die Abhängigkeiten von Ertrag und Risiko aus kurz-, mittel- und langfristiger Sicht formuliert werden. In der Regel werden dazu Größen aus der Bilanz und der Gewinn- und Verlustrechnung herangezogen. Dies dokumentieren wir nun an zwei Beispielen zum Ablauf eines ALM-Modells.

Beispiel 1 (Rendite)

Ein Unternehmen hat seine *Marktwertbilanz* erstellt. Dies stellt die Ausgangslage für ein ALM-Modell dar. Vereinfacht sind dies die Assets, d. h. die Kapitalanlagen zu Marktwerten, die sich aus den Kapitalanlagen zu Buchwerten plus den stillen Reserven zusammensetzen. Hinzu kommen die sonstigen Aktiva. Die Liabilities setzen sich zusammen aus dem Kapital, um ökonomische Insolvenzen zu vermeiden, also im Wesentlichen dem Eigenkapital bzw. den Eigenmitteln und dem versicherungstechnischen Fremdkapital, d. h. dem Geld, das den Versicherungsnehmern zusteht und das Zinsgarantien, biometrische Risiken und Stornorisiken beinhaltet. Hinzu kommen die sonstigen Passiva (Abb. 4.3).

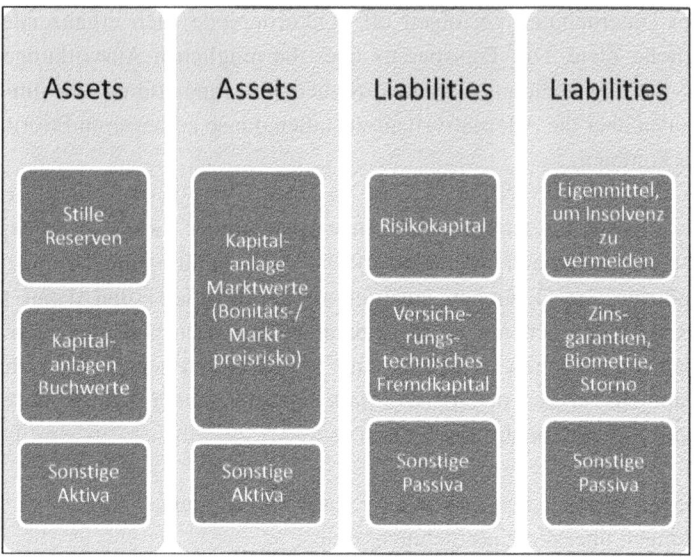

Abb. 4.3 Marktwertbilanz. (Quelle: eigene Darstellung)

Die Ergebnisse einer Marktwertbilanz können in einem Excel-Sheet verarbeitet werden und somit von allen Beteiligten genutzt werden. Individuell sind die Asset-klassen festzulegen. Eine sehr grobe Unterteilung wären Aktien, festverzinsliche Wertpapiere und Immobilen. Dann muss die Zusammensetzung der Asset-Planungs-größen und der zugehörigen Zeiträume bestimmt werden. Dies können sein:

- Laufende Erträge
- Wiederanlage
- Außerordentliche Erträge
- Bewertungsreserven
- Abschreibungsbedarf
- Außerordentlicher Aufwand

Bei der Festlegung der Szenarien sollte darauf geachtet werden, dass wirklich sowohl gute als auch schlechte Szenarioannahmen berücksichtigt werden, um so die Auswirkungen auch genau zu quantifizieren. Bei der Festlegung der Assetklassen sollte nach Volatilität und Fungibilität unterschieden werden. Im Ergebnis wird eine voraussichtlich erzielbare Rendite aus der Assetplanung geliefert (Soll-A).

Bei der Zusammensetzung der Liability-Planungsgrößen sollte berücksichtigt werden:

- Eigenkapitalzuwachs (ggf. Genussrechte)
- Mindestverzinsung (ggf. Überschüsse)

- Schadenrückstellung/Deckungsrückstellungszuführung
- Rücklagenzuwachs

Damit ergibt sich ein Renditebedarf aus der Liability-Planung (Soll-P). Ziel des ALM-Prozesses ist: Soll-A > Soll-P.

Beispiel 2 (Ablauf)

Ein möglicher ALM-Entwicklungsprozess für ein Unternehmen kann sich wie folgt darstellen: Im ersten Schritt wird festgelegt, welcher *Informationsbedarf* erfüllt werden muss, in einem zweiten Schritt muss der *Entwicklungsbedarf* konkretisiert werden und im letzten und dritten Schritt der *Handlungsbedarf*, d. h., was bei welchen Ergebnissen zu tun ist. Bei der Auswahl der Informationen ist ein Beispiel für eine Klassifizierung:

- Anlagestruktur nach Art, Risiko-, Laufzeit-, Rendite-Klassen
- Bestandsentwicklung
- Renditeentwicklung
- Finanzbedarf nach Art, Zeitpunkt, Dauer und Höhe
- Bewertungsreserven
- Anlagemethoden

Generell ist natürlich die Unterscheidung der Positionen auf Aktiv- und Passivseite. Hierzu wäre eine Möglichkeit:

- Aufteilung der Aktiva: Laufzeit, Fungibilität, Ratingklassen, Ertragsrisiko, HGB/IAS
- Aufteilung der Passiva: Laufzeit, Produkte, Annahmen zum Neugeschäft und Storno, HGB/IAS
- Betrachtung der Ausgleichsmöglichkeiten: RfB und Eigenkapital mit der Zielsetzung zur Maximierung des Risikokapitals

Der Prozess des ALM könnte sich dann in folgende Schritte aufteilen:

- Unabhängige zeitgleiche Aktiv- und Passivplanung
- Abgleich zwischen Passiv und Aktiv erfolgt über Berechnung von Duration, Risikokapital und die kurzfristige Liquidität
- Prüfung der Ergebnisse und Ableitung der Änderungsentscheidung
- Erneute Bewertung der Folgen einer Entscheidung hinsichtlich eines ausgeglichenen Aktiv-Passiv-Matchings (Abstimmung aller Transaktionen)

Wie bereits allgemein formuliert, müssen alle gesetzlichen Vorschriften eingehalten werden. Dies sind hier beispielsweise:

- Bestehen der Stresstests
- Einhalten der Solvabilitätsgrenzen
- Erwirtschaften des erforderlichen Rechnungszinses
- Einhalten der Anlageverordnung
- Einhalten der Rechnungslegungsvorschriften (HGB/IAS)
- Ausschüttungszwang bei zu hoher freier RfB

Von entscheidender Bedeutung ist dabei, dass die verwendeten Modelle die wichtigsten Aspekte des Unternehmens, seiner Verpflichtungen und des Kapitalmarkts gut abbilden. Wechselwirkungen zwischen den Assets sowie den Verpflichtungen und die Entwicklungen der vom Unternehmen verwendbaren Kapitalanlagen müssen genau abgebildet werden. Dies erfordert sehr gutes fachliches Know-how und die Fähigkeit, die Ergebnisse dann auch in verständlicher Form zu interpretieren!

4.2   Risikomodelle der Versicherungswirtschaft

Lernziele

Dieses Kapitel vermittelt:

- Gesetzliche Vorschriften
- Theoretische Anforderungen an Risikomodelle
- Die beispielhafte Darstellung des Standardmodells
- Einen Stresstest der Versicherungswirtschaft

Veränderte Rahmenbedingungen in der Versicherungsbranche haben zu einer Veränderung in der Unternehmenssteuerung geführt, die sich ausgehend von der klassischen Umsatzorientierung hin zu einer *wert- und risikoorientierten Steuerung* auf Grundlage ökonomischer Größen vollzieht. Hierbei wird der Unternehmenserfolg insbesondere an der Erzielung einer angemessenen Rendite auf das von den Kapitalgebern zur Verfügung gestellte Kapital gemessen. Daher sind neue Risikomodelle, die als Unternehmensmodelle zu verstehen sind, unverzichtbare Grundlage für die wert- und risikoorientierte Unternehmenssteuerung und das Risikomanagement.

Vor diesem Hintergrund ist eine wesentliche Aufgabe des Managements sicherzustellen, dass durch eine geeignete Strukturierung der Versicherungsbestände im Zusammenhang mit einer auf die Zahlungsströme der Versicherungstechnik abgestimmten adäquaten Asset-Allokation eine möglichst hohe Rendite in Relation zum eingegangenen Risiko auf das eingesetzte Kapital erzielt werden kann. Auch die geeignete Festlegung der Art und Höhe des Risikotransfers an die Rückversicherung sollte vor dem Hintergrund einer adäquaten Strategie auf Gesamtunternehmensebene erfolgen. Hierbei sind quantitative Analysen auf Basis von Risikomodellen unverzichtbar.

Im Folgenden werden grundlegende Anforderungen und wichtige Aspekte von derartigen Modellen diskutiert. Es wird eine Möglichkeit zur Entwicklung eines stochastischen Risikomodells skizziert, das als Basis für eine wert- und risikoorientierte Unternehmenssteuerung dienen kann.

Im Rahmen von *Solvency II* wird derzeit auf europäischer Ebene ein sogenanntes Aufsichtsmodell – auch Standardmodell genannt – entwickelt. Der augenblickliche Stand kann jederzeit auf der Internetseite von Ceiops (Committee of European Insurance and Occupational Pensions Supervisors) abgerufen werden.

Für die konkrete Ausgestaltung und die Festlegung der Parameter des Standardmodells wurden in den vergangenen Jahren auf internationaler Ebene bereits mehrere Quantitative Impact Studies (QIS) durchgeführt. Derzeit ist QIS 5 maßgeblich. QIS 6 ist eine ausschließlich deutschlandweite, vom GDV durchgeführte Auswirkungsstudie.

Neben der Verwendung des Standardmodells wird es Versicherern gestattet werden, eigene *interne Risikomodelle* zur Festlegung der Zielkapitalausstattung heranzuziehen. Diese müssen allerdings zuvor durch die Aufsichtsbehörden geprüft und anerkannt werden. Interne Modelle können unter Umständen die individuelle Risikosituation der Unternehmen wesentlich adäquater abbilden, als dies mittels des allgemeinen Standardmodells möglich ist. Dies ist jedoch auch unter Umständen kritisch zu sehen, denn Unternehmen dürfen sich mit eigenen Modellen nicht aus der Risikoverantwortung ziehen.

Allgemeine Risikomodelle können neben der Bestimmung der aufsichtsrechtlichen Zielkapitalausstattung einen wesentlichen Beitrag zur wert- und risikoorientierten Steuerung des Unternehmens leisten, bei der das Unternehmen und dessen zentralen Steuerungseinheiten nach Rendite- und Risikokennzahlen beurteilt werden.

Mit geeigneten stochastischen Risikomodellen sind die Versicherer in der Lage, die Höhe des vorzuhaltenden Risikokapitals für das Gesamtunternehmen und für steuerungsrelevante Teilbereiche individuell gemäß der Risikostruktur ihres Unternehmens zu quantifizieren. Es können Fragestellungen hinsichtlich der Risikotragfähigkeit und Profitabilität des Gesamtunternehmens sowie von Teilkollektiven bis hin zu einzelnen Produkten beantwortet werden. In diesem Zusammenhang kann bewertet werden, wie viel Risiko in einzelnen Unternehmenseinheiten eingegangen und welche Rendite aus einer zuvor definierten Risikoposition erzielt wird. Die damit einhergehende gestiegene Transparenz über die eingegangenen Risiken, die Identifikation von Risikotreibern und das Aufdecken von wertschaffenden bzw. wertvernichtenden Bereichen bilden die Grundlage für eine strategische wertorientierte Unternehmenssteuerung, die eine langfristige, dauerhafte Steigerung des Unternehmenswerts zum Ziel hat.

In Risikomodellen wird somit nicht nur die reine Risikosicht eingenommen, sondern es werden Ergebnisverteilungen der in diesem Zusammenhang relevanten Unternehmensgrößen erzeugt, anhand derer die gewünschten Rendite- und Risikogrößen ermittelt werden können. Der Nutzen von Risikomodellen sollte demnach weit über die Erfüllung der aufsichtsrechtlichen Anforderungen im Rahmen von Solvency II hinausgehen. Aber Risikomodelle können und sollen dabei nicht die Entscheidung durch das Management ersetzen! Durch die Finanzmarkt- sowie Staatsschuldenkrise haben wir erkannt, dass allen

Modellen sehr viele Annahmen zugrunde liegen, und diese ändern sich in der Realität permanent. Daher ist natürlich die Fähigkeit der Risikoerkennung der Manager gefragter denn je.

In der Lebensversicherung sind die versicherungstechnischen Risiken über längere Zeiträume relativ stabil bzw. verändern sich langfristiger – wie wir das bei der Lebenserwartung gesehen haben. Versicherungstechnische Risiken in der Schaden- und Unfallversicherung unterliegen deutlichen Schwankungen, die aus der hohen Volatilität des Gesamtschadenverlaufs – sowohl bei der Schadenhöhe als auch bei der Schadenfrequenz – resultieren. So können beispielsweise Schadenereignisse aus Naturgefahren (z. B. Stürme) oder Großschäden (z. B. durch Feuer) einen erheblichen Schadenaufwand verursachen. Diese verschiedenen Risiken wurden ausführlich in Abschn. 2.1 besprochen. Deshalb sollten die Schäden und die Entwicklung der Kapitalmärkte stochastisch modelliert werden. Ein Risikomodell sollte daher auch immer ein Simulationsmodell sein. Analytische Modelle können bei Schaden- und Unfallversicherern nicht sinnvoll eingesetzt werden, da eine Ergebnisverteilung nur unter sehr einschränkenden, unrealistischen Annahmen bestimmt werden kann.

Die Modellstruktur und die Modellierungstiefe hängen wesentlich von den Fragestellungen ab, die mit dem Modell beantwortet werden sollen. Für den späteren erfolgreichen Einsatz des Risikomodells ist es deshalb entscheidend, die an das Risikomodell gestellten Anforderungen im Vorfeld klar zu definieren und mit den involvierten Unternehmensbereichen (z. B. Management, Controlling, Aktuariat, Rückversicherung, Kapitalanlagen, Produktentwicklung) abzustimmen, um die Modellstruktur adäquat aufzusetzen.

4.2.1 Grundsätze eines Risikomodells

Wie bereits in Abschn. 1.3.1 erläutert, definiert das MaRisk die gesetzlichen Grundsätze. Daraus resultieren auch prinzipielle Anforderungen an ein verwendetes Risikomodell. In diesem Abschnitt sollen allgemeine Anforderungen skizziert werden, bevor das konkrete Modell der Versicherungswirtschaft vorgestellt wird. Folgende grundlegende Kriterien sollten im Hinblick auf Input- und Outputdaten und das Risikomodell als solches erfüllt sein:

- Vollständigkeit
- Transparenz und Nachvollziehbarkeit
- Zuverlässigkeit und Richtigkeit
- Konsistenz
- Mathematische Verfahren
- Methodenvalidierung (Test)

Vollständigkeit Das Risikomodell hat die Risiken des Unternehmens im Grundsatz vollständig abzubilden. Dazu sind alle wesentlichen aktiv- und passivseitigen Risiken zu modellieren. Wesentlich sind in diesem Zusammenhang alle Risiken aus Versicherungstechnik, Kapitalanlagen, Rückversicherung und operative Risiken. Eine Orientierung an den Risikokategorien des DRS 5-20 ist möglich. Im MaRisk sind folgende Risikoarten genannt:

- Versicherungstechnisches Risiko: Bedingt durch Zufall, Irrtum oder Änderung kann der tatsächliche Aufwand für Schäden und Leistungen vom erwarteten Aufwand abweichen.
- Marktrisiko: Schwankungen in der Höhe der Marktpreise für die Vermögenswerte, Verbindlichkeiten und Finanzinstrumente schließen das Währungskursrisiko und Zinsänderungsrisiko ein.
- Kreditrisiko: Ausfall oder Veränderung der Bonität oder der Bewertung von Bonität (Credit-Spread) von Wertpapieremittenten, Gegenparteien und anderen Schuldnern.
- Operationelles Risiko: Unangemessenheit oder Versagen von internen Kontrollen, Menschen und Systemen oder infolge extern getriebener Ereignisse.
- Liquiditätsrisiko: Aufgrund mangelnder Fungibilität ist das Unternehmen nicht in der Lage, seinen finanziellen Verpflichtungen bei Fälligkeit nachzukommen.
- Konzentrationsrisiko: Einzelne oder stark korrelierte Risiken werden eingegangen, die ein bedeutendes Schaden- oder Ausfallpotenzial bergen.
- Strategisches Risiko: Entsteht aus strategischen Geschäftsentscheidungen oder mangelnder Anpassung des Unternehmens an ein verändertes Wirtschaftsumfeld.
- Reputationsrisiko: Mögliche Rufschädigung des Unternehmens infolge einer negativen Wahrnehmung in der Öffentlichkeit.

Um diese Risiken angemessen modellieren zu können, muss das Unternehmen über alle wesentlichen individuellen Daten verfügen. Zeitreihen müssen die Geschäftszyklen und langfristigen Trends ausreichend genau beschreiben; Abhängigkeiten wie beispielsweise Korrelationen zwischen den Sparten sind zu berücksichtigen.

Transparenz und Nachvollziehbarkeit Ein Risikomodell muss für einen sachkundigen Dritten in angemessener Zeit verständlich und nachvollziehbar sein. Annahmen, Modellparameter und Datenquellen müssen transparent und anhand von Unternehmens- oder Branchendaten belegbar sein und sind ausreichend zu dokumentieren. Werden Daten angepasst oder Datenquellen und berücksichtigter Zeithorizont wesentlich geändert, müssen dafür objektive und nachvollziehbare Gründe vorliegen, die zu dokumentieren sind. Es ist eindeutig festzulegen, wie nicht vorhandene Daten ermittelt werden sollen (z. B. Inter- oder Extrapolation). Sicherzustellen ist auch, dass verwendete Daten archiviert werden und in einem gewissen Rahmen die jederzeitige Wiederherstellbarkeit historischer Berechnungsergebnisse gewährleistet ist.

Zuverlässigkeit und Richtigkeit Die Modellannahmen und Eingangsdaten eines Risikomodells müssen aus aktuellen, zuverlässigen und hinreichend detaillierten Daten mit ausreichender Historie abgeleitet sein und regelmäßig validiert werden. Datenquellen können unternehmenseigene oder Marktdaten sein. Während z. B. für biometrische Daten oder Schadendaten in vielen Unternehmen gesicherte Datengrundlagen vorliegen, werden für Risiken der Aktivseite unter anderem Kapitalmarktdaten zugrunde gelegt. Soweit Marktdaten verwendet werden, muss gewährleistet sein, dass sie die Situation des jeweiligen Unternehmens richtig abbilden. Bei unternehmenseigenen Datenbasen muss die richtige Ableitung und statistische Zuverlässigkeit der in das Risikomodell einfließenden Daten überprüft werden. Der Aufbau oder das Vorhalten von Datenpools wird also erforderlich sein, um die Herkunft interner Daten gegenüber Dritten nachvollziehbar zu machen. Verwendete Korrelationen sind zudem vollständig zu dokumentieren und durch empirische Analysen zu stützen. Liegen auch externe Datenquellen vor, sind intern verwendete Daten mit diesen abzugleichen.

Konsistenz Risikomodelle sollten zudem eine innere Systemkonsistenz hinsichtlich der Gewährleistung der Lauffähigkeit und Stabilität der Ergebnisse sowie eine Systemkontinuität und Sicherheit aufweisen. Die Unternehmensplanung ist in einem Risikomodell sachgerecht abzubilden. Das Modell sollte wesentliche strategische Optionen des Unternehmens abdecken. So sollte beispielsweise ein Lebensversicherer hinterlegen, wie verfahren wird, falls der aktuelle Marktzins unter den Garantiezins sinkt. Zugleich sind bereits beschlossene Strategien des Unternehmens zeitnah in das Risikomodell aufzunehmen. Hat ein Versicherungsunternehmen beispielsweise das Ziel, seinen Aktienanteil zu verdoppeln, so darf im gerechneten Modell nicht der bisherige Aktienanteil fortgeschrieben werden. Neben der Modellkonsistenz bedarf es auch einer Konsistenz bei den für die Modellierung verwendeten Daten. Diese müssen für das Unternehmen repräsentativ sein. Bei der Verwendung von Schätzungen ist darzulegen, dass diese fundiert bzw. sachgerecht sind.

Mathematische Verfahren In Risikomodellen sollen zur Modellierung der Risiken anerkannte mathematische Verfahren Anwendung finden. Dabei sollte die Wahl der Modellansätze für Risikomodelle prinzipiell keiner Beschränkung unterliegen. Ein Risikomodell muss immer ein ganzheitliches Modell sein, das die Risikokategorien auf Verteilungsebene unter Berücksichtigung von Korrelationen aggregiert. Die Risikokategorien sind dabei ökonomisch sinnvoll einzuteilen und zu modellieren (z. B. Normalschäden, Großschäden, NatCat-Schäden). Ein verantwortlicher Umgang mit den Parametern ist insbesondere in den Fällen einer sehr hohen Sensitivität bei der

Parameterwahl erforderlich. Dies ist vor allem bei manchen Szenarien-Generatoren im Kapitalanlagebereich zu beobachten.

Methodenvalidierung (Test) Um ein Risikomodell prüfen und testen zu können, muss die Rechenlogik des Modells transparent sein, sodass ein unabhängiger Dritter bei identischem Dateninput zu einem vergleichbaren Ergebnis gelangen kann. Das Risikomodell muss außerdem regelmäßig einer unternehmensinternen Qualitätssicherung unterzogen werden. Der Umfang dieser Qualitätssicherungsmaßnahmen muss wirtschaftlich vertretbar sein. Solange keine durch Marktentwicklung bedingten größeren Änderungen vorliegen, sollte die Grundstruktur des Modells über die Jahre hinweg stabil sein. Die Ergebnisse eines Risikomodells sollten verschiedenen Testverfahren (statistischer Qualitätstest, Nutzentest und Kalibrierungstest) unterzogen werden. Ziel statistischer Qualitätstests ist, zu prüfen, ob das Risikomodell eine ausreichende Genauigkeit und Zuverlässigkeit besitzt, um das interne Risikomanagement und die Ermittlung des SCR zu unterstützen.

4.2.2 Das Standardmodell der Versicherungswirtschaft

Das Standardmodell berechnet das SCR nach einer sogenannten Bottom-up-Methode: Einzelrisiken werden identifiziert, deren Risikokapitalerfordernis wird sodann berechnet und diese Einzelwerte werden schließlich zu einem Gesamtwert aggregiert. Das Modell basiert auf folgenden Annahmen:

- Der Ansatz, der als Koeffizientenmodell (Faktormodell) entwickelt wurde, bezieht anders als ein Szenarioansatz alle Risiken ein, denen ein Versicherungsunternehmen ausgesetzt ist. An einigen wenigen Stellen werden zur besseren Modellierung der Risiken Szenarien in diesen Koeffizientenansatz integriert.
- Das Modell ist modular aufgebaut.
- Bei den betrachteten Risiken werden Annahmen über die Verlustverteilungen getroffen. Als Risikomaß wurde hier vom Value at Risk ausgegangen. Das SCR ist damit ein Value at Risk der Zufallsvariablen „künftiges ASM".
- Die Standardformel orientiert sich an einer Ausfallwahrscheinlichkeit von 0,5 % (Signifikanzniveau) und einer Einjahressicht, d. h. einem Ausfall in 200 Jahren. Mit anderen Worten: Das betrachtete Versicherungsunternehmen „überlebt" das nächste Jahr mit einer Wahrscheinlichkeit von 99,5 %.
- Zur Berechnung des Wertansatzes für die rechnungszinsfordernden Passiva wird auf eine für das Risikomanagement notwendige Marktwertsicht abgestellt.
- Marktwerte können beispielsweise folgendermaßen hergeleitet werden:

Abb. 4.4 Zusammensetzung
SCR. (Quelle: eigene
Darstellung)

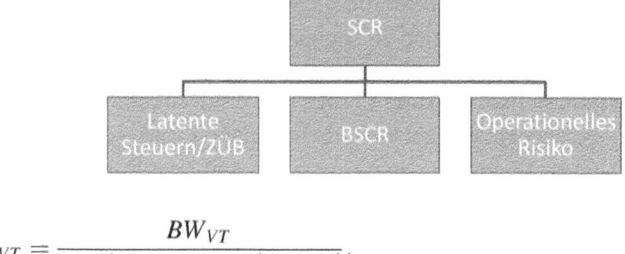

$$MW_{VT} = \frac{BW_{VT}}{1 + \left(r_{passiv} - MRZ\right) \cdot D_{VT}^{\mathrm{mod}}},$$

wobei *MRZ* der mittlere Rechnungszins des Versicherungsbestands (nach Höhe der Deckungsrückstellungen gewichtete Mittel) und r_{passiv} ist beispielsweise der Marktzins (Euro Swap Rate zur Restlaufzeit der versicherungstechnischen Rückstellungen) differenziert nach Produkten (bei Kapital, Renten, BU: 15 Jahre, bei Risiko: 10 Jahre). $D\frac{\mathrm{mod}}{VT}$ ist die Duration der zinsfordernden Passiva. Duration BW_{VT} sind die zinsfordernden Passiva zu Buchwerten: Deckungsrückstellungen nach § 54a VAG, Ansammlungsguthaben, Beitragsüberträge, Beitragsdepots (nur selbst abgeschlossenes Geschäft). Siehe hierzu im Einzelnen Abschn. 3.3.2.1.2 und 3.3.2.1.3.

Durch den Bezug auf die Passiva zu Buchwerten wird weiterhin sichergestellt, dass der Marktwert der Passiva nur die zum Bewertungsstichtag gegebenen Garantien enthält. Diese Sichtweise ist für Solvenzzwecke angemessen und berücksichtigt die Besonderheiten des deutschen Lebensversicherungsgeschäfts in angemessener Weise.

- Die Modellparameter werden – soweit zur einfachen Handhabung notwendig – im Modell vorgegeben. Wo es risikotheoretisch sinnvoll erscheint, werden zudem unternehmensindividuelle Daten herangezogen (Personalised Factor Approach).
- Zur Risikoaggregation werden die Varianz (Kovarianzformel) verwendet und so Risikoausgleichsprozesse im Versicherungsunternehmen geeignet abgebildet.
- Das vorhandene Solvenzkapital (ASM) berechnet sich als Differenz der Marktwerte der Aktiva abzüglich des Marktwerts der rechnungszinsfordernden Passiva.

Das SCR wird nun aufgeteilt in das Basic-SCR (BSCR), das SCR für das operationelle Risiko und das SCR für latente Steuern und zukünftige Überschüsse (ZÜB) (vgl. Abb. 4.4).

Wir beschäftigen uns im Rahmen eines Risikomodells nur mit dem BSCR. Die folgenden Risiken (siehe Abb. 4.5) werden im BSCR abgebildet.

Die Parameter für die einzelnen Risiken werden aus Zeitreihen ermittelt und sind somit permanent anzupassen. Die genauen Faktoren sind jeweils aktuell der Ceiops-Studie (technical specifications) zu entnehmen. Wir stellen die einzelnen Risiken nun beispielhaft dar; die expliziten technischen Ausprägungen sind in der Studie auf knapp 300 Seiten aufgeführt, was den Rahmen dieses Buches sprengen würde. Hier also eine exemplarische Betrachtung der verschiedenen *Marktrisiken*.

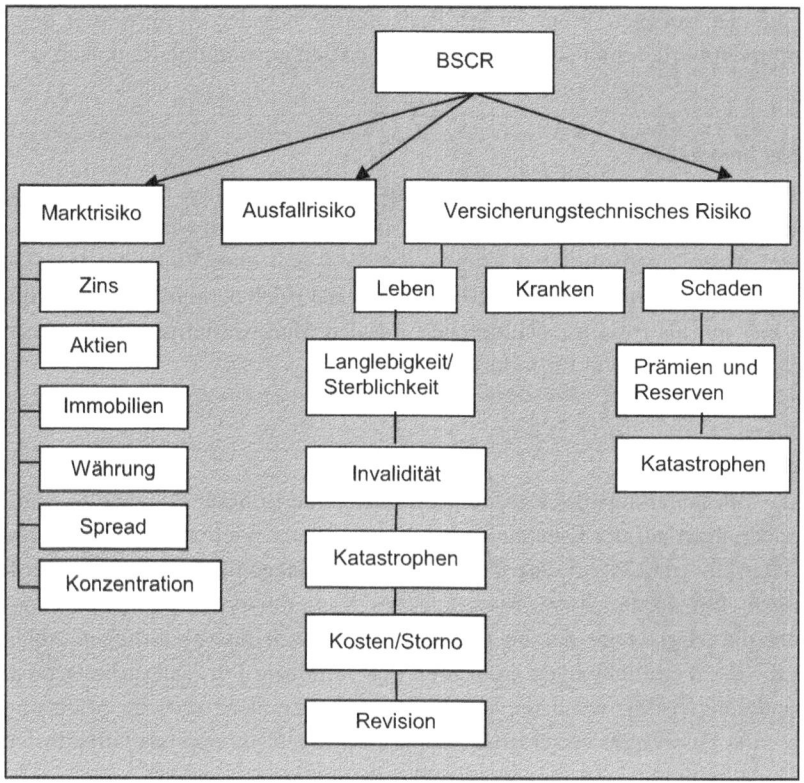

Abb. 4.5 Aufteilung des BSCR. (Quelle: eigene Darstellung)

Beispiel Ausfallrisiko

Diese Risikoart betrifft Anleihen und Hypotheken. Bei den Anleihen werden je nach Rating der Bonds (AAA, ... CCC, ohne Rating) Risikofaktoren vorgegeben, die, multipliziert mit dem Marktwert der jeweiligen Bonds, das Risikokapital ergeben. Die Risikofaktoren können auf Basis einer Beta-Verteilung ermittelt werden. Dabei fließen erwarteter Verlust, historische Ausfallraten und die Anzahl der Emittenten ein. Das prinzipielle Vorgehen wird so auch bei Hypotheken gewählt. Siehe hierzu wieder Abschn. 3.2.4.

Beispiel Aktien

Ausgehend von historischen Zeitreihen wird angenommen, dass die Verteilung der Aktienwertänderungen einer Lognormalverteilung folgt. Beispielsweise ergibt sich mit einem Mittelwert (Ertrag) von 7,3 % und einer Standardabweichung (Volatilität) von 17 % ein Risikofaktor von 31,8 %. Dies ist natürlich permanent zu überprüfen und dient hier nur als Beispiel. Wenn dieser Risikofaktor mit den Marktwerten der Aktiva multipliziert wird, ergibt sich daraus das für Aktien notwendige Risikokapital.

Beispiel Immobilien

Bei den Immobilien kann für die Änderung der Wertzuwächse bzw. -abschläge ebenfalls eine Lognormalverteilung (Abschn. 1.1.1.4.2) unterstellt werden. Nimmt man hier beispielsweise einen mittleren Ertrag von 5,5 % und eine Volatilität von 7,4 %, so ergibt sich ein Risikofaktor von 13,0 %. Dies ist natürlich permanent zu überprüfen und dient hier nur als Beispiel. Multipliziert mit den Marktwerten der Aktiva ergibt sich daraus das Risikokapital für Immobilien.

Beispiel Zins

Um das Zinsänderungsrisiko abzubilden, reicht eine isolierte Betrachtung von Marktzinsänderungen auf der Kapitalanlagenseite nicht aus. Vielmehr sind die Auswirkungen auf Aktiv- und Passivseite (Asset Liability Management) gleichzeitig zu berücksichtigen. Ein Anstieg bzw. Rückgang des Kapitalmarktzinses bedeutet, dass sich sowohl die Marktwerte der im Bestand befindlichen festverzinslichen Anlagen als auch die der Verpflichtungen reduzieren bzw. erhöhen. Für Unternehmen besteht ein Zinsänderungsrisiko, wenn die modifizierten Durationen oder die Marktwerte von Aktiv- und Passivseite verschieden sind („not hedged"). Folgende Grundformel kann zur Modellierung des Zinsänderungsrisikos herangezogen werden:

$$BSCR_{\text{Zinsanstieg/-senkung}} = MW_{FI} \cdot \Delta \cdot D_{FI}^{\text{mod}} - MW_{VT} \cdot \tilde{\Delta} \cdot D_{VT}^{\text{mod}}$$

MW = Marktwert
VT = zinsfordernde Verbindlichkeiten
FI   = Fixed Income Titel (Festverzinsliche Wertpapiere)
D^{mod} = modifizierte Duration
Δ = 10-jähriger Zins nach Zinsschock minus aktueller Wert
$\tilde{\Delta}$ = Δ bei Zinsanstieg bzw. A minus halber Spread zwischen 15-jährigem und 10-jährigem Zinssatz (konservativer Ansatz)

Die Duration der Passivseite kann anhand vorgegebener Klassenrestlaufzeiten ermittelt werden. In der Lebensversicherung wären die Klassen beispielsweise gegeben durch Risikoversicherungen, Kapitallebensversicherungen, Berufsunfähigkeitsversicherungen und Rentenversicherungen, bei einem Schaden/Unfallversicherer wären dies die verschiedenen Sparten.

Das Wiederanlage- oder besser Zinssenkungsrisiko (siehe Abschn. 3.2.1) kann mit einem 0,5 %-Quantil einer entsprechenden Verteilung berechnet werden. Die angenommene Zinssenkung ist dann die Differenz zwischen aktuellem und so berechnetem Marktzins. Danach wird mithilfe dieses Schockzinses das BSCR als Unterschied der Differenz von Aktiv- und Passivseite vor und nach dem Zinsschock berechnet.

Im Falle eines schockartigen Zinsanstiegs ist ein Wertverfall auf der Aktivseite die Folge, dem bei garantierten Rückkaufswerten in der Lebensversicherung unveränderte Verpflichtungen des Versicherungsunternehmens gegenüberstehen. Ein zinsinduziertes Stornorisiko entsteht für das Versicherungsunternehmen, wenn der Rückkaufswert eines Vertrags größer als der Marktwert der bedeckenden Aktiva nach Eintritt des Zinsschocks ist. Denn bei einem starken Zinsanstieg werden die Kunden eher stornieren und höher verzinsliche Neuanlagen verstärkt in Betracht ziehen, sodass das Versicherungsunternehmen gezwungen ist, Renten mit dem dann niedrigen Marktwert zu veräußern. Zunächst kann das BSCR unter der Annahme berechnet werden, dass alle Kunden ihre Verträge stornieren würden, die einen Vertrag mit garantierten Rückkaufswerten haben. Auch hier wird wieder das BSCR als Unterschied der Differenz von Aktiv- und Passivseite vor und nach dem Zinsschock berechnet. Da so das Risiko überzeichnet würde, wird das Stornoverhalten wie folgt modelliert: Es wird angenommen, dass die ALM-Stornoquote von der Differenz zwischen dem 10-Jahreszins für Staatsanleihen nach Eintritt des Zinsschocks und dem Niveau der aktuellen Gesamtverzinsung der Passiva (Garantiezins zuzüglich Überschussbeteiligung) abhängig ist. Je größer der Abstand zwischen dem Kapitalmarktzins und der Gesamtverzinsung, desto höher die vermutete Neigung der Versicherungsnehmer zur Kündigung. Eine angenommene Basisstornoquote wirkt dabei als zinsunabhängige Bezugsgröße für den Stornofaktor.

Das gesamte Zinsrisiko ergibt sich dann aus dem Maximum des Zinsanstiegs- und Zinssenkungsrisikos:

$$BSCR_{\text{Zinsänderung}} = Max\left(BSCR_{\text{Zinsanstieg}}, BSCR_{\text{Zinssenkung}}\right)$$

Das *Währungsrisiko* (siehe Abschn. 3.2.6) kann bei Renten und Immobilien berücksichtigt werden, sofern eine inkongruente Bedeckung vorliegt. Über die Normalverteilung werden Risikofaktoren für unterschiedliche Währungen abgeleitet. Die Modellierung des *Konzentrationsrisikos* basiert auf den derzeit gültigen Anlageregelungen. Die Marktwerte der Kapitalanlagen, welche die vorgeschriebenen Grenzen übersteigen, können beispielsweise mit einem Risikofaktor von 50 % multipliziert werden.

Kommen wir nun zu einer beispielhaften Betrachtung der verschiedenen *versicherungstechnischen Risiken*, zuerst für die Lebensversicherung:

Beispiel Kosten

Bei dem Kostenrisiko kann beispielsweise von einem Wegfall des Neugeschäfts im darauffolgenden Jahr ausgegangen werden, sodass dem Unternehmen trotzdem Aufwendungen in Höhe der fixen Abschluss- und Verwaltungskosten entstehen. In dieser Höhe ist dann Kapital für dieses Risiko zu stellen. Abgezogen werden die Verwaltungskostenerträge aus dem Bestand, die Amortisationszuschläge und der Saldo aus sonstigen Erträgen und sonstigen Aufwendungen. Basis für die Berechnungen bilden Werte aus der internen Rechnungslegung (BerVersV) der vorangegangenen Jahre. Der maximale Wert wird als Risikokapital angesetzt. Sollte das Risikokapital negativ werden, also einem Ertrag entsprechen, so wird es auf null begrenzt.

Beispiel Biometrie

Hier spielt das *Schwankungsrisiko* (siehe Abschn. 2.1.2) die bedeutende Rolle. Die Standardabweichungen der Verteilungen können getrennt nach Todesfall-, Erlebensfall-, Berufsunfähigkeits- und restlichen Versicherungen geschätzt werden, wobei die Bestandsgröße, die tatsächlichen Aufwendungen und das riskierte Kapital als Parameter eingehen. Entsprechend der Vorgabe des Quantils wird dann das Risikokapital als Vielfaches der Verteilung bestimmt. Dabei ist

$$\sigma = \sqrt{\frac{(RK - Aufwendungen) \cdot Aufwendungen}{n}}$$

mit $RK =$ riskiertes Kapital und $n =$ Anzahl der Verträge.

Das *Kumulrisiko* für Todesfall- und Berufsunfähigkeitsversicherungen kann man beispielsweise so modellieren, das von einer einjährigen Verdoppelung der Risikoaufwendungen ausgegangen wird. Hier wird also vom Risikoergebnis noch einmal der tatsächliche Aufwand abgezogen. Das Risikokapital kann wiederum über mehrere Jahre maximiert werden. Sollte dieses Risikokapital negativ werden, so wird es auf null gesetzt. Das *Trendrisiko* als Änderungsrisiko ist vor allem für Rentenversicherungen bedeutsam. Dies kann man beispielsweise so modellieren, dass nur die Hälfte der kalkulierten Deckungsrückstellung durch Tod fällig wird.

Es folgt eine beispielhafte Betrachtung des *versicherungstechnischen Risikos* bei einem Schaden-/Unfallversicherer:

Beispiel Prämien- und Reserverisiko

Für einen Schaden- bzw. Unfallversicherer sollten die Risiken aus dem normalen Geschäft und die Naturkatastrophenrisiken separat abgebildet werden. Zur Modellierung des grundlegenden versicherungstechnischen Risikos wird ein Combined-Ratio-Ansatz (nach

Abwicklungsergebnis $- \mu$) verwendet und es werden pro Geschäftsfeld die Combined Ratios der letzten 15 Jahre berechnet. Dabei werden das Prämienrisiko (auskömmliche Tarifierung) und das Reserverisiko (auskömmliche Rückstellungen) gemeinsam berücksichtigt.

$$BSCR = Schwankung + Pramie \cdot (\mu - 100\%)$$

Die Berechnung der Eigenmittelanforderungen für das Prämien- und Reserverisiko ist bezogen auf die Schwankungen der Combined Ratios in den einzelnen Geschäftsfeldern über die letzten 15 Jahre. Zudem wird betrachtet, ob ein Unternehmen in einer Sparte untertarifiert oder auskömmlich kalkuliert hat. Eine Aggregation der Kapitalanforderungen aus den einzelnen Geschäftsfeldern erfolgt dabei unter Berücksichtigung der auf Marktbasis berechneten Korrelationen (siehe Abschn. 1.1.1.5) zwischen diesen Geschäftsfeldern. Die verwendeten Korrelationen sollten konservativ geschätzt werden.

Zudem werden Naturkatastrophenrisiken im Schadenmodell abgebildet. Kumul- bzw. Großrisiken haben in vielen Versicherungszweigen erheblichen Einfluss auf das Geschäftsergebnis und sind damit ein entscheidender Treiber des Risikokapitals. Auch wenn einige solcher Schadenereignisse in den beobachteten Schadenkostenquoten enthalten sein können, erscheint es sinnvoll, sich auch gegen nicht beobachtete, aber durchaus realistische Ereignisse abzusichern. Naturkatastrophenrisiken werden dabei als separates Geschäftsfeld mit einer Korrelation von 0 zu den anderen Zweigen modelliert. Grundlage ist dabei eine Marktschadenverteilung. Die Prämienanteile für Naturkatastrophenrisiken werden aus Marktdaten als Schadenanteil an allen identifizierten Großschäden abgeleitet und als einheitlicher Prozentsatz im Modell vorgegeben. Dabei wird Rückversicherungsschutz – proportionaler wie nichtproportionaler – angerechnet:

$$C_{Nat} = \frac{P^{Nat}}{P_M} \cdot S_M - R_{Nat}$$

mit

P_{Nat} = Bruttoprämie der von NatCat betroffenen Geschäftsfelder des Unternehmens
P_M = Bruttoprämie der von NatCat betroffenen Geschäftsfelder des Marktes
S_M = 200-jähriges NatCat-Ereignis für Deutschland
P_{Nat} = Rückversicherungsschutz des Unternehmens gegen dieses Ereignis (proportionale und nichtproportionale Deckung)

Die Diversifikationseffekte werden bei der Aggregation der Einzelrisikokapitalien zum gesamten SCR mithilfe der Kovarianzformel einbezogen. Die einzelnen Teilrisiken können beispielsweise im Schadenmodell mit einer Korrelation von $\rho = 0{,}5$ zwischen zwei Risikokategorien wie folgt aggregiert werden (siehe Abschn. 1.1.1.5):

$$BSCR = \sqrt{BSCR_{PR}^2 + BSCR_{Nat}^2 + 2Cov(PR,Nat)}$$
$$= \sqrt{BSCR_{PR}^2 + BSCR_{Nat}^2 + 2 \cdot \rho_{PR,Nat} \cdot BSCR_{PR}BSCR_{Nat}}$$

Das Standardmodell der Versicherungswirtschaft führt die Risikokapitalbestimmung und -allokation durch und ist somit die Basis einer wertorientierten Unternehmenssteuerung. Die Ausarbeitungen haben aufgezeigt, dass dies nur möglich ist, wenn ein gutes Datenmanagement besteht. Denn in allen statistischen und stochastischen Modellen gehen i. d. R. Daten aus vergangenen Perioden ein (Zeitreihen). Daher muss eine entsprechende Qualität gesichert sein. Sofern die Bestimmung des Risikokapitals auf einem einheitlichen Standard erfolgt, wird dieses als ein gemeinsamer Maßstab für das Risiko angesehen. Es ermöglicht somit den branchenübergreifenden Vergleich verschiedener Risiken und dient deshalb als Bestandteil einer konsistenten risikoadjustierten Performance-Messung.

4.2.3   Der Stresstest der Versicherungswirtschaft

Die der BaFin als Aufsichtsbehörde unterstehenden Versicherungsunternehmen hatten bis zur Einführung von Solvency II nach dem Rundschreiben R 1/2004 einen Stresstest einzureichen. Diese Berichtspflichten zum BaFin-Stresstest gelten jedoch nur für Pensions- und Sterbekassen unverändert weiter. Für alle übrigen Versicherungsunternehmen entfällt seit 2016 die zu erbringende Vorlagepflicht. Versicherungsunternehmen, die unter die Solvency-II-Richtlinie fallen, müssen im Rahmen ihres Risikomanagementsystems unternehmensinterne Stresstests durchführen und darüber sowohl der Öffentlichkeit als auch der Aufsicht gegenüber umfangreich berichten (vgl. § 27 Abs. 3 VAG, Art. 259 Abs. 3, Art. 295 Abs. 6 und Art. 309 Abs. 7 der delegierten Verordnung (EU) 2015/35). Zusätzlich müssen diese Unternehmen auch in Zukunft ggf. EIOPA-Stresstests durchführen. Die Parameter der bisherigen BaFin-Stresstests sind im Laufe der Zeit immer wieder modifiziert bzw. weitere Szenarien aufgenommen worden. Im Folgenden wird auf die Historie dieser Stresstests kurz eingegangen:

Die Stresstests wurden bis zum 31.12.2008 mit den folgenden Parametern durchgeführt:

- Stresstestszenario R 10: Marktwertverlust Renten –10 %
- Stresstestszenario A 35: Marktwertverlust Aktien –35 %
- Stresstestszenario RA 25: Marktwertverlust Renten –5 %, Marktwertverlust Aktien –20 %
- Stresstestszenario AI 28: Marktwertverlust Immobilien –8 %, Marktwertverlust Aktien –20 %

Tab. 4.1 Szenario Stresstest. (Quelle: BaFin)

EURO STOXX 50 (Kursindex)	Stressfaktor in % (Einzelszenario)	Stressfaktor in % (gemischte Szenarien)
von 5.246 bis 5.435 und höher	45	25
von 5.056 bis 5.245	45	25
von 4.866 bis 5.055	45	25
von 4.676 bis 4.865	45	25
von 4.486 bis 4.675	44	24
von 4.296 bis 4.485	41	22
von 4.106 bis 4.295	38	21
von 3.916 bis 4.105	35	20
von 3.726 bis 3.915	32	19
von 3.536 bis 3.725	29	18
von 3.346 bis 3.535	27	17
von 3.156 bis 3.345	24	16
von 2.966 bis 3.155	22	15
von 2.776 bis 2.965	20	14
von 2.586 bis 2.775	18	13
von 2.396 bis 2.585	16	12
von 2.206 bis 2.395	14	12
von 2.016 bis 2.205	13	11
von 1.826 bis 2.015	11	11
bis 1.825	10	10

Die vorgegebenen Stresstestszenarien A 35, RA 25 und AI 28 werden ab dem Stichtag 31.12.2008 zu folgenden Szenarien geändert:

- Isoliertes Aktienszenario: Kursrückgang Aktien entsprechend Indexstand zum 31.12.2008
- Renten- und Aktienszenario: Kursrückgang Aktien entsprechend Indexstand zum 31.12.2008 und Kursrückgang festverzinslicher Wertpapiere um 5 %
- Aktien- und Immobilienszenario: Kursrückgang Aktien entsprechend Indexstand zum 31.12.2008 und Marktwertrückgang Immobilien um 10 %

Das Stresstestszenario R 10 bleibt unverändert. Die Kursrückgänge für Aktien leiten sich basierend auf dem Indexstand des EURO STOXX 50 (Kursindex) am 31.12.2008 aus folgender Tab. 4.1 ab:

Bei allen Stresstestszenarien werden Bonitätsrisiken bei festverzinslichen Wertpapieren und Darlehen (Fixed Income inklusive der festverzinslichen Anlagen in Wertpapier-Sondervermögen) mit den folgenden Abschlägen berücksichtigt: Eine Änderung dieser Parameter wird von der BaFin durch Verlautbarung bekannt gegeben.

- Investment-Grade   AAA-BBB   0 %
- Non-Investment-Grade   BB-B   –10 %
- Non-Investment-Grade   CCC-D   –30 %
- Ohne Rating   nr   –10 %

Über die durchgeführten Stresstests ist vollständig zu berichten. Der Bericht umfasst die eingegebenen Daten, die Berechnung der Bestände und der Stressszenarien sowie die Übersicht über die Ergebnisse der Stresstests nach allen vorgegebenen Szenarien einschließlich etwaiger Nebenrechnungen. Modifikationen des zur Verfügung gestellten Stresstestmodells sind im Rahmen des jährlichen Berichts über die Ergebnisse der Stresstests unzulässig. Individuelle Besonderheiten eines Versicherungsunternehmens, die im vorgegebenen Stresstestmodell nicht berücksichtigt werden, und ihre Auswirkungen auf das Ergebnis können ggf. gesondert erläutert werden. Weisen alle Stresstestszenarien einen positiven „Saldo" aus, ist nichts weiter zu veranlassen. Weisen ein oder mehrere Stresstestszenarien einen negativen „Saldo" aus, so ist gegenüber der Aufsichtsbehörde zu bestätigen, dass der Gesamtvorstand und der Aufsichtsrat informiert wurden. Weiterhin ist der BaFin darzulegen, welche Maßnahmen zur Wiederherstellung der Risikotragfähigkeit geplant und/oder durchgeführt wurden. Sollen bzw. brauchen (z. B. aufgrund stiller Reserven in Namenspapieren, die vor dem „Ergebnis" des Stresstests angesetzt werden können) keine Maßnahmen ergriffen werden, so ist dies zu begründen. Im Einzelfall wird die BaFin weitere Informationen anfordern und behält sich vor, weitere darüber hinausgehende Maßnahmen zu fordern oder Beschränkungen (z. B. nach § 2 Abs. 5 AnlV – gibt Auskunft über die Mischung in der Anlage) aufzuerlegen.

Der Stresstest simuliert eine kurzfristige, adverse Kapitalmarktveränderung und betrachtet die bilanziellen und wirtschaftlichen Auswirkungen für das Versicherungsunternehmen. Zielhorizont ist der nächste Bilanzstichtag. Dieser Stresstest beruht auf Bilanzdaten. Gegenüber einem Modell mit Planungsdaten ergeben sich damit für den Anwender keine Gestaltungsspielräume.

Alle Angaben im Stresstest sind auf Basis von „Netto-Größen" vorzunehmen. Dies bedeutet: bei den Performance-Angaben der Kapitalanlagen (Immobilien) unter Berücksichtigung der laufenden Kosten und bei der Angabe der Passivpositionen nach Abzug der auf die Rückversicherung entfallenden Anteile. Unter der Position „Deckungsrückstellung" ist die Netto-Deckungsrückstellung zuzüglich der Depotverbindlichkeiten aus dem in Rückdeckung gegebenen Versicherungsgeschäft einzutragen, da bei letztgenannter Position sowohl die Deckungsrückstellung als auch die zugehörigen Aktiva beim Erstversicherer verbleiben. Folglich sind diese Kapitalanlagen auch einem Kapitalmarktrisiko ausgesetzt, und die entsprechende Passivposition ist im Stresstest zu bedecken und zu verzinsen. Unter der Eigenmittel-Position ist das Eigenkapital zuzüglich nachrangiger Eigenkapitalbestandteile einzutragen. Da im Stresstest neben der Überprüfung der ausreichenden Bedeckung der Verpflichtungen gegenüber den Versicherungsnehmern durch Kapitalanlagen die angemessene Solvabilität des Versicherungsunternehmens untersucht wird, ist es systemgerecht, nur die Eigenmittel A zuzulassen. Für die Passivseite werden die mindestens zu bedeckenden Rückstellungen zum Bilanzstichtag des neuen Geschäftsjahres hochgerechnet. Zur Vereinfachung wird angenommen, dass sich Neugeschäft und Fälligkeiten auf null saldieren. Dies bedeutet implizit, dass der hier vorgestellte Stresstest keinerlei Liquiditätsaspekte berücksichtigt. Die Rückstellungen des Vorjahres werden mit dem Rechnungszins und ggf. der Direktgutschrift verzinst. Die gebundene RfB wird dagegen aus Vereinfachungsgründen lediglich für die halbe Periode und nur mit dem Rechnungszins verzinst, da die laufenden Gewinnanteile gleichmäßig über das ganze Jahr verteilt zugewiesen werden. Da für das neue Geschäftsjahr noch keine Daten für die neu zu stellende Solvabilitätsanforderung vorliegen, wird zur Vereinfachung angenommen, dass die se wie die Deckungsrückstellung wächst.

Ein Ergebnis von „0" im Stresstest bedeutet folglich, dass auch nach einer extremen Kapitalmarktveränderung die Kapitalanlagen ausreichen, um die Verpflichtungen gegenüber den Versicherungsnehmern zu bedecken und gleichzeitig die Solvabilität des Unternehmens nicht infrage gestellt ist.

Abschließend ist festzuhalten: Stresstests sind für ein angemessenes Risikomanagement von großer Bedeutung. Sie sind ein grob gegliedertes Tool zur Risikofrüherkennung. Anhand ihres Einsatzes im Risikomanagement können die Auswirkungen verschiedener Szenarien, die Einfluss auf das Unternehmenskapital haben, quantifiziert werden. Dabei wird untersucht, ob das Unternehmen selbst im Falle extremer Schocks sowohl seinen Zahlungsverpflichtungen gegenüber den Versicherungsnehmern nachkommen als auch die Solvabilitätsanforderungen erfüllen kann. Bei Nichtbestehen bestimmter Szenarien werden von der Unternehmensführung rechtzeitig Handlungsalternativen analysiert und teilweise umgesetzt. Damit dienen Stresstests dazu, die Einhaltung externer Anforderungen, wie z. B. der Solvabilitätsvorschriften, sicherzustellen.

4.3 Kontrollaufgaben

Aufgabe 4.1
Warum hat ein Versicherungsunternehmen Kapitalbedarf?

Aufgabe 4.2
Erklären Sie den Begriff der Solvabilität!

Aufgabe 4.3
Berechnen Sie die Solvabilitätsspanne für einen Gebäudeversicherer mit 60 Mio. Prämieneinnahmen und 40 Mio. Schadenaufwendungen. Die Rückversicherung hat einen Anteil von 30 % am Versicherungsgeschäft!

Aufgabe 4.4

Geben Sie mindestens drei Ziele eines umfassenden ALM an – und damit den allgemeinen Nutzen für alle Beteiligten (Kunden, Vorstand, Mitarbeiter, Eigentümer, Finanzaufsicht)!

Aufgabe 4.5

Eine Pensionskasse hat 500 Mio. Assets in den folgenden Kategorien: 70 Mio. Aktien, 380 Mio. festverzinsliche Wertpapiere und 50 Mio. Immobilien. Führen Sie den BaFin-Stresstest gemäß R1/2004 für Pensions- und Sterbekassen durch.

Lösungen zu den Kontrollaufgaben

Aufgabe 1.1

$$P(X > 1.000) = 1 - P(X \leq 1.000) = 1 - \sum_{k=0}^{1.000} \binom{100.000}{k} \cdot 0,01^k \cdot (0,99)^{100.000-k}$$

$$= 1 - P(X \leq 1.000) = 1 - 0,508409473 \leq\,= 0,491590527$$

Aufgabe 1.2

$Z = \frac{X-1.000}{50} : P(Z > z_\alpha) \geq 0,995$ und $z_\alpha = 2,5758293$. Somit betragen die Sicherheitsmittel $SCR = 2,5758293 \cdot 50 = 128,79$.

Aufgabe 1.3

$$P(W_1 + W_2 \leq 6) \geq \frac{15}{36} \text{ und } P(W_2 < W_1) \geq \frac{15}{36}$$

Aufgabe 1.4

Zweiseitiges Konfidenzintervall: $\Phi(z_\alpha) = \frac{1+\alpha}{2}$ und $Z = \frac{\overline{X}-11}{\frac{5}{\sqrt{200}}} = 2,82842712$. Aus der

Normalverteilungstabelle liest man $\Phi(2,8284272) \approx 0,99766113 = \frac{1+\alpha}{2}$ und somit
$\alpha = 0,99532227$. Damit beträgt die Sicherheitswahrscheinlichkeit 99,53 %.

Aufgabe 1.5

Der Erwartungswert eines Einzelrisikos beträgt:
$E(X) = 0 \cdot 0,8 + 2.000 \cdot 0,15 + 5.000 \cdot 0,05 = 550$

© Springer-Verlag Berlin Heidelberg 2016
C. Möbius, C. Pallenberg, *Risikomanagement in Versicherungsunternehmen*,
BA KOMPAKT, DOI 10.1007/978-3-662-47917-9_5

Die Varianz ist:

$$
\begin{aligned}
Var(X) &= (0-500)^2 \cdot 0,8 + (2.000-550)^2 \cdot 0,15 + (5.000-550)^2 \cdot 0,05 \\
&= 1.547.500
\end{aligned}
$$

Der Variationskoeffizient des Einzelrisikos ist $\frac{\sqrt{Var(X)}}{E(X)} = 2,26179$ und für den gesamten Bestand beträgt er: $\frac{\sqrt{10.000 \cdot Var(X)}}{10.000 \cdot E(X)} = 0,0226179$.

a. Eine prozentuale Selbstbeteiligung von 25 % des Versicherungsnehmers liefert:

$$
\frac{\sqrt{10.000 \cdot Var(0,75 \cdot X)}}{10.000 \cdot E(0,75 \cdot X)} = \frac{\cdot \sqrt{10.000 \cdot 0,75^2 \cdot Var(X)}}{10.000 \cdot 0,75 \cdot E(X)} = 0,0226179
$$

Die relative Gefährlichkeit bleibt identisch.

b. Eine Selbstbeteiligung von € 1.000,– des Versicherungsnehmers:
$$
E(X) = 0 \cdot 0,8 + 1.000 \cdot 0,15 + 4.000 \cdot 0,05 = 350 \text{ und}
$$
$$
\begin{aligned}
Var(X) &= (0-350)^2 \cdot 0,8 + (1.000-350)^2 \cdot 0,15 + (4.000-350)^2 \cdot 0,05 \\
&= 827.500
\end{aligned}
$$

$$
Varkoeff(X) = \frac{\sqrt{10.000 \cdot 827.500}}{10.000 \cdot 350} = 0,025999
$$

Die relative Gefährlichkeit erhöht sich, da nur „schweres" Risiko im Bestand bleibt.

c. Eine Verdopplung des Kollektivs?

$$
Varkoeff(X) = \frac{\sqrt{20.000 \cdot Var(X)}}{20.000 \cdot E(X)} = \frac{\sqrt{2}}{2} \cdot 0,0226179 = \frac{1}{\sqrt{2}} \cdot 0,0226179 = 0,015993
$$

Die relative Gefährlichkeit verbessert sich gerade um den Faktor $\frac{1}{\sqrt{2}}$.

Aufgabe 1.6

X sei das Einzelrisiko. Die Verteilungsfunktion ist gegeben durch:
$$
F(X) = \begin{cases}
0 & x < 0 \\
0,9 & x = 0 \\
0,9 + 0,1 \cdot (1 - \exp(^{-x}/_{500})) & x > 0
\end{cases}
$$

Der Erwartungswert von X ist:

$$E(X) = \int\limits_0^\infty x \cdot F(dx) = 0 + 0,1 \cdot \int\limits_0^\infty \frac{x}{500} \cdot \exp(^{-x}/_{500}) \, dx = 0,1 \cdot 500 = 50$$

und die Varianz

$$E(X^2) = \int\limits_0^\infty x^2 \cdot F(dx) = 0,1 \cdot \int\limits_0^\infty \frac{x^2}{500} \cdot \exp(^{-x}/_{500}) \, dx$$

$$= \frac{0,1}{500} \cdot 500 \cdot \left((x^2 \cdot \exp(^{-x}/_{500}))_0^\infty + \int\limits_0^\infty 2x \cdot \exp(^{-x}/_{500}) \, dx \right)$$

$$= 0,1 \cdot 500 \cdot \left((2x \cdot \exp(^{-x}/_{500}))_0^\infty + \int\limits_0^\infty 2 \cdot \exp(^{-x}/_{500}) \, dx \right) = 0,1 \cdot 500 \cdot 1.000$$

$$= 50.000$$

$Var(X) = E(X^2) - E(X)^2 = 50.000 - 2.500 = 47.500$

Erwartungswert und Varianz sind wegen der Unabhängigkeit linear. Also:

$E(S) = 1.000 \cdot 50 = 50.000$, $Var(S) = 1.000 \cdot 47.500 = 47.500.000$

Die Prämieneinnahme beträgt 60.000. Die Wahrscheinlichkeit, dass die Schadenzahlungen den Wert von 70.000 übersteigen, beträgt:

$$P(S > 70.000) = 1 - P(S \le 70.000)$$

$$= 1 - P\left(Z \le \frac{70.000 - 50.000}{\sqrt{47.500.000}} \right)$$

$$= 1 - \Phi(2,90195) = 0,0018545$$

Die Wahrscheinlichkeit für einen Ruin innerhalb einer Periode beträgt 1,85 ‰.

Aufgabe 1.7

Standardabweichung (Wurzel aus der Varianz, die Varianz ist die Summe der quadratischen Abweichungen!) – dies ist eine absolute Maßgröße und gibt die Abweichung vom erwarteten Wert (z. B. kalkulierte Prämie) an. Eine relative Kenngröße ist der Variationskoeffizient (Verhältnis von Streuung und Erwartungswert! Für interne Zwecke kommen andere Kenngrößen, wie z. B. das risikonotwendige Kapital (Value at Risk), infrage. Dies ist der kritische Wert, bei dessen Überschreitung unter einer Irrtumswahrscheinlichkeit ein Verlust eintritt: $P(X - P > c) < 0,5\,\%$. Also alle 200 Jahre tritt eine Unterdeckung der Sicherheitsmittel, d. h. eine theoretische Insolvenz ein – aber dies sagt nichts über die Höhe der Unterdeckung aus. Daher geht man zum bedingten

Erwartungswert über, dies ist jene Größe, die angibt, wenn eine Unterdeckung eingetreten ist, mit wie viel Abweichung man rechnen muss.

Aufgabe 1.8

Siehe hierzu Abb. 1.2. Risiken des Unternehmens werden nicht losgelöst vom allgemeinen Steuerungsprozess betrachtet, sondern sind Gegenstand einer gesamthaften Sicht. Damit ist es in der frühen Phase der Planung möglich, die Wahrnehmung von Risiken zu fördern, Einstellungen von Mitarbeitern zu verändern und präventive Maßnahmen vorzubereiten, letztlich eine höhere Risikosensitivität zu schaffen. Der Prozess setzt sich zusammen aus:

*   Risikoidentifizierung (z. B. Finanzmarktkrise: Stornogefahr usw.)
*   Risikoanalyse/-bewertung (Bewertung mit Wahrscheinlichkeiten, Auswirkungen, . . .)
*   Ermittlung der Effektivität der Maßnahmen Risikosteuerung (Maßnahmen) Vermeidung, Verringerung
*   Risikokontrolle (Überwachung) mittels Risikoreporting (Plan-Ist-Vergleich)

Ergänzt man den üblichen Planungsprozess um ein derart systematisiertes Risikomanagement, dann werden Schwachstellen und zielkonträre Sachverhalte frühzeitig aufgedeckt sowie die Schaffung einer Kommunikationsstruktur und Abgrenzung von Aufgaben, Kompetenzen und Verantwortungsbereichen angeregt.

Aufgabe 1.9

a. Unternehmen A die des Payers; Unternehmen B die des Receivers

b.

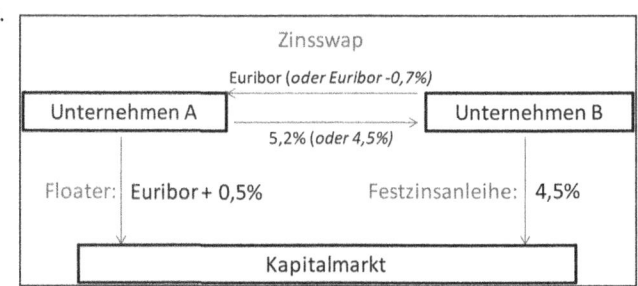

c. Unternehmen A:

Zinskosten ohne Swap: 6 % (Festzinsanleihe am Kapitalmarkt)

Zinskosten mit Swap:

$$\begin{array}{l} \text{Euribor} + 0{,}5\,\% \ (\text{Floater}) \\ +5{,}2\,\% \ (\text{alternativ: } 4{,}5\,\%) \\ \underline{-\text{Euribor}(\text{alternativ}: -(\text{Euribor} - 0{,}7\,\%))} \\ = 5{,}7\,\% \end{array}$$

Unternehmen B:

Zinskosten ohne Swap:	Euribor (Floater am Kapitalmarkt)
Zinskosten mit Swap:	4,5 % (Festzinsanleihe)
	+ Euribor (alternativ: Euribor −0,7 %)
	−5,2 % (alternativ : −4,5 %)
	= Euribor − 0,7 %

Aufgabe 1.10

a. Break-even-Kurs $= X - P = 16$ € $- 1,90$ € $= 14,10$ €

b. 200 Aktien entsprechen 2 Kontrakte.

Aktienkurs	Optionsprämie	Wert Long Put vor Kosten	Wert Long Put nach Kosten
10	−380	1.200	820
15	−380	200	−180
20	−380	0	−380
25	−380	0	−380

c. Das Gewinn-Verlust-Diagramm lautet:

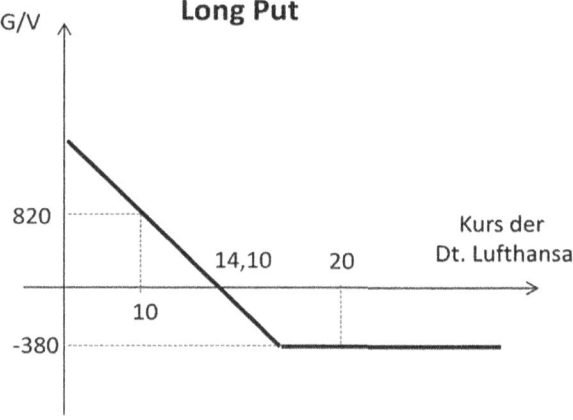

Aufgabe 2.1

a. Beide Rückversicherungsformen gehören der proportionalen Rückversicherung an. Bei der Quotenrückversicherung wird ein fester Prozentsatz des Geschäfts in Rückdeckung gegeben. Es werden sowohl Prämien als auch Leistungen in diesem Verhältnis aufgeteilt. Die Aufteilung kann auch für Verwaltungskosten und Provisionen angewendet werden. Bei einem Summenexzedentenvertrag wird eine Quote pro Risiko entsprechend einem festgelegten Selbstbehalt bestimmt. Dadurch ist der RV automatisch an größeren Summen beteiligt. Bis zum Selbstbehalt trägt nur der EV den Schaden.

b. Bei der Gebäudeversicherung liegt i. d. R. ein „Massengeschäft" vor, d. h., man benötigt Rückversicherungen, um *mehr* Geschäft zu zeichnen. Der Quotenvertrag wirkt sich nicht auf die Gefährlichkeit des Risikos aus, sondern nur auf die Zeichnungskapazität. Bei der gewerblichen Feuerversicherung hingegen liegt kein Massengeschäft vor. Man möchte also die Gefährlichkeit des Risikos im Bestand herabsetzen. Dies wird durch einen Summenexzedenten erreicht, da man nur bis zum vereinbarten Selbstbehalt leistet, darüber hinaus tritt der Rückversicherer ein. Eigenschaften:

- Quote: einfache Verwaltung, Ersatz von EK, Aufbaufinanzierung, Schadenbeteiligung an allen Schäden
- Summenexzedenten: Homogenisierung des Bestands, Schutz vor Großschäden, Erhöhung der Zeichnungskapazität

c. In der Gebäudesturmversicherung ist natürlich ein Einzelschadenexzedent möglich, da dieser die Gefährlichkeit des Risikos herabsetzt. Da jedoch in dieser Versicherungsart die Summen i. d. R. nicht so hoch sind und sich somit insbesondere in der Schadenhöhe nicht sehr unterscheiden, ist eine Quote geeigneter.

Aufgabe 2.2

a. Risikoausgleich: Ein Risikoausgleich erfolgt im Kollektiv und in der Zeit. Das heißt, je größer ein Kollektiv ist, desto besser wird der Schadenerwartungswert erreicht. Dies erfolgt auch in der Zeit, wenn ein Kollektiv über eine Zeitstrecke untersucht wird. Da wir aber i. d. R. einjährige Rechnungsperioden haben, benötigen wir einen versicherungstechnischen Ausgleich im Kollektiv (Gesetz der großen Zahl).

b. Störungen können erfolgen durch das
- Zufalls- (Schadenhäufigkeit/Schadenhöhen),
- Änderungs-,
- Irrtumsrisiko.

c. Unter dem Zufallsrisiko verstehen wir das Eintreten von *Großschäden* oder *Kumulschäden*. Beim Änderungsrisiko treten systematische Veränderungen auf, die politischer, sozialer oder gesellschaftlicher Natur sein können. Unter dem Irrtumsrisiko sind Fehler zu verstehen, die bei der Ermittlung der statistischen Daten entstanden sind.

d. **Beispiele:** Ein Schadenereignis (Hagel, Sturm, Flugzeugabsturz) betrifft mehrere Verträge.

e. Maßnahmen:
- Prämienpolitische Verfahren (Prämiendifferenzierung)

- Schadenpolitische Verfahren (Obliegenheiten, Selbstbehalte)
- Bestandspolitische Verfahren (Homogenität, Vergrößerung des Bestandes)
- Risikoteilung (Rückversicherung oder Mitversicherung)

Aufgabe 2.3

a. Aufteilung der Schäden je Risikoklasse zwischen dem EVU und dem RVU bei Quoten-RV:
   - Risikoklasse 1:

RV-Quote = (Einbringungslimit/Versicherungssumme) · (1 − Selbstbehaltquote)	
RV-Quote = (0,5 Mio. € / 1 Mio. €) · (1 − 0,7) = 15 %	
Schadenaufteilung:	RVU = 1 Mio. € · 15 % = 150.000 € und
	EVU = 1 Mio. € − 150.000 € = 850.000 €

   - Risikoklasse 2 und 3: RV-Quote = 30 %

Schadenaufteilung R2:	RVU = 200.000 € · 30 % = 60.000 €
	EVU = 200.000 € − 60.000 € = 140.000 €
Schadenaufteilung R3:	RVU = 50.000 € · 30 % = 15.000 €
	EVU = 50.000 € − 15.000 € = 35.000 €

b. Quotenrückversicherung generell sinnvoll, bei neuartigen, schlecht kalkulierbaren Risiken, um sich gegen viele kleine bis mittlere Schäden abzusichern. Bedingter Schutz gegen das Zufallsrisiko im Klein- und Mittelschadenbereich und keine Absicherung des Zufallsrisikos im Großschadenbereich (z. B. Kumul- bzw. Katastrophenrisiken durch Erdbeben).

c. Summenexzedenten-RV:
   Haftungsstrecke = Multiplikator · Selbstbehalt = 2 · 50.000 € = 100.000 €
   Zeichnungslimit des RV = Haftungsstrecke + Selbstbehalt = 100.000 € + 50.000 € = 150.000 €
   RV-Quoten je Risikoklasse:
   RV-Quote = min(VS-Selbstbehalt; Haftungsstrecke) / VS
   RV-Quote (R1) = min(1.000.000 € − 50.000 €; 100.000 €) / 1.000.000 €
   = 1/10 = 10 %
   Schadenbetrag des RV = 300.000 € · 1/10 = 30.000 €
   RV-Quote (R2) = min(200.000 € − 50.000 €; 100.000 €) / 200.000 € = 1/2 = 50 %
   Schadenbetrag des RV = 150.000 € · 1/2 = 75.000 €
   RV-Quote (R3) = min(50.000 € − 50.000 €; 100.000 €) / 50.000 €
   = 0/50.000 € = 0 %
   Schadenbetrag des RV = 50.000 € · 0 = 0 €

d. Einzelschadenexzedenten-RV:

Selbstbehalt vor Einzelschadenexzedenten = 1 Mio. € – 100.000 € = 900.000 €

Schadenübernahme durch den RV nach Einzelschadenexzedenten:

Schadenübernahme durch RV = min[max(Schaden-Priorität;0); Layer]

Schadenübernahme durch RV = min[max(0,9 Mio. € – 0,2 Mio. €;0); 0,6 Mio. €]
$$= 0{,}6 \text{ Mio. } €$$

Netto-Gesamtschaden des EV nach allen RV = 1 Mio. € – 0,1 Mio. € – 0,6 Mio.
$$€ = 0{,}3 \text{ Mio. } €$$

e. Stop-Loss-RV:

Priorität = Jahresprämie · Prioritäten-Prozentsatz = 50 Mio. € · 70 % = 35 Mio. €

Layer = Jahresprämie · Layer-Prozentsatz = 50 Mio. € · 50 % = 25 Mio. €

Stop-Loss-Kosten = Jahresprämie · Stop-Loss-Prozentsatz = 50 Mio. € · 10 %
= 5 Mio. €

Provision/Verwaltung = Jahresprämie · Kosten-Prozentsatz = 50 Mio. € · 10 %
= 5 Mio. €

Das versicherungstechnische Ergebnis des Erstversicherers *vor* Stop-Loss-RV ist:

vtE_{vor} = Jahresprämie – Schadenkosten – Provision und Verwaltungskosten

vtE_{vor} = 50 Mio. € – 65 Mio. € – 5 Mio. € = – 20 Mio. €

Das versicherungstechnische Ergebnis des Erstversicherers *nach* Stop-Loss-RV beträgt:

vtE_{nach} = Jahresprämie – Schadenkosten nach Stop-Loss – Stop-Loss-Kosten – Provision und Verwaltungskosten

vtE_{nach} = 50 Mio. € – [65 Mio. € – min[(65 Mio. € – 35 Mio. €); 25 Mio. €]]
– 2 · 5 Mio. €

= 50 Mio. € – [40 Mio. €] – 2 · 5 Mio. € = 0 €

Aufgabe 2.4

a. Definition und Funktionsweise:

Terminkontrakt mit versicherungstechnischem Underlying (Versicherungsderivat) → Risikotransfer auf Kapitalmarkt (Alternativer Risikotransfer kurz ART-Geschäft):

- Underlying ist i. d. R. ein Schadenindex → Basisrisiko
- Call-Spread-Option: Kauf einer Kaufoption (Long Call) und gleichzeitiger Verkauf einer Verkaufsoption (Short Call) auf das *gleiche* Handelsobjekt mit *identischer* Laufzeit aber *unterschiedlich hohen* Strikes
- Koppelung von Zahlungen aus dem Versicherungs- und Finanzierungsgeschäft während einer Risikoperiode (Risk Period ≤ LZ der Option)
- (Teil-)Kompensation des versicherungstechnischen Verlusts im Schadenfall durch Gewinn aus Call-Spread-Option bei Überschreiten eines Schwellenwerts (Strike des Long Calls) → Asset Hedge

Bilanzielle Wirkung entspricht dem eines Asset Hedges:

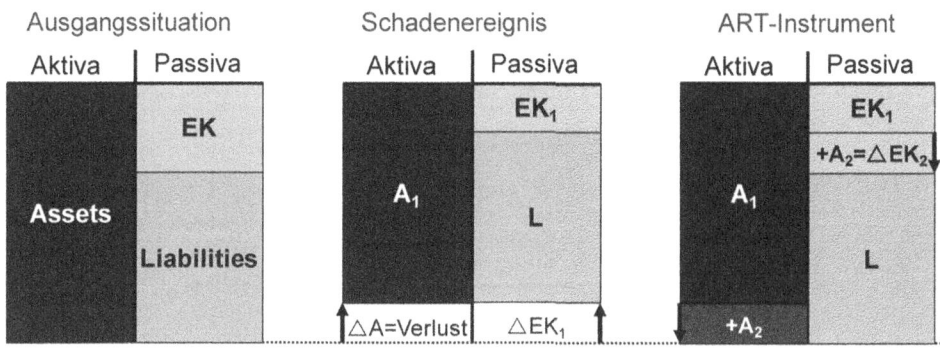

$\triangle EK_1$ = Verlust $\triangle EK_2$ = Gewinn

b. • Strike 1: Priorität / Marktanteil = 100 Mio. € / 5 % = 2.000 Mio. €
   • Strike 2: Plafonds / Marktanteil = (100 Mio. € + 400 Mio. €) / 5 %
     = 10.000 Mio. €
   • Devisor für Schadenindex = 50 Mio. €
   • Strike 1: Indexstand = 2.000 Mio. € / 50 Mio. € = 40 Punkte
   • Strike 2: Indexstand = 10.000 Mio. € / 50 Mio. € = 200 Punkte
     →Kauf eines 40/200 PCS Call Spreads
c. Anzahl 40/200 PCS Call Spreads
   • Anzahl Call Spreads = Layer/max. Gewinn aus PCS Call Spread
   • max. Gewinn aus Call Spread = (Strike 2 – Strike 1) · 1.000 €
     = (200 – 40) · 1.000 € = 160.000 €
   • Anzahl PCS Call Spreads = 400 Mio. € / 160.000 € = 2.500 Stück
d. Absicherung des Marktschadens i. H. v. 6 Mrd. € durch 40/200 PCS Call Spread
   • Unternehmensindividueller Schaden = 6 Mrd. € · 5 % = 300 Mio. €
   • Stand des Schadenindex = 6 Mrd. € / 50 Mio. € = 120 Indexpunkte
     → Ausübung des PCS Call Spreads, da 120 > X1 = 40, aber 120 < X2 = 200
   • Wert der PCS Call Spreads = (120 – 40) · 1.000 € · 2.500 = 200 Mio. €
   • Exzessschaden = individueller Schaden – Priorität
     = 300 Mio. € – 100 Mio. €
     = 200 Mio. €
   →100 % Absicherung des Exzessschadens durch PCS Call Spread
   • Basisrisiko: Wenn der tatsächliche Schaden des Unternehmens nicht dem Markt-
     anteil seiner Beiträge entspricht, so kommt es nicht zu einem perfekten 1:1-Hedge.
e. Gewinn-Verlust-Diagramm des PCS Call Spreads

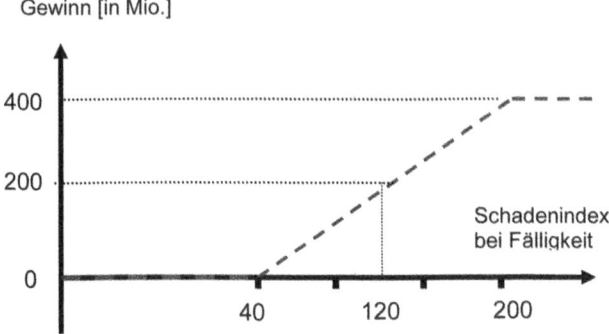

f. Auswirkungen eines Versicherungsschadens von 12 Mrd. €
   - Unternehmensindividueller Schaden = 12 Mrd. € · 5 % = 600 Mio. €
   - Stand des Schadenindex = min(12 Mrd. € / 50 Mio. €; 200) = 200 Indexpunkte
   - Wert der PCS Call Spreads = (200 – 40) · 1.000 € · 2.500 = 400 Mio. €
   - Exzessschaden = individueller Schaden – Priorität
     $$= 600 \text{ Mio. € } – 100 \text{ Mio. €}$$
     $$= 500 \text{ Mio. €}$$
   - Nettoschaden = individueller Schaden – Wert des PCS Call Spreads + Priorität
     $$= 500 \text{ Mio. € } – 400 \text{ Mio. € } + 100 \text{ Mio. € } = 200 \text{ Mio. €}$$

Aufgabe 3.1

a. Der Erwartungswert der Portfoliorendite ist gleich der Summe der gewichteten Einzelrenditen:

Portfoliorendite = 75 % · 10 % · 25 % · 5 % = 8,75 %

Die Streuung der Portfoliorendite ergibt sich aus:

$$\sigma_P = \sqrt{0,75^2 \cdot 0,05^2 + 0,25^2 \cdot 0,03^2 + 2 \cdot 0,25 \cdot 0,75 \cdot 0,05 \cdot 0,03 \cdot 0,2} = 0,039686$$

b. Das Minimum-Varianz-Portfolio lautet:

Anteil Wertpapier 1:

$$x_1 = \frac{\sigma_2^2 - \sigma_1 \sigma_2 k_{12}}{\sigma_1^2 + \sigma_2^2 - 2\sigma_1 \sigma_2 k_{12}} = \frac{0,03^2 - 0,05 \cdot 0,03 \cdot 0,2}{0,05^2 + 0,03^2 - 2 \cdot 0,05 \cdot 0,03 \cdot 0,2} = 21,4 \ \%$$

Anteil Wertpapier 2: $x_2 = 1 - x_1 = 1 - 0,214 = 78,6\%$

Die Portfoliorendite des risikominimalen Portfolios beträgt:

21,4 % · 10 % + 78,6 % · 5 % = 6,07 %

Die Streuung der Portfoliorendite ist:

$$\sigma_P = \sqrt{0,214^2 \cdot 0,05^2 + 0,786^2 \cdot 0,03^2 + 2 \cdot 0,214 \cdot 0,786 \cdot 0,05 \cdot 0,03 \cdot 0,2}$$
$$= 2,777 \ \%$$

c. Rendite-/Risiko-Abbildung:

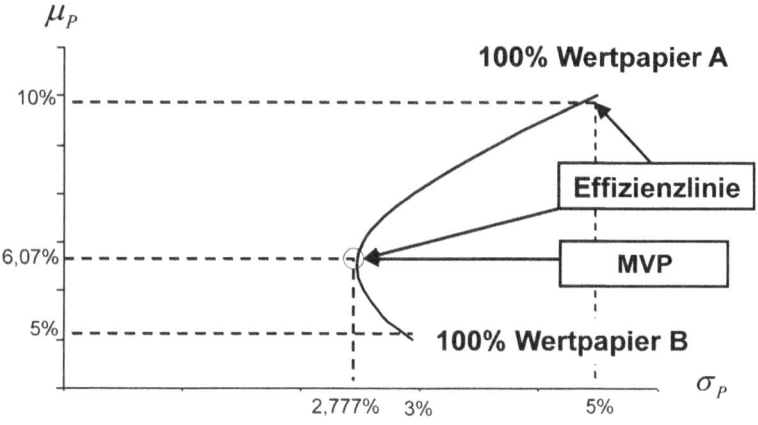

Aufgabe 3.2

a. Die absolute Risikoprämie des Marktportfolios beträgt:

$$E(r_m) - r_f = 0,10 - 0,04 = 0,06$$

Die relative Risikoprämie des Marktportfolios lautet: $\frac{E(r_m)-r_f}{\sigma_m} = \frac{0,06}{0,2} = 0,3$

b. b1) Das absolute, systematische Risiko der VW-Aktie:

$$k_{im} \cdot \sigma_i = \frac{cov_{im}}{\sigma_i \cdot \sigma_m} \cdot \sigma_i = \frac{cov_{im}}{\sigma_m} = \frac{0,02}{0,2} = 0,1$$

Das relative systematische Risiko (Beta) der VW-Aktie:

$$\beta_i = \frac{k_{im} \cdot \sigma_i}{\sigma_m} = \frac{0,1}{0,2} = 0,5$$

b2) Die Risikoprämie der VW-Aktie beträgt:

$$\lfloor E(r_m) - r_f \rfloor \cdot \beta_i = 0,06 \cdot 0,5 = 0,03$$

b3) Die zu erwartende Rendite der VW-Aktie nach dem CAPM lautet:

$$\lfloor E(r_m) - r_f \rfloor \cdot \beta + r_{f_i} = 0,03 + 0,04 = 0,07$$

c. Weil das CAPM davon ausgeht, dass das unsystematische Risiko einer Aktie durch ein diversifiziertes Aktienportfolio gleich null ist und daher am Markt keine Risikoprämie dafür gezahlt wird.

Aufgabe 3.3

a. Die Anzahl Put-Kontrakte bei einem 80 % Fixed-Hedge beträgt:
   1,5 Mio. € · 80 % = 1,2 Mio. € (abzusichernder Betrag)
   1,2 Mio. € / 150 € = 8.000 Aktien

$$\text{Put-Kontrakte} = \text{Anzahl Aktien} / \text{Aktien pro Put} = \frac{8.000}{100} = 80$$

b. Der maximal mögliche Gesamtverlust (GV) bei einem 1:1 Fixed-Hedge (Protective Put-Strategie) errechnet sich aus:
   1,5 Mio. €/150 € = 10.000 Aktien

$$\text{Put-Kontrakte} = \text{Anzahl Aktien} / \text{Aktien pro Put} = \frac{10.000}{100} = 100$$

GV = max. Aktienverlust + Wert des Puts – Optionsprämie
GV = –150 € · 10.000 + (150 € – 0) · 100 · 100 – 10.000 · 5 € = –50.000 €

c. Das Vermögen nach Optionskosten durch den Kauf der Put-Option muss unverändert sein:
   Es gilt: Aktienerfolg = Optionsprämie
   (X – 150 €) · 10.000 = 50.000 €
   X = 1.550.000 € / 10.000 = 155 € oder
   aktueller Aktienkurs + Optionsprämie pro Aktie = 150 € + 5 € = 155 €

d. Die Vermögenswerte in Abhängigkeit der Aktienkurse lauten:

Aktienkurs am Verfallstag	Optionsprämie	Gesamtwert Long Put	Gesamtwert Aktien	Gesamtwert mit Hedge	Gesamtwert ohne Hedge
0	–50.000	1,5 Mio.	0	–50.000	–1,5 Mio.
50	–50.000	1 Mio.	0,5 Mio.	–50.000	–1 Mio.
100	–50.000	0,5 Mio.	1 Mio.	–50.000	–0,5 Mio.
150	–50.000	0	1,5 Mio.	–50.000	0
200	–50.000	0	2 Mio.	450.000	0,5 Mio.
250	–50.000	0	2,5 Mio.	950.000	1 Mio.

e. Skizze der Ergebnisse aus d) in einem geeigneten Schaubild:

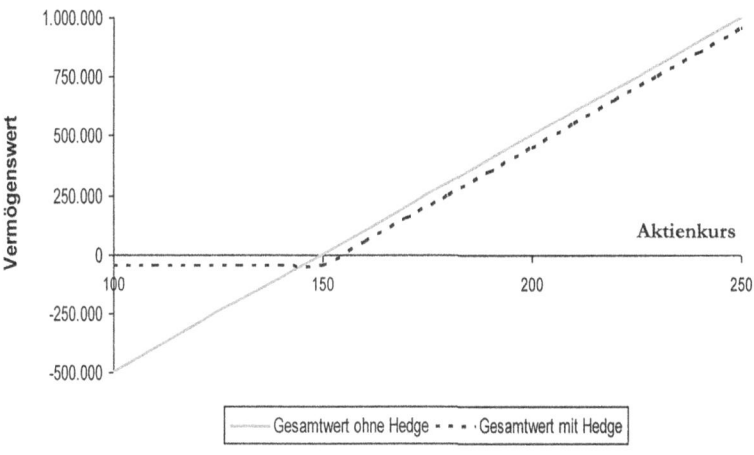

Aufgabe 3.4

a. Aussage der Duration:

Es gibt einen Zeitpunkt (Duration), in dem die beiden gegenläufigen Risiken (Kurs- und Wiederanlagerisiko) sich gerade vollständig kompensieren. Die Duration einer Anleihe wird i. A. auch als die durchschnittliche Bindungsdauer des eingesetzten Kapitals definiert.

Annahmen:

- Flache Zinsstrukturkurve
- Zinsänderung als Parallelverschiebung der gesamten Zinsstrukturkurve
- Unmittelbare Zinsänderung (kurz nach $t = 0$)

b. Present Value: $PV = 5,75 \cdot 1,04^{-1} + 5,75 \cdot 1,04^{-2} + 105,75 \cdot 1,04^{-3} = 104,856$

Duration:

$$D = \frac{1 \cdot 5,75 \cdot (1,04)^{-1} + 2 \cdot 5,57 \cdot (1,04)^{-2} + 3 \cdot 105,75 \cdot (1,04)^{-3}}{104,856} = \frac{298,195}{104,856}$$

$$D = 2,84385$$

Ergebnis: Der Investor ist nicht gegen das Zinsänderungsrisiko abgesichert, da die Duration der Anleihe kleiner ist als sein Planungszeitraum.

c. Absolute Preisänderung nach Modified Duration von Hicks:

$$\Delta PV = -MD \cdot \Delta i \cdot PV = -2,7345 \cdot (-0,0025) \cdot 104,856 = 0,7168$$

mit $MD = D / (1 + i) = 2,84385 / 1,04 = 2,7345$

Geschätzter Kurs = Kurs vor Zinsänderung + geschätzte Preisänderung
$$= 104,856 + 0,7168 = 105,5728$$

Present Value nach Zinsänderung:

$$PV_{nach} = 5,75 \cdot 1,0375^{-1} + 5,75 \cdot 1,0375^{-2} + 105,75 \cdot 1,0375^{-3} = 105,576$$

Die Schätzung der Preisänderung durch die Modified Duration ist gut!

d. Diese Aussage ist richtig, da die Schätzformel der Modified Duration einen linearen Verlauf hat, die Present-Value-Formel jedoch nicht linear verläuft. Deshalb ist die geschätzte Preisänderung nur für infinitesimal kleine Zinsänderungen hinreichend genau. Bei größeren Zinsänderungen kommt es zu Approximationsfehlern. Dabei sind die Preisänderungen immer sehr konservativ: Starke Zinssenkungen führen zu einer Unterbewertung der Anleihe, da der Kursanstieg unterschätzt wird; starke Zinserhöhungen führen ebenfalls zu einer Unterbewertung der Anleihe, da der Kursverfall überschätzt wird (vgl. Skizze).

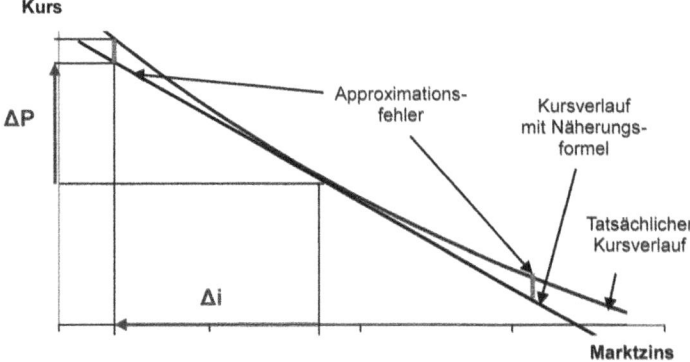

Konvexität
- Die Konvexität stellt ein Maß für die Krümmung der PV-Funktion dar.
- Mithilfe der Konvexität und der Modified Duration lassen sich Kursveränderungen aufgrund von Zinsänderungen sehr gut abschätzen.

- Je größer die Duration der Anleihe, desto größer die Konvexität.
- Je größer die Konvexität, desto größer die Kurschance der Anleihe.
- Die absolute Kursänderung berechnet sich aus:

$$\Delta PV = \left(-MD \cdot \Delta i + \frac{1}{2} C \cdot \Delta i^2\right) \cdot PV$$

e. Möglichkeit: Portfolio aus Anleihe 1 und 2, da die Duration der ersten Anleihe kleiner und die der zweiten Anleihe größer als der Planungszeitpunkt $t = 3$ ist.
Berechnung der Anteile der Anleihen am Portfolio:
Es gilt: $D_P = w_1 \cdot D_1 + w_2 \cdot D_2$ und $w_1 + w_2 = 1$ bzw. $w_2 = 1 - w_1$.
Werte einsetzen: $3 = w_1 \cdot 2,8438 + (1 - w_1) \cdot 3,7283$ und nach w_1 auflösen:
$w_1 = 0,7283/0,8845 = 82,34\%$ bzw. wegen $w_2 = 1 - w_1 = 1 - 0,8234 = 17,66\%$
Probe: Endwertvergleich vor und nach der Zinsänderung:

	Anteile	$t = 1$	$t = 2$	$t = 3$	$t = 4$
Anleihe 1	82,34 %	5,70 €	5,70 €	105,70 €	0
Anleihe 2	17,66 %	4,50 €	4,50 €	4,50 €	104,50 €
Anleihe-Portfolio	Gewichtete Zahlungsreihe	5,50 €	5,50 €	87,80 €	18,40 €

$$EW(t=3)_{\text{vor}} = 5,50 \text{ €} \cdot 1,04^2 + 5,50 \text{ €} \cdot 1,04 + 87,80 \text{ €} + 18,40 \text{ €} \cdot 1,04^{-1}$$
$$= 117,16 \text{ €}$$
$$EW(t=3)_{\text{nach}} = 5,50 \text{ €} \cdot 1,0375^2 + 5,50 \text{ €} \cdot 1,0375 + 87,80 \text{ €} + 18,40 \text{ €} \cdot 1,0375^{-1}$$
$$= 117,16 \text{ €}$$

Aufgabe 3.5

a. Die Position des Verkäufers.
b. Durch den Verkauf des FRA erhält der Fondsmanager zu Beginn der Referenzperiode eine Ausgleichszahlung in Höhe von

$$AZ = (1,20\ \% - 1,00\ \%) \cdot \left(\frac{90}{360}\right) \cdot 1.000.000 \cdot \left(1 + 1\ \% \cdot \frac{90}{360}\right)^{-1} = 498,75\ \text{€}$$

Diese Ausgleichszahlung kann zusammen mit der Couponzahlung zu dem dann gültigen Zinssatz von 1 % für 90 Tage angelegt werden. Dies ergibt nach einem Vierteljahr einen Endbetrag in Höhe von:

$$1.000.498,75\ \text{€} \cdot \left(1 + 1\ \% \cdot \frac{90}{360}\right) = 1.003.000\ \text{€}$$

Die Rendite beträgt folglich: Rendite $= \frac{3.000\ \text{€}}{1.000.000\ \text{€}} \cdot \frac{360}{90} = 1,20\ \%$

Aufgabe 3.6

a. Der Konvertierungsfaktor wird benötigt, um den Future-Kurs der synthetischen Anleihe in einen Preis einer realen Anleihe zu transformieren. Der Konvertierungsfaktor ergibt sich als Barwert der Zinscoupons, welcher aus der Diskontierung der tatsächlichen Coupons der realen Anleihe mit 6 % (Zinsanspruch aus dem Zinsfuture) unter Berücksichtigung der tatsächlichen Laufzeit der realen Anleihe ermittelt wird.

b. Zunächst wird der Future-Kurs der synthetischen Anleihe in Preise der lieferbaren Anleihen umgerechnet. Dieser Preis ist der mögliche Kaufkurs des Future-Kontrakt-Käufers. Es ergeben sich folgende Preise:

Anleihe 1: $126{,}41 \cdot 0{,}832496 = 105{,}24$

Anleihe 2: $126{,}41 \cdot 0{,}807685 = 102{,}10$

Anleihe 3: $126{,}41 \cdot 0{,}781866 = 98{,}84$

In einem zweiten Schritt werden die eben ermittelten Preise (mögliche Einnahme des Verkäufers) mit den tatsächlichen Kursen der realen Anleihen am Liefertag (mögliche Ausgabe des Verkäufers) verglichen.

Anleihe 1: $105{,}24 - 105{,}89 = -0{,}65$

Anleihe 2: $102{,}10 - 103{,}60 = -1{,}50$

Anleihe 3: $98{,}84 - 101{,}21 = -2{,}37$

Die Preisdifferenz ergibt den möglichen Verlust des Verkäufers des Bund-Futures. Da er seinen Verlust minimieren möchte, wählt er die Anleihe 1 (CTD-Anleihe) aus.

Aufgabe 3.7

a. Die Schleif GmbH & Co. KG muss bei dem Devisentermingeschäft (DTG) die Position des Verkäufers und bei der USD-Devisen-Put-Option (DPO) die Position des Käufers einnehmen.

b. Die Bewertung der beiden Absicherungsalternativen in Abhängigkeit der angegebenen Kassakurse lautet:

   a. DTG: Erlös $= 250.000$ / $1{,}5228 = 164.171{,}26$, unabhängig vom jeweiligen Kassakurs.

   b. DPO:

      a. 1. Fall:

         – Kassakurs ist 1,5020 USD/€: Option nicht ausüben!

         – Erlös $= 250.000$ / $1{,}5020 - 3.000 = 163.444{,}74$

         – DTG besser als DPO, da Erlös größer ist.

      b. 2. Fall:

         – Kassakurs ist 1,4860 USD/€: Option nicht ausüben!

         – Erlös $= 250.000$ / $1{,}4860 - 3.000 = 165.236{,}88$

         – DPO besser als DTG, da Erlös größer ist.

    c. 3. Fall:
       – Kassakurs ist 1,5531 USD/€: Option ausüben!
       – Erlös = 250.000/1,5127 – 3.000 = 162.267,40
       – DTG besser als DPO, da Erlös größer ist!
c. Der Gesamtverlust entspricht der Differenz aus Erlös mit und ohne Hedge und ist wie eine Versicherungsprämie zu interpretieren: Annahme: Kassakurs ist 1,4988: 164.171,26 – 166.800,11 = –2.628,85

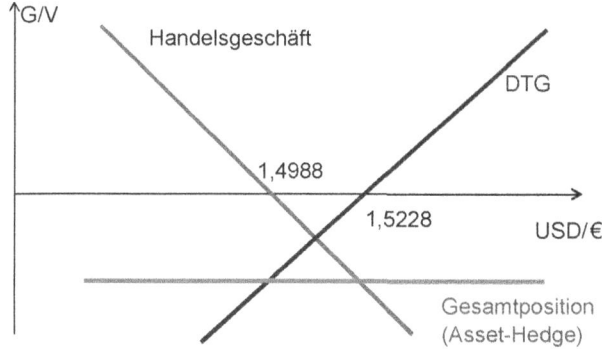

Aufgabe 4.1

Das Anlegen von Kapital in Vermögensgegenstände verschiedener Art ist eine der wichtigsten Aufgaben des Finanzwesens im Versicherungsbetrieb. Es handelt sich um die wichtigste Funktion zur Produktion von Versicherungsschutz – oder anders ausgedrückt: zur Erfüllung der eingegangenen Leistungsversprechen in der Zukunft. Man unterscheidet Risiko- und Spargeschäfte. Natürlich werden auch Dienstleistungen erbracht. Die Versicherungsleistungen werden aus den im Voraus entrichteten Prämien der Versicherungsnehmer erbracht. Sie stellen das Fremdkapital des Versicherungsunternehmens dar, das auf der Passivseite der Bilanz unter den versicherungstechnischen Rückstellungen ausgewiesen wird. Die Aufsicht fordert, dass die Versicherungsunternehmen ihre Verpflichtungen aus den Versicherungsverträgen jederzeit uneingeschränkt erfüllen können. Daher ist ein zusätzlicher Puffer bereitzustellen und dies bedeutet Kapitalbedarf in Form von Eigenmitteln.

Aufgabe 4.2

Solvabilität heißt Zahlungsfähigkeit! Gesetzliche Grundlagen sind in § 53c VAG geregelt. Betriebswirtschaftlich dient das Solvabilitätssystem sicherheitspolitischen Zielen. Technisch funktioniert es wie folgt: Die Risikolage des Versicherungsunternehmens wird nach bestimmten Indikatoren gemessen, und zwar überwiegend nach solchen aus dem Jahresabschluss. Abhängig von Art und Umfang des betriebenen Versicherungsgeschäfts wird eine Mindestausstattung mit Eigenmitteln (= geforderte Solvabilität (Soll, Spanne)) errechnet. Eigenmittel sind Eigenkapital, freie RfB usw. Man unterscheidet Eigenmittel

A und B. Ein Unterschreiten dieser Mindestausstattung (verfügbare (IST) < geforderte Solvabilität) löst stufenweise aufsichtsbehördliche Sanktionen aus; diese sollen zur Wiederherstellung gesunder Finanzverhältnisse führen.

Aufgabe 4.3

Die Risikolage des Versicherungsunternehmens wird nach bestimmten Indikatoren gemessen, und zwar überwiegend nach solchen aus dem Jahresabschluss. Abhängig von Art und Umfang des betriebenen Versicherungsgeschäfts wird eine Mindestausstattung mit Eigenmitteln (= geforderte Solvabilität) errechnet. Ein Unterschreiten dieser Mindestausstattung (verfügbare < geforderte Solvabilität) löst stufenweise aufsichtsbehördliche Sanktionen aus; diese sollen zur Wiederherstellung gesunder Finanzverhältnisse führen. Hier beträgt der Beitragsindex: 57,5 Mio. $\cdot$ 18 % + 2,5 Mio. $\cdot$ 16 % = 10,75 Mio. $\cdot$ 0,7 = 7,525, Schadenindex: 40 Mio. $\cdot$ 26 % = 10,4 Mio. $\cdot$ 0,7 = 7,28, also sind 7,525 Mio. mit Eigenmitteln zu belegen.

Aufgabe 4.4

* Regelmäßige jährliche Analyse, Planung und Kontrolle des notwendigen Risikokapitals. Das vorhandene Risikokapital soll dauerhaft größer/gleich dem notwendigen Risikokapital sein. Dies soll die dauerhafte Existenz des Unternehmens und damit die *Kundenansprüche* sichern, die Arbeitsplätze erhalten und die Eigentümer vor einem Verlust ihrer Einlagen schützen.
* Chancen-Risiko-Profile der Kapitalmärkte entsprechend den gewählten Anlageklassen analysieren. Das soll eine erfolgreiche und sichere Anlagepolitik des Unternehmens fördern, die die Grundsätze der Mischung und Streuung beachtet sowie die Sicherung des Kapitals, die Erhaltung der Liquidität und die *Ertragssteigerung* als gleichwertige Ziele verfolgt.
* Systematisches und organisiertes frühzeitiges Erkennen und Vermindern von Ruinwahrscheinlichkeiten (= Risiken) sowie die Nutzung erkannter Ertragsmöglichkeiten (= Chancen). Die regelmäßige und organisierte Betrachtung von Risiken und Chancen verbessert die Kommunikationsprozesse der unterschiedlichen Beteiligten im Entscheidungsprozess (Vertriebs-, Produkt- und Prozessverantwortliche) und soll zu besseren und nachvollziehbareren Entscheidungen führen. Die Dokumentation der einzelnen Schritte verbessert den ständigen „*Lernprozess*" im Unternehmen aus den erzielten Verlusten und Gewinnen und soll den Anteil der richtigen Entscheidungen erhöhen.

Aufgabe 4.5

Eine Pensionskasse hat 500 Mio. Assets in den folgenden Kategorien: 70 Mio. Aktien, 380 Mio. festverzinsliche Wertpapiere und 50 Mio. Immobilien. Wir gehen von einem EURO STOXX von 2.720 aus.

- Szenario 1: Die Immobilien erleiden einen Wertverlust von 10 % und die Aktien von 13 %.
- Szenario 2: Die Aktien erleiden einen Werteverlust von 18 %.
- Szenario 3: Die festverzinslichen Wertpapiere erleiden einen Werteverlust von 10 %.
- Szenario 4: Die festverzinslichen Wertpapiere erleiden einen Werteverlust von 5 % und die Aktien von 13 %.

Bei den Szenarien ergeben sich somit folgende Verluste:

- Szenario 1: Die Assets sind noch 485,7 Mio. wert, es besteht also ein theoretischer Verlust von 14,1 Mio.
- Szenario 2: Die Assets sind noch 487,4 Mio. wert, es besteht also ein theoretischer Verlust von 12,6 Mio.
- Szenario 3: Die Assets sind noch 462 Mio. wert, es besteht also ein theoretischer Verlust von 38 Mio.
- Szenario 4: Die Assets sind noch 471,9 Mio. wert, es besteht also ein theoretischer Verlust von 28,1 Mio.

Literaturverzeichnis

Albrecht, P./Maurer, R. (2008): Investment- und Risikomanagement, 3. Auflage, Schaefer-Poeschel Verlag, Stuttgart 2008

Albrecht, P./Schradin, H. R. (1998): Alternativer Risikotransfer: Verbriefung von Versicherungs-risiken, in: Zeitschrift für die gesamte Versicherungswissenschaft, 1998, S. 573–610

Altenähr, Volker/Nguyen, Tristan/Romeike, Frank (2009): Risikomanagement kompakt, Verlag Versicherungswirtschaft, Karlsruhe 2009

BaFin (Hrsg.) (2004a): Rundschreiben 1/2004 (VA) über die Durchführung von Stresstests. Bonn, Frankfurt a. M., vom 17.02.2004

BaFin (Hrsg.) (2004b): Rundschreiben 7/2004 (VA) Anlagen in Hedgefonds. Bonn, Frankfurt a. M., vom 20.08.2004

BaFin (Hrsg.) (2005): Rundschreiben 15/2005 (VA) (Anlage des gebundenen Vermögens; Anlagemanagement und interne Kontrollverfahren). Bonn, Frankfurt a. M., vom 20.08.2005

BaFin (Hrsg.) (2009): Rundschreiben 3/2009 (VA) – Aufsichtsrechtliche Mindestanforderungen an das Risikomanagement. Bonn, Frankfurt a. M., vom 22.01.2009

BaFin (Hrsg.) (2011): Rundschreiben 4/2011 (VA) – Hinweise zur Anlage des gebundenen Vermögens von Versicherungsunternehmen, Geschäftszeichen VA 54 – I 3200

Beike, Rolf/Barckow, Andreas (2002): Risk-Management mit Finanzderivaten. Steuerung von Zins- und Währungsrisiken, 3. Auflage, Oldenbourg Verlag, München 2002

Beike, Rolf/Schlütz, Johannes (2010): Finanznachrichten lesen-verstehen-nutzen. Ein Wegweiser durch Kursnotierungen und Marktberichte, 5. Auflage, Schäffer-Poeschel Verlag, Stuttgart 2010

Bieg, H./Kußmaul, H./Waschbusch, G. (2010): Finanzierung- in Übungen, 2. Auflage, Vahlen Verlag, München 2010

Bieg, H./Kußmaul, H./Waschbusch, G. (2009): Investition in Übungen, 2. Auflage, Vahlen Verlag, München 2009

Black, F./Jones, R. (1987): Simplifying Portfolio Insurance, in Journal of Portfolio Management, 13 Jg. 1987, S. 48–51

Bruns, Christoph/Meyer-Bullerdiek, Frieder (2008): Professionelles Portfoliomanagement. Aufbau, Umsetzung und Erfolgskontrolle strukturierter Anlagestrategien, 4. Auflage, Schäffer-Poeschel Verlag, Stuttgart 2008

Cottin, Claudia/Döhler, Sebastian (2009): Risikoanalyse. Modellierung, Beurteilung und Management von Risiken mit Praxisbeispielen, Vieweg+Teubner, Wiesbaden 2009

Daume, P. (2009): Finanzmathematik im Unterricht, Vieweg+Teubner, Wiesbaden 2009

Ermschel, Ulrich, Möbius, Christian, Wengert, Holger (2011): Investition und Finanzierung, 2. Auflage, Physica-Verlag, Berlin et al. 2011

© Springer-Verlag Berlin Heidelberg 2016

C. Möbius, C. Pallenberg, *Risikomanagement in Versicherungsunternehmen*,

BA KOMPAKT, DOI 10.1007/978-3-662-47917-9

Estep, T./Kritzman, M. (1988): TIPP: Insurance without complexity, in: Journal of Portfolio Management, 14 Jg., 1988, S. 38–42

Eurex (2007a): Aktien- und Aktienindexderivate. Handelsstrategien, Frankfurt a. M., Zürich 2007

Eurex (2007b): Aktien- und Aktienindexderivate. Handelsstrategien – Fragen und Fallstudien, Frankfurt a. M., Zürich 2007

Eurex (2007c): Zinsderivate. Fixed Income-Handelsstrategien, Frankfurt a. M., Zürich 2007

Eurex (2006): Zinsderivate. Fixed Income-Handelsstrategien – Fragen und Fallstudien, Frankfurt a. M., Zürich 2006

Farny, Dieter (2006): Versicherungsbetriebslehre, 4., überarbeitete. Auflage, Verlag Versicherungswirtschaft Karlsruhe 2006

Franke, Günter/Hax, Herbert (2004): Finanzwirtschaft des Unternehmens und Kapitalmarkt, 5. Auflage, Springer-Verlag, Berlin et al. 2004

Führer, Christian (2010): Asset Liability Management in der Lebensversicherung, Verlag Versicherungswirtschaft, Karlsruhe 2010

GDV (2009): Broschüre: Operationale Risiken unter Solvency II aus Sicht der deutschen Versicherungswirtschaft. Berlin 2009

Hicks, John R. (1939): Value and Capital, Oxford University Press, Oxford 1939

Hull, John (2001): Einführung in Futures- und Optionsmärkte, 3. Auflage, Oldenbourg Verlag, München 2001

Hull, John C. (2010): Risikomanagement. Banken, Versicherungen und andere Finanzinstitutionen, 2. Auflage, Pearson Studium, München 2010

Hull, John (2012): Optionen, Futures und andere Derivate, 8. Auflage, Pearson Studium, München 2012

Kellermann, Nina (2001): Risikotransfer bei Versicherungsunternehmen mit Konzepten der Rückversicherung und des Alternativen Risikotransfers, Cuvillier Verlag, Göttingen 2001

Koch, Peter/Holthausen, Hubert (2002): Individualversicherung. Versicherungslehre 1, Hrsg. Deutsche Versicherungsakademie, 5. Auflage, Verlag Versicherungswirtschaft, Karlsruhe 2002

Kruschwitz, Lutz (2011): Investitionsrechnung, 13. Auflage, Oldenbourg Verlag, München 2011

Kruschwitz, Lutz (2010): Finanzmathematik, 5. Auflage, Oldenbourg Verlag, München 2010

Kruschwitz, Lutz/Husmann, Sven (2012): Finanzierung und Investition, 7. Auflage, Oldenbourg Verlag, München 2012

Liebwein, Peter (2009): Klassische und moderne Formen der Rückversicherung, Verlag Versicherungswirtschaft, 2. Auflage, Karlsruhe 2009

Lintner, John (1965): The valuation of risky assets and the selection of risky investments in stock portfolios and capital budgets, in: The Review of Economics and Statistics, 47 Jg., 1965, S. 13–37

Macauly, Frederick R. (1938): Some Theoretical Problems Suggested by the Movements of Interest Rates, Bond Yields, and Stock Prices in the U.S. since 1856, National Bureau of Economic Research, New York 1938

Markowitz, Harry M. (1952): Portfolio Selection, in: Journal of Finance, 7. Jg. 1952, S. 77–91

Mossin, Jan (1966): Equilibrium in a capital asset market, in: Econometrica, 34 Jg., 1966, S. 768–783

Nguyen, Tristan (2007): Grenzen der Versicherbarkeit von Katastrophenrisiken. Erweiterungsmöglichkeiten durch Rückversicherung, Katastrophenanleihen und Versicherungsderivate, Gabler Verlag 2007

Nguyen, Tristan (2008): Handbuch der wert- und risikoorientierten Steuerung von Versicherungsunternehmen, Verlag Versicherungswirtschaft 2008

Perold, A. F. (1986): Constant Proportion Portfolio Insurance, Boston 1986

Perridon, Louis/Steiner, Manfred/Rathgeber, Andreas (2012): Finanzwirtschaft der Unternehmung, 16. Auflage, Verlag Vahlen, München 2012

Priermeier, Thomas (2005): Finanzrisikomanagement im Unternehmen. Ein Praxishandbuch, Vahlen Verlag, München 2005

Romeike, Frank (2004): Lexikon Risiko-Management, Wiley-VCH Verlag, Weinheim 2004

Romeike, Frank/Müller-Reichart, Matthias (2008): Risikomanagement in Versicherungsunternehmen, 2. Auflage, Wiley-VCH Verlag, Weinheim 2008

Rudolph, Bernd/Schäfer, Klaus (2010): Derivative Finanzinstrumente. Eine anwendungsbezogene Einführung in Märkte, Strategien und Bewertung, 2. Auflage, Springer Verlag, Berlin et al. 2010

Schäfer, Dorothea/Kruschwitz, Lutz/Schwake, Mike (1995): Studienbuch Finanzierung und Investition, de Gruyter, Berlin et al. 1995

Schwepcke, Andreas (2004): Rückversicherung, 2. Auflage, Verlag Versicherungswirtschaft, Karlsruhe 2004

Sharpe, William F. (1964): Capital asset prices: a theory of market equilibrium under conditions of risk, in: The Journal of Finance, 19. Jg., 1964, S. 425–442

Spremann, Klaus (2008): Portfoliomanagement, 4. Auflage, Oldenbourg Verlag, München 2008

Spremann, Klaus (2010): Finance, 4. Auflage, Oldenbourg Verlag, München 2010

Spremann, Klaus/Gantenbein, Pascal(2007): Zinsen, Anleihen, Kredite, 4. Auflage, Oldenbourg Verlag 2007

Steiner, Manfred/Bruns, Christoph/Stöckl, Stefan (2012): Wertpapiermanagement. Professionelle Wertpapieranalyse und Portfoliostrukturierung, 12. Auflage, Schäffer-Poeschel Verlag, Stuttgart 2012

Steiner, Peter/Uhlir, Helmut (2001): Wertpapieranalyse, 4. Auflage, Physica-Verlag, Heidelberg 2001

Stocker, Klaus (2006): Management internationaler Finanz- und Währungsrisiken, 2. Auflage, Gabler Verlag, Wiesbaden 2006

Tobin, James (1958). Liquidity Preference as Behavior Towards Risk. Review of Economic Studies, 25.1, 1958, S. 65–86

Trautmann, Siegfried (2007): Investition. Bewertung, Auswahl und Risikomanagement, 2. Auflage, Springer-Verlag, Berlin et al. 2007

Volkart, Rudolf (2011): Corporate Finance. Grundlagen von Finanzierung und Investition, 5. Auflage, Versus-Verlag, Zürich 2011

Wagner, Fred (2000): Risk Management im Erstversicherungsunternehmen, Verlag Versicherungswirtschaft, Karlsruhe 2000

Wiedemann, Arnd (2008): Risikotriade. Zins-, Kredit- und operationelle Risiken, 2. Auflage, Frankfurt School Verlag, Frankfurt/Main 2008

Wiedemann, Arnd (2009): Financial Engineering. Bewertung von Finanzinstrumenten, 5. Auflage, Frankfurt School Verlag, Frankfurt/Main 2009

Wiegers, Anton (2001): Ansätze zur Risikosteuerung bei Kapitalmarktrisiken von Lebensversicherungsunternehmen, in: Schwebler/Knauth/Simmert (Hrsg.), Kapitalmärkte: Aktuelle Anlage- und Absicherungsmöglichkeiten für Versicherungsunternehmen, S. 337–361, Karlsruhe 2001

Winter, R. von (2001): Risikomanagement und Interne Kontrollen beim Sachversicherer im Sinne des KonTrag, Verlag Versicherungswirtschaft, Karlsruhe. 2001

Wolf, K./Runzheimer, B. (2003): Risikomanagement und KonTraG, Konzeption und Implementierung, 4. Auflage, Gabler Verlag, Wiesbaden 2003

Wolke, Thomas (2008): Risikomanagement, 2. Auflage, Oldenbourg Verlag, München 2008

Internetquellen

Allianz: Unternehmensnachricht auf allianz.com vom 10.04.2007 https://www.allianz.com/de/presse/news/finanznews/allianz_aktie_und_anleihen/news_2007-04-10.html

Allianz: Unternehmensnachricht auf allianz.com vom 27.11.2007 https://www.allianz.com/de/presse/news/finanznews/allianz_aktie_und_anleihen/news_2007-11-12.html

Allianz: Unternehmensnachricht auf allianz.com vom 20.04.2009 https://www.allianz.com/de/presse/news/geschaeftsfelder_news/versichern/news_2009-04-20.html

Allianz: Unternehmensnachricht auf allianz.com vom 27.05.2009 https://www.allianz.com/de/presse/news/geschaeftsfelder_news/versichern/news_2010-05-27.html

Anlageverordnung: http://www.bafin.de/cln_179/nn_721188/SharedDocs/Aufsichtsrecht/DE/Verordnungen/anlv.html?_nnn=true

Deckungsrückstellungsverordnung: http://www.bafin.de/cln_179/nn_721188/SharedDocs/Aufsichtsrecht/DE/Verordnungen/deckrv.html?_nnn=true

D. Diers, H.-J. Zwiesler: Interne Unternehmensmodelle, http://www.ifaulm.de/downloads/Interne_Modelle.pdf

http://www.tristan-nguyen.de/pdf/A21.pdf

http://www.ceiops.eu/media/files/publications/submissionstotheec/CEIOPS-Calibration-paper-Solvency-II.pdf

Kapitalausstattungsverordnung http://www.bafin.de/cln_179/nn_721188/SharedDocs/Aufsichtsrecht/DE/Verordnungen/kapausstv_ab_100101.html?_nnn=true

Kalkulationsverordnung http://www.bafin.de/cln_179/nn_721188/SharedDocs/Aufsichtsrecht/DE/Verordnungen/kalv_ab_090101.html?_nnn=true

Rechnungslegungsverordnung http://www.bafin.de/cln_179/nn_721188/SharedDocs/Aufsichtsrecht/DE/Verordnungen/rechversv.html?_nnn=true

www.eurexchange.com/trading/products/INT/FIX/FGBL_de.html?mode=deliverable_bonds (Abrufungsdatum 18.02.2010)

www.bafin.de:

The manufacturer's authorised representative in the EU is Springer
Nature Customer Service Centre GmbH, Europaplatz 3, 69115 Heidelberg,
Germany. If you have any concerns regarding our products, please
contact ProductSafety@springernature.com

Printed and bound by CPI Group (UK) Ltd, Croydon, CR0 4YY
23/04/2026
02095645-0011